舊五代史

點校本二十四史修訂本

第五册

卷九九至卷一三一

〔宋〕薛居正 等撰

中華書局

2016 年 8 月北京第 1 版　　2017 年 7 月北京第 2 次印刷
ISBN 978－7－101－11998－5

舊五代史卷九十九

漢書一

高祖紀上

高祖睿文聖武昭肅孝皇帝，姓劉氏，諱暠，本名知遠，及即位改今諱。其先本沙陀部人也。四代祖諱湍，帝有天下，追尊爲明元皇帝，廟號文祖，陵曰懿陵。案五代會要：湍爲東漢顯宗第八子淮陽王昞之後。高祖母隴西李氏，追謚明貞皇后。曾祖諱昂，晉贈太保，追尊爲恭僖皇帝，廟號德祖，陵曰沛陵。案五代會要：懿陵、沛陵皆無陵所，遥申朝拜。曾祖母號國太夫人楊氏，追謚恭惠皇后。祖諱僎，晉贈太傅，追尊爲昭獻皇帝，廟號翼祖，陵曰威陵；祖母魯國太夫人李氏，追謚爲昭穆皇后。皇考諱琠，事後唐武皇帝爲列校，晉贈太師，追尊爲章聖皇帝，廟號顯祖，陵曰肅陵。皇妣吴國太夫人安氏，追謚章懿皇后。后以唐乾寧二年歲在乙卯二月四日，生帝於太原。

帝弱不好弄，嚴重寡言，及長，面紫色，目睛多白。初事唐明宗，列於麾下。明宗與梁人對柵於德勝，時晉高祖爲梁人所襲，馬甲連革斷，帝輟騎以授之，取斷革者自跨之，徐殿其後，晉高祖感而壯之。明宗踐阼，晉高祖爲北京留守，以帝前有護援之力，奏移麾下，署爲牙門都校。應順初，晉高祖鎮常山，唐閔帝召赴闕〔一〕，會閔帝出奔，與晉高祖相遇於途，遂俱入衛州，泊於郵舍。閔帝左右謀害晉高祖，帝密遣御士石敢袖鎚立於晉高祖後，及有變，敢擁晉高祖入一室，以巨木塞門，敢尋死焉。帝率衆盡殺閔帝左右，遂免晉高祖於難。案通鑑考異引漢高祖實録云：是夜，偵知少帝伏甲，欲與從臣謀害晉高祖，詐屏人對語，方坐庭廡。帝密遣御士石敢袖鎚立於後，俄頃伏甲者起，敢有勇力，擁晉高祖入一室，以巨木塞門，敢力當其鋒，死之。帝解佩刀，遇夜晦，以在地葦炬未然者奮擊之。衆謂短兵也，遂散走。帝乃匿身長垣下，聞帝親將李洪信謂人曰：「石太尉死矣。」帝隔垣呼洪信曰：「太尉無恙。」乃踰垣出就洪信兵〔二〕，共護晉高祖，殺建謀者，以少主授王弘贄。（舊五代史考異）考漢實録多增飾之詞，時閔帝方倚賴晉祖，何至伏甲謀害乎哉！薛史止載石敢事，餘不及。（孔本）

清泰元年，晉高祖復鎮河東。三年夏，移鎮汶陽。帝勸晉高祖舉義，贊成密計，經綸之始，中外賴之。晉高祖以帝爲北京馬步軍都指揮使。及契丹以全軍赴難，大破張敬達之衆於晉陽城下，有降軍千餘人，晉高祖將置之於親衛，帝盡殺之。晉國初建，加檢校司空，充侍衛馬軍都指揮使〔三〕、權點檢隨駕六軍諸衛事。尋改陝州節度使，充侍衛親軍馬步都虞候。契丹主送晉高祖至上黨，指帝謂高祖曰：「此都軍甚操剌，無大故不可棄之。」晉高祖入洛，委帝巡警，都邑肅然，無敢犯令。

天福二年夏四月，加檢校太保。八月，改許州節度使，典軍如故。三年夏四月，加檢校太傅。冬十月，授侍衞親軍馬步軍都指揮使。十一月，移授宋州，加檢校太尉。十二月，加同平章事。時帝與杜重威同制加恩，帝憤然不樂，懇讓不受，杜門不出者數日。案通鑑云：知遠自以有佐命功，重威起于外戚，無大功，恥與之同制。制下數日，杜門四表辭不受。（舊五代史考異）晉高祖怒，召宰相趙瑩等議落帝兵權，任歸私第。瑩等以爲不可，乃遣端明殿學士和凝就第宣諭，帝乃承命。五年三月，改鄴都留守、兼侍衞親軍馬步軍都指揮使。九月，奉詔赴闕，晉高祖幸其第。六年七月，授北京留守、河東節度使。七年正月，加侍中。時天下大蝗，惟不入河東界。六月，晉高祖崩於鄴宮，少帝即位，加帝檢校太師。八年三月，進位中書令。

開運元年正月，契丹南下，契丹主以大軍直抵澶州，遣蕃將偉王率兵入鴈門。朝廷以帝爲幽州道行營招討使，帝大破偉王於忻口。案：漢祖破偉王，薛史作開運元年正月。歐陽史漢本紀作三年五月，晉本紀又載開運元年正月辛丑，劉知遠及契丹偉王戰于秀容，敗之。兩紀年月互異，應以薛史爲據。（舊五代史考異）尋奉詔起兵至土門〔四〕，軍至樂平，會契丹退，乃還。三月，封太原王。七月，兼北面行營都統。二年四月，封北平王。三年五月，加守太尉。是月，帝誅吐渾白承福等五族，案：歐陽史作八月，殺吐渾白承福等族。（舊五代史考異）凡四百人，以别部王義宗統其餘衆。九月，犯塞〔五〕，案：以下疑有脱文。帝親率牙兵至朔州南陽武谷，大破之。案東都事略郭進傳：契丹屠安陽，高祖遣進拒戰，契丹敗走，以功除刺史。（舊五代史考異）十一月，契丹主率蕃漢大軍由易定抵鎮州，杜重威等駐軍於中渡橋以禦之。十二月十日，杜重威等以全軍降於契丹。十七日，相州節度使張彦澤受契丹命，陷京城，遷少帝於開封府。帝聞之大駭，分兵守境，以備寇患。

天福十二年春正月丁亥朔，契丹主入東京。癸巳，晉少帝蒙塵於封禪寺。癸卯，少帝北遷。二月丁巳朔，契丹主具漢法服，御崇元殿受朝，制改晉國爲大遼國，大赦天下，號會同十年。是月，帝遣牙將王峻奉表於契丹，契丹主賜詔褒美，呼帝爲兒。又賜木柺一，蕃法，貴重大臣方得此賜，亦猶漢儀賜几杖之比也。王峻持柺而歸，契丹望之皆避路。及峻至太原，帝知契丹政亂，乃議建號焉。是月，秦州節度使何建以其地入於蜀。戊辰，河東行軍司馬張彦威與文武將吏等，以中原無主，帝威望日隆，羣情所屬，上牋勸進，帝謙讓不允。自是羣官三上牋，諸軍將吏、緇黄耆耋，相次迫請，教答允之。庚午，陝府屯駐奉國指揮使趙暉、侯章、都頭王晏殺契丹監軍及副使劉愿，暉自稱留後。契丹因授暉陝州兵馬留後，侯章爲本州馬步軍都指揮使，王晏爲副都指揮使，暉等不受僞命。案宋史王晏傳：開運末，與本軍都校趙暉、忠衞都校侯章等戍陝州。會契丹至汴，遣其將劉愿據陝，恣行暴虐。晏與暉等謀曰：「今契丹南侵，天下洶洶，英雄豪傑固當乘時自奮。且聞太原劉公，威德遠被，人心歸服，若殺愿送款河東，爲天下倡首，則取富貴如反掌耳！」暉等然之。晏乃率敢死士數人，夜踰城入府署，劫庫兵給其徒。遲明，斬愿首懸府門外。衆請暉爲帥，章爲本城副指揮使、內外巡檢使兼都虞候，乃遣其子漢倫奉表晉陽。（舊五代史考異）

辛未，帝於太原宮受册，即皇帝位，制改晉開運四年爲天福十二年。案契丹國志云：漢祖仍稱天福年號，曰：「予未忍忘晉也。」（舊五代史考異）甲戌，帝以晉帝舉族北遷，憤惋久之。是日，率親兵趨土門路，邀迎晉帝至壽陽，聞其已過，乃還。案契丹國志：時留兵戍承天軍而還。（孔本）契丹聞帝建號，僞制削奪帝官爵。以通事耿崇美爲潞州節度使，高唐英爲相州節度使，崔廷勳爲河陽節度使，以扼要害之地。丁丑，磁州賊帥梁暉據相州。己卯，帝遣都將史弘肇率兵討代州，平之。初，代州刺史王暉叛歸契丹，弘肇一鼓而拔之，斬暉以徇。庚辰，權晉州兵馬留後張晏洪奏，軍亂，殺知州副使駱從朗及括錢使、諫議大夫趙熙，以城歸順。時晉州留後劉在明赴東京，朝於契丹，從朗知軍州事，帝方遣使張晏洪、辛處明等告諭登極，從朗囚之本城。大將藥可儔殺從朗於理所，州民相率害趙熙，三軍請晏洪爲留後、處明爲都監。辛巳，權陜州留後趙暉、權潞州留後王守恩，並上表歸順。癸未，澶州賊帥王瓊與其衆斷本州浮橋，瓊敗，死之。時契丹以族人朗五爲澶州節度使〔六〕，契丹性貪虐，吏民苦之。瓊爲水運什長，乃搆夏津賊帥張乙，得千餘人，沿河而上，中夜竊發，自南城殺守將，絶浮航，入北城，朗五據牙城以拒之。數日，會契丹救至，瓊敗死焉。契丹主初聞其變也，懼甚，由是大河之南無久留之意，尋遣天雄軍節度使杜重威歸鎮。

三月丙戌朔，詔河東管内，自前税外，雜色徵配一切除放。是日，契丹主坐崇元殿行入閤之禮，契丹主以舅蕭翰爲宣武軍節度使。辛卯，權延州留後高允權遣判官李彬奏：本道節度使周密爲三軍所逐，以允權知留後事，上表歸順。未幾，帝召密赴行在。壬辰，丹州都指揮使高彦珣殺僞命刺史，據城歸命。壬寅，契丹主發自東京還本國。案：遼史太宗紀作四月丙辰朔，發自汴州，與薛史異。歐陽史及通鑑俱從薛史作壬寅。是日，宿於赤崗，至晡，有大聲如雷，起於敵帳之下。契丹自黎陽濟河，遂趨相州。案：通鑑作丙午，契丹自白馬渡河。遼史作乙丑，濟黎陽渡，與通鑑異。庚戌，帝以北京馬步軍都指揮使、泗州防禦使、檢校太保劉崇爲太原尹、檢校太尉，以北京馬步軍都虞候郭從義爲鄭州防禦使、檢校太保，以北京興捷左廂都指揮使李洪信爲陳州刺史、檢校司徒，以興捷右廂都指揮使尚洪遷爲單州刺史、檢校司徒，以北京武節左廂都指揮使蓋萬爲蔡州刺史，以武節右廂都指揮使周暉爲濮州刺史，以保寧都指揮使朱奉千爲隨州刺史。辛亥，吐渾節度使王義宗加檢校太尉，以前忻州刺史秦習爲耀州團練使。癸丑，以北京副留守、檢校司徒白文珂爲河中節度使、檢校太尉。

夏四月己未，以北京馬軍都指揮使、集州刺史劉信爲滑州節度使，充侍衛馬軍都指揮使、檢校太傅，以北京隨使、右都押衙楊邠爲權樞密使、檢校太保，案歐陽史：四月己未，右都押衙楊邠爲樞密使。據薛史，邠于閏七月辛未始真授樞密使，四月中乃權職也。（舊五代史考異）以北京武節都指揮使、雷州刺史史弘肇爲許州節度使，充侍衛步軍都指揮使、檢校太傅，以北京牢城都指揮使、壁州刺史常思爲鄧州節度使、檢校太傅、兼權北京馬步軍都指揮使、三城巡檢使，以河東行軍司馬張彥威爲同州節度使、檢校太保，以蕃漢兵馬都孔目官郭威爲權樞密副使〔七〕、檢校司徒，以河東左都押衙扈彥珂爲宣徽南院使、檢校司徒，以右都押衙王浩爲宣徽北院使、檢校司徒，以兩使都孔目官王章爲權三司使、檢校太保。

是日，契丹主取相州，殺留後梁暉。案宋史李穀傳：潛遣河朔酋豪梁暉入據安陽，契丹主患之，即謀北旋。會有告契丹以城中虛弱者，契丹還攻安陽，陷其城。（舊五代史考異）暉，磁州滏陽人，少爲盜，會契丹入汴，暉收集徒黨，先入磁州，無所侵犯，遣使送款於帝。暉偵知相州頗積兵仗，且無守備，遂以二月二十一日夜與其徒踰垣而入〔八〕，殺契丹數十人，案：契丹國志作殺遼兵數百。（舊五代史考異）奪器甲數萬計，遂據其城。契丹主先遣僞命相州節度使高唐英率兵討之。未幾，契丹主至城下，是月四日攻拔之，遂屠其城。翌日，契丹主北去，命高唐英鎮之，唐英閱城中遺民，得男女七百人而已。乾祐中，王繼弘鎮相州，奏於城中得髑髏十餘萬，殺人之數，從可知也。

庚申，以石州刺史易全章爲洺州團練使，以前遼州刺史安真爲宿州團練使，以嵐州刺史孟行超爲潁州團練使，以汾州刺史武彥弘爲曹州防禦使，以前憲州刺史慕容信爲齊州防禦使，以遼州刺史薛瓊爲亳州防禦使，以沁州刺史李漢韜爲汝州防禦使。癸亥，册魏國夫人李氏爲皇后。甲子，以皇長子承訓爲左衛上將軍，第二子承祐爲左衛大將軍，第三子承勳爲右衛大將軍，皇女彭城郡君宋氏封永寧公主，皇姪承贇爲右衛上將軍。以河東節度判官蘇逢吉爲中書侍郎、同平章事、集賢殿大學士，以河東觀察判官蘇禹珪爲中書侍郎、同平章事。升府州爲節鎮，加永安軍額，以振武節度使、府州團練使折從阮爲永安軍節度使、行府州刺史、檢校太尉。以北京隨使、左都押衙劉銖爲河陽節度使。以河東支使韓祚爲左諫議大夫，充樞密直學士。乙丑，遣史弘肇率兵一萬人趨潞州。丙寅，以權知潞州軍州事、左驍衛大將軍王守恩爲潞州節度使、檢校太保；以權點檢延州軍州事高允權爲延州節度使、檢校太保；以岢嵐軍使鄭謙爲忻州刺史、遥領應州節度使，充忻、代二州義軍都部署。丁卯，以河東都巡館驛、沿河巡檢使閻萬進爲嵐州刺史、領朔州節度使，充嵐、憲二州義軍都制置。

戊辰，權河陽留後武行德以城來歸。初，契丹主將發東京，船載武庫兵仗，自汴浮河，欲置之於北地，遣奉國都虞候武行德部送，與軍士千餘人并家屬俱行。至河陰，軍亂，奪兵仗，殺契丹監吏，衆推行德爲帥，與河陰屯駐軍士合，乃自汜水抵河陽。河陽僞命節度使崔廷勳率兵拒之，兵敗，行德等追躡之，廷勳棄城而遁，行德因據其城。案東都事略武行德傳：行德陷于契丹，僞請自效，因遣送將校數十百護所取尚方鎧甲還北方。至河陰，行德謂衆曰：「我與若等能爲異域鬼耶？」衆素伏其威名，皆曰：「惟命。」遂攻孟州，走其節度使崔廷勳，悉以府庫分諸校，而權領州事。遣其弟行友詣太原勸進。（舊五代史考異）薛史作軍亂，衆擁行德爲帥，與東都事略異。（孔本）僞命西京留守劉晞棄洛城，南走許州，遂奔東京，洛京巡檢使方太自署知留守事。未幾，太爲武行德所害。

是月，蕃將耿崇美屯澤州，史弘肇遣先鋒將馬誨率兵擊之，崇美退保懷州。崔廷勳以契丹衆攻武行德於河陽，行德出戰，爲廷勳所敗。汴州蕭翰遣蕃將高牟翰將兵援送劉晞復歸於洛，牟翰至，殺前澶州節度使潘環於洛陽。

辛未，以河陽都部署武行德爲河陽節度使、檢校太尉，充一行馬步軍都部署。甲戌，潞州節度使王守恩加檢校太尉，以前棣州刺史慕容彦超爲澶州節度使、檢校太保。丙子，契丹主耶律德光卒於鎮之欒城。案遼史太宗紀：四月丁丑，崩於欒城。與薛史異。歐陽史及通鑑俱從薛史作丙子。趙延壽於鎮州自稱權知國事。辛巳，陝州節度使趙暉加檢校太尉，華州節度使兼陝州馬步軍都指揮使侯章加檢校太傅，以陝府馬步軍副都指揮使兼絳州防禦使王晏爲晉州節度使、檢校太傅，案隆平集王晏傳云：漢祖威名未振，而晏等歸之，甚喜，即授以節度使。（舊五代史考異）以丹州都指揮使、權知軍州事高彦珣爲丹州刺史。永樂大典卷一萬六千九十八〔九〕。

校勘記

〔一〕唐閔帝召赴闕　「唐閔帝」，原作「唐明宗」，據通曆卷一四改。孔本作「唐明帝」。按應順爲唐閔帝年號，本書卷七五晉高祖紀一：「閔帝急詔帝赴闕，欲以社稷爲託。」

〔二〕乃踰垣出就洪信兵　「兵」字原闕，據殿本、劉本、孔本、通鑑卷二七九考異引漢高祖實録補。

〔三〕充侍衞馬軍都指揮使　「馬軍」，原作「馬步」，據本書卷七六晉高祖紀二、册府卷八改。按册府卷八及本卷下文，天福三年十月方授侍衞親軍馬步軍都指揮使。

〔四〕尋奉詔起兵至土門　「至」，通曆卷一四作「出」。

〔五〕犯塞　册府卷八作「契丹犯塞」。按通鑑卷二八五：「九月，契丹三萬寇河東。」

〔六〕朗五　原作「朗悟」，注云：「舊作朗五，今改正。」按此係輯録舊五代史時所改，今恢復原文。

〔七〕以蕃漢兵馬都孔目官郭威爲權樞密副使　「樞密副使」，原作「樞密使」，據本書卷一〇〇漢高祖紀下、卷一一〇周太祖紀一、通曆卷一五改。按本卷上文記以楊邠權樞密使。

〔八〕遂以二月二十一日夜與其徒踰垣而入　「二月」，原作「三月」。本卷上文：「（天福十二年二月丁丑）磁州賊帥梁暉據相州。」通鑑卷二八六：「（天福十二年二月）丁丑夜，遣壯士踰城入。」按丁丑爲二十一日，據改。

〔九〕永樂大典卷一萬六千九十八　檢永樂大典目録，卷一六〇九八爲「漢」字韻「宣帝九」，與本則内容不符，恐有誤記。陳垣舊五代史輯本引書卷數多誤例謂應作卷一六一九八「漢」字韻「五代漢高祖二」。

舊五代史卷一百

漢書二

高祖紀下

天福十二年夏五月乙酉朔，契丹所署大丞相、政事令、東京留守、燕王趙延壽爲永康王兀欲所縶，既而兀欲召蕃漢臣僚於鎮州牙署，矯戎王遺詔，命兀欲嗣位，案：遼史世宗紀作四月戊寅，即皇帝位。歐陽史、通鑑、契丹國志俱從薛史作五月，與遼史異。（舊五代史考異）於是發哀成服。辛卯，詔取五月十二日車駕南幸。甲午，以判太原府事劉崇爲北京留守，命皇子承訓、武德使李暉大內巡檢。丙申，帝發河東，取陰地關路幸東京。時星官言，太歲在午，不利南巡，故路出陰地。丁酉，史弘肇奏，澤州刺史翟令奇以郡來降。案宋史李萬超傳：史弘肇路經澤州，刺史翟令奇堅壁拒命。萬超馳至城下，諭之曰：「今契丹北遁，天下無主，并州劉公仗大義，定中土，所向風靡，後服者族，盍早圖之。」令奇乃開門迎納，弘肇即留萬超權州事。（舊五代史考異）是日，契丹所署汴州節度使蕭翰迎郇國公李從益至東京，請從益知南朝軍國事。

己亥，蕭翰發離東京北去。乙巳，契丹永康王兀欲自鎮州還蕃，行次定州，案：遼史作甲申，次定州，與薛史異。（舊五代史考異）以定州節度副使耶律忠爲定州節度使，孫方簡爲雲州節度使。方簡不受命，遂歸狼山。戊申，車駕至絳州，本州刺史李從朗以郡降。初，契丹遣偏校成霸卿、曹可璠等守其郡，帝建義之始，不時歸命，及車駕至，帝耀兵於城下，不令攻擊，從朗等遂降。

六月乙卯，契丹河中節度使趙贊起復河中節度使。案通鑑：起復趙匡贊在七月甲午以後，與薛史異。又匡贊，薛史作趙贊。考贊即延壽之子，仕宋，歷廬、延、邠、鄜四州，蓋入宋後，避諱去「匡」字也，今仍其舊。又案遼史世宗紀：天祿二年十月壬午，南京留守、魏王趙延壽薨。考遼天祿二年即漢乾祐二年，此時天福十二年，延壽尚未死也。此必因延壽爲永康王所鎖，而漢人傳其已死，遂起復其子贊以絕其北向之心耳〔一〕。又考通鑑，遣使弔祭河中，因起復移鎮，在七月甲午以後。薛史繫于六月，前後互異。（孔本）是日，契丹右僕射兼中書侍郎、平章事張礪卒於鎮州。丙辰，車駕至洛，兩京文武百僚自新安相次奉迎。郇國公李從益、唐明宗淑妃王氏皆賜死於東京。甲子，車駕至東京。丙寅，以濮州就糧歸捷指揮使張建雄爲濮州刺史〔二〕，以金州守禦指揮使康彥環爲金州防禦使。建雄、彥環皆因亂害本州刺史，自知州事，故有是命。以北京知進奏王從璋爲內客省使。戊辰，制：「大赦天下。應天福十二年六月十五日昧爽已前，天下見禁罪人，已結正未結正，已發覺未發覺，除十惡五逆外，罪無輕重，咸赦除之。諸州去年殘税並放。東、西京一百里外，放今年夏税；一百里内及京城，今年屋税並放一半。契丹所授職任，不議改更。諸貶降官，未量移者與量移〔三〕，已量移者與敍録。徒流人並放還。應係欠省錢，家業抵當外並放。宜以國號爲大漢，年號依舊稱天福」云。案歐陽史：六月戊辰，改國號漢，是戊辰以前猶未改國號也。遼史太宗紀：二月辛未，河東節度使、北平王劉知遠自立爲帝，國號漢。蓋因其自立而牽連書之，疑未詳考。己巳，詔青州、襄州、安州復爲節鎮，曹、陳二州依舊爲郡。壬申，北京留守劉崇加同平章事。以中書舍人劉繼儒爲宗正卿；翰林學士承旨、尚書兵部侍郎張允落職守本官；以尚書左丞張昭爲吏部侍郎；案東都事略張昭傳：昭舊名昭遠，避漢高祖諱，止稱昭。（舊五代史考異）以左散騎常侍邊歸讜爲禮部侍郎；以左散騎常侍王仁裕爲户部侍郎，充翰林學士承旨；以右諫議大夫張沆爲左散騎常侍，充翰林學士；以户部侍郎李式爲光禄卿；以翰林學士、尚書禮部侍郎邊光範爲衞尉卿。甲戌，詔：「文武臣僚，每遇内殿起居，輪次上封事。」丁丑，以湖南節度使馬希範卒輟視朝三日。是月，契丹所命相州節度使高唐英爲屯駐指揮使王繼弘、樊暉所殺〔四〕。

秋七月己丑，以御史中丞趙上交爲太僕卿，案：上交本名遠，避漢祖諱，以字行，見宋史。（舊五代史考異）以户部侍郎邊蔚爲御史中丞。甲午，武安軍節度副使、水陸諸軍副都指揮使、判内外諸司、江南西道觀察等使、檢校太尉馬希廣可檢校太師、兼中書令、行潭州大都督、天策上將軍，充武安軍節度、湖南管内觀察使、江南諸道都統，封楚王。丙申，以鄴都留守、天雄軍節度使、檢校太師、守太傅、兼中書令、衞國公杜重威爲宋州節度使，加守太尉；以宋州節度使、檢校太師、兼中書令高行周爲鄴都留守，加守太傅；以鄆州節度使、檢校太師、兼侍中李守貞爲河中節度使，加兼中書令；以河中節度使、檢校太尉趙贊爲晉昌軍節度使；案宋史趙贊傳：贊懼漢疑己，潛遣親吏趙儼奉表歸蜀。判官李恕者，趙延壽賓佐，深所委賴，至家事亦參之，及贊出鎮，從爲上介。至是，恕語贊曰：「燕王入遼，非所願也，漢方建國，必務懷柔。公若泥首歸朝，必保富貴，狼狽入蜀，理難萬全，儻若不容，後悔無及。公能聽納，請先入朝爲公申理。」贊即遣恕詣闕。漢祖見恕，問贊何以附蜀。恕曰：「贊家在燕薊，身受契丹之命，自懷憂恐，謂陛下終不能容，招引西軍，蓋圖苟免。臣意國家甫定，務安臣民，所以令臣乞哀求覲。」漢祖曰：「贊之父子，亦吾人也，事契丹出於不幸。今聞延壽落于陷穽，吾忍不容贊耶！」恕未還，贊已離鎮入朝，即命爲左驍衞將軍。（舊五代史考異）以晉昌軍節度使張彦超爲鄜州節度使，加檢校太師。庚子，以徐州節度使、檢校太師、同平章事、岐國公符彦卿爲兗州節度使，加兼侍中；以鄧州節度使、檢校太師王周爲徐州節度使，加同平章事；以許州節度使、檢校太保劉重進爲鄧州節度使，加檢校太傅；以兗州節度使、檢校太師、兼侍中安審琦爲襄州節度使；檢校太師、莒國公李從敏爲西京留守，加同平章事；以鳳翔節度使、檢校太師、同平章事侯益依前鳳翔節度使，加兼侍中。辛丑，故守司空、兼門下侍郎、平章事、譙國公劉昫贈太保。甲辰，華州節度使侯章、同州節度使張彥威、涇州節度使史威，並加檢校太尉。以晉昌軍節度使、檢校太保劉銖爲青州節度使，加檢校太尉、同平章事。以河中節度使、檢校太尉白文珂爲鄆州節度使，加同平章事；以青州節度使楊承信爲安州節度，加檢校太傅。滑州節度使兼侍衛馬軍都指揮使劉信、許州節度使兼侍衛步軍都指揮使史弘肇，並加檢校太尉。庚戌，以司天監任廷浩爲殿中監，以司天少監杜昇爲司天監。是月，契丹永康王兀欲囚祖母述律氏於木葉山。

閏月辛酉，以左衛上將軍皇甫立爲太子太師致仕。乙丑，禁造契丹樣鞍轡、器械、服裝。故開封尹桑維翰贈尚書令，故西京留守景延廣贈中書令。以前衛尉卿薛仁謙爲司農卿〔五〕。丙寅，唐故樞密使郭崇韜贈中書令，故河中節度使安重誨贈尚書令，故華州節度使毛璋贈侍中，故汴州節度使朱守殷贈中書令。丁卯，故青州節度使楊光遠贈尚書令〔六〕，追封齊王，仍令所司追謚立碑。唐故河中節度使、西平王朱友謙追封魏王，故樞密使馮贇贈中書令，故河陽節度使、判六軍康義誠贈中書令。故西京留守、京兆尹王思同、故邠州節度使藥彥稠、故襄州節度使安從進〔七〕、故鎮州節度使安重榮，並贈侍中。庚午，以前延州留後薛可言爲宣徽北院使，以監察御史王度爲樞密直學士。新授宋州節度使杜重威據鄴都叛，詔削奪重威官爵，貶爲庶人。案通鑑：杜重威之叛在七月，至閏月庚午乃削奪官爵。五代春秋、歐陽史作閏七月，杜重威拒命。與通鑑異。（舊五代史考異）以高行周爲行營都部署，率兵進討。辛未，以權樞密使楊邠爲樞密使，加檢校太傅；以權樞密副使郭威爲副樞密使，加檢校太保；以權三司使王章爲三司使，加檢校太傅。壬申，故晉昌軍節度使趙在禮贈中書令；故曹州節度使石贇贈侍中；故滑州節度使皇甫遇贈中書令；故同州節度使劉繼勳、故貝州節度使梁漢璋，皆贈太尉；故宣徽使孟承誨贈太保。丁丑，有彗出於張，旬日而滅。己卯，陝州節度使趙暉加階爵，晉州節度使王晏加檢校太尉，河陽節度使武行德加階爵，延州節度使高允權加檢校太尉。鄧州節度使常思加檢校太尉，移鎮潞州。庚辰，追尊六廟，以太祖高皇帝、世祖光武皇帝爲不祧之廟，高曾已下四廟，追尊謚號，已載於前矣。是日，權太常卿張昭上六廟樂章舞名：太祖高皇帝室酌獻，請依舊奏武德之舞；世祖光武皇帝室酌獻，請依舊奏大武之舞；文祖明元皇帝室酌獻，請奏靈長之舞；德祖恭僖皇帝室酌獻，請奏積善之舞；翼祖昭獻皇帝室酌獻，請奏顯仁之舞；顯祖章聖皇帝室酌獻，請奏章慶之舞。其六廟歌詞，文多不録。

八月壬午朔，鎮州駐屯護聖左廂都指揮使白再榮等逐契丹所命節度使麻答，復其城。

麻答與河陽節度使崔廷勳、洛京留守劉晞，並奔定州。馳驛以聞。庚寅，以洺州團練使薛懷讓爲邢州節度使。辛卯，詔恒州復爲鎮州，順國軍復爲成德軍。乙未，以護聖左廂都指揮使、恩州團練使白再榮爲鎮州留後。丙申，詔天下凡關賊盜，不計贓物多少，案驗不虛，並處死。以兩浙節度使、守太師、兼中書令、吴越國王錢弘佐薨廢朝三日。丙午，以吐渾府節度使、檢校太尉王義宗爲沁州刺史，依前吐渾節度使。己酉，以刑部尚書竇貞固爲吏部尚書。是日，薛懷讓奏，收復邢州，殺僞命節度副使、知州事劉鐸。案歐陽史：丙申，安國軍節度使薛懷讓殺契丹之將劉鐸，入于邢州。薛史祇載奏聞之期，不明言收復爲何日，與歐陽史異。（孔本）初，懷讓爲洺州防禦使，契丹麻答發健步督洺州糧運，懷讓殺之以聞。帝遣郭從義與懷讓攻取邢州，蕃將楊袞來援鐸，懷讓拒之，不勝，退保洺州，敵騎掠其部，民大被其苦。會鎮州逐麻答，楊袞收兵而退，鐸乃上表請命。懷讓乘其無備，遣人紿鐸云〔八〕：「奉詔襲契丹，請置頓於郡。」案宋史薛懷讓傳：懷讓遣人紿鐸云：「我奉詔爲邢州帥。」據薛史，則懷讓實紿鐸奉詔襲契丹，以庚寅授邢州節度使，非紿之也，特託言置頓于郡耳。（舊五代史考異）鐸開門迎之，即爲懷讓所害，時人冤之。鐸初受契丹命爲邢州都指揮使，及永康王以高奉明爲節度使，麻答署鐸爲邢州副使兼都指揮使。帝至東京，奉明歸鎮州，令鐸知邢州事，至是遇害。庚戌，文武百僚上表，請以二月四日降誕日爲聖壽節，從之。前晉昌軍節度副使李肅可左驍衛上將軍致仕。是月，遣使諸道和市戰馬。

九月甲子，宰臣蘇逢吉兼户部尚書，蘇禹珪兼刑部尚書。丁卯，以吏部侍郎、權判太常卿事張昭爲太常卿。戊辰，故易州刺史郭璘贈太傅。甲戌，宰臣蘇逢吉加左僕射、監修國史，蘇禹珪加右僕射、集賢殿大學士，以吏部尚書竇貞固爲守司空、兼門下侍郎、平章事、弘文館大學士，案宋史竇貞固傳：初，帝與貞固同事晉祖，甚相得。時蘇逢吉、蘇禹珪自霸府僚佐驟居相位，思得舊臣冠首，以貞固持重寡言，有時望，乃拜司空、門下侍郎、平章事。（舊五代史考異）以翰林學士、行中書舍人李濤爲中書侍郎兼户部尚書、平章事。案宋史李濤傳：杜重威叛，濤密疏請親征。高祖覽奏，以濤堪任宰輔，故有是命。（舊五代史考異） 宋史李濤傳：杜重威據鄴叛，高祖命高行周、慕容彦超討之，二帥不協，濤密疏親征。高祖覽奏，以濤堪任宰輔，即拜中書侍郎兼户部侍郎、平章事。（殿本）是日，權太常卿張昭上疏〔九〕，奏改一代樂名。戊寅，詔以杜重威叛命，取今月二十九日暫幸澶、魏。己卯，以前樞密使李崧爲太子太傅，以前左僕射和凝爲太子太保。庚辰，車駕發京師。

冬十月癸未，以太子太保李鏻爲司徒，以太子太傅盧文紀爲太子太師，以前磁州刺史李穀爲左散騎常侍。宋史李穀傳：舊制，罷外郡歸本官，至是進秩，獎之也。（殿本）甲申，車駕次韋城。詔：「河北諸州見禁罪人，自十月五日昧爽以前，常赦所不原者，咸赦除之。」壬辰，日有黑子如鷄卵。丙申，以相州留後王繼弘爲相州節度使，加檢校太傅。至鄴都城下。案：通鑑作戊戌，至鄴都城下。與薛史異。（舊五代史考異）丙午，詔都部署高行周督衆攻城，帝登高阜以觀之，時衆議未欲攻擊，副部署慕容彥超堅請攻之。是日，王師傷夷者萬餘人，不克而退。

十一月壬子，雨木冰。癸丑，日南至，從官稱賀於行宮。己未，湖南奏，荆南節度使高從誨叛。辛酉，雨木冰。壬申，杜重威上表請命。癸酉，雨木冰。雨木冰，原本作「大冰」，今從五代會要改正。（影庫本粘籤）丁丑，杜重威素服出降，待罪於宮門，詔釋其罪。鄴都留守、天雄軍節度使高行周加守太尉，封臨清王。以杜重威爲檢校太師、守太傅、兼中書令、楚國公。己卯，以許州節度使兼侍衛步軍都指揮使史弘肇爲宋州節度使、同平章事，充侍衛親軍馬步軍都指揮使；以滑州節度使兼侍衛馬軍都指揮使劉信爲許州節度使、同平章事，充侍衛親軍馬步軍副都指揮使；以澶州節度使慕容彥超爲鄆州節度使、同平章事；以前定州節度使李殷爲貝州節度使；以鄭州防禦使郭從義爲澶州節度使。

十二月辛巳朔，以護聖左廂都指揮使、岳州防禦使李洪信爲遂州節度使，充侍衛馬軍都指揮使〔一〇〕；以護聖右廂都指揮使、永州防禦使尚洪遷爲夔州節度使〔一一〕，充侍衛步軍都指揮使。丙戌，車駕發鄴都歸京。癸巳，至自鄴都。甲午，以皇子開封尹承訓薨廢朝三日，追封魏王。案通鑑云：辛卯，皇子開封尹承訓卒。乙未，追立爲魏王。與薛史紀日互異。（舊五代史考異）丁酉，帝舉哀於太平宮。庚子，司徒李鏻薨。辛丑，以前鄜州節度使郭謹爲滑州節度使，加檢校太尉。戊申，宿州奏，部民餓死者八百六十有七人。

乾祐元年正月辛亥朔，帝不受朝賀。乙卯，制：「大赦天下，改天福十三年爲乾祐元年，自正月五日昧爽已前，犯罪人除十惡五逆外，罪無輕重，咸赦除之。」己未，改御名爲暠。辛酉，詔：「諸道行軍副使、兩使判官並不得奏薦。帶使相節度使許奏掌書記、支使、節度推官；不帶使相節度使，只許奏掌書記、節度推官。其防禦團練判官、軍事判官等聽奏。所薦州縣官，帶使相節度使許薦三人，不帶使相二人，防禦、團練、刺史一人」云。以前鄧州節度使、燕國公馮道爲守太師，進封齊國公。甲子，帝不豫。庚午，以前宗正卿石光贊爲太子賓客，以太僕卿趙上交爲祕書監。丁丑，故尚書左丞韓祚贈司徒。二十七日丁丑，帝崩於萬歲殿，時年五十四，祕不發喪。庚辰，太傅杜重威伏誅。案契丹國志云：漢祖召蘇逢吉、楊邠、史弘肇入受顧命，曰：「承祐幼弱，後事託在卿輩。」又曰：「善防杜重威。」是日殂。逢吉等祕不發喪，下詔稱：「重威父子，因朕小疾，謗議搖衆，皆斬之。」磔死于市，市人爭啖其肉。（舊五代史考異）

二月辛巳朔，内降遺制，皇子周王承祐可於柩前即皇帝位。是日發哀。其年三月，太常卿張昭上謚曰睿文聖武昭肅孝皇帝，廟號高祖。十一月壬申，葬於睿陵，宰臣蘇禹珪撰謚册、哀册文云。永樂大典卷一萬六千九十八〔二〕。五代史補：高祖嘗在晉祖麾下，晉祖既起太原，因高祖遂有天下。先是，豫章有僧號上藍者，精於術數，自唐末著讖云：「石榴花發石榴開。」議者以「石榴」則晉、漢之謂也，再言「石榴」者，明享祚俱不過二世矣。

史臣曰：在昔皇天降禍，諸夏無君，漢高祖肇起并汾，遄臨汴洛，乘虚而取神器，因亂而有帝圖，雖曰人謀，諒由天啓。然帝昔莅戎藩，素虧物望，洎登宸極，未厭人心，徒矜拯溺之功，莫契來蘇之望。良以急於止殺，不暇崇仁。燕薊降師，既連營而受戮；鄴臺叛帥，因閉壘以偷生。蓋撫御以乖方，俾征伐之不息。及回鑾輅，尋墮烏號，故雖有應運之名，而未覩爲君之德也。永樂大典卷一萬六千九十八。

校勘記

〔一〕又案遼史世宗紀……以絶其北向之心耳　以上八十二字原闕，據舊五代史考異卷四補。

〔二〕以濮州就糧歸捷指揮使張建雄爲濮州刺史　上一「濮州」，原作「漢州」，據邵本校改。按本卷下文：「建雄、彥環皆因亂害本州刺史，自知州事，故有是命。」

〔三〕未量移者與量移　「者」字原闕，據彭校、册府卷九五補。

〔四〕樊暉　原作「楚暉」，據本書卷一二五王繼弘傳、册府卷九四三、通鑑卷二八七改。

〔五〕薛仁謙　原作「薛仁讓」，據殿本、邵本校、本書卷一二八薛仁謙傳改。

〔六〕故青州節度使楊光遠贈尚書令　「使」字原闕，據殿本、孔本、邵本校及本卷上下文補。

〔七〕安從進　原作「安重進」，據本書卷九八安從進傳、新五代史卷五一安從進傳改。

〔八〕遣人紿鐸云　「紿」，原作「詒」，據殿本、劉本、孔本、舊五代史考異卷四引文、宋史卷二五四薛懷讓傳改。

〔九〕權太常卿張昭上疏　本書卷一四四樂志上同，本卷上文：「（九月丁卯）權判太常卿事張昭爲太常卿。」按時張昭已爲太常卿。

〔一〇〕充侍衞馬軍都指揮使　「馬軍」，原作「步軍」，據本書卷一〇一漢隱帝紀上、宋史卷二五二李洪信傳改。按本卷下文，時侍衞步軍都指揮使爲尚洪遷。

〔一一〕尚洪遷　原作「尚洪千」，據殿本、劉本、尚洪遷墓誌（拓片刊晉陽古刻選隋唐五代墓誌卷）改。影庫本批校：「『尚洪千』，『千』應作『遷』。」本書各處同。

〔一二〕永樂大典卷一萬六千九十八　檢永樂大典目録，卷一六〇九八「漢」字韻「宣帝九」，與本則內容不符，恐有誤記。陳垣舊五代史輯本引書卷數多誤例謂應作卷一六一九八「漢」字韻「五代漢高祖一二」。本卷下一則同。

舊五代史卷一百一

漢書三

隱帝紀上

隱皇帝，諱承祐，高祖第二子也。母曰李太后，以唐長興二年歲在辛卯三月九日〔一〕，生帝於鄴都之舊第。高祖鎮太原，署節院使，節院，原本作「即院」，册府元龜作「節院」，今改正。（影庫本粘籤）累官至檢校尚書右僕射。國初，授左衛大將軍、檢校司空〔二〕，遷大内都點檢、檢校太保。

乾祐元年正月二十七日，高祖崩，祕不發喪。二月辛巳，授特進、檢校太尉、同平章事，封周王。宣制畢，有頃，召文武百僚赴萬歲殿内，降大行皇帝遺制，云：「周王承祐，可於柩前即皇帝位，服紀日月，一依舊制。」是日，内外發哀成服。初，高祖欲改年號，中書門下進擬「乾和」二字，高祖改爲乾祐，至是與御名相符。甲申，羣臣上表請聽政，詔答不允，凡四上表，從之。丁亥，帝於萬歲殿門東廡下見羣臣，尊母后爲皇太后。己丑，徐州節度使王周卒。庚寅，以前晉州留後劉在明爲鎮州留後、幽州馬步軍都部署，加檢校太尉。是日，工部尚書龍敏卒。壬辰，右衛大將軍王景崇奏，於大散關大敗蜀軍，俘斬三千人。初，契丹犯京師，侯益、趙贊皆受其命節制岐、蒲，聞高祖入洛，頗懷反仄。朝廷移贊於京兆，「移贊于京兆」下疑有脱文，考册府元龜所引薛史與永樂大典同，今仍其舊。（影庫本粘籤）侯益與贊皆求援於蜀，蜀遣何建率軍出大散關以應之。至是，景崇糾合岐、雍、邠、涇之師以破之。癸巳，制：「大赦天下，自乾祐元年二月十三日昧爽已前，所犯罪人，已結正未結正，已發覺未發覺，常赦所不原者咸赦除之。中外文武臣僚並與加恩，馬步將士各賜優給。唐、晉兩朝求訪子孫，立爲二王後」云。丙午，鳳翔巡檢使王景崇遣人送所獲僞蜀將校軍士四百三十八人至闕下，詔釋之，仍各賜衣服。以兵部侍郎張允爲吏部侍郎，以工部侍郎司徒詡爲禮部侍郎。丁未，以光禄卿李式爲尚書右丞，以禮部侍郎邊歸讜爲刑部侍郎，以刑部侍郎盧價爲兵部侍郎。

三月甲寅，帝始御廣政殿，羣臣起居。殿中少監胡崧上言：「請禁斫伐桑棗爲薪，城門所由，專加捉搦。」從之。丙辰，鄴都留守、太尉、中書令、臨清王高行周進封鄴王，北京留守、檢校太尉、同平章事劉崇，宋州節度使兼侍衛親軍馬步軍都指揮使、檢校太尉、同平章事史弘肇〔三〕，並加檢校太師、兼侍中。前邢州節度使安叔千以太子太師致仕。戊午，以右諫議大夫于德辰爲兵部侍郎。庚申，河中節度使、檢校太師、兼中書令李守貞加守太傅，進封魯國公；襄州節度使、檢校太師、兼中書令、虢國公安審琦加守太保，進封齊國公；兗州節度使、檢校太師、兼侍中、岐國公符彥卿加兼中書令，進封魏國公；許州節度使兼侍衞親軍副都指揮使、檢校太尉、同平章事劉信加檢校太師。壬戌，以宰臣竇貞固爲山陵使，吏部侍郎段希堯爲副使，太常卿張昭爲禮儀使，兵部侍郎盧價爲鹵簿使，御史中丞邊蔚爲儀仗使。丙寅，以前鳳翔節度使兼西南面兵馬都部署、檢校太師、兼侍中侯益爲開封尹、加兼中書令；案宋史侯益傳：益率數十騎奔入朝，隱帝遣侍臣問益連結蜀軍之由〔四〕，益對曰：「臣欲誘之出關，掩殺之耳。」隱帝笑之。益厚賂史弘肇輩，言王景崇之横恣，諸權貴深庇護之，乃授以開封尹、兼中書令。（舊五代史考異）西京留守、檢校太師、平章事、莒國公李從敏，夏州節度使、檢校太師、同平章事李彝殷，並加兼侍中；青州節度使、檢校太尉、同平章事劉銖，鄆州節度使、檢校太尉、同平章事慕容彥超，並加檢校太師。詔改廣晉府爲大名府，晉昌軍爲永興軍。戊辰，靈州節度使、檢校太師、同平章事馮暉加兼侍中；河陽節度使武行德、滄州節度使王景、華州節度使侯章、晉州節度使王晏，並依前檢校太尉，加同平章事。庚午，涇州節度使史懿、潞州節度使常思、同州節度使張彥威、延州節度使高允權，並依前檢校太尉，加同平章事；澶州節度使郭從義、邢州節度使薛懷讓，並自檢校太傅加檢校太尉；以前奉國右廂都指揮使王饒爲鄜州留後。甲戌，以邠州節度使、檢校太尉、同平章事王守恩爲永興軍節度使，加檢校太師；以滑州節度使、檢校太尉郭謹爲邠州節度使；以前鎮州留後、檢校太傅白再榮爲滑州節度使，加檢校太尉；以陝州節度使、檢校太尉、同平章事趙暉爲鳳翔節度使；以前河中節度使、檢校太尉、同平章事白文珂爲陝州節度使。殿中監任延浩配流鄜州〔五〕，坐爲劉崇所奏故也。丙子，鄧州節度使劉重進、相州節度使王繼弘、安州節度使楊信，並自檢校太傅加檢校太尉。以鎮州留後兼幽州一行馬步軍都部署、檢校太傅劉在明爲鎮州節度使〔六〕，加檢校太師，部署如故；貝州節度使、檢校太傅李殷加檢校太尉；定州節度使、檢校太尉孫方簡，府州節度使、檢校太傅折從阮〔七〕，並加檢校太師。丁丑，中書侍郎兼户部尚書、平章事李濤罷免，勒歸私第。時蘇逢吉等在中書，樞密使楊邠、副樞密使郭威等權勢甚盛，中書每有除授，多爲邠等所抑。濤不平之，因上疏請出邠等，以藩鎮授之，樞密之務，宜委逢吉、禹珪。疏入，邠等知之，乃見太后，泣訴其事，太后怒，濤由是獲譴。先是，中書廚釜鳴者數四，未幾，濤罷免。案宋史李濤傳：濤請出邠等藩鎮，以清朝政，隱帝不能決，白於太后。太后召邠等諭之，反爲所搆，免相歸第。與薛史異。（舊五代史考異）西道諸州奏，河中李守貞謀叛，發兵據潼關。

夏四月辛巳，陝州兵馬監押王玉奏，收復潼關。定州孫方簡奏，三月二十七日，契丹棄定州遁去。壬午，以樞密使楊邠爲中書侍郎兼吏部尚書、平章事，使如故；以副樞密使郭威爲樞密使，加檢校太尉；三司使王章加檢校太尉、同平章事。郢州刺史尹實奏，荆南起兵在境上，欲攻城。是日，以澶州節度使郭從義爲永興軍一行兵馬都部署。時供奉官時知化、王益自鳳翔部署前永興節度使趙贊部下牙兵趙思綰等三百餘人赴闕，三月二十四日，行次永興，思綰等作亂，突入府城，據城以叛，故命從義帥師以討之。案歐陽史云：四月壬午，永興軍將趙思綰叛附于李守貞。案薛史，趙思綰據城叛，自在三月，非四月事。又思綰先據城叛，後附于李守貞。歐陽史先書李守貞反，後書思綰叛，亦誤也。通鑑從薛史。甲申，王景崇奏，趙思綰叛，見起兵攻討。丁亥，幸道宮、佛寺禱雨。戊子，東南面兵馬都元帥、兩浙節度使、檢校太師、兼中書令、吳越國王錢弘倧加諸道兵馬都元帥，天策上將軍、湖南節度使、檢校太師、兼中書令、楚王馬希廣加守中書令。以陝州節度使白文珂爲河中府城下一行都部署。庚寅，宰臣竇貞固、蘇逢吉、蘇禹珪並進封開國公。辛卯，削奪李守貞在身官爵。甲午，以翰林學士承旨、户部侍郎王仁裕爲户部尚書，以翰林學士、左散騎常侍張沆爲工部尚書，以翰林學士、中書舍人范質爲户部侍郎，以樞密直學士、尚書比部員外郎王度爲祠部郎中，並依前充職。以侍衛步軍都指揮使尚洪遷充西南面行營都虞候〔八〕，以客省使王峻爲西南面行營兵馬都監。戊戌，以宣徽南院使扈彦珂爲左金吾上將軍。庚子，以左金吾大將軍、充兩街使、檢校太傅劉承贇爲徐州節度使。甲辰，以宣徽北院使薛可言爲右金吾上將軍，以皇城使李暉爲宣徽南院使。乙巳，定州節度使孫方簡奏，復入於本州。初，方簡爲狼山寨主，叛晉歸契丹，及契丹降中渡之師，乃以方簡爲定州節度使。契丹主死，永康王嗣位，即以蕃將耶律忠代之，移方簡爲雲州節度使，方簡不受命，遂歸狼山。高祖至闕，方簡歸款，復以中山命之。是歲三月二十七日，契丹棄定州，隳城壁，焚室廬，盡驅人民入蕃，惟餘空城瓦礫而已。至是，方簡自狼山回保定州。是月，河決原武縣，河北諸州旱，徐州餓死民九百三十有七。

五月己酉朔，國子監奏，周禮、儀禮、公羊、穀梁四經未有印板，欲集學官考校雕造。從之。己未，回鶻遣使朝貢。丁卯，前翰林學士徐台符自幽州逃歸。乙亥，河決滑州魚池。

六月戊寅朔，日有食之。庚辰，以内客省使王峻爲宣徽北院使，依前永興城下兵馬都監。以冀州牢城指揮使張廷翰爲冀州刺史，時廷翰殺本州刺史何行通，自知州事，故有是命。甲申，以皇弟右衛大將軍承勳爲興元節度使、檢校太尉、同平章事，豐州節度使郭勳加檢校太師。辛卯，永興兵馬都部署郭從義奏，得王景崇報，有兵自隴州來，欲投河中，追襲至鄜城。荆南節度使高從誨上表歸命，從誨嘗拒朝命，至是方遣牙將劉扶詣闕請罪。

丙申，鎮州奏，節度使劉在明卒。戊戌，以河陽節度使武行德爲鎮州節度使，以宣徽南院使李暉爲河陽節度使，以相州節度使王繼弘爲貝州節度使。壬寅，荆南高從誨貢奉謝恩，釋罪。丙午，以前永興軍節度使王守恩爲西京留守。是月，河北旱，青州蝗。

秋七月戊申朔，相州節度使王繼弘殺節度判官張易，以訕言聞。是時，法尚深刻，藩郡凡奏刑殺，不究其實，即順其請，故當時從事鮮賓客之禮，重足累跡而事之，猶不能免其禍焉。壬子，以工部侍郎李穀充西南面行營都轉運使。乙卯，禮儀使張昭上高祖廟尊號，獻舞名并歌辭，舞曲請以「觀德」爲名，歌辭不録。丙辰，以久旱，幸道宫、佛寺禱雨，是日大澍。開封府言，陽武、雍丘、襄邑三縣，蝗爲鸜鵒聚食，詔禁捕鸜鵒。庚申，樞密使郭威加同平章事。辛酉，滄州上言，自今年七月後，幽州界投來人口凡五千一百四十七，北土饑故也。乙丑，以宣徽北院使王峻爲宣徽南院使，以内客省使吴虔裕爲宣徽北院使〔九〕。戊辰，以遂州節度使兼侍衛親軍馬軍都指揮使李洪信爲澶州節度使，以澶州節度使郭從義爲永興軍節度使兼行營都部署。庚午，故兵部尚書李懌贈尚書左僕射。鎮州奏，準詔處斬節度副使張鵬訖。鵬以一言之失，爲鄴帥高行周所奏，故命誅之。乙亥，新授鳳翔節度使趙暉奏，與八作使王繼濤領部下兵同赴鳳翔，時王景崇拒命故也。

八月己卯，以華州節度使侯章爲邠州節度使，以左金吾上將軍扈彦珂爲華州節度使。

壬午，命樞密使郭威赴河中府軍前，詔河府、永興、鳳翔行營諸軍一禀威節制。時李守貞、王景崇、趙思綰連衡作叛，朝廷雖命白文珂、常思攻討河中，物議以二帥非守貞之敵，中外憂之，及是命之降，人情大愜。案通鑑云：自河中[一〇]、永興、鳳翔三鎮拒命以來，朝廷繼遣諸將討之。昭義節度使常思屯潼關，白文珂屯同州，趙暉屯咸陽，惟郭從義、王峻置栅近長安，而二人相惡如水火，自春徂秋，皆相仗莫肯攻戰。帝患之，欲遣重臣臨督。壬午，以郭威爲西面軍前招慰安撫使[一一]，諸軍皆受威節度。與薛史所載詳略互異。又案薛史周太祖紀云：七月，西面師徒大集，未果進取，其月十三日，制授帝同平章事，即遣西征。據此紀，則周太祖以七月庚申加同平章事，八月壬午命赴河中府軍前，非一時事也。二紀前後自相矛盾。歐陽史漢周本紀，亦各仍薛史之舊，未能參考畫一。通鑑定從薛史漢紀[一二]。　癸巳，以奉國左廂都指揮使、閬州防禦使劉詞爲夔州節度使，充侍衛步軍都指揮使兼河中行營都虞候；以護聖左廂都指揮使、岳州防禦使李洪義爲遂州節度使，充侍衛馬軍都指揮使。乙未，兩浙節度使、檢校太尉、兼侍中、吴越國王錢弘俶加檢校太師、兼中書令、東南面兵馬都元帥。弘俶，故吴越王元瓘之子也。先是，其兄弘倧襲父位，尋爲部下所廢，以弘俶代之，故特加是命焉。新授鳳翔節度使趙暉奏，部署兵士赴鳳翔城下。癸卯，郭威奏，今月二十三日，大軍已抵河府賊城，至二十六日，開長連塹畢，築長連城次。

九月戊申，侯益部曲王守筠自鳳翔來奔，言益家屬盡爲王景崇所害。壬子，郭威奏，破河府賊軍於城下。甲寅，故夔州節度使兼侍衛步軍都指揮使尚洪遷贈太尉。乙丑，雪，書不時也。戊辰，鳳翔都部署趙暉奏，大破川軍於大散關，殺三千餘人，其餘棄甲而遁。案隆平集：藥元福從趙暉進討，兵衆寡數倍，他將皆爲卻，元福擁數百騎獨出，令曰：「敢回頭者斬。」衆効死以戰，遂有成功。（舊五代史考異）壬申，郭威奏，得郭從義報，今月十四日，鳳翔王景崇兵士離本城，尋遣監軍李彥從率兵襲至法門寺西，殺戮二千餘人。詔升河中府解縣爲解州。

冬十月丙子朔，山陵使竇貞固上大行皇帝陵名曰睿陵，從之。丁丑夕，歲星入太微。戊寅，趙暉奏，破王景崇賊軍於鳳翔城下。甲申，吐番遣使獻方物。丙戌，右羽林將軍張播停任，坐檢田受請託也。丁亥，中書舍人張誼責授房州司户，兵部郎中馬承翰責授慶州司户，並員外置，所在馳驛發遣。先是，誼與承翰俱銜命于兩浙，覩其驕僭之失，形於譏誚，兼乘醉有輕肆之言，錢弘俶恥之，摭其過以奏之，朝廷以方務懷柔，故有是命。甲辰，延州奏，夏州李彝殷先出兵臨州境，夏州，原本作「雅州」，今從歐陽史改正。（影庫本粘籤）欲應接李守貞，今却抽退。

十一月甲寅，誅太子太傅李崧及其弟司封員外郎嶼、國子博士嶬，夷其族，爲部曲誣告故也。詔曰：「稔惡圖危，難逃天網；虧忠負義，必速神誅。李崧頃在前朝，最居重位，略無裨益，遂至滅亡。及事契丹，又爲親密，士民俱憤，險佞可知。先皇帝含垢掩瑕，推恩念舊，擢居一品，俾列三師。不謂潛有苞藏，謀危社稷，散差人使，潛結奸兇，俯近山陵，擬爲叛亂。按其所告，咸已伏辜，宜正典章，用懲奸逆。其李崧、李嶼、李㠖一家骨肉，及同謀作亂人，並從極法」云。庚申，大行皇帝靈駕進發。辛酉，荆南奏，節度使高從誨卒。壬申，葬高祖皇帝於睿陵。

十二月丁丑[三]，荆南節度副使、檢校太傅、行峽州刺史高保融起復，授荆南節度使、檢校太尉、同平章事、渤海郡侯。壬午，帝被衮冕御崇元殿，授六廟寶册，正使宰臣蘇禹珪及副使太府卿劉皞赴西京行禮。兖州奏，淮賊先於沂州界立栅，前月十七日已歸海州，爲李守貞牽制也。案南唐書：嗣主六年，李守貞遣從事朱元、李平奉表來乞師，以潤州李金全爲西面行營招撫使，壽州劉彦貞爲副，諫議大夫查文徽爲監軍使，兵部侍郎魏岑爲沿淮巡撫使，聞河中平，遽班師。又李金全傳云：出師沭陽，諸將鋭于進取，金全獨以爲遠不相及，乃止。（舊五代史考異）庚寅，奉高祖神主於西京太廟。淮南僞主李璟奉書於帝，云：「先因河府李守貞求援，又聞大國沿淮屯軍，當國亦於境上防備。昨聞大朝收軍，當國尋已徹備，其商旅請依舊日通行。」朝廷不報。辛卯，羣臣上表，請以三月九日誕聖日爲嘉慶節，從之。延州節度使高允權奏，得都頭李彥、李遇等告：「太子太師致仕劉景巖與鄉軍指揮使高志，結集草寇，欲取臘辰窺圖州城。尋請使臣與指揮使李勳，聊將兵士巡檢偵邏，劉景巖果出兵鬭敵，時即殺敗，其劉景巖尋獲斬之。」詔曰：「劉景巖年已衰暮，身處退閑，曾無止足之心，輒肆苞藏之毒，結集徒黨，窺伺藩垣。所賴上將輸忠，三軍協力，盡除醜類，克殄渠魁。其劉景巖次男前德州刺史行琮已行極法，長男渭州刺史行謙、孫男邢州馬軍指揮使崇勳特放。」是冬，多昏霧，日晏方解。永樂大典卷一萬六千二百二。

校勘記

〔一〕三月九日　「九日」，原作「七日」，據册府卷二、五代會要卷一改。按本卷下文：「羣臣上表，請以三月九日誕聖日爲嘉慶節。」册府卷一一一「隱帝乾祐三年三月丙午嘉慶節」、通鑑卷二八九「三月丙午嘉慶節」，是月戊戌朔，丙午爲初九。

〔二〕檢校司空　册府卷一一作「檢校司徒」。

〔三〕同平章事劉崇宋州節度使兼侍衞親軍馬步軍都指揮使檢校太尉同平章事史弘肇　「劉崇」下原有「加」字，朱玉龍方鎮表：「考五代無以節度使爲加官，原文疑有舛誤。」按本書卷一三五劉崇傳：「隱帝嗣位，加檢校太師、兼侍中。」無加宋州節度使事。又據本書卷一〇〇漢高祖紀下：「（天福十二年十一月）以許州節度使、侍衛步軍都指揮使史弘肇爲宋州節度使。」知爲宋州節度使者乃史弘肇，與劉崇無涉，「加」字爲衍文，據删。

〔四〕隱帝遣侍臣問益連結蜀軍之由　「侍臣問」，原作「侍中聞」，據殿本、劉本、宋史卷二五四侯益傳改。

〔五〕鄜州　本書卷一〇八任延皓傳作「麟州」。

〔六〕檢校太傅劉在明爲鎮州節度使　「太傅」，本卷上文作「太尉」。

〔七〕檢校太傅折從阮　「太傅」，本書卷九九漢高祖紀上作「太尉」。按本書卷一二五折從阮傳：「漢祖建號晉陽……授從阮光禄大夫、檢校太尉、永安軍節度、府勝等州觀察處置等使。」

〔八〕以侍衛步軍都指揮使尚洪遷充西南面行營都虞候　「西南面」，通鑑卷二八八、尚洪遷墓誌（拓片刊晉陽古刻選隋唐五代墓誌卷）作「西面」。孔本注：「案通鑑作西面行營都虞候。」

〔九〕内客省使　「使」字原闕，據殿本、劉本、孔本補。

〔一〇〕河中　原作「河東」，據通鑑卷二八八改。

〔一一〕以郭威爲西面軍前招慰安撫使　「西面」二字原闕，據通鑑卷二八八補。

〔一二〕又案薛史……通鑑定從薛史漢紀　以上一〇六字原闕，據舊五代史考異卷四補。

〔一三〕十二月丁丑　「月」字原闕，據殿本、劉本、孔本、邵本校補。

舊五代史卷一百二

漢書四

隱帝紀中

乾祐二年春正月乙巳朔，制曰：

朕以眇躬，獲纘洪緒，念守器承祧之重，懷臨深履薄之憂。屬以玄道猶艱，王室多故，天降重戾，國有大喪，奸臣樂禍以圖危，羣寇幸災而伺隙，力役未息，兵革方殷。朕所以嘗膽履冰，廢飧輟寐，雖居億兆之上，不以九五爲尊，漸冀承平，永安遐邇。內則稟太后之慈訓，外則仗多士之忠勳，股肱叶謀，爪牙宣力。西摧三叛，撫其背而扼其喉；北挫諸蕃，斷其臂而折其脊。次則巴邛嘯聚，淮海猖狂，纔聞矢接鋒交，已見山摧岸沮，寇難少息，師徒無虧。兼以修奉園陵，崇建宗廟，右賢左戚，同寅協恭，多事之中，大禮無闕，負荷斯重，哀感良深。

今以三陽布和，四序更始，宜申兑澤，允答天休，䘏獄緩刑，捨過宥罪，當萬物之莩甲，開三面之網羅，順彼發生，以召和氣。應乾祐二年正月一日昧爽已前，天下見禁罪人，除十惡五逆、官典犯贓、合造毒藥、劫家殺人正身外，其餘並放。河府李守貞、河府，原本作「何府」，册府元龜作「河中」，考薛史多稱河中府爲河府，今改正。（影庫本粘籤）鳳翔王景崇、永興趙思綰等，比與國家素無讎釁，偶因疑懼，遂至叛違。然以彼之生靈，朕之赤子，久陷孤壘，可念非辜，易子析骸，填溝委壑，爲人父母，寧不軫傷！但以屈己愛人，先王厚德，包垢含辱，列聖美談，宜推濟物之恩，用廣好生之道。其李守貞等，宜令逐處都部署分明曉諭，若能翻然歸順，朕即待之如初，當保始終，享其富貴，明申信誓，固無改移。其或不順推誠，堅欲拒命，便可應時攻擊，剋日盪平，候收復城池，罪止元惡，其餘詿誤，一切不問。

重念征討已來，勞役滋甚，兵猶在野，民未息肩，急賦繁徵，財殫力匱。矜卹之澤，未被於疲羸；愁嘆之聲，幾盈於道路。即俟邊鋒少弭，國難漸除，當議優饒，冀獲蘇息。諸道藩侯郡守等，咸分寄任，共體憂勞，更宜念彼瘡痍，倍加勤卹，究鄉閭之疾苦，去州縣之煩苛，勸課耕桑，省察冤濫，共恢庶政，用副憂勞。凡百臣僚，當體朕意。

壬子，賜前昭義軍節度使張從恩衣一襲，金帶、鞍馬、綵帛等。時有投無名文字誣告從恩者，故特有是賜，以安其心。乙卯，河府軍前奏，今月四日夜，賊軍偷斫河西寨，捕斬七百餘級。時蜀軍自大散關來援王景崇，郭威自將兵赴岐下，將行，戒白文珂、劉詞等曰：「賊之驍勇，並在城西，慎爲儆備。」既行，至華州，聞川軍敗退，且憂文珂等爲賊奔突，遂兼程而迴。賊城内偵知郭威西行，於正月四日夜，遣賊將王三鐵等，案：通鑑作王繼勳。宋史王繼勳傳：繼勳有武勇，在軍陣常用鐵鞭、鐵槊、鐵檛，軍中目爲「王三鐵」〔一〕。率驍勇千餘人，沿流南行，坎岸而登，爲三道來攻。賊軍已入王師砦中，劉詞極力拒之，短兵既接，遂敗之。

二月丙子，詔：「諸道州府，所征乾祐元年夏秋苗畝上紐征白米稈草已納外，並放。」是日旦，黑霧四塞。丁丑夕，大風。乙酉，以前房州刺史李筠夫爲鴻臚卿。戊子，前右監門將軍喬達，及其兄契丹僞命客省使榮等皆棄市。達，李守貞之妹壻也，故皆誅之。庚寅，徐州巡檢使成德欽奏，至峒峿鎮遇淮賊〔二〕，破之，殺五百人，生擒一百二十人。戊戌，大雨霖。庚子，詔左諫議大夫賈緯等修撰高祖實録。

三月丙辰，以北京衙内指揮使劉鈞爲汾州防禦使。

夏四月丙子，以荆南節度行軍司馬、武泰軍節度留後王保義爲檢校太尉，領武泰軍節度使，行軍如故。丁丑，潁州獻紫兔、白兔。是月，幽、定、滄、貝、深、冀等州地震。辛巳，太白經天。辛丑，幸道宮禱雨。

五月甲辰朔，故湖南節度使、檢校太尉、兼中書令、扶風郡公、贈太師馬希聲追封衡陽王。戊申，以前邠州節度使安審約爲左神武統軍，以前洛京副留守袁㦤爲右神武統軍。乙卯，河府軍前奏，今月九日，河中節度副使周光遜棄賊河西寨，與將士一千一百三十人來奔。己未，右監門大將軍許遷上言，奉使至博州博平縣界，覩蝝生彌亘數里，一夕並化爲蝶飛去。辛酉，兗、鄆、齊三州奏蝝生。乙丑，永興趙思綰遣牙將劉成詣闕乞降〔三〕，制授趙思綰華州節度留後、檢校太保，以永興城内都指揮使常彥卿爲虢州刺史。丁卯，宋州奏，蝗抱草而死。己巳，湖南奏，蠻寇賀州，遣大將軍徐進率兵援之，戰於風陽山下，大敗蠻獠，斬首五千級。

六月癸酉朔，日有食之。兗州奏，捕蝗二萬斛。魏、博、宿三州蝗抱草而死。抱草，原本作「抱卓」，今據薛史五行志改正。（影庫本粘籤）乙亥，潁州獻白鹿。戊寅，安州節度使楊信案：楊信本名承信，在隱帝時，避御名去「承」字。薛史仍當時實録之舊。（舊五代史考異）奏，亡父光遠，蒙賜神道碑，鐫勒畢，無故中斷。詔別令斲石鐫勒。己卯，滑、濮、澶、曹、兗、淄、青、齊、宿、懷、相、衛、博、陳等州奏蝗，分命中使致祭於所在川澤山林之神。開封府、滑、曹等州蝗甚，遣使捕之。案宋史段思恭傳：隱帝時蝗〔四〕，詔徧祈山川。思恭上言：「赦過宥罪，議獄緩刑，苟獄訟平允〔五〕，則災害不生。望令諸州速決重刑，無致淹濫，必召和氣〔六〕。」從之。（舊五代史考異）壬午，月犯心星。辛卯，回鶻遣使貢方物。丙申，改商州乾元縣爲乾祐縣，隸京兆府。是月，邠、寧、澤、潞、涇、延、鄜、坊、晉、絳等州旱。

秋七月辛亥，湖南奏，析長沙縣東界爲龍喜縣，從之。丙辰，樞密使郭威奏，收復河府羅城，李守貞退保子城。丁巳，永興都部署郭從義奏：「新除華州留後趙思綰，自今月三日授華州留後，準詔赴任，三移行期，仍要鎧甲以給牙兵，及與之，竟不遵路。至九日夕，有部曲曹彥進告，思綰欲於十一日夜與同惡五百人奔南山入蜀。是日詰旦，再促上路，云俟夜進途。臣尋與王峻入城〔七〕，分兵守四門，其趙思綰部下軍，各已執帶，遂至牙署，令召思綰〔八〕，至則執之，與一行徒黨，並處置訖。」案：歐陽史作七月丁巳，郭威殺華州留後趙思綰于京兆，以郭威專殺爲文，與薛史異。（舊五代史考異） 案：歐陽史作七月丁巳，郭威殺華州留後趙思綰于京兆。蓋以郭從義等請命于郭威，始誅思綰，故以郭威專殺爲文，又誤以奏聞之日爲專殺之日也。通鑑作甲辰，趙思綰釋甲出城受詔。壬子，殺思綰。與薛史合，爲得其實。（孔本）甲子，樞密使郭威奏，收復河中府，逆賊李守貞自燔而死。案通鑑：壬戌，李守貞自焚死。歐陽史作甲子，克河東。祇以奏聞之日爲據也。五代春秋繫于六月，殊誤。（舊五代史考異）丙寅，以權涼州留後折逋嘉施爲河西軍節度留後。兗州奏，捕蝗三萬斛。丁卯，前洺州團練使武漢球卒。戊辰，永興軍節度使兼兵馬都部署郭從義加同平章事，徙華州節度使〔九〕。郭從義奏，處斬前巡檢使喬守溫，供奉官王益、時知化、任繼勳等。守溫受高祖命巡檢京兆，會王益自鳳翔押送趙思綰等赴闕，行至京兆，守溫迎益於郊外，思綰等突然作亂，遂據其城。及郭從義率兵攻討，令守溫部署役夫。守溫有愛姬陷在賊城，爲思綰所録，及收城，從義盡得思綰之婢僕，守溫求其愛姬，從義雖與之，意有所慊，遂發前罪，密啓于郭威，請除之，與王益等併誅焉。兗州奏，捕蝗四萬斛。

壬午〔一〇〕，西京留臺侍御史趙礪彈奏，太子太保王延〔一一〕、太子洗馬張季凝等，自去年五月後來，每稱請假，俱是不任拜起。詔延等宜以本官致仕。甲申，以陝州節度使、充河中一行兵馬都部署白文珂爲西京留守，加兼侍中，潞州節度使、充河中一行副都署常思加檢校太師。以右散騎常侍盧撰爲户部侍郎致仕。辛卯，右拾遺高守瓊上言：「仕官年未三十，請不除授縣令。」詔：「起今後諸色選人，年及七十者，宜注優散官；年少未歷資考者，不得注擬縣令。」癸巳，以翰林學士、工部尚書張沆爲禮部尚書。沆卜葬先人，以内署無例乞假，乃上章請解職，以赴葬事，遂落職以遣之。乙未，宣徽南院使、永興行營兵馬都監王峻，宣徽北院使、河府行營兵馬都監吴虔裕，並加檢校太傅。

九月乙巳，樞密使郭威檢校太師、兼侍中，宋州節度使兼侍衛親軍都指揮使史弘肇加兼中書令。初，郭威平河中回，朝廷議加恩，威奏曰：「臣出兵已來，輦轂之下，無犬吠之憂，俾臣得專一其事，軍旅所聚，貲糧不乏，此皆居中大臣鎮撫謀畫之功也，臣安敢獨擅其美乎！」帝然之，於是弘肇與宰相、樞密使、三司使，次第加恩。既而諸大臣以恩之所被，皆朝廷親近之臣，而宗室劉信及青州劉銖等皆國家元勳，青州劉銖，原本作「清州劉殊」，今從通鑑改正。（影庫本粘籤）必有不平之意，且外慮諸侯以朝廷有私於親近也，於是議及四方侯伯，普加恩焉。丙午，西京留守判官時彦澄、推官姜蟾、少尹崔淑並免居官，坐不隨府罷職，爲留臺侍御史趙礪所彈也。己酉，以右千牛上將軍孫漢贇爲絳州刺史。禮部尚書、判吏部尚書銓事王松停見任，坐子仁寶爲李守貞從事也，尋卒於其第。辛亥，宰臣竇貞固加守司徒，案：宋史竇貞固傳作隱帝即位，加司徒。考貞固加司徒，在乾祐二年，宋史作即位所加，蓋未詳考。（舊五代史考異）蘇逢吉加守司空，蘇禹珪加左僕射。楊邠加右僕射，依前兼樞密使。太子太師致仕皇甫立卒。癸丑，三司使王章加邑封。乙卯，鄴都高行周加守太師，襄州安審琦加守太傅，兗州符彦卿加守太保[二]，北京劉崇加兼中書令。丁巳，澶州李洪信移鎮陝州，以侍衛馬軍都指揮使、遂州節度使李洪義爲澶州節度使。己未，許州劉信加兼侍中，開封尹侯益進封魯國公，鄆州慕容彦超、青州劉銖並加兼侍中。湖南馬希廣奏，於八月十八日大破朗州馬希萼之衆。辛酉，靈州馮暉、夏州李彝殷並加兼中書令。右武衛將軍石懿[三]、左武衛將軍石訓並停任。懿等以八月中秋，享晉五廟，命倡婦宿於齋宮，鴻臚寺劾之，故有是責。癸亥，鎮州武行德、鳳翔趙暉並加檢校太師。鄴都、磁、相、邢、洺等州奏〔一四〕，霖雨害稼。西京奏，洛水溢岸。乙丑，晉州王晏、同州張彥贇、邠州侯章、涇州史懿、滄州王景、延州高允權並加檢校太師。

冬十月庚午朔，契丹入寇。是日，定州孫方簡、徐州劉贇並加同平章事，以利州節度使宋延渥爲滑州節度使。案：延渥爲利州節度使，于前未見。王禹偁宋公神道碑云：「少帝嗣統，授檢校太尉，使持節利州諸軍事、行利州刺史。」蓋延渥于元年出鎮利州，二年復改鎮也。薛史未及詳載。（舊五代史考異）甲戌，皇弟興元節度使承勳加檢校太師。承勳，原本作「成熏」，今從歐陽史家人傳改正。（影庫本粘籤）丙子，相州郭謹、貝州王繼弘、邢州薛懷讓並加檢校太尉〔一五〕。庚辰，安州楊信、鄧州劉重進加檢校太師，河陽李暉加檢校太傅。壬午，兩浙錢弘俶加守尚書令，湖南馬希廣加守太尉。癸未，監修國史蘇逢吉、史官賈緯以所撰高祖實録二十卷上之。丙戌，荆南高保融加檢校太師、兼侍中；以殿前都部署、江州防禦使李建爲遂州節度使〔一六〕，充侍衛馬軍都指揮使；以奉國左廂都指揮使、永州防禦使王殷爲夔州節度使，充侍衛步軍都指揮使。契丹陷貝州高老鎮，南至鄴都北境，又西北至南宫、堂陽，殺掠吏民。數州之地，大被其苦，藩郡守將，閉關自固。遣樞密使郭威率師巡邊，仍令宣徽使王峻參預軍事。庚寅，府州折從阮進封岐國公，豐州郭勳進封虢國公。

十一月壬寅，鄜州留後王饒加檢校太傅。癸丑，以吴越國王錢弘俶母吴氏爲順德太夫人。時議者曰：「封贈之制，婦人有國邑之號，死乃有謚，后妃公主亦然。唐則天女主，自我作古，乃生有則天之號，韋庶人有順聖之號，知禮者非之。近代梁氏，賜張宗奭妻號曰賢懿，又改爲莊惠，今以吴氏爲順德，皆非古之道也。」乙卯，以太府卿劉皞爲宗正卿。

十二月庚午朔，湖南奏，静江軍節度使馬希瞻以今年十月十八日卒，廢朝二日。辛未，日暈三重。戊寅，司徒、門下侍郎、平章事竇貞固奏，請修晉朝實録，詔史官賈緯、竇儼、王伸等修撰。以禮部尚書張沆復爲翰林學士。壬午，皇帝二十一姊永寧公主進封秦國長公主。潁州奏，破淮賊於正陽〔一七〕。永樂大典卷一萬六千二百二。

校勘記

〔一〕宋史王繼勳傳……軍中目爲王三鐵　以上二十九字原闕，據舊五代史考異卷四補。

〔二〕峒峿鎮　册府卷四三五、通鑑卷二八八同，劉本、邵本校、彭校作「峒峿鎮」。按錢大昕潛研堂集卷二八：「徐州之峒峿鎮，古書本作『司吾』，後人增加『山』旁，刊本訛『峒』爲『峒』，遂讀爲『崆峒』之『峒』，失其義矣。」

〔三〕劉成　册府卷一六六同，本書卷一〇九趙思綰傳作「劉成琦」，新五代史卷五三趙思綰傳作「劉筠」。

〔四〕隱帝時蝗　「時」字原闕，據宋史卷二七〇段思恭傳補。

〔五〕苛獄訟平允　「苛」字原闕，據殿本、劉本、宋史卷二七〇段思恭傳補。

〔六〕必召和氣　「氣」，原作「平」，據宋史卷二七〇段思恭傳改。

〔七〕王峻　原作「王俊」，據殿本、劉本、孔本、邵本校、册府卷四三五、通鑑卷二八八及本卷下文改。影庫本批校：「王俊之『俊』，據下文當作『峻』。」

〔八〕令召思綰　「召」，原作「趙」，據册府卷四三五、新五代史卷五三趙思綰傳、通鑑卷二八八改。

〔九〕徙華州節度使　「徙」，原作「以」，據殿本、孔本改。影庫本粘籤：「『以華州節度使』句，『以』字按文義當作『徙』字。」按朱玉龍方鎮表：「劉詞爲鎮國，兩五代史劉詞傳、册府卷三八七將帥部與通鑑同，俱云河中李守貞平，以功拜鎮國節度使。惟舊史隱帝紀中云，乾祐二年七月戊辰，永興節度使郭從義徙華州。此不獨與通鑑異，且與同書下年四月壬申『華州劉詞移鎮邢州』文不協。據宋史郭從義傳及舊史周太祖紀，趙思綰叛，以從義爲永興節度使，廣順元年正月癸未加兼侍中，同年八月壬子徙許州，皆無中間移鎮華州之説。參校通鑑所引乾祐二年七月戊辰制『加永興節度使郭從義同平章事，徙鎮國節度使扈從珂爲護國節度使，以河中行營馬步都虞候劉詞爲鎮國節度使』，必是舊史『徙華州節度使』下脱『扈從珂爲護國節度使，以河中行營馬步都虞候劉詞爲鎮國節度使』。」

〔一〇〕壬午　按七月壬寅朔，無壬午，本卷下文甲申事，通鑑卷二八八繫於八月，八月壬申朔，壬午爲十一日，甲申爲十三日。

〔二〕太子太保王延　册府卷五二〇下同，本書卷一一一周太祖紀二「（廣順元年）以太子少保致仕王延爲太子少傅」，新五代史卷五七王延傳作「以太子少保致仕」，則王延當以太子少保致仕。

〔三〕兗州符彦卿加守太保　「兗州」，原作「兗州府」，據劉本、彭本、本書卷一〇三漢隱帝紀下改。

〔三〕右武衛將軍石懿　「武」字原闕，據劉本、邵本、彭本補。

〔四〕鄴都磁相邢洺等州奏　「州」字原闕，據殿本補。

〔五〕相州郭謹貝州王繼弘邢州薛懷讓並加檢校太尉　「太尉」，本書卷一〇六郭謹傳、册府卷一七二作「太師」。本書卷一〇〇漢高祖紀下：「（天福十二年十二月）以前鄜州節度使郭謹爲滑州節度使，加檢校太尉。」又據本書卷一〇一漢隱帝紀上，乾祐元年三月薛懷讓、王繼弘分别自檢校太傅加檢校太尉，則三人此前皆已加太尉。按「太尉」疑爲「太師」之訛。

〔六〕李建　本書卷一〇三漢隱帝紀下、通鑑卷二八九作「李洪建」。

〔七〕破淮賊於正陽　「正陽」，原作「安陽」，據殿本、孔本、通鑑卷二八八改。通鑑胡注：「九域志，潁州潁上縣有正陽鎮，臨淮津。」

舊五代史卷一百三

漢書五

隱帝紀下

乾祐三年春正月己亥朔，帝不受朝賀。鳳翔行營都部署趙暉奏，前月二十四日，收復鳳翔，逆賊王景崇舉族自燔而死。案：歐陽史作正月，西面行營都部署趙暉克鳳翔。據薛史則收復鳳翔自在二年十二月，非三年春事也，歐陽史蓋誤以告捷之月爲收復之月耳。五代春秋作十二月，趙暉克鳳翔，誅王景崇，爲得其實。丁未，鳳翔節度使、充西南行營都部署趙暉加兼侍中。戊申，密州刺史王萬敢奏，奉詔領兵入海州界，至荻水鎮，俘掠焚蕩，更請益兵。詔前沂州刺史郭瓊率禁軍赴之。庚戌，前永興軍節度副使安友規除名，流登州沙門島。先是，友規權知永興軍府事，及趙思綰之奔衝，友規失守城池，至是乃正其罪焉。癸亥，癸亥，以長曆推之，當作「癸丑」，今無別本可校，姑仍其舊。（影庫本粘籤）以前邠州節度使宋彦筠爲太子太師致仕。丙寅〔一〕，分命使臣赴永興、鳳翔、河中，收葬用兵已來所在骸骨〔二〕，時已有僧聚髑髏二十萬矣。前沂州刺史郭瓊奏，部署兵士，深入海州賊界。是月，有狐登明德樓，主者獲之，比常狐毛長〔三〕，而腹下别有二足。

二月辛巳，青州奏，郭瓊部署兵士，自海州迴至當道。甲申，樞密使郭威巡邊迴。丁亥，汝州防禦使劉審交卒。乙未，以前安州節度使劉遂凝爲左武衛上將軍，以鄜州節度使焦繼勳爲左衛上將軍，以前永興軍節度使趙贇爲左驍衛上將軍。

三月己亥，徐州部送所獲淮南都將李暉等三十三人徇于市，給衫帽放還本土。是月，鄴都留守高行周、兗州符彦卿、鄆州慕容彦超、西京留守白文珂、鎮州武行德、安州楊信、潞州常思、府州折從阮皆自鎮來朝，嘉慶節故也。戊午，宴羣臣於永福殿，帝初舉樂。壬戌，鄴都高行周移鎮鄆州，兗州符彦卿移鎮青州，並加邑封。甲子，西京留守白文珂、潞州常思、鎮州武行德並進邑封，鄆州慕容彦超移鎮兗州。

夏四月戊辰朔，邢州薛懷讓移鎮同州，相州郭謹、河陽李暉並進邑封。庚午，府州折從阮移鎮鄧州。辛未，故深州刺史史萬山案遼史世宗紀，殺深州刺史史萬山在天禄三年，即漢乾祐二年。贈太傅。先是，契丹入邊，萬山城守，郭威遣索萬進率騎七百屯深州。一日，契丹數十騎迫州東門〔四〕，萬山父子率兵百餘人襲之〔五〕。契丹僞退十餘里而伏兵發〔六〕，萬山血戰，急請救於萬進，萬進勒兵不出，萬山死之，契丹亦解去。時論以萬進爲罪，故加萬山贈典焉。壬申，華州劉詞移鎮邢州，安州楊信移鎮鄜州，貝州王令温移鎮安州，並加邑封。以鄜州留後王饒爲華州節度使，以其來朝故也。丁丑，尚食奉御王紹隱除名，流沙門島，坐匿軍營女口也。辛巳，以宣徽北院使吴虔裕爲鄭州防禦使。時樞密使楊邠上章乞解樞機，帝命中使諭之曰：「樞機之職，捨卿用誰？忽有此章，莫有人離間否？」虔裕在傍颺言曰：「樞密重地，難以久處，俾後來者迭居，相公辭讓是也。」中使還具奏，帝不悦，故有是命。壬午，以樞密使郭威鄴都留守，依前樞密使。詔河北諸州，應兵甲、錢帛、糧草一禀郭威處分。癸未，府州永安軍額宜停，命降爲團練州。戊子，翰林學士承旨、户部尚書王仁裕罷職，守兵部尚書。左千牛上將軍張瓘卒。庚寅，以西南面水陸轉運使、尚書工部侍郎李穀爲陳州刺史。左金吾上將軍致仕馬萬卒。甲午，以前華州節度使安審信爲左衛上將軍，以前潞州節度使張從恩爲右衛上將軍。

五月戊戌朔，帝御崇元殿受朝。丙午，以皇弟興元節度使承勳爲開封尹，加兼中書令，未出閤。甲子，詔：「諸道州府差置散從官，大府五百人，上州三百人，下州二百人，勒本處團集管係，立節級檢校教習，以警備州城。」

閏月癸巳，京師大風雨，壞營舍，吹鄭門扉起，十數步而墮，拔大木數十，震死者六七人，水平地尺餘，池隍皆溢。是月，宫中有怪物，投瓦石，擊窗撼扉，人不能制。

六月庚子，以國子祭酒田敏爲尚書右丞。癸卯，太僕卿致仕謝攀卒，輟視朝一日。鄭州奏，河決原武縣界。乙卯，司天臺上言，鎮星逆行，至太微左掖門外，自戊申年八月十二日〔七〕，入太微西垣，犯上將、屏星、執法，勾己往來，至己酉年十一月十二日夜，方出左掖門順行，自今年正月十日夜，復逆行入東垣，至左掖門。

秋七月庚午，河陽奏，河漲三丈五尺。乙亥，滄州奏，積雨約一丈二尺。安州奏，溝河泛溢，州城内水深七尺。丙子，帝御崇元殿，授皇太后册，命宰臣蘇逢吉行禮。辛巳，三司使奏：「州縣令録佐官，請據户籍多少，量定俸户：縣三千户已上，令月十千，主簿八千〔八〕；一千户已上，令月八千，主簿五千〔九〕；一千户已下，令月六千，主簿四千〔一〇〕。每户月出錢五百，並以管内中等户充。録事參軍、判司俸錢，視州界令佐，取其多者給之，其俸户與免縣司差役。」從之。

八月辛亥，以蒙州城隍神爲靈感王，從湖南請也。時海賊攻州城，州人禱於神，城得不陷，故有是請。辛酉，給事中陶穀上言，請停五日内殿轉對，從之。壬戌，以兵部侍郎于德辰爲御史中丞，邊蔚爲兵部侍郎。

九月辛巳，朗州節度使馬希萼奏請於京師別置邸院，朗州，原本作「狼州」，今據十國春秋改正。（影庫本粘籤）不允。是時，希萼與其弟湖南節度使希廣方搆鬩牆之怨，故有是請。

帝以湖南已有邸務，不可更置，由是不允，仍命降詔和解焉。

冬十月己亥，帝狩於近郊。丙午，湖南馬希廣遣使上章，且言荆南、淮南、廣南三道結搆，欲分割湖湘，乞聊發兵師，以爲援助。時朝廷方議起軍，會内難，不果行。丁未，兩浙錢弘俶加諸道兵馬元帥。戊申，彰德軍節度使郭謹卒。癸丑，以前同州節度使張彦贇爲相州節度使。辛酉，月犯心大星。

十一月甲子朔，日有蝕之。乙丑，永州唐將軍祠贈太保，從湖南請也。己巳，日南至，帝御崇元殿受朝賀，仗衛如式。辛未，詔侍衛步軍都指揮使王殷將兵屯澶州。丙子，誅樞密使楊邠、侍衛都指揮使史弘肇、三司使王章，夷其族。是日平旦，甲士數十人由廣政殿出，至東廡下，害邠等於閤内，皆死於亂刃之下。又誅弘肇弟小底軍都虞候弘朗、如京使甄彦奇、内常侍辛從審、楊邠子比部員外郎廷侃、右衛將軍廷偉、左贊善大夫廷倚〔二〕、王章侄右領衛將軍旻、子壻户部員外郎張貽肅〔三〕、樞密院副承宣郭顒、控鶴都虞候高進、侍衛都承局荆南金、三司都勾官柴訓等。分兵收捕邠等家屬及部曲傔從，盡戮之。少頃，樞密承旨聶文進急召宰臣百僚，班於崇元殿，庭宣曰：「楊邠、史弘肇、王章等同謀叛逆，欲危宗社，並斬之，與卿等同慶。」班退，召諸軍將校至萬歲殿，帝親諭史弘肇等欲謀逆亂之狀，且言：「弘肇等欺朕年幼，專權擅命，使汝輩常懷憂恐，自此朕自與汝等爲主，必無横憂也。」諸軍將校拜謝而退。召前任節度使、刺史、統軍等上殿諭之。帝遣軍士守捉宮城諸門，比近日旰，朝臣步出宮門而去。是日晴霽無雲，而昏霧濛濛，有如微雨，人情惴恐。日將午，載楊邠等十餘尸，分暴於南北市。是日，帝遣腹心齎密詔往澶州、鄴都，令澶州節度使李洪義案宋史：洪義本名洪威，避周太祖諱改。（舊五代史考異）誅侍衛步軍都指揮使王殷，令鄴都屯駐護聖左廂都指揮使郭崇、案東都事略：郭崇初名崇威，避周太祖諱，止稱崇。（舊五代史考異）奉國左廂都指揮使曹英害樞密使郭威及宣徽使王峻。急詔鄆州高行周、青州符彥卿、永興郭從義、兗州慕容彥超、同州薛懷讓、鄭州吳虔裕、陳州李穀等赴闕。以宰臣蘇逢吉權知樞密院事，前青州劉銖權知開封府事，侍衛馬軍都指揮使李洪建判侍衛司事，內客省使閻晉卿權侍衛馬軍都指揮使。

丁丑，澶州節度使李洪義受得密詔，知事不克，乃引使人見王殷。殷與洪義遣本州副使陳光穗齎所受密詔，馳至鄴都。案宋史：少帝遣供奉官孟業齎密詔，令洪義殺王殷。洪義素怯懦，慮殷覺，遷延不敢發，遽引業見殷。殷乃錮業，送密詔于周祖。（舊五代史考異）郭威得之，即召王峻、郭崇、曹英及諸軍將校至牙署視詔，兼告楊、史諸公冤枉之狀，且曰：「汝等當奉行詔旨，斷予首以報天子，自取功名。」郭崇等與諸將校前曰：「此事必非聖意，即是李業等竊發，假如此輩便握權柄，國得安乎〔三〕！事可陳論，何須自棄，致千載之下被此惡名。

崇等願從公入朝，面自洗雪。」於是將校等請威入朝，以除君側之惡，共安天下。案東都事略：漢隱帝遣使害太祖，魏仁浦曰：「公有大功于朝廷，握强兵，臨重鎮，以讒見疑，豈可坐而待斃！」教以易其語，云誅將士，以激怒衆心。太祖納其言。（舊五代史考異）翌日，郭威以衆南行。戊寅，鄴兵至澶州。庚辰，至滑州，節度使宋延渥開門迎降。案歐陽史：庚辰，義成軍節度使宋延渥叛附于郭威。與薛史同。通鑑作辛巳，與薛史異。是日，詔前開封尹侯益、前鄜州節度使張彦超、權侍衛馬軍都指揮使閻晉卿、鄭州防禦使吴虔裕等率禁軍赴澶州守捉。

辛巳，帝之小豎驡脱自北迴。守捉，原本作「字足」，今從通鑑考異所引薛史改正。又小豎驡脱，通鑑「鸗」字從「鳥」，歐陽史「驡」字從「馬」。胡三省通鑑注云：鸗，力鍾翻，又盧紅翻。歐陽史作「驡」，亦音龍。薛史隱帝紀作「驡」，周太祖紀作「鸗」，蓋亦據漢、周實録，未及改從畫一也。今姑從其舊。（影庫本粘籤）先是，帝遣驡脱偵鄴軍所至，爲游騎所獲，郭威即遣迴，因令附奏赴闕之意，仍以密奏置驡脱衣領中。帝覽奏，即召李業示之，聶文進、郭允明在傍，懼形于色。初議車駕幸澶州，及聞鄴兵已至河上，乃止。帝大懼，私謂宰臣竇貞固等曰：「昨來之事太草草耳！」李業等請帝傾府庫以給諸軍，宰相蘇禹珪以爲未可。業拜禹珪於帝前，曰：「相公且爲官家，莫惜府庫。」遂下令侍衛軍人給二十緡，下軍各給十緡，其北來將士亦準此。仍遣北來將士在營子弟各齎家問，向北諭之。

壬午，鄴軍至封丘。慕容彦超自鎮馳至，帝遂以軍旅之事委之。案宋史侯益傳云：周太祖起兵，隱帝議出師禦之。益獻計曰：「王者無敵于天下，兵不宜輕出，況大名戍卒，家屬盡在京城，不如閉關以挫其鋭〔一四〕，遣其母妻發降以招之，可不戰而定。」慕容彦超以爲益衰老，作懦夫計，沮之。（舊五代史考異）彦超謂帝曰：「陛下勿憂，臣當生致其魁首。」彦超退，見聶文進，詢北來兵數及將校名氏，文進告之。彦超懼，曰：「大是劇賊，不宜輕耳！」又遣袁巃、劉重進、王知則等出師，以繼前軍。慕容彦超以大軍駐於七里郊，掘塹以自衛，都下率坊市出酒食以餉軍。癸未，車駕勞軍，即日還宮。翌日，慕容彦超揚言曰：「官家宮中無事，明日再出，觀臣破賊。」甲申，車駕復出，幸七里店軍營。王師陣於劉子陂，劉子陂，東都事略宋延渥傳作留子陂。考通鑑、歐陽史俱作「劉」，蓋地名多用對音字，今仍其舊。（影庫本粘籤）與鄴軍相望。太后以帝至晚在外，遣中使謂聶文進曰：「賊軍在近，大須用意！」文進曰：「有臣在，必不失策，縱有一百箇郭威，亦當生擒之耳！」彦超輕脱，先擊北軍，郭威命何福進、王彦超、李筠等大合騎以乘之。彦超退却，死者百餘人，於是諸軍奪氣，稍稍奔於北軍。吴虔裕、張彦超等相繼而去，慕容彦超以部下十數騎奔兖州。是夜，帝與宰臣從官宿於野次，侯益、焦繼勳潛奔鄴軍。

乙酉旦，帝策馬至玄化門，劉銖在門上，問帝左右：「兵馬何在？」乃射左右。帝迴，與蘇逢吉、郭允明詣西北村舍，郭允明知事不濟，乃剚刃於帝而崩，時年二十。蘇逢吉、郭允明皆自殺。案通鑑考異引劉恕曰：允明，帝所親信，何由弒逆？蓋郭威兵殺帝，事成之日諱之，因允明自殺而歸罪耳。今考劉恕所辨，祇以揣度言之，亦無實據，薛史蓋據當時實録也〔一五〕。是日，周太祖自迎春門入，諸軍大掠，煙火四發，翌日至晡方定。前滑州節度使白再榮爲亂兵所害，吏部侍郎張允墜屋而死。周太祖既入京城，命有司遷帝梓宮於太平宮。或曰：「可依魏高貴鄉公故事，以公禮葬之。」周祖曰：「予顛沛之中，不能護衛至尊，以至於此，若又貶降，人謂我何！」於是詔擇日舉哀，命前宗正卿劉皞主喪。丙戌，太后誥曰：

高祖皇帝翦亂除兇，變家爲國，救生靈於塗炭，創王業於艱難，甫定寰區，遽遺弓劍。樞密使郭威、楊邠、侍衛使史弘肇、三司使王章，親承顧命，輔立少君，協力同心，安邦定國。旋屬四方多事，三叛連衡，吳、蜀内侵，契丹啓釁，蒸黎兇懼，宗社阽危。郭威授任專征，提戈進討，躬當矢石，盡掃煙塵，外寇盪平，中原寧謐。復以强敵未殄，邊塞多艱，允賴賓臣，往臨大鄴，疆埸有藩籬之固，朝廷寛宵旰之憂。不謂兇豎連謀，羣小得志，密藏鋒刃，竊發殿庭，已殺害其忠良，方奏聞於少主，無辜受戮，有口稱冤。而又潛差使臣，矯齎宣命，謀害樞密使郭威、宣徽使王峻、侍衛步軍都指揮使王殷等。人知無罪，天不助奸。

今者郭威、王峻、澶州節度使李洪義、前曹州防禦使何福進、前復州防禦使王彦超、前博州刺史李筠、北面行營馬步都指揮使郭崇、步軍都指揮使曹英、護聖都指揮使白重贊、索萬進、田景咸、樊愛能、李萬全、史彦超、奉國都指揮使張鐸、王暉、胡立、弩手指揮使何贇等，徑領兵師，來安社稷。逆黨皇城使李業、内客省使閻晉卿、樞密都承旨聶文進、飛龍使後贊、翰林茶酒使郭允明等，脅君於大内，出戰于近郊，及至力窮，遂行弑逆，冤憤之極，今古未聞。

今則兇黨既除，羣情共悦。神器不可以無主，萬機不可以久曠，宜擇賢君，以安天下。河東節度使崇、許州節度使信，皆高祖之弟，徐州節度使贇、開封尹承勳，高祖之男，俱列磐維，皆居屏翰，宜令文武百辟，議擇嗣君，以承大統云。

樞密使郭威以蕭牆變起，宗祏無奉，率羣臣候太后，請定所立，且言：「開封尹承勳，高祖皇帝之愛子也，請立爲嗣。」太后告以承勳羸病日久，不能自舉。周太祖與諸將請視承勳起居，及視之，方信，遂議立高祖從子、徐州節度使贇爲嗣。己丑〔一六〕，太后誥曰：「天未悔禍，喪亂孔多，嗣主幼沖，羣兇蔽惑，搆奸謀於造次，縱毒蠆於斯須，將相大臣，連頸受戮，股肱良佐，無罪見屠，行路咨嗟，羣心扼腕，則高祖之洪烈將墜于地。賴大臣郭威等，激揚忠義，拯濟顛危，除惡蔓以無遺，俾綴旒之不絶。宗祧事重，纘繼才難，既聞將相之謀，復考蓍龜之兆，天人協贊，社稷是依。徐州節度使贇，稟上聖之資，抱中和之德，先皇如子，鍾愛特深，固可以子育兆民，君臨萬國，宜令所司擇日備法駕奉迎即皇帝位。於戲！神器至重，天步方艱，致理保邦，不可以不敬，貽謀聽政，不可以不勤，允執厥中，祇膺景命。」是日，遣前太師馮道等往徐奉迎。

周太祖以嗣君未至，萬機不可暫曠，率羣臣請太后臨朝。誥答曰：「昨以奸邪搆釁，亂我邦家，勳德効忠，剪除兇慝，俯從人欲，已立嗣君，宗社危而再安，紀綱壞而復振。皇帝法駕未至，庶事方殷，百辟上言，請予蒞政，宜允輿議，權總萬機，止於浹旬，即復明辟」云。按前代故事，太上皇稱誥，太皇太后、皇太后曰令，今云誥，有司誤也。以宣徽南院使王峻爲樞密使，右神武統軍袁𪎭爲宣徽南院使，陳州刺史李穀權判三司，步軍都指揮使王殷爲侍衛親軍馬步都指揮使，護聖左廂都指揮使郭崇爲侍衛馬軍都指揮使〔一七〕，奉國左廂都指揮使曹英爲侍衛步軍都指揮使。鎮州、邢州馳奏，契丹寇洺州，陷內丘縣。時契丹永康王兀欲率部族兩道入邊，內丘城小而固，契丹攻之，五日不下，敵人傷者甚衆。時有官軍五百，在城防戍，攻急，官軍降於敵，屠其城而去。案遼史世宗紀：十月，自將南伐，攻下安平、內丘、束鹿等城，大獲而還。與薛史所載互有詳略。

庚寅，樞密使郭威奏，左軍巡勘得飛龍使後贊款伏，與蘇逢吉、李業、閻晉卿、聶文進、郭允明等同謀，令散員都虞候奔德等下手殺害史弘肇等〔一八〕。權開封尹劉銖具伏，朋附李業爲亂，屠害將相家屬。其劉銖等準詔旨處置訖，并蘇逢吉、郭允明、閻晉卿、聶文進首級，並梟於南北市，其骨肉放棄。辛卯，河北諸州馳報，契丹深入。太后誥曰：「王室多故，邊境未寧，内難雖平，外寇仍熾。據北面奏報，强敵奔衝，繼發兵師，未聞平殄，須勞上將，暫自臨戎。宜令樞密使郭威部署大軍，早謀掩擊；其軍國庶事，權委宰臣竇貞固、蘇禹珪、樞密使王峻等商量施行；在京馬步兵士，委王殷都大提舉。」

十二月甲午朔，郭威領大軍北征。丁酉，以翰林學士、尚書户部侍郎、知制誥范質爲樞密副使。案東都事略：周太祖征李守貞，每朝廷遣使齎詔，處分軍事，皆中機會，太祖問：「誰爲此辭？」使者以范質對，太祖曰：「宰相器也。」太祖起兵入京師，遽令草太后誥及議迎湘陰公儀注〔一九〕。乃白太后，以質爲兵部侍郎、樞密副使。（舊五代史考異）陝州李洪信奏，馬步都指揮使聶召、奉國指揮使楊德、護聖指揮使康審澄等，與節度使判官路濤、掌書記張洞、都押衙楊紹勍等，同情謀叛，並殺之。惟康審澄夜中放火斬關，奔歸京師。初，朝議以諸道方鎮皆是勳臣，不諳政理，其都押衙、孔目官，令三司軍將内選才補之，藩帥不悦，故洪信因朝廷多故，誣奏加害焉。壬寅，湖南上言，朗州馬希蕚引五谿蠻及淮南洪州軍來攻當道，望量差兵士於淮境牽引。乙巳，遣前淄州刺史陳思讓領軍入淮南界〔二〇〕，以便宜進取。辛亥，遣宰相蘇禹珪及朝臣十員，往宋州迎奉嗣君。壬子，樞密使郭威次澶州，何福進已下及諸軍將士扶擁威，請爲天子。即日南還。威上章于太后，言爲諸軍所迫班師。庚申，威至北郊，駐軍於臯門村。許州巡檢、前申州刺史馬鐸奏，節度使劉信自殺。壬戌，奉太后誥，命樞密使侍中郭威監國，中外庶事，並取監國處分。先是，樞密使王峻以湘陰公已在宋州，慮聞澶州之事，左右變生，遣侍衛馬軍指揮使郭崇率七百騎往衛之。案東都事略郭崇傳：王峻遣崇率七百騎拒贇，遇于睢陽，崇曰：「澶州兵變，遣崇來衛乘輿，非有他也。」具言軍情有屬〔一二〕，天命已定。贇執崇手而泣，崇即送贇就館。（舊五代史考異）己未，太后誥曰：「比者，樞密使郭威，志安社稷，議立長君，以徐州節度使贇，高祖近親，立爲漢嗣，爰自藩鎮，徵赴京師。雖誥命尋行，而軍情不附。天道在北，人心靡東，適當改卜之初，俾膺分土之命。贇可降授開府儀同三司、檢校太師、上柱國，封湘陰公，食邑三千户，食實封五百户。」

明年正月丁卯，太后誥，奉符寶於監國，可即皇帝位。周太祖踐阼，奉太后爲母，遷於西宮，上尊號曰昭聖太后。是月十五日，周太祖與百僚詣帝殯宮，成服親奠，不視朝七日。又詔太常定謚曰隱。以其年八月二日，復遣前宗正卿劉皞護靈輴，備儀仗，葬于許州陽翟縣之潁陵，祔神主于高祖之寢宮。帝姿貌白皙，眉目疏朗，未即位時，目多閃掣，唾洟不止，即位之始，遽無此態，及内難將作，復如故。帝自關西平定之後，稍生驕易，然畏憚大臣，未至縱恣。嘗因乾象差忒，宮中或有怪異，召司天監趙延乂訊其休咎，延乂對以修德即無患。既退，遣中使就問延乂曰：「何者爲德？」延乂勸讀貞觀政要。案東都事略張昭傳：隱帝年十九，猶有童心，昵近小人。昭上疏諫：「請近師傅，延問正人〔二〕，以開聰明。」隱帝不省。（舊五代史考異）邇後與聶文進、郭允明、後贊狎習，信其邪説，以至于敗。高祖之征鄴城也，一旦，帝語周太祖曰〔三〕：「我夜來夢爾爲驢，負我升天，既捨，爾俄變爲龍，捨我南去，是何祥也？」周太祖撫掌而笑。冥符肸蠁，豈偶然哉！永樂大典卷一萬六千二百二。

史臣曰：隱帝以尚幼之年，嗣新造之業。受命之主，德非禹湯；輔政之臣，復非伊吕。將欲保延洪之運，守不拔之基，固不可得也。然西摧三叛，雖僅滅於欃槍；而内稔羣兇，俄自取於狼狽。自古覆宗絶祀之速者，未有如帝之甚也。噫！蓋人謀之弗臧，非天命之遽奪也。永樂大典卷一萬六千二百二。

校勘記

〔一〕丙寅　原作「丙辰」，據册府卷一三五、通鑑卷二八九改。按是月己亥朔，丙辰爲十八日，本卷下文敍癸亥事，丙辰不當在癸亥後。

〔二〕收葬用兵已來所在骸骨　「來」，原作「未」，據殿本、劉本、邵本校、彭校改。影庫本批校：「用兵以來，『來』訛『未』。」

〔三〕比常狐毛長　「比常」二字原闕，據本書卷一四一五行志、五代會要卷一一補。

〔四〕契丹數十騎迫州東門　「十」，原作「千」，據册府卷四二五改。

〔五〕萬山父子率兵百餘人襲之　册府卷四二五敍其事云：「萬山父子以虜不多，乃率牙兵百餘人襲虜。」

〔六〕契丹僞退十餘里而伏兵發　「契丹」二字原闕，據殿本、孔本校補。册府卷四二五作「虜」。

〔七〕自戊申年八月十二日　本書卷一三九天文志：「乾祐元年八月己丑，鎮星入太微西垣」、「自（乾祐）元年八月己丑，鎮星入太微垣」，新五代史卷五九司天考略同。按乾祐元年歲在戊申，八月丁丑朔，己丑爲十三日。

〔八〕縣三千户已上令月十千主簿八千　「十千」，五代會要卷二八作「一十二千」。「八千」，册府卷五〇八作「六貫」。

〔九〕一千户已上令月八千主簿五千　「一千」二字原闕，據册府卷五〇八補。殿本、劉本、五代會要卷二八作「二千」。「八千」，五代會要卷二八作「九千」。

〔一〇〕一千户已下令月六千主簿四千　「一千」二字原闕，據册府卷五〇八補。殿本、劉本、五代會要卷二八作「二千」。

〔一〕左贊善大夫廷倚 「左」，殿本作「右」。

〔二〕張貽肅 原作「張昭肅」，據殿本、本書卷一〇七王章傳、新五代史卷三〇郭允明傳、册府卷九三一改。

〔三〕國得安乎 「國」，原作「固」，據本書卷一一〇周太祖紀一、册府卷八改。劉本作「國家安乎」。

〔四〕不如閉關以挫其鋭 「閉」，原作「開」，據殿本、劉本、宋史卷二五四侯益傳改。

〔五〕薛史蓋據當時實録也 邵本校、舊五代史考異卷四作「五代春秋作帝崩于師」。

〔六〕己丑 原作「乙丑」，據殿本、孔本、通鑑卷二八九改。舊五代史考異卷四：「案原本作『乙丑』，與五代春秋同。今從通鑑改作『己丑』。」

〔七〕侍衛馬軍都指揮使 「使」字原闕，據殿本、劉本、邵本校補。

〔八〕奔德 劉本作「賁德」。

〔九〕遽令草太后誥及議迎湘陰公儀注 「迎」字原闕，據殿本、劉本、孔本、東都事略卷一八補。

〔一〇〕陳思讓 原作「陳恩讓」，據邵本校、本書卷一〇五蔡王信傳、册府卷四一四、宋史卷二六一陳思讓傳改。

〔一一〕具言軍情有屬 「具言」，原作「至若」，據殿本、劉本、東都事略卷二一改。

〔一二〕延問正人 「問」，原作「聞」，據東都事略卷三〇改。

〔一三〕帝語周太祖曰 「周」字原闕，據永樂大典卷一三一三九引五代史後漢隱帝紀補。

舊五代史卷一百四

漢書六

后妃列傳第一

高祖皇后李氏

高祖皇后李氏，晉陽人也。高祖微時，嘗牧馬於晉陽别墅，因夜入其家，劫而取之。及高祖領藩鎮，累封魏國夫人。高祖建義於太原，欲行頒賚於軍士，以公帑不足，議率井邑，助成其事。后聞而諫曰：「自晉高祖建義，及國家興運，雖出於天意，亦土地人民福力同致耳，未能惠其衆而欲奪其財，非新天子卹隱之理也。今後宫所積，宜悉以散之，設使不厚，人無怨言。」高祖改容曰：「敬聞命矣。」遂停斂貸之議，后傾内府以助之，中外聞者，無不感悦。天福十二年，册爲皇后。隱帝即位，尊爲皇太后。永樂大典卷一萬六千三百九十。

案：以下疑有闕文。據通鑑云：隱帝與李業等謀誅楊邠等。議既定，入白太后。太后曰：

「茲事何可輕發，更宜與宰相議之。」業時在旁曰：「先帝嘗言，朝廷大事不可謀及書生，懦怯誤人。」太后復以爲言，帝忿曰：「國家之事，非閨門所知。」拂衣而出。又云：南北軍遇於劉子陂〔一〕，帝欲自出勞軍，太后曰：「郭威吾家故舊，非死亡切身，何以至此！但按兵守城，飛詔諭之，觀其志趣，必有辭理，則君臣之禮尚全，慎勿輕出。」帝不從。薛史載於李業傳，當係史家前後省文。

周太祖入京，凡軍國大事，皆請后發教令以行之。是歲，議立徐州節度使贇爲帝，案通鑑考異引隱帝實録云：初議立徐帥，太后遣中使馳諭劉崇，請崇入纘大位，崇知立其子，上章謙遜。以當日事理推之，既召湘陰，不應復召崇，疑傳聞之誤。（舊五代史考異）以迎奉未至，周太祖乃率羣臣拜章，請后權臨朝聽政，后於是稱誥焉。及周太祖爲六軍推戴，上章具述其事，且言願事后爲慈母。后下誥答曰：「侍中功烈崇高，德聲昭著，翦除禍亂，安定乾坤，謳歌有歸，曆數攸屬，所以軍民推戴，億兆同歡。老身未終殘年，屬茲多難，惟以衰朽，託於始終。載省來牋，如母見待，感念深意，涕泗横流」云。仍出戎衣、玉帶以賜周太祖。周太祖即位，上尊號曰昭聖皇太后〔二〕，居於太平宮。周顯德元年春薨。永樂大典卷一萬七千三百一十二。　案：隱帝未立皇后，據薛史張彦成傳云：隱帝娶彦成女。楊邠傳云：隱帝所愛耿夫人，欲立爲后，邠以爲太速，夫人卒，隱帝欲以后禮葬，邠又止之。蓋隱帝在位三年，崩時年二十，故未及册立皇后也。又五代會要載：漢高祖長女永寧公主，降宋延渥，天福十二年四月封，至乾祐二年十二月，進封秦國長公主〔三〕。通鑑以永寧公主爲晉高祖女，蓋誤。又王禹偁小畜集宋公神道碑云：漢高祖領侍衛軍，朝望甚重。以公名家子，又後唐之出也，風骨俊秀，異乎諸孤，命長子承訓奉書于貴主，先以襲衣名馬遺焉。承訓，即漢之開封尹魏王也。公與貴主拒而弗納。漢祖又敕其子曰：「宋氏不諧，勿復見我矣！」貴主知志不可奪，遂許之。延渥，唐義寧公主之子也。（孔本）

校勘記

〔一〕南北軍遇於劉子陂　「軍」字原闕，據通鑑卷二八九補。

〔二〕昭聖皇太后　「昭聖」，原作「德聖」，據本書卷一〇三漢隱帝紀下、卷一一〇周太祖紀一、新五代史卷一八漢家人傳、五代會要卷一、通鑑卷二九〇改。

〔三〕進封秦國長公主　「進」，原作「追」，據五代會要卷二改。按本書卷一〇二漢隱帝紀中：「（乾祐二年十二月）皇帝二十一姊永寧公主進封秦國長公主。」

舊五代史卷一百五

漢書七

宗室列傳第二

魏王承訓　陳王承勳　蔡王信　湘陰公贇

魏王承訓，字德輝，高祖之長子也。少温厚，美姿儀，高祖尤鍾愛。在晉累官至檢校司空，國初授左衛上將軍。左衛，原本作「左衡」，今從歐陽史改正。（影庫本粘籤）高祖將赴洛，命承訓北京大内巡檢，未幾，詔赴闕，授開封尹、檢校太尉、同平章事。以天福十二年十二月十一日薨於府署，年二十六。高祖發哀於太平宮，哭之大慟，以至於不豫。是月，追封魏王，歸葬於太原。永樂大典卷六千七百六十。

陳王承勳，亦高祖之幼子也。國初授右衛大將軍，隱帝嗣位，加檢校太尉、同平章事，遥領興元尹，俄代侯益爲開封尹，進位檢校太師、兼侍中。乾祐三年冬十一月，蕭牆之亂，隱帝崩，軍情欲立勳爲嗣。案：立勳爲嗣，疑脱「承」字，册府元龜引薛史亦同。蓋承勳在隱帝時避御名，故去「承」字也。薛史仍當時實録之舊，未及改歸畫一，今姑仍其舊。（舊五代史考異）時勳已病，大臣及諸將請候勳起居。太后令左右以卧榻舁之以見，諸將就視，知勳之不能興，故議立劉贇。周廣順元年春卒。周太祖下詔封陳王。永樂大典卷六千七百六十。

蔡王信，高祖之從弟也。少從軍，漸至龍武小校。高祖鎮并州，爲興捷軍都將，興捷軍，原本作「興睫」，今從册府元龜改正。（影庫本粘籤）領龔州刺史、檢校太保。國初爲侍衛馬軍都指揮使、檢校太傅、兼義成軍節度使，尋移鎮許州，加太尉、同平章事。高祖寢疾大漸，楊邠受密旨遣信赴鎮，信即時戒路，不得奉辭，雨泣而去。隱帝即位，加檢校太師。關輔賊平，就加侍中。信性昏懦，黷貨無厭，喜行酷法。掌禁軍時，左右有犯罪者，召其妻子，對之臠割，令自食其肉，或從足支解至首，血流盈前，而命樂對酒，無仁愍之色。未嘗接延賓客。在鎮日，聚斂無度，會高祖山陵梓宫經由境上，信率掠吏民，以備迎奉，百姓苦之。初聞殺楊邠、史弘肇，遽啓宴席，集參佐賓幕，令相致賀。曰：「我謂天無眼，令我三年不能適意。主上孤立，幾落賊手，諸公勸我一杯可也。」俄蕭牆之變，憂不能食。尋有太后令，言立湘陰公，即令其子往徐州奉迎。數日，陳思讓率馬軍經過城西，但令供頓，不敢出城。未幾，澶州軍變，王峻遣前申州刺史馬鐸領軍赴州巡檢，鐸引軍入城，信惶惑自殺。廣順初，追封蔡王。永樂大典卷六千七百六十。

湘陰公贇，爲徐州節度使。乾祐元年八月中，有雲見五色。册府元龜卷九百五十一。明年冬杪，有鳥翔集於鮮碧堂庭樹，黄質朱喙，金目青翼，紺趾玄尾，有類於鳳。有賓佐嘆曰：「野鳥入室，主人將去。」旬浹而不知所之。永樂大典卷一萬一千四百八十五。乾祐三年冬十一月，周太祖駐軍於京師，議立嗣君，奉太后誥，立贇爲嗣。傳誥之際，馮道笏墜於地，左右惡之。永樂大典卷一萬七千三百一十一。馮道至，贇出郊迎，常所乘馬比甚馴服，至是馬蹄囓奔逸，人不可制，乃以他馬代之，時以爲不祥。永樂大典卷一萬一千六百五十五。將離彭城，嘗一日，天有白光一道自西來，照城中如晝，有聲如雷，時人謂之天裂；又有巨星墜於徐野，殷然有聲，或謂之天狗。後贇果廢死。册府元龜卷九百五十一。案：湘陰公傳，原本殘闕，今采册府元龜補之，以存大概。五代史補：郭忠恕，七歲童子及第，富有文學，尤工篆隸。嘗有人於龍山得鳥迹篆，忠恕一見，輒誦如宿習。乾祐中，湘陰公鎮徐州〔一〕，辟爲推官。周祖之入京師也，少主崩於北崗，周主命宰相馮道迎湘陰公，將立之，至宋州，高祖已爲三軍推戴。忠恕知事變，乃正色責道曰：「令公累朝大臣，誠信著於天下，四方談士，無賢不肖皆以爲長者，今一旦返作脱空漢，前功業並棄，令公之心安乎？」道無言對。忠恕因勸湘陰公殺道以奔河東，公猶豫未決，遂及於禍。忠恕竄迹久之，晚年尤好輕忽，卒以此敗，坐除名配流焉。案：湘陰公傳，原本殘闕，考十國春秋湘陰公傳云：湘陰公贇，世祖子也，高祖愛之，以爲己子。乾祐元年，拜武寧軍節度使。二年，加同平章事。郭威既敗慕容彦超于北郊，隱帝遇弑，威入京師，謂諸大臣密相推戴，及見宰相馮道等，道殊無意。威不得已，見道下拜，而道猶受拜如平時，徐勞之曰：「公行良苦。」威意色皆沮，以爲大臣未有推己意，又難于自立，因與王峻入白太后，推擇漢嗣。羣臣乃共奏曰〔二〕：「武寧節度使贇，高祖愛以爲子，宜立爲嗣。」乃遣太師馮道率百官往迎，道揣威意不在贇，直前問曰：「公此舉由衷乎？」威指天爲誓。道既行，語左右曰：「吾生平不作謬語人，今謬語矣。」道見贇，傳太后意召之。贇行至宋州，威已自澶州爲兵士擁還京師。王峻慮贇左右生變，遣侍衛馬軍指揮使郭崇威以兵七百騎衛贇。崇威至宋州，贇登樓問崇威所以來之意，崇威曰：「澶州軍變，懼未察之，遣崇威護衛，非惡意也。」贇召崇威，崇威不敢進。馮道出與崇威語，崇威乃登樓見贇。時護聖指揮使張令超帥步兵爲贇宿衛，判官董裔説贇曰：「觀崇威瞻視舉措，必有異謀。道路皆言郭威已爲天子，而陛下深入不止，禍其至哉。請急召令超，諭以禍福，使夜以兵劫崇威所屬士卒，明日掠睢陽金帛，募士卒，北走太原。彼新定京邑，未暇追我，此策之上也。」贇猶豫未決。是夕，崇威密誘令超歸郭氏，盡奪贇部下兵。郭威以書召道先歸，留其副趙上交、王度奉贇入朝太后，道乃辭贇先還。贇謂道曰：「寡人此來，所恃者以公三十年舊相，是以不疑。」道默然。贇客將賈貞等數目道，欲圖之，贇曰：「勿草草，事豈出于公耶！」道已去，崇威乃幽贇于外館，殺賈貞、董裔及牙内都虞候劉福、孔目官夏昭度等。郭威已監國，太后乃下誥曰〔三〕：「比者，樞密使威，志安宗社，議立長君，以徐州節度使贇，高祖親近，立爲漢嗣，乃自藩鎮，召赴京師。雖誥命已行，而軍情不附。天道在北，人心靡東，適當改卜之初，俾應分土之命。贇可降授開府儀同三司、檢校太師、上柱國，封湘陰公。」贇卒以殺死。（舊五代史考異）

校勘記

〔一〕湘陰公鎮徐州　「公」字原闕，據五代史補卷五補。

〔二〕羣臣乃共奏曰　「羣臣」二字原闕，據殿本、劉本、十國春秋卷一〇六補。

〔三〕太后乃下誥曰　「誥」，原作「詔」，據十國春秋卷一〇六改。

舊五代史卷一百六　漢書八

列傳第三

王周　劉審交　武漢球　張瓘　李殷　劉在明　馬萬
李彥從　郭謹　皇甫立　白再榮　張鵬

王周，魏州人。少勇健，從軍事唐莊宗、明宗，稍遷裨校，以戰功累歷郡守。晉天福初，天福，原本誤作「天祉」，今據文改正。（影庫本粘籤）范延光叛於魏州，周從楊光遠攻降之；安重榮以鎮州叛，從杜重威討平之，以功授貝州節度使。歲餘，移鎮涇州。先是，前帥張彥澤在任苛虐，部民逃者五千餘户，及下車，革前弊二十餘事，逃民歸復，賜詔褒美。後歷鄧、陝二鎮。陽城之役，周時爲定州節度使，大軍往來，供饋無闕。未幾，遷鎮州節度使。周稟性寬惠，人庶便之。開運末，杜重威降於契丹，引契丹主臨城諭之。周泣曰：「受國重恩，不能死戰，而以兵降，何面南行見人主與士大夫乎？」乃痛飲，欲引決，家人止之，事不獲已。及見契丹主，授鄧州節度使〔一〕、檢校太師。高祖定天下，移鎮徐州，加同平章事。乾祐元年二月，以疾卒於鎮，輟視朝二日〔二〕，贈中書令。周性寬恕，不忤物情。初刺信都，州城西橋敗，覆民租車。周曰：「橋梁不飭，刺史之過也。」乃還其所沈粟，出私財以修之，民庶悦焉。永樂大典卷一萬八千一百三十二。

劉審交，字求益，幽州文安人也。祖海，父師遂。審交少讀書，尤精吏道，起家署北平主簿，轉興唐令，本府召補牙職。劉守光之僭號，僞署兵部尚書，燕亡，歸於太原。莊宗知之，用爲諸府從事。同光初，趙德鈞鎮幽州，朝廷以内官馬紹宏爲北面轉運使，辟審交爲判官。王都據定州叛，朝廷命王晏球進討，以審交爲轉運供軍使。王都平，以勞授遼州刺史。遼州，原本作「達州」，今據册府元龜改正。（影庫本粘籤）明年，復爲北面供軍轉運使，改磁州刺史，以母年高，去官就養。及丁内艱，毁瘠過禮，服闋，不出累年。案：歐陽史作不調累年〔三〕。（舊五代史考異）晉高祖踐阼，范延光以魏州叛，命楊光遠總兵討之〔四〕，復召審交爲供饋使。鄴中平，命審交爲三司使，授右衛大將軍。六年夏，出爲陳州防禦使。歲餘，移襄州防禦使，審交治襄漢，撫綏有術，民庶懷之。青州楊光遠平，降平盧軍爲防禦州，復用審交爲防禦使，累官至檢校太傅。時用軍之後，審交矜恤撫理，凋弊復蘇。

契丹破晉，審交以代歸，蕭翰在都，復用爲三司使。翰歸蕃，李從益在汴州，召高行周、武行德，將委以軍事，皆不受命。尋聞高祖起義於太原，史弘肇在澤潞，都人大懼。時有燕軍千人守捉諸門，案：杜重威傳作千五百人。（舊五代史考異）李從益母王淑妃詢於文武臣僚曰：「予子母在洛，孤危自處，一旦爲蕭翰所逼，致令及此。但遣人迎請太原，勿以予子母爲事。」或曰：「收拾諸處守營兵士與燕軍，足以把城，把城，原本作「將城」，今從通鑑改正。（影庫本粘籤）以俟河北救應可也。」妃曰：「非謀也，我子母亡國之餘，安敢與人爭天下！」衆議籍籍，猶以把城爲詞。審交曰：「余燕人也，今城有燕軍，固合爲燕謀，然事機有所不可。此城經敵軍破除之後，民力空匱，餘衆幸存，若更謀之不臧，閉門拒守，一月之內，無復遺類。諸君勿言〔五〕，宜從太妃處分。」繇是從益遣使往太原貢奉。高祖至汴，罷使歸班。隱帝嗣位，用爲汝州防禦使，汝爲近輔，號爲難治，審交盡去煩弊，無擾於民，百姓歌之。

乾祐三年春卒〔六〕，年七十四。郡人聚哭柩前所〔七〕，列狀乞留葬本州界，立碑起祠，以時致祭，本州以聞。詔曰：「朝廷之制，皆有舊章，牧守之官，比無贈典。其或政能殊異，惠及蒸黎，生有令名，没留遺愛，褒賢獎善，豈限彝章。可特贈太尉，吏民所請宜依。」故相國、太師、秦國公馮道聞之曰：「予嘗爲劉汝州僚佐，知其爲人廉平慈善，無害之良吏也。刺遼、磁，治陳、襄、青，皆稱平允，不顯殊尤，其理汝也，又安有異哉？民之租賦不能減也，徭役不能息也，寒者不能衣也，餒者不能食也，百姓自汲汲然，而使君何有於我哉！然身死之日，致黎民懷感如此者，誠以不行鞭朴，不行刻剥，不因公而循私，不害物以利己，確然行良吏之事，薄罰宥過，謹身節用，節用，原本脱「用」字，今從册府元龜增入。（影庫本粘籤）安俸禄、守禮分而已。凡從事於斯者，孰不能乎？但前之守土者，不能如是，是以汝民咨嗟愛慕。今天下戎馬之後，四方兇盜之餘，杼軸空而賦斂繁，人民稀而倉廩匱，謂之康泰，未易輕言。侯伯牧宰，若能哀矜之，不至聚斂，不殺無辜，知民爲邦本〔八〕，政爲民本，和平寬易，即劉君之政安足稱耶，復何患不至於令名哉！」道仍爲著哀詞六章，鐫於墓碑之陰焉。永樂大典卷九千九十九。

武漢球，澤州人也。少拳勇，潞帥李嗣昭倚爲親信，事唐莊宗、明宗，繼爲禁軍裨校。

清泰中，會晉高祖引契丹爲援，與朝廷隔絶，遂歸晉祖。天福初，授趙州刺史，趙州，原本訛作「趙祖」，今據文改正。（影庫本粘籤）入爲奉國軍都指揮使，出刺曹州。開運初，遷耀州團練使。高祖至東京，授洛州刺史，漢球以目疾年高辭郡，帝曰：「廣平小郡，卿卧理有餘，無以疾辭。」至郡未朞，復以目疾請代而免。乾祐二年秋，卒於京師。漢球雖出自行伍，然長於撫理，常以掊斂爲戒，民懷其惠，身死之日，家無餘財。有管迴者，漢球守郡日，辟爲判官。及漢球卒於汴，迴在洛州未之知，一日，忽謂所親曰：「太保遣人召我。」遂沐浴，新衣冠，無疾瞑目而終。家人不知其故，後數日，方聞漢球卒。永樂大典卷一萬八千一百三十二。

張瓘，同州車渡村人，故太原監軍使承業之猶子也。承業，唐書有傳。唐天祐中，承業佐唐武皇、莊宗有功，甚見委遇，瓘聞之，與昆仲五人自故里奔于太原，莊宗皆任用之。瓘，天祐十三年補麟州刺史。承業治家嚴毅，小過無所容恕，一姪爲磁州副使，以其殺河西賣羊客，承業立捕斬之。常誡瓘等曰：「汝車渡村百姓劉開道下賊，劉開道下賊，疑有脱字。據薛史劉知俊傳云，當時稱知俊爲劉開道，蓋承業謂瓘少時嘗從劉知俊作賊也，今姑仍原文。（影庫本粘籤）慣作非爲〔九〕，今須改行，若故態不除，死無日矣。」故瓘所至不敢誅求。晉天福中，爲密州刺史。秩滿，入居環衞。乾祐三年夏，卒於官。輟視朝一日。永樂大典卷六千三百五十。

李殷，薊州人也。自後唐莊宗、明宗、晉高祖朝，以偏校遞遷，歷官至檢校司徒，累爲郡守。性沈厚，所蒞無苛暴之名。晉少帝禦契丹於澶淵，殷典禁旅，駕還，授鄜州留後，俄加檢校太保。開運中，授定州節度使，將行，啓少帝曰：「臣之此行，破敵必矣。」衆皆壯其言。及至郡，威略無聞，敵再至，首納降款。後隨契丹至常山，其將解里遣殷與契丹首領楊安同拒我師於洺水〔一〇〕，俄而安退，殷以橐裝馳馬遺安。安既北走，殷匿於丘墓獲免，馳以歸我。高祖嘉其首赴朝闕，及魏州平，以甘陵乏帥，乃命殷爲貝州節度使，加檢校太傅。乾祐初，卒於鎮。詔贈太師。永樂大典卷一萬三百九十。

劉在明，幽州人。少有膽氣，本州節度使劉守光用爲親信，出爲平塞軍使。守光敗，歸於太原，唐莊宗收爲列校。明宗時，爲捧聖左廂都指揮使，領和州刺史。從幸汴州，至滎陽，聞朱守殷叛，用爲前鋒。至汴城，率先登城，賊平，授汴州馬步軍都指揮使。應順初，爲貝州刺史。明年，移趙州，兼北面行營馬軍都指揮使，以軍戍易州。清泰末，幽州節度使趙德鈞引軍赴團柏谷，路由易州，取在明軍從。及德鈞兵敗，在明奔歸懷州，唐末帝令與萇從簡同守河陽。晉祖至，乃迎之，京都事定，出爲單州刺史。天福中，李金全以安州叛，安州，原本作「要州」，今據通鑑改正。（影庫本粘籤）在明從李守貞攻之，大破淮賊，以功授安州防禦使，明年，移絳州。楊光遠據青州叛，召爲行營馬步軍都指揮使，領齊州防禦使。青州平，遷相州留後，歷邢州、晉州留後。案通鑑云：契丹入汴，建雄留後劉在明朝于契丹，以節度副使駱知朗知州事。（舊五代史考異）高祖踐阼，授幽州道行營都部署，案通鑑：在明先爲成德軍留後，繼授幽州道馬步都部署。與薛史前後互異。（舊五代史考異）時契丹守中山，在明出師經略，契丹乃棄城而去，遂授鎮州留後。乾祐元年五月，正授鎮州節度使。六月，以疾卒于鎮。贈侍中。永樂大典卷九千九十九。

馬萬，澶州人也。少從軍，善水游。唐莊宗與梁軍對壘於河上，莊宗於德勝渡夾河立南北寨。會梁軍急攻南寨，立南北寨，原本脫「會梁軍急攻南寨」七字，今據册府元龜增入。（影庫本粘籤）於中流聯戰艦以絶援路，晝夜攻城者三日，寨將氏延賞告急於莊宗。莊宗隔河望敵，無如之何，乃召人能水游破賊者。時萬兄弟皆應募，遂潛行入南寨，往來者三，又助燒船艦，汴軍遂退。由此升爲水軍小校，漸典禁軍，遥領刺史，累遷奉國左廂都指揮使、泗州防禦使。晉天福二年夏，范延光叛於鄴，牙將孫鋭率兵至黎陽，朝廷遣侍衛馬軍都指揮使白奉進領兵渡滑州，萬亦預其行。時滑州節度使符彦饒潛通鄴下，殺白奉進於牙署。案薛史晉列傳：符彦饒以忿爭殺白奉進，非潛通鄴下也。此傳蓋沿實録傳聞之誤，通鑑從晉列傳。（舊五代史考異）萬領本軍兵士將助亂，會奉國右廂都指揮使盧順密亦以兵至，諭以逆順，萬不得已，與順密急趨公府，執彦饒生送闕下。朝廷即以萬爲滑州節度使，而盧順密酬之甚淺。居無何，晉高祖稍知其事，即以順密爲涇州兵馬留後，漸薄於萬。萬鎮鄧州，未幾罷鎮，授上將軍，以目疾致仕。乾祐三年四月卒。輟視朝一日。永樂大典卷一萬八千一百三十二。

李彦從，字士元，汾州孝義人。父德，麟州司馬。彦從少習武藝，出行伍間，高祖典禁軍，以鄉里之舊，任爲親信。國初，用爲左飛龍使、檢校司空。鎮州逐敵之際，請兵于朝廷，高祖令彥從率軍赴之。乾祐初，領恩州刺史。趙暉討王景崇于岐下，彥從爲兵馬都監，破川軍有功。賊平，授濮州刺史，治有政能，百姓悅之。乾祐三年冬，卒於郡。永樂大典卷一萬三百九十。

郭謹，字守節，太原晉陽人。謹少從軍，能騎射，歷河中教練使。晉天福中，遷奉國右廂都指揮使，領禺州刺史。三年，轉奉國左廂都指揮、泗州防禦使。歲餘，授侍衞步軍都指揮使兼寧江軍節度使。六年，從幸鄴。七年，晉祖崩，少帝即位，授彰德軍節度使，領軍如故。開運初，出授鄜州。二年，入爲左神武統軍。三年，復鎮鄜州〔二〕。高祖踐阼，以鄉國舊臣，加檢校太尉，移鎮滑臺。乾祐初，復授彰德軍節度使。二年，就加檢校太師。三年〔三〕，入朝，加食邑。是歲冬十月，卒於位，年六十。輟視朝二日，贈侍中。永樂大典卷二萬二千一百六十一。

皇甫立，代北人也。唐明宗之刺代州，署爲牙校，從歷藩鎮。性純謹，明宗深委信之，王建立、安重誨策名委質，皆在立後。明宗踐阼，以立爲忻州刺史。長興末，轉洺州團練使。應順初〔一三〕，遷鄜州節度使，檢校太保。清泰三年春，移鎮潞州，未幾，改華州。晉天福中，授左神武統軍。少帝即位，歷左金吾衛上將軍，累官至檢校太尉。高祖定天下，授特進、太子太師致仕。乾祐二年秋，卒。永樂大典卷一萬九百七十一。

白再榮，本蕃部人也。案：歐陽史作不知其世家何人也。（舊五代史考異）少從軍，累遷護聖左廂都指揮使〔一四〕。晉末，契丹犯闕，明年，契丹主北去，再榮從帳至真定。其年閏七月晦，李筠、何福進相率殺契丹帥麻荅，據甲仗庫，敵勢未退，筠等使人召再榮。再榮端坐本營，遲疑久之，爲軍吏所迫，乃行。翊日，逐出麻荅，諸軍以再榮名次在諸校之右，乃請權知留後事。案東都事略李筠傳：筠請馮道領節度，道曰：「予主奏事而已，留後事當議功臣爲之。」以諸將之甲者爲留後。（舊五代史考異）

再榮貪昧無決，舉止多疑，出入騎從，露刃注矢，諸校不相統攝，互有猜貳。奉國廂主王饒懼爲再榮所并，乃據東門樓，以兵自衛，僞稱足疾，不敢見再榮。司天監趙延乂俱與之善，乃來往解釋，遂無相忌之意。再榮以李崧、和凝擕家在彼，令軍士數百人環迫崧、凝，以求賞給。崧、凝各出家財與之，再榮欲害崧以利其財。前磁州刺史李穀謂再榮曰：「公與諸將爲契丹所擄，凌辱萬端，旦夕憂死。今日衆力逐出蕃戎，鎮民死者不下三千人，豈獨公等之功？纔得生路，便擬殺一宰相，他日到闕，儻有所問，何以爲辭？」再榮默然。再榮又欲括率在城居民家財以給軍士，李穀又譬解之，乃止。其漢人曾事麻荅者盡拘之，以取其財。

高祖以再榮爲鎮州留後，爲政貪虐難狀，鎮人呼爲「白麻荅」。未幾，移授滑州節度使，箕斂誅求，民不聊生，乃徵還京師。周太祖入京城，軍士攻再榮之第，迫脅再榮，盡取財貨既，軍士前啓曰：「某等軍健，常趨事麾下，一旦無禮至此，今後何顏謁見？」即奮刃擊之，挈其首而去，後家人以帛贖葬之。永樂大典卷一萬八千一百三十二〔一五〕。

張鵬，鎮州鼓城人。幼爲僧，知書，有口辯，喜大言，後歸俗。唐末帝爲潞王時，鵬往依焉，及即位，用爲供奉官，累監軍旅。晉開運中，契丹迫澶州，澶州，原本作「沮州」，今從通鑑改正。（影庫本粘籤）鵬爲前鋒監押，奮身擊敵，被創而還。其後累於邊城戍守，士伍服其勇。乾祐初，授鎮州副使，過鄴城，高行周接之甚歡，鵬因言及晉朝傾亡之事，少帝任用失人，藩輔之臣，唯務積財富家，不以國家爲意，以至宗社泯滅，非獨帝王之咎也。行周性寬和，不以鵬言爲過。鵬既退，行周左右謂行周曰：「張副使之言，蓋譏令公也。」行周因發怒，遂奏鵬怨國訛言，故朝廷降詔就誅於常山，時乾祐元年七月也。永樂大典卷六千三百五十一。

史臣曰：晉、漢之際，有以懋軍功、勤王事取旌旄符竹者多矣，其間有及民之惠者無幾焉。如王周之閫政，審交之民譽，蓋其優者也，漢球、張瓘抑又次焉。是宜紀之篇以示來者，其餘皆不足觀也已。張鵬以一言之失，遽滅其身，亦足誡後代多言橫議之徒歟！永樂大典卷六千三百五十一。

校勘記

〔一〕授鄧州節度使　「授」，永樂大典卷六八五一引五代薛史作「僞授」。

〔二〕輟視朝二日　「二日」，册府卷三八七作「三日」。

〔三〕歐陽史作不調累年　「調」，原作「出」，據殿本考證、新五代史卷四八劉審交傳改。

〔四〕命楊光遠總兵討之　「楊光遠」下原有「以」字，據彭校、册府卷四八三删。

〔五〕諸君勿言　「君」，原作「軍」，據殿本、劉本改。通鑑卷二八七敍其事作「願諸公勿復言」。

〔六〕乾祐三年春卒　「三年」，原作「二年」，據本書卷一〇三漢隱帝紀下、册府卷一四〇、卷六七三、卷六八三、新五代史卷四八劉審交傳、通鑑卷二八九改。

〔七〕郡人聚哭柩前所　「柩前所」，册府卷一四〇、卷六八三作「於柩所」。

〔八〕知民爲邦本　「知」，原作「之民」，據册府卷七九二改。

〔九〕慣作非爲　「爲」，册府（宋本）卷八一七作「違」。

〔一〇〕其將解里遣殷與契丹首領楊安同拒我師於洺水　「其」，殿本、孔本作「常山」。「解里」，殿本、孔本作「耶律解里」。按遼史卷七六有耶律解里傳。

〔一一〕鄜州　原作「麟州」，據劉本、邵本、彭本、本書卷八四晉少帝紀四改。按本卷上文記其「開運初，出授鄜州」。

〔一二〕三年　原作「三日」，據殿本、劉本、册府卷一七二改。按本書卷一〇三漢隱帝紀下：「（乾祐三年冬十月）彰德軍節度使郭謹卒。」

〔一三〕應順　原作「廣順」，據殿本、劉本、册府卷一七二改。按本書卷四五唐閔帝紀，皇甫立爲鄜州刺史在應順元年。

〔一四〕累遷護聖左廂都指揮使　「都」字原闕，據册府卷四四六、卷四五五、通鑑卷二八四補。

〔一五〕永樂大典卷一萬八千一百三十二　「三十二」，原作「三十三」，據孔本改。檢永樂大典目録，卷一八一三三爲「將」字韻「後周將二」，與本則内容不符，卷一八一三二爲「將」字韻「後漢將」。

舊五代史卷一百七

漢書九

列傳第四

史弘肇 子德琉 弟福　楊邠　王章　李洪建 弟業　閻晉卿

聶文進　後贊　郭允明　劉銖

史弘肇，字化元，鄭州滎澤人也。父潘〔一〕，本田家。弘肇少游俠無行，拳勇健步，日行二百里，走及奔馬。梁末，每七户出一兵，弘肇在籍中，後隸本州開道都，選入禁軍。嘗在晉祖麾下，遂留爲親從，及踐阼，用爲控鶴小校。高祖鎮太原，奏請從行，升爲牙校，後置武節左右指揮，以弘肇爲都將，遥領雷州刺史。雷州，原本作「纍州」，今據歐陽史改正。（影庫本粘籤）高祖建號之初，代州王暉叛，以城歸契丹，弘肇征之，一鼓而拔，尋授許州節度使，充侍衞步軍都指揮使。會王守恩以上黨求附，契丹主命大將耿崇美率衆登太行，欲取上黨，高祖命弘肇以軍應援。軍至潞州，契丹退去，翟令奇以澤州迎降。會河陽武行德遣人迎弘肇，遂率衆南下，與行德合。故高祖由蒲、陝赴洛如歸，弘肇前鋒之功也。

弘肇嚴毅寡言，部轄軍衆，有過無舍，兵士所至，秋毫不犯。部下有指揮使，嘗因指使少不從命，弘肇立撾殺之，將吏股慄，以至平定兩京，無敢干忤。從駕征鄴迴，加同平章事，充侍衛親軍都指揮使，兼鎮宋州。高祖大漸，與樞密使楊邠、周太祖、蘇逢吉等同受顧命。隱帝嗣位，加檢校太師、兼侍中。居無何，河中、永興、永興，原本作「求與」，今據通鑑改正。（影庫本粘籤）鳳翔連横謀叛，關輔大擾，朝廷日有徵發，羣情憂惴，亦有不逞之徒，妄搆虛語，流布京師。弘肇都轄禁軍〔二〕，警衛都邑，專行刑殺，略無顧避，無賴之輩，望風匿迹，路有遺棄，人不敢取。然而不問罪之輕重，理之所在，但云有犯，便處極刑，枉濫之家，莫敢上訴。巡司軍吏，因緣爲姦，嫁禍脅人，不可勝紀。案宋史邊歸讜傳：史弘肇怙權專殺，閭里告訐成風。歸讜言曰：「邇來有匿名書及言風聞事，搆害良善，有傷風化，遂使貪吏得以報復私怨，讒夫得以肆其虛誕。請明行條制，禁遏誣妄，凡顯有披論，具陳姓名。其匿名書及風聞事者，並見止絶。」論者韙之。（舊五代史考異）

時太白晝見，民有仰觀者，爲坊正所拘〔三〕，立斷其腰領。又有醉民抵忤一軍士，則誣以訛言棄市。其他斷舌、決口、斮筋、折足者，僅無虛日。故相李崧爲部曲誣告，族戮於市，取其幼女爲婢。自是仕宦之家畜僕隸者，皆以姑息爲意，而舊勳故將失勢之後，爲厮養輩之所脅制者，往往有之。軍司孔目吏解暉，性狡而酷，凡有推劾，隨意鍛鍊。人有抵軍禁者，被其苦楚，無不自誣以求死所，都人遇之，莫敢仰視。有燕人何福殷者，福殷，原本作「福因」，今據通鑑改正。（影庫本粘籤） 案：歐陽史作何福進，疑訛〔四〕。（舊五代史考異）以商販爲業，嘗以十四萬市得玉枕一〔五〕，遣家僮及商人李進賣於淮南，易茗而迴。家僮無行，隱福殷貨財數十萬，福殷責其償，不伏，遂杖之。未幾，家僮詣弘肇上變，言契丹主之入汴也，趙延壽遣福殷齎玉枕陰遺淮南〔六〕，以致誠意。弘肇即日遣捕福殷等繫之。解暉希旨〔七〕，榜掠備至，福殷自誣，連罪者數輩，並棄市。妻女爲弘肇帳下分取之，其家財籍沒。

弘肇不喜賓客，嘗言：「文人難耐，輕我輩，謂我輩爲卒，可恨，可恨！」弘肇所領睢陽，其屬府公利，委親吏楊乙就府檢校，貪戾兇橫，負勢生事，吏民畏之。副戎已下，望風展敬，聚斂刻剥，無所不至，月率萬緡，以輸弘肇，一境之內，嫉之如讎。案東都事略薛居正傳：史弘肇領侍衛親軍，威震人主，殘忍自恣，人莫敢忤其意。其部下吏告民犯鹽禁，法當死。居正疑其不實，召詰之，乃其吏以私憾而誣之也。逮捕吏鞫之，具伏，以吏抵法。弘肇雖怒甚，竟亦無以屈也。（舊五代史考異）周太祖平河中班師，推功於衆，以弘肇有翊衛鎮重之功，言之於隱帝，即授兼中書令。隱帝自關西賊平之後，昵近小人，太后親族，頗行干託，弘肇與楊邠甚不平之。太后有故人子求補軍職，弘肇怒而斬之。帝始聽樂，賜教坊使玉帶〔八〕、諸伶官錦袍，往謝弘肇，弘肇讓之曰：「健兒爲國戍邊，忍寒冒暑，未能徧有霑賜，爾輩何功，敢當此賜！」盡取袍帶還官。其兇戾如此。

周太祖有鎮鄴之命，弘肇欲其兼領機樞之任，蘇逢吉異其議，弘肇忿之。翌日，因竇貞固飲會，貴臣悉集，弘肇厲色舉爵屬周太祖曰：「昨晨廷論，一何同異！今日與弟飲此。」楊邠、蘇逢吉亦舉大爵曰：「此國家之事也，何足介意！」俱飲釂。弘肇又厲聲言曰：「安朝廷，定禍亂，直須長槍大劍，至如毛錐子，毛錐，原本作「毛錘」，考通鑑作「毛錐」。胡三省注云：「毛錐，謂筆也。以束毛爲筆，其形如錐也。」今改正。（影庫本粘籤）焉足用哉！」三司使王章曰：「雖有長槍大劍，若無毛錐子，贍軍財賦，自何而集？」弘肇默然，少頃而罷。

未幾，三司使王章於其第張酒樂，時弘肇與宰相、樞密使及內客省使閻晉卿等俱會。酒酣，爲手勢令，弘肇不熟其事，而閻晉卿坐次弘肇，屢教之。蘇逢吉戲弘肇曰：「近坐有姓閻人，何憂罰爵。」弘肇妻閻氏，本酒妓也，弘肇謂逢吉譏之，大怒，以醜語詬逢吉，逢吉不校。弘肇欲毆逢吉，逢吉策馬而去。弘肇遽起索劍，意欲追逢吉。楊邠曰：「蘇公是宰相，公若害之，致天子何地？公細思之。」邠泣止之〔九〕。弘肇索馬急馳而去，邠慮有非常，連鑣而進，送至第而還。自是將相不協如水火矣。隱帝遣王峻將酒樂於公子亭以和之，竟不能解。

其後李業、郭允明、後贊、聶文進居中用事，不悦執政。又見隱帝年漸長，厭爲大臣所制，嘗有忿言，業等乃乘間譖弘肇等，隱帝稍以爲信。業等乃言弘肇等專權震主，終必爲亂，隱帝益恐。嘗一夕，聞作坊鍛甲之聲，疑外有兵仗卒至，達旦不寐。自是與業等密謀禁中，欲誅弘肇等。議定，入白太后，太后曰：「此事豈可輕發耶！更問宰臣等。」李業在側，曰：「先皇帝言，朝廷大事，莫共措大商量。」太后又言之，隱帝怒曰：「閨門之內，焉知國家之事！」拂衣而出。內客省使閻晉卿潛知其事，乃詣弘肇私第，將欲告之，弘肇以他事拒之不見。

乾祐三年冬十一月十三日，弘肇入朝，案：歐陽史漢臣傳作十月。吳縝纂誤云：漢隱帝紀、周太祖紀俱作十一月，傳誤也。（舊五代史考異）與樞密使楊邠、三司使王章同坐於廣政殿東廡下，廣政殿，原本作「廣徵」，今從通鑑改正。（影庫本粘籤）俄有甲士數十人自內而出，害弘肇等於閤，夷其族。先是，弘肇第數有異：嘗一日，於階砌隙中有煙氣蓬勃而出；禍前二日昧爽，有星落於弘肇前三數步，如迸火而散，俄而被誅。周太祖踐阼，追封鄭王，以禮葬，官爲立碑。

弘肇子德琉，德琉，原本作「德玩」，今從通鑑改正。（影庫本粘籤）乾祐中，授檢校司空，領忠州刺史。粗讀書，親儒者，常不悦父之所爲。貢院嘗録一學科於省門叫譟，申中書門下，宰相蘇逢吉令送侍衛司，請痛笞刺面。德琉聞之，白父曰：「書生無禮，有府縣、御史臺，非軍務治也。公卿如此，蓋欲彰大人之過。」弘肇深以爲然，即破械放之。後之識者尤嘉德琉之爲人焉。

弘肇弟福，比在滎陽別墅，聞禍，匿於民間。周太祖即位，累遷閑厩使。仕皇朝，歷諸衞將軍。永樂大典卷一萬一百八十三。案宋史李崇矩傳：史弘肇爲先鋒都校，聞崇矩名，召署親吏。乾祐初，弘肇總禁兵，兼京城巡檢，多殘殺軍民，左右稍稍引去，惟崇矩事之益謹。及弘肇誅，獨得免。周祖與弘肇素厚善，即位，訪求弘肇親舊，得崇矩，謂之曰：「我與史公受漢厚恩，勠力同心，共奬王室，爲奸邪所搆，史公卒罹大禍，我亦僅免。汝史家故吏也，爲我求其近屬，我將恤之。」崇矩上其母弟福。崇矩素主其家，盡籍財産以付福，周祖嘉之。（舊五代史考異）

楊邠，魏州冠氏人也〔一〇〕。少以吏給事使府，後唐租庸使孔謙，即其妻之世父也。謙領度支，補勾押官，歷孟、華、鄆三州糧料使。高祖爲鄴都留守，用爲左都押衙〔一一〕。高祖鎮太原，益加親委。漢國建，遷檢校太保、權樞密使。汴洛平，正拜樞密使、檢校太傅。及高祖大漸，與蘇逢吉、史弘肇等同受顧命，輔立嗣君。隱帝即位，宰臣李濤上章，請出邠與周太祖爲藩鎮，邠等泣訴於太后，由是罷濤而相邠，加中書侍郎兼吏部尚書、同平章事，仍兼樞密使。

時中書除吏太多，訛謬者衆，及邠居相位，帝一以委之，凡南衙奏事，中書除命，先委邠斟酌。如不出邠意，至於一簿一掾，亦不聽從。邠雖長於吏事，不識大體，常言：「爲國家者，但得帑藏豐盈，甲兵强盛，至於文章禮樂，並是虚事，何足介意也。」平河中，并加右僕射〔一二〕。邠既專國政，觸事苛細，條理煩碎，前資官不得於外方居止，自京師至諸州府，行人往來，並須給公憑。所由司求請公憑者，朝夕填咽，旬日之間，民情大擾，行路擁塞，邠乃止其事。

時史弘肇恣行慘酷，殺戮日衆，都人士庶，相目於路，邠但稱弘肇之善。太后弟武德使李業求爲宣徽使，隱帝與太后重違之，私訪於邠。邠以朝廷内使，遷拜有序，不可超居，遂止。隱帝所愛耿夫人，欲立爲后，邠亦以爲太速。夫人卒，隱帝欲以后禮葬，邠又止之，隱帝意不悦。左右有承間進甘言者，隱帝益怒之。案：此下當有缺文。（殿本）邠繕甲兵，實帑廩，俾國用不闕，邊鄙粗寧，亦其功也。

留意縉紳，延客門下，知經史有用，乃課吏傳寫〔一三〕。（舊五代史考異）永樂大典卷六千五十二。案宣和書譜云：邠末年

王章，大名南樂人也。少爲吏，給事使府。同光初，隸樞密院，後歸本郡，累職至都孔目官。後唐清泰末，屯駐捧聖都虞候張令昭作亂，張令昭，原本作「會昭」，今從歐陽史改正。（影庫本粘籤）逐節度使劉延皓，自稱留後，章以本職爲令昭役使。末帝遣范延光討平之，搜索叛黨甚急。章之妻即白文珂之女也，文珂與副招討李敬周善，以章爲托。及攻下逆城，敬周匿之，載于槖馳褚中，竄至洛下，匿於敬周之私第。及末帝敗，章爲省職，歷河陽糧料使。高祖典侍衛親軍，召爲都孔目官〔一四〕，從至河東，專委錢穀。國初，授三司使、檢校太傅，從征杜重威於鄴下。明年，高祖崩，隱帝即位，加檢校太尉、同平章事。居無何，蒲、雍、岐三鎮叛。是時，契丹犯闕之後，國家新造，物力未充，章與周太祖、史弘肇、楊邠等盡心王室，知無不爲，罷不急之務，惜無用之費，收聚財賦，專事西征，軍旅所資，供饋無乏。及三叛平，賜與之外，國有餘積。然以專於權利，剥下過當，斂怨歸上，

物論非之。舊制，秋夏苗租，民税一斛，別輸二升，謂之「雀鼠耗」。乾祐中，輸一斛者，別令輸二斗，目之爲「省耗」。謂之「省耗」，原本作「雀耗」，今從通鑑改正。胡三省通鑑注云：唐明宗天成元年四月赦文：「應納夏秋税子，先有省耗，每斗一升，今後祇納正税數，不量省耗。」如此，則天成以前，已有省耗，每斛更輸一斗。天成罷輸之，後至漢興，王章復令輸省耗，而又倍舊數取之也。謹附識于此。（影庫本粘籤）百姓苦之。又官庫出納緡錢，皆以八十爲陌，至是民輸者如舊，官給者以七十七爲陌，遂爲常式。案歸田録：用錢之法，自五代以來，以七十七爲百，謂之「省陌」。今市井交易，又尅其五，謂之「依除」。（舊五代史考異）民有訴田者，雖無十數户，章必命全州覆視，幸其廣有苗額，以增邦賦，曾未數年，民力大困。章與楊邠不喜儒士，羣官所請月俸〔一五〕，皆取不堪資軍者給之，謂之「閑雜物」，命所司高估其價，估定更添，謂之「擡估」，章亦不滿其意，隨事更令添估〔一六〕。章急於財賦，峻於刑法，民有犯鹽、礬、酒麴之令，雖絲毫滴瀝，盡處極刑。吏緣爲姦，民不堪命。

章與楊邠同郡，尤相親愛，其奬用進拔者，莫非鄉舊。常輕視文臣，曰：「此等若與一把算子，未知顛倒，何益於事！」後因私第開宴席，召賓客，史弘肇、蘇逢吉乘醉諠詬而罷。章自是忽忽不樂，潛求外任，邠與弘肇深阻其意。而私第數有怪異，章愈懷憂恐。乾祐三年冬，與史弘肇、楊邠等遇害，夷其族。妻白氏，禍前數月而卒。無子，惟一女，適户部員外郎張貽肅，羸疾踰年，扶病就戮。永樂大典卷六千八百五十一〔一七〕。

李洪建，太后母弟也。事高祖爲牙將，高祖即位，累歷軍校，遥領防禦使。史弘肇等被誅，以洪建爲權侍衞馬步軍都虞候。及鄴兵南渡，命洪建誅王殷之族，洪建不即行之，但遣人監守其家，仍令給饌，竟免屠戮。周太祖入京城，洪建被執，王殷感洪建之恩，累祈周太祖乞免其死，不從，遂殺之。洪建弟業。永樂大典卷一萬三百九十。

業，昆仲凡六人，案：昭聖弟六人，洪信、洪義，宋史有傳。歐陽史作昆弟七人。（舊五代史考異）業處其季，故太后尤憐之。高祖置之麾下，及即位，累遷武德使，出入禁中。業恃太后之親，稍至驕縱。隱帝嗣位，尤深倚愛，兼掌内帑，四方進貢，二宫費用〔一八〕，委之出納。業喜趨權利，無所顧避，執政大臣不敢禁詰。會宣徽使闕，宣徽使，原本作「宜徽」，今從通鑑改正。（影庫本粘籤）業意欲之，太后亦令人微露風旨於執政。時楊邠、史弘肇等難之，業由是積怨，蕭牆之變，自此而作。楊、史既誅，業權領侍衞步軍都指揮使。北郊兵敗，業自取金寶懷之，策馬西奔。行至陜郊，其節度使洪信，即其長兄也，不敢匿於家。業將奔太原，至絳州境，爲盜所殺，盡奪而去。永樂大典卷一萬三百九十。

閻晉卿者，忻州人也。家世富豪，少仕并門，歷職至客將，高祖在鎮，頗見信用。乾祐中，歷閤門使、判四方館。未幾，關西亂，郭從義討趙思綰於京兆，晉卿偏師以攻賊壘。案宋史李韜傳：周祖征三叛，韜從白文珂攻河中，兵傅其城。文珂夜詣周祖議犒軍，留韜城下。時營柵未備，李守貞乘虛來襲，營中忽見火發，知賊驟至，惶怖失據。客省使閻晉卿率左右數十人，遇韜于月城側，謂韜曰：「事急矣，城中人悉被黃紙甲，爲火光所照，色俱白，此殊易辨，奈軍士無鬭志何！」韜憤怒曰：「豈有食君祿而不爲國致死耶！」即援矟而進，軍中死士十餘輩，隨韜犯賊鋒。蒲有猛將，躍馬持戈擬韜，韜刺之，洞胸而墜，又連殺數十人，蒲軍遂潰，因擊大破之。（舊五代史考異）賊平，爲內客省使，案：宋史李韜傳載晉卿討賊時已爲客省使，薛史作賊平之後始授此職，與宋史異。（舊五代史考異）丁父憂，起復前職。時宣徽使闕，晉卿以職次事望，合當其任，既而久稽拜命，晉卿頗怨執政。會李業等謀殺楊、史，詔晉卿謀之，晉卿退詣弘肇，將告其事，弘肇不見。晉卿憂事不果，夜懸高祖御容於中堂，泣禱於前，遲明戎服入朝。內難既作，以晉卿權侍衛馬軍都指揮使。北郊兵敗，晉卿乃自殺於家。永樂大典卷一萬八千一百三十二。

聶文進，聶文進傳，永樂大典已佚，今采册府元龜以補其闕。（影庫本粘籤）并州人。少給事於高祖帳下，高祖鎮太原，甚見委用，職至兵馬押司官。高祖入汴，授樞密院承旨，歷領軍、屯衞大將軍，遷右領軍大將軍〔一九〕，仍領舊職。册府元龜卷七百六十六。遇周太祖出征，稍至驕橫，久未遷改，深所怨望，與李業輩搆成變亂。史弘肇等遇害之前夕，文進與同黨預作宣詔，制置朝廷之事，凡關文字，並出文進之手。明日難作，文進點閱兵籍〔二〇〕，徵發軍衆，指揮取舍，以爲己任，内外咨禀，前後填咽。太祖在鄴被搆，初謂文進不預其事，驗其事迹，方知文進亂階之首也，大詬詈之。太祖過封丘，帝次於北郊，文進告太后曰：「臣在此，請宫中勿憂。」兵散之後，文進召同黨痛飲，歌笑自若。遲明，帝遇禍，文進奔竄，爲軍士所追，梟其首。册府元龜卷九百三十五。

後贊，案：通鑑作後匡贊，薛史避宋諱，去「匡」字。（舊五代史考異）後贊傳，永樂大典僅存一條，今引册府元龜以補其闕。（影庫本粘籤）爲飛龍使。贊母本倡家也，與父同郡，往來其家，生贊。從職四方，父未嘗離郡，贊既長，疑其所生。及爲内職，不欲父之來，寓書以致其意。父自郡至京師，直抵其第，贊不得已而奉之。永樂大典卷一萬七千一百九十五。乾祐末，宰相楊邠、侍衛親軍使史弘肇執權，贊以久次未遷，頗懷怨望，乃與樞密承旨聶文進等搆變。及難作，贊與同黨更侍帝側，剖判戎事，且防間言。北郊兵敗，贊竄歸兗州，慕容彦超執之以獻，有司鞫贊伏罪，周太祖命誅之。册府元龜卷九百五十二。

郭允明者，小名竇十，河東人也。幼隸河東制置使范徽柔〔二二〕，徽柔被誅〔二三〕，允明遂爲高祖廝養，服勤既久，頗得高祖之歡心。高祖鎮太原，稍歷牙職，及即位，累遷至翰林茶酒使兼鞍轡庫使。隱帝嗣位，尤見親狎，每恃寵驕縱，略無禮敬。與相州節度使郭謹以同宗之故，頗交結。謹在鎮，允明常齎御酒以遺之，不以僭上犯禁爲意。其他輕率，悉皆類此。執政大臣頗姑息之。嘗奉使荆南，車服導從，有同節度使將，州縣郵驛，奔馳畏懾，節度使高保融承迎不暇。高保融，原本作「深融」，今從通鑑改正。（影庫本粘籤）允明潛使人步度城壁之高庳，池隍之廣隘，以動荆人，冀得重賄。乾祐末，兼飛龍使。未幾，與李業輩搆變，楊邠等諸子，允明親刃之於朝堂西廡下。王章女壻户部員外郎張貽肅，血流逆注，聞者哀之。及北郊之敗，允明迫帝就民舍，手行弒逆，尋亦自殺。永樂大典卷二萬二千一百六十一。

劉銖，陝州人也。少事梁邵王朱友誨爲牙將。晉天福中，高祖爲侍衞親軍都指揮使，與銖有舊，乃表爲內職。高祖出鎮并門，用爲左都押牙。銖性慘毒好殺，高祖以爲勇斷類己，深委遇之。國初，授永興軍節度使，從定汴洛，移鎮青州，加同平章事。隱帝即位，加檢校太師、兼侍中。銖立法深峻，令行禁止，吏民有過，不問輕重，未嘗貸免。每親事小有忤旨〔二三〕，即令倒曳而出，至數百步外方止，膚體無完者。每杖人，遣雙杖對下，謂之「合歡杖」；或杖人如其歲數，謂之「隨年杖」。在任擅行賦斂，每秋苗一畝率錢三千〔二四〕，夏苗一畝錢二千，以備公用。部內畏之，脅肩重迹。

乾祐中，淄青大蝗，銖下令捕蝗，略無遺漏，田苗無害。先是，濱海郡邑，皆有兩浙迴易務，厚取民利，自置刑禁，追攝王民，前後長吏利其厚賂，不能禁止。銖即告所部，不得與吳越徵負，擅行追攝，浙人惕息，莫敢干命。朝廷懼銖之剛戾難制，因前沂州刺史郭瓊自海州用兵還，過青州，遂留之，即以符彥卿代銖，符彥卿，原本作「言卿」，今據通鑑改正。（影庫本粘籤）銖即時受代。案隆平集郭瓊傳云：劉銖守平盧，稱疾不朝，隱帝疑其叛，詔瓊領兵屯青州。銖將害之，張宴伏兵幕下，瓊無懼色，銖亦不敢發。瓊爲言去就禍福，銖趨召。（舊五代史考異）離鎮之日，有私鹽數屋，雜以糞穢，填塞諸井，以土平之，彦卿發其事以聞。銖奉朝請久之，每潛戟手於史弘肇、楊邠第。會李業輩同誅弘肇等，銖喜，謂業輩曰：「君等可謂僂儸兒矣。」尋以銖權知開封府事，周太祖親族及王峻家，並爲銖所害。周太祖入京城，執之下獄，銖謂妻曰：「我則死矣，君應與人爲婢耳！」妻曰：「明公所爲如是，雅合爲之。」周太祖遣人讓銖曰：「昔日與公常同事漢室，寧無故人之情？家屬屠滅，公雖奉君命，加之酷毒，一何忍哉！公家亦有妻子，還顧念否？」銖但稱死罪。遂啓太后，并一子誅之，而釋其妻。案：歐陽史作赦其妻子。（舊五代史考異）周太祖踐阼，詔賜銖妻陝州莊宅各一區。永樂大典卷六千三百五十。五代史闕文：漢隱帝朝，銖爲開封尹，周祖自鄴起兵，銖盡誅周祖之家子孫婦女十數人，極其慘毒。及隱帝遇害，周祖以漢太后令，收銖下獄，使人責之。銖對曰：「某爲漢家戮叛族耳，不知其他。」周祖怒，遂殺之。臣謹按：周世宗朝史官修漢隱帝實録，銖之忠言，諱而不載。

史臣曰：臣觀漢之亡也，豈繫於天命哉！蓋委用不得其人，聽斷不符於理故也。且如弘肇之淫刑，楊邠之粃政，李業、晉卿之設計，文進、允明之狂且，雖使成王爲君，周公作相，亦不能保宗社之安，延歲月之命，況隱帝、逢吉之徒，其能免乎！易曰：「大君有命，開國承家，小人勿用，必亂邦也。」當乾祐之末也，何斯言之驗歟！惟劉銖之忍酷，又安能逭於一死乎！永樂大典卷二萬二千一百六十一。

校勘記

〔一〕父璠　「璠」，原作「潘」，據永樂大典卷一二一四八引五代史弘肇傳改。

〔二〕弘肇都轄禁軍　「都」，册府卷四四八作「部」。

〔三〕爲坊正所拘　「坊正」，册府卷四四八作「坊巡」。

〔四〕疑訛　以上二字原闕，據殿本考證、劉本考證補。

〔五〕嘗以十四萬市得玉枕一　「一」字原闕，據册府卷四四八補。

〔六〕趙延壽遣福殷齎玉枕陰遺淮南　「趙延壽」上册府卷四四八有「僞燕王」三字。

〔七〕解暉希旨　句下册府卷四四八有「斷成」二字。

〔八〕賜教坊使玉帶　「教坊使」下册府卷四五四、新五代史卷三〇史弘肇傳有「等」字。

〔九〕邠泣止之　「止之」，原作「下」，據册府卷九一八、通鑑卷二八九改。

〔一〇〕魏州冠氏人也　「冠氏」，原作「寇氏」，據劉本、邵本校、册府卷三〇九、新五代史卷三〇楊邠傳、通鑑卷二八六改。按新唐書卷三九地理志三，冠氏屬河北道魏州。

〔一一〕左都押衙　「左」，原作「在」，據殿本、劉本、邵本、彭本、册府卷三〇九改。邵本校、本書卷九九漢高祖紀上、新五代史卷一〇漢本紀、卷三〇楊邠傳作「右」。影庫本批校：「左都押衙，『左』訛『在』。」舊五代史考異卷四：「案歐陽史作右都。」

〔一二〕并加右僕射　「并」，殿本作「邠」。按本書卷一〇二漢隱帝紀中：「（乾祐二年九月）楊邠加右僕射。」

〔一三〕乃課吏傳寫　「傳寫」，原作「寫傳」，據殿本、劉本、宣和書譜卷六乙正。

〔一四〕召爲都孔目官　「召」，原作「詔」，據永樂大典卷六八五一引五代薛史、册府卷三〇九改。

〔一五〕羣官所請月俸　「羣官」，原作「郡官」，據邵本校、册府（宋本）卷五一〇改。新五代史卷三〇王章傳敍其事作「百官」。

〔一六〕隨事更令添估　「令」下原有「更」字，據永樂大典卷六八五一引五代薛史、册府卷五一〇删。

〔一七〕永樂大典卷六千八百五十一　「卷六千八百五十一」，原作「卷六千八百五十」，按本則實出永樂大典卷六八五一，據改。

〔一八〕二宫費用　「用」字原闕，據册府卷三〇六補。

〔一九〕右領軍大將軍　原作「領衛大將軍」，據册府卷七六六、卷九三五、新五代史卷三〇聶文進傳改。殿本作「右衞大將軍」，孔本作「右領大將軍」。

〔二〇〕文進點閲兵籍　「文進」，原作「進」，據殿本、劉本、册府卷九三五改。

〔二一〕幼隸河東制置使范徽柔　册府卷七六六：「郭允明，父徽柔，爲河東制置使。」

〔二二〕徽柔被誅　「徽柔」二字原闕，據册府卷七六六補。

〔二三〕小有忤旨　「忤」，原作「忭」，據殿本、孔本、劉本、邵本校、彭校、册府卷四四八改。

〔二四〕每秋苗一畝率錢三千　「三千」，新五代史卷三〇劉銖傳作「三十」。按册府卷五四七載李元懿上書：「臣爲北海令時，夏秋苗上每畝麻農具等錢，省司元定錢十六，及劉銖到任，每畝上加四十五。」下文「二千」亦當作「二十」。

舊五代史卷一百八

漢書十

列傳第五

李崧　蘇逢吉　李鏻　龍敏　劉鼎　張允　任延皓

李崧，深州饒陽人。父舜卿，本州録事參軍。崧幼而聰敏，十餘歲爲文，家人奇之。弱冠，本府署爲參軍。其父嘗謂宗人李鏻曰：「大醜生處，大醜，原本作「大魏」，考册府元龜及歐陽史俱作「大醜」，今改正。（影庫本粘籤）形奇氣異，前途應不居徒勞之地，賴吾兄誨激之。」大醜即崧之小字也。同光初，魏王繼岌爲興聖宫使，兼領鎮州節鉞，崧以參軍從事。時推官李蕘掌書，崧見其起草不工，密謂掌事呂柔曰：「令公皇子，天下瞻望，至於尺牘往來，章表論列，稍須文理合宜，李侍御起草，未能盡善。」呂曰：「公試代爲之。」呂得崧所作，示盧質、馮道，皆稱之，繇是擢爲興聖宫巡官，獨掌奏記。莊宗入洛，授太常寺協律郎。

王師伐蜀，繼岌爲都統，以崧掌書記。蜀平，樞密使郭崇韜爲宦官誣搆，繼岌遂殺崇韜父子，外尚未知。崧白繼岌曰：「王何爲作此危事，至於不容崇韜，至洛誅之未晚。今懸軍五千里，無咫尺書詔，便殺重臣，非謀也。」繼岌曰：「吾亦悔之。」崧召書吏三四人，登樓去梯，取黄紙矯寫詔書，倒使都統印發之。翌日，告諸軍，軍情稍定。及自蜀還，案歐陽史：師還，繼岌死於道，崧至京師。明宗革命，任圜以宰相判三司，用崧爲鹽鐵推官〔一〕，賜緋。丁内艱，歸鄉里。服闋，鎮帥范延光奏署掌書記。延光爲樞密使，拜拾遺、直樞密院，遷補闕、起居郎、尚書郎，充職如故。長興末，改翰林學士。清泰初，拜端明殿學士、户部侍郎。

先是，長興三年冬，契丹入雲中，朝廷欲命重將鎮太原，時晉祖爲六軍副使，以秦王從榮不軌，懇求外任，深有北門之望。而大臣以晉高祖方權兵柄，難以議之。一日〔二〕，明宗怒其未奏，范延光、趙延壽等無對，退歸本院，共議其事，方欲以康義誠爲之。時崧最在下位，聳立請曰：「朝廷重兵多在北邊，須以重臣爲帥，以某所見，非石太尉不可也。」會明宗令中使促之，衆乃從其議。翌日，晉祖既受太原之命，使心腹達意於崧云：「壘浮圖須與合却尖。」蓋感之深也。

及清泰末，晉祖入洛，崧與吕琦俱竄匿於伊闕民家。旬日，晉高祖召爲户部侍郎、判户部。踰月，拜中書侍郎、同平章事，與桑維翰並兼樞密使。維翰鎮相州，未幾，廢樞密院，事歸中書，加尚書右僕射。從幸鄴，丁外艱〔三〕，恩制起復，崧上章數四，懇辭其命，優詔不允。復上章，不報，崧不得已而視事。晉少帝嗣位，復用桑維翰爲樞密使，命崧兼判三司。未幾，代維翰爲樞密使，與馮玉對掌機密。開運末，崧、玉信契丹之詐，經略瀛、鄚，中渡之敗，落其姦謀。契丹入京師，趙延壽、張礪素稱崧之才，契丹主善遇之，以崧爲太子太師，充樞密使。契丹主嘗謂左右曰：「我破南朝，祇得李崧一人而已。」從契丹北行，留於鎮州。

高祖平汴洛，乃以崧之居第賜蘇逢吉，第中宿藏之物，皆爲逢吉所有。其年秋，鎮州逐麻荅，崧與馮道、和凝十數人歸闕，授太子太傅。崧對朝之權右，謙挹承顔，未嘗忤旨。嘗以宅券獻蘇逢吉，逢吉不悦〔四〕。崧二弟嶼、嶬，酣酒無識，與楊邠、蘇逢吉子弟杯酒之間，時言及奪我居第，逢吉知之。有部曲葛延遇者，逋李嶼船傭，嶼撻之，督其所負。遇有同輩李澄亦事逢吉〔五〕，延遇夜寄宿於澄家〔六〕，以嶼見督情告，案歐陽史：是時，高祖將葬睿陵，河中李守貞反，澄乃教延遇告變，言崧與其甥王凝謀因山陵放火焚京師，又以蠟丸書通守貞。遂一夕通謀告變。案東都事略王溥傳：世宗嘗問：「漢相李崧蠟彈書結契丹〔七〕，有記其辭者否？」溥曰：「使崧有此，肯示人耶？蘇逢吉輩陷之爾。」是逢吉等陷崧，又謂其通契丹也。世宗遂優贈崧官〔八〕。（舊五代史考異）逢吉覽狀示史弘肇，其日逢吉遣吏召崧至第，從容語及葛延遇告變之事，崧以幼女爲託，逢吉遣吏送於侍衛獄。既行，案歐陽史：乘馬，從者去，無一人。崧恚曰：「自古未有不亡之國，不死之人。」及爲吏所鞫，乃自誣伏罪，舉家遇害，少長悉尸於市，人士冤之。案東都事略陶穀傳：穀性傾險巧詆，其進緣李崧，崧之死，穀自謂有力焉。又案宋史陶穀傳：李崧以宅券獻逢吉，逢吉不悦，而崧子弟數出怨言，崧懼，移疾不出。族子昉，嘗往候崧，崧語昉曰：「邇來朝廷于我有何議？」昉曰：「無他，聞惟陶給事往往于稠人中厚誣叔父。」崧嘆曰：「穀自單州判官，吾取爲集賢校理，不數年擢掌誥命，吾何負于陶氏子哉！」及崧遇禍，昉嘗因公事詣穀，穀問昉：「識李侍中否？」昉斂衽應曰：「遠從叔耳。」穀曰：「李氏之禍，穀出力焉。」昉聞之汗出。（舊五代史考異）崧與徐台符同學相善，乾祐三年秋，台符夢崧謂曰：「予之冤横，得請於帝矣。」及蘇、史之誅，並梟首於市，當崧所誅之地。未幾，葛延遇、李澄亦以戮死。永樂大典卷一萬三百九十。案宋史李昉傳：晉侍中崧，與昉同宗且同里，時人謂崧爲「東李家」，昉爲「西李家」〔九〕。漢末，崧被誅，至宋，其子璨自蘇州常熟縣令赴調，昉爲訟其父冤，且言：「周太祖已爲昭雪，贈官，還其田宅，録璨而官之。然璨幾五十，尚淹州縣之職。」詔授璨著作佐郎，後官至右贊善大夫〔一〇〕。（舊五代史考異）

蘇逢吉，長安人。父悦，逢吉母早喪，而悦鰥居，旁無侍者。性嗜酒，雖所飲不多，然漱醪終日。佗人供膳，皆不稱旨，俟逢吉庖炙，方肯下筯。悦初仕蜀，官升朝列，逢吉初學爲文，嘗代父染翰。悦嘗爲高祖從事，甚見禮遇，因從容薦逢吉曰：「老夫耄矣，才器無取。男逢吉粗學援毫，性復恭恪，如公不以犱犬之微，願令事左右。」高祖召見，以神精爽惠，甚憐之。有頃，擢爲賓佐，凡有謀議，立侍其側。高祖素嚴毅，及鎮太原，位望崇重，從事稀得謁見，惟逢吉日侍左右。兩使文簿，堆案盈几，左右不敢輒通，逢吉置於懷袖，俟其悦色則諮之，多見其可。

高祖建號於太原，逢吉自節度判官拜同平章事、集賢殿大學士。車駕至汴，朝廷百司庶務，逢吉以爲己任，參決處置，並出胸臆，雖有當有否，而事無留滯。會翰林學士李濤從容侍帝，言及霸府二相，官秩未崇，逢吉旋加吏部尚書〔一〕，未幾，轉左僕射、監修國史。從征杜重威於鄴下，數乘醉抵辱周太祖。及高祖大漸，與楊邠、史弘肇等卧内同受顧命。李濤與逢吉論甥舅之契，相得甚歡，濤之入相，逢吉甚有力焉。會濤上章，請出兩樞密爲方鎮，帝怒，罷濤相，勒歸私第，時論疑濤承逢吉之風旨。

先是，高祖踐祚之後，逢吉與蘇禹珪俱在中書，有所除拜，多違舊制，用捨升降，率意任情，至有自白丁而升宦路、由流外而除令録者，不可勝數，物論紛然。高祖方倚信二相，莫敢言者。逢吉尤貪財貨，無所顧避，求進之士，稍有物力者，即遣人微露風旨，許以美秩。及楊邠爲相，稍奪二蘇之權，自是盡斂手而已〔二〕。邠每懲二蘇之失，艱於除拜，至於諸司補吏與門胄出身，一切停罷，時論以邠之蔽錮，亦由逢吉、禹珪本不能至公於物之所致也。

初，高祖至汴，以故相馮道、李崧爲契丹所俘，竝於真定，乃以崧第賜逢吉，道第賜禹珪，崧於西洛有別業，亦爲逢吉所有。及真定逐契丹，崧、道歸朝。崧弟嶼以逢吉占據其第，時出怨言。未幾，崧以西京宅券獻於逢吉，逢吉不悦〔三〕。會崧有僕夫欲誣告謀反，逢吉誘致其狀，即告史弘肇，令逮捕其家。逢吉遣直省吏召崧至第，即令監至侍衛獄。翌日，所司以獄辭上，其李嶼款招云：「與兄崧、弟嶬，與家僮二十人商議，比至山陵發引之時，同放火謀亂，其告是實。」蓋自誣之辭也。逢吉仍以筆添注「二十人」字爲「五十人」，封下有司，盡誅崧家。時人冤之，歸咎於逢吉。逢吉深文好殺，從高祖在太原時，嘗因事，高祖命逢吉靜獄，以祈福祐，逢吉盡殺禁囚以報。及執朝政，尤愛刑戮。朝廷患諸處盜賊，遣使捕逐，逢吉自草詔意云：「應有賊盜，其本家及四鄰同保人，並仰所在全族處斬。」或謂逢吉曰：「爲盜者族誅，猶非王法，鄰保同罪，不亦甚乎？」逢吉堅以爲是，竟去「全族」二字。時有鄆州捕賊使臣張令柔盡殺平陰縣十七村民，平陰，原本作「平除」，今從通鑑改正。（影庫本粘籤）良由此也。

逢吉性侈靡，好鮮衣美食，中書公膳，鄙而不食，私庖供饌，務盡甘珍，嘗於私第大張酒樂，以召權貴，所費千餘緡。其妻武氏卒，葬送甚盛，班行官及外州節制，有與逢吉相款洽者，皆令齎送綾羅絹帛，以備縞素，失禮違度，一至如此。又性不拘名教，繼母死不行服，妻死未周，其子並授官秩。有庶兄自外至，不白逢吉，便見諸子，逢吉怒，且懼他日凌弱其子息，乃密白高祖，誣以他事杖殺之。

乾祐二年秋，加守司空。周太祖之將鎮鄴也，逢吉奏請落樞密使，隱帝曰：「有前例否？」逢吉奏白：「樞密之任，方鎮帶之非便。」史弘肇曰：「兼帶樞密，所冀諸軍禀畏。」竟從弘肇之議。弘肇怨逢吉之異己，逢吉曰：「此國家之事也，且以內制外則順，以外制內豈得便耶！」事雖不從，物議多之。居無何，王章張飲，會逢吉與史弘肇有謔言，大爲弘肇所詬，逢吉不校，幾至毆擊，逢吉馳馬而歸，自是將相失歡。逢吉欲希外任，以紓弘肇之怒，既而中輟。人問其故，逢吉曰：「苟領一方鎮，祇消得史公一處分，處分，原本作「虛分」。考通鑑云：逢吉欲求外鎮以避之，既而中止曰：「吾去朝廷，止煩史公一處分，吾齏粉矣。」今改正。（影庫本粘籤）則爲齏粉矣。」

李業輩惡弘肇、楊邠等，逢吉知之，每見業等，即微以言激怒之。及弘肇等被害，逢吉不預其謀，聞變驚駭，即受宣徽，權知樞密院事。尋令草制正授，制入，聞鄴兵至澶州，乃止。事急，逢吉謂人曰：「蕭牆之變，太覺匆遽，主上若有一言見問，必不至是矣。」數夕宿於金祥殿之東，謂天官正王處訥曰〔四〕：「夜來就枕未瞑，已見李崧在傍，生人與死人相接，無吉事也。」及周太祖自鄴至汴，官軍敗於劉子陂。是夕，逢吉宿於七里郊，與同舍痛飲，醉將自刎，左右止之。至曙，與隱帝同抵民舍，遂自殺。周太祖定京城，與聶文進等同梟於北市，釋其家族。其梟首之所，適當李崧冤死之地。廣順初，詔就西京賜其子莊宅各一區。永樂大典卷二千三百九十二。五代史補：高祖在河東幕府，闕書記，朝廷除前進士丘廷敏爲之，以高祖有異志，恐爲所累，辭疾不赴，遂改蘇逢吉。未幾，契丹南侵，高祖仗順而起，兵不血刃而天下定，逢吉以佐命功，自掌書記拜中書侍郎、平章事。逾年，廷敏始選授鳳翔麟遊縣令。過堂之日，逢吉戲之，且撫所坐椅子曰：「合是長官坐，何故讓與鄙夫耶？」廷敏遂慚悚而退。

李鏻，唐宗屬也。父洎，韶州刺史。伯父湯，咸通中爲給事中。懿宗除乳母楚國夫人壻爲夏州刺史，湯封還制書，詔曰：「朕少失所親，若非楚國夫人鞠養，則無朕此身，雖非朝典，望卿放下，仍今後不得援以爲例。」湯乃奉詔，其諒直如此。

鏻少舉進士，累舉不第，客游河朔，稱清海軍掌書記，謁定州王處直，不見禮。鏻即脱緑被緋，入常山謁要人李弘規，以宗姓，請兄事之，由是得進。案歐陽史云：鏻爲人利口敢言。趙王鎔辟爲從事，鎔卒，復爲王德明賓客。德明使鏻聘於唐莊宗，鏻密疏德明之罪，且言可圖之狀，莊宗嘉之。及常山平，以鏻爲霸府支使。嘗從容請於莊宗曰：「鏻有四子，請誅之。」莊宗問其故，對曰：「此輩生於常山，禀勃亂之氣，不可留也。」莊宗笑而止。同光初，授宗正卿，俄兼工部侍郎。常山有唐啓運陵，鏻受富民李守恭賂，署爲陵臺令。守恭暴横，爲長吏所訴，按之以聞，鏻左授司農少卿，削金紫。未幾，出爲河府副使。

明宗即位，歷兵部、户部侍郎，工部、户部尚書。長興中，以與明宗有舊，常貯入相之意，從容謂時相曰：「唐祚中興，宜敦叙宗室，才高者合居相位。僕雖不才，曾事莊宗霸府，見今上於藩邸時。家代重侯累相，靖安李氏，不在諸族之下，論才較藝，何讓衆人，久置僕於朝行，諸君安乎？」馮道、趙鳳每怒其僭。有頃，鏻因淮南細人言事，乃謂樞密使安重誨曰：「僞吴欲歸國久矣，若朝廷先遣使諭之，則旋踵而至矣。」重誨然之，以玉帶與細人，令往淮南爲信，久而不反，由是出鏻爲兖州行軍司馬。得代歸闕，復爲户部尚書，尋轉兵部尚書，有頃，兼判太常卿事。嘗權典選部，銓綜失序，物論非之。晉天福中，守太子少保。開運中，遷太子太保。高祖至闕，授守司徒。數月而卒，年八十八。詔贈太傅。永樂大典卷一萬三百九十。

龍敏，字欲訥，欲訥，原本作「慾誨」，今從太平御覽改正。（影庫本粘籤）幽州永清人。少學爲儒，仕鄉里爲假掾。劉守光不道，敏避地浮陽，會戴思遠渡河而南，乃從之。鄉人周知裕仕梁爲裨將，敏往依焉，知裕屢薦不調，敏丐游都邑累年。唐莊宗定魏博，敏聞故人馮道爲霸府記室，乃客于河中，歲内歸太原〔一五〕，館於馮道之家，監軍使張承業即署敏爲巡官，典監軍奏記。莊宗平河洛，徵爲司門員外郎，以家貧乏養，求爲興唐少尹。踰年，丁母喪，退居鄴下。會趙在禮據鄴城，以敏鄉人，强起令署事，又爲亂軍所迫，敏不敢拒。明年，在禮鎮浮陽，敏復居喪制。服闋，除户部郎中，改諫議大夫、御史中丞。時敏父咸式年七十，咸式之父年九十餘，敏供養二尊〔一六〕，朝夕無懈。咸式以敏貴，得祕書監致仕。敏爲兵部侍郎，奉使幽州，鄉里耆舊留宴盡歡。馮贇爲北京留守，奏敏爲副。贇入掌樞機，敏爲吏部侍郎。

敏學術不甚長，然外柔而内剛，愛決斷大計。清泰末，從唐末帝在懷州，時趙德鈞父子有異圖，晉安砦旦夕憂陷。末帝計無從出，問計於從臣。敏奏曰：「臣有一計，請以援兵從東丹王李贊華取幽州路趨西樓，契丹主必有北顧之患。」末帝然之而不能用。敏又謂末帝親將李懿案：通鑑作前鄭州防禦使李懿。（舊五代史考異）曰：「君連姻帝戚，社稷之危，不俟翹足，安得默默苟全耶！」懿因籌德鈞必破蕃軍之狀，敏曰：「僕燕人也，諳趙德鈞之爲人，膽小謀拙，所長者守城砦、嬰壕塹、篤勵健兒耳。若見大敵，奮不顧身，摧堅陷陣，必不能矣。況名位震主，姦以謀身乎？僕有狂策，不知濟否，苟能必行，亦救寨之一術也。」懿請言之，曰：「如聞駕前馬僅五千匹〔一七〕，請於其間選擇壯馬精甲健夫千人，僕願得與郎萬金二人案通鑑云：郎萬金爲陳州刺史。胡三省云：萬金，當時勇將也。（舊五代史考異）由介休介休，原本脱「介」字，今據通鑑增入。（影庫本粘籤）路出山，夜冒敵騎，循山入大砦，千騎之内，得其半濟，則砦無虞矣。張敬達等幽閉，不知朝廷援兵近遠，若知大軍在團柏谷中，有鐵障亦可衝踏，況敵騎乎！」末帝聞之曰：「龍敏之心極壯，用之晚矣。」人亦以爲大言，然其慷慨感激，皆此類也。

晉祖受命，敏以本官判户部，遷尚書左丞。丁父憂，服闋，復本官，遷太常卿〔一八〕。開運中，奉命使越。先是，朝臣將命，必拜起於浙帥，敏至，抗揖而已，識者多之。使還，改工部尚書。案：歐陽史作遷工部侍郎。（舊五代史考異）乾祐元年春，疽發於背，聞高祖晏駕，乃扶病於私第，縞素而臨。後旬日卒於家，時年六十三。隱帝嗣位，詔贈右僕射。永樂大典卷五百三十二。

劉鼎，字公度，徐州蕭縣人。祖泰，蕭縣令。父崇，梁太祖微時，常傭力崇家，及即位，召崇用之，歷殿中監、商州刺史。崇之母撫梁祖有恩，梁氏號爲「國婆」，徐、宋之民謂崇家爲「豢龍劉家」。鼎起家爲大理評事，歷尚書博士、殿中侍御史、起居郎。清泰中，自吏部員外郎出爲渾州廉判，入爲刑部郎中，充鹽鐵判官，改吏部郎中兼侍御史知雜事。乾祐初，拜諫議大夫。卒，年五十五。

鼎善交游，能談笑。居家仁孝，事繼母趙氏甚謹，異母昆仲凡七人，撫之如一。性若寬易，而典選曹按吏有風稜，人稱爲能。

子衮，登進士第，文彩遒雋，仕周爲左拾遺、直史館，早卒。永樂大典卷九千九百九十九。

張允，鎮州束鹿人。父徵。允幼學爲儒，仕本州爲參軍。張文禮之據州叛，莊宗致討，允隨文禮子處瑾請降於鄴，不許，與處瑾並繫於獄。處瑾，原本作「處謹」，今從歐陽史改正。（影庫本粘籤）鎮冀平，宥之，留於鄴，署本府功曹。趙在禮嬰城叛，署節度推官，從歷滄、兗二鎮書記。入爲監察御史，歷右補闕、起居舍人，充弘文館直學士，水部員外郎、知制誥。清泰初，皇子重美爲河南尹，典六軍諸衛事，時朝廷選擇參佐，以允剛介，改給事中，充六軍判官。尋罷職，轉左散騎常侍。

晉天福初，允以國朝頻有肆赦，乃進駁赦論，曰：「管子云：『凡赦者小利而大害，久而不勝其禍；無赦者小害而大利，久而不勝其福。』又漢紀云：『吴漢疾篤，帝問所欲言。對曰：唯願陛下無爲赦耳。』如是者何？蓋行赦不以爲恩，不行赦亦不以爲無恩，爲罰有罪故也。竊觀自古帝王，皆以水旱則降德音而宥過，開狴牢以放囚，冀感天心以救其災者，非也。假有二人訟，一有罪，一無罪，若有罪者見捨，則無罪者銜冤，銜冤者彼何疏，見捨者此何親乎？如此則是致災之道，非救災之術也。自此小民遇天災則喜，皆相勸爲惡，曰國家好行赦，必赦我以救災，如此即是國家教民爲惡也。且天道福善禍淫，若以捨爲惡之人，而便變災爲福，則又是天助其惡民也。細而究之，必不然矣。儻或天降之災，蓋欲警誡人主，節嗜欲，務勤儉，恤鰥寡，正刑罰，不濫捨有罪，不僭殺無辜，使美化行於下，聖德聞於上，則雖有水旱，亦不爲沴矣〔一九〕。豈以濫捨有罪，而反能救其災乎，彰其德乎？是知赦之不可行也明哉。」帝覽而嘉之，降詔獎飾，仍付史館。

五年，遷禮部侍郎，凡三典貢部，改御史中丞，轉兵部侍郎、知制誥，充翰林學士承旨。契丹入京城，落職守本官。案東都事略劉温叟傳：契丹入京師，温叟懼隨契丹北徙，與承旨張允求去職。契丹主怒，欲黜爲縣令。趙延壽曰：「學士不稱職而求解者，罷之可也。」得不黜。乾祐初，授吏部侍郎。自誅史弘肇後，京城士庶，連甍恐悚，允每朝退，即宿於相國寺僧舍。及北軍入京師，允匿於佛殿藻井之上，墜屋而卒，時年六十五。

子鸞，仕皇朝爲太常少卿。永樂大典卷六千三百五十一。

任延皓〔一〇〕，并州人也。業術數風雲之事。晉高祖在太原重圍時，高祖最爲親要，延皓以本業請見，高祖甚加禮遇。晉天福初，延皓授太原掾，尋改交城、文水令，皆高祖慰薦之力也。高祖鎮太原，延皓多言外事，出入無間，高祖左右皆憚之。在文水聚斂財賄，民欲陳訴，延皓知之。一日，先誣告縣吏結集百姓，欲劫縣庫。高祖怒，遣騎軍併擒縣民十數，族誅之，冤枉之聲，聞於行路。高祖即位，累官至殿中監，恃寵使氣，人望而畏之，雖宰輔之重，延皓視之蔑如也。劉崇在河東，常日切齒〔一一〕。及魏王承訓薨，歸葬太原，令延皓擇葬地，時有山岡僧謂劉崇曰：「魏王葬地不吉，恐有重喪。」未幾，高祖崩，崇以僧言奏之，乃配流延皓於麟州。路由文水，市民擲瓦毆罵甚衆，吏人救之僅免。既至貶所，劉崇令人殺之，籍没其家。永樂大典卷九千三百五十一。

史臣曰：李崧仕唐、晉之兩朝，聳伊、皋之重望，考其器業，無忝台衡。會多僻之朝，被參夷之戮，人之不幸，天亦難忱。逢吉秉蛇虺之心，竊夔、龍之位，殺人不忌，與國俱亡。李崧之冤血未銷，逢吉之梟首斯至，冥報之事，安可忽諸！自李鏻而下，凡數君子者，皆踐履朝行，彰施帝載，國華邦直，斯焉在哉！惟延皓之醜行，宜乎不得其死矣。永樂大典卷九千三百五十一。

校勘記

〔一〕用崧爲鹽鐵推官　「推官」，新五代史卷五七李崧傳作「判官」。

〔二〕一日　册府卷一七二作「翌日」。

〔三〕丁外艱　本書卷八〇晉高祖紀六、新五代史卷五七李崧傳皆記其丁内艱，敦煌文書斯四四七三集賢相公遭母喪盡七後「辭」起復表即是李崧爲此事所撰，本卷上文「丁内艱」疑爲「丁外艱」之訛。

〔四〕逢吉不悦　「逢吉」二字原闕，據邵本校、新五代史卷三〇蘇逢吉傳、卷五七李崧傳、册府（明本）卷九三三補。

〔五〕遇有同輩李澄亦事逢吉　「遇」，册府卷九三三作「延遇」。

〔六〕延遇夜寄宿於澄家　「延遇」，原作「葛延遇」，據册府卷九三三改。

〔七〕漢相李崧蠟彈書結契丹　「相」，原作「祖」，據殿本、劉本、東都事略卷一八改。

〔八〕世宗遂優贈崧官　以上七字原闕，據孔本、東都事略卷一八補。

〔九〕昉爲西李家　「家」字原闕，據宋史卷二六五李昉傳補。

〔一〇〕後官至右贊善大夫　「右贊善」，原作「資善」，據宋史卷二六五李昉傳改。

〔一一〕逢吉旋加吏部尚書　「吏部」，本書卷一〇〇漢高祖紀下、蘇逢吉墓誌（拓片刊洛陽出土歷代墓誌輯繩）作「户部」。

〔一二〕自是盡斂手而已　「自是」下册府卷三三五有「中書」二字。按通鑑卷二八八：「凡中書除官，諸司奏事，帝皆委邠斟酌，自是三相拱手。」

〔一三〕逢吉不悦　「逢吉」二字原闕，據邵本校、新五代史卷三〇蘇逢吉傳、卷五七李崧傳、通鑑卷二八八補。

〔一四〕謂天官正王處訥曰　「天官正」，新五代史卷三〇蘇逢吉傳作「司天夏官正」。册府卷九四一作「春官正」。按宋史卷一六五職官志五，時司天監屬官有春官正、夏官正而無天官正。宋史卷四六一王處訥傳：「漢祖……即位，擢爲司天夏官正。」

〔一五〕歲内歸太原　「内」字原闕，據册府卷七二九補。

〔一六〕敏供養二尊　「敏」字原闕，據册府卷七八二補。

〔一七〕如聞駕前馬僅五千匹　「僅」，原作「僅有」，據殿本、孔本、册府卷四七七改。

〔一八〕遷太常卿　「遷」，殿本作「俄移」，孔本作「俄」。

〔一九〕亦不爲沴矣　「沴」，原作「殄」，據殿本、劉本、册府卷五二三改。

〔二〇〕任延皓　本書卷一〇〇漢高祖紀下、册府卷九三三作「任廷浩」，本書卷一〇一漢隱帝紀上作「任延浩」，册府卷七六六作「任庭浩」。其名歧見，難以遽斷，今仍各存原文，不一一出校。

〔二一〕常日切齒　「常日」，殿本、孔本作「日常」。

舊五代史卷一百九

漢書十一

列傳第六

杜重威　李守貞　趙思綰

杜重威，其先朔州人，近世徙家於太原。祖興，振武牙將。父堆金，事唐武皇爲先鋒使。重威少事明宗，自護聖軍校領防州刺史。其妻即晉高祖妹也〔一〕，累封宋國大長公主。天福初，命重威典禁軍，遥授舒州刺史。二年，張從賓搆亂，據汜水，汜水，原本作「汎水」，今從歐陽史改正。（影庫本粘籤）晉高祖遣重威與侯益率衆破之，以功授潞州節度使。與楊光遠降范延光於鄴城，改許州節度使兼侍衛親軍馬步軍副都指揮使〔二〕，尋加同平章事。未幾，移鎮鄆州，還侍衛親軍馬步軍都指揮使。案通鑑云：馮道、李崧屢薦重威之能，以爲都指揮使，充隨駕御營使。（舊五代史考異）及鎮州安重榮稱兵向闕，命重威禦之，敗重榮於宗城。重榮奔據常山，重威尋拔其城，斬重榮首，傳於闕下，授成德軍節度使。所得重榮家財及常山公帑，悉歸於己，晉高祖知而不問。至鎮，復重斂於民，税外加賦，境内苦之。案通鑑云：重威所至黷貨，民多逃亡，嘗出過市，謂左右曰：「人言我驅盡百姓，何市人之多也！」（舊五代史考異）

少帝嗣位，與契丹絶好，契丹主連年伐晉，重威但閉壁自守。部内城邑相繼破陷，一境生靈受屠戮，重威任居方面，未嘗以一士一騎救之。每敵騎數十驅漢人千萬過城下，如入無人之境，重威但登陴注目，略無邀取之意。開運元年秋，加北面行營招討使。二年，領大軍下泰州、滿城、遂城。契丹主自古北口迴軍，追躡王師，重威等狼狽而旋，至陽城，陽城，原本作「險城」，今從薛史晉少帝紀改正。（影庫本粘籤）爲契丹所困。會大風狂猛，軍情憤激，符彦卿、張彦澤等引軍四出，敵衆大潰，諸將欲追之，重威曰：「逢賊得命，更望襆子乎〔三〕！」遂收軍馳歸常山。先是，重威於州内括借錢帛，吏民大被其苦，人情咸怨，重以境内凋弊，十室九空，重威遂無留意，連上表乞歸朝，不俟報，即時上路。朝廷以邊上重鎮，主帥擅離，苟有奔衝，慮失禦備，然亦無如之何，即以馬全節代之，重威尋授鄴都留守。會鎮州軍食不繼，遣殿中監王欽祚就本州和市，重威私第有粟十餘萬斛，遂録之以聞。朝廷給絹數萬匹，償其粟直。重威大忿曰：「我非反逆，安得籍没耶！」

三年冬，晉少帝詔重威與李守貞等率師經略瀛、鄭。師至瀛州城下，晉騎將梁漢璋進與契丹接戰，漢璋死焉。重威即時命迴軍，次武强。聞契丹主南下，乃西趨鎮州，至中渡橋，與契丹夾滹水而營。十二月八日，宋彥筠、王清等率數千人渡滹沲，陣於北岸，爲敵所破。時契丹游軍已至欒城，道路隔絶，人情危蹙，重威密遣人詣敵帳，潛布腹心。契丹主大悦，許以中原帝之，重威庸暗，深以爲信。一日，伏甲於内，召諸將會，告以降敵之意，諸將愕然，以上將既變，乃俛首聽命，遂連署降表，令中門使高勳齎送敵帳，中門，原本作「人門」，今從通鑑改正。（影庫本粘籤）軍士解甲，舉聲慟哭。是日，有大霧起於降軍之上。契丹主使重威衣赭袍以示諸軍，尋僞加守太傅，鄴都留守如故。

契丹主南行，命重威部轄晉軍以從，既至東京，駐晉軍於陳橋，士伍飢凍，不勝其苦。重威每出入衢路，爲市民所詬，俛首而已。契丹下令括率京城錢帛，將相公私，雷同率配，重威與李守貞各萬緡。乃告契丹主曰：「臣等以十萬漢軍降於皇帝，不免配借，臣所不甘。」契丹主笑而免之。尋羣盜斷澶州浮梁，契丹乃遣重威歸藩。明年三月，契丹主北去，至相州城下，重威與妻石氏詣牙帳貢獻而迴。

高祖車駕至闕，以重威爲宋州節度使，加守太尉，重威懼，閉城拒命。詔高行周率兵攻討，重威遣其子弘璲等告急於鎮州麻荅〔四〕，乞師救援，且以弘璲爲質，麻荅遣蕃將楊袞赴之。未幾，鎮州諸軍逐麻荅，楊袞至洺州而迴。十月，高祖親征，車駕至鄴城之下，遣給事中陳觀等案：歐陽史避私諱作陳同。（舊五代史考異）齎詔入城，許其歸命，重威不納。數日，高祖親率諸軍攻其壘，不克，王師傷夷者萬餘人。案宋史杜漢徽傳云：從高行周討杜重威于鄴城，屢爲流矢所中，身被重創，猶力戰，觀者壯之。（舊五代史考異）高祖駐軍數旬，城中糧盡，屑麴餅以給軍士，吏民踰壘而出者甚衆，皆無人色。至是，重威牙將詣行宮請降，復遣節度判官王敏奉表請罪，賜優詔敦勉，許其如初。重威即遣其子弘璲、妻石氏出候高祖〔五〕，重威繼踵出降，素服俟罪，復其衣冠，賜見，即日制授檢校太師、守太傅、兼中書令。鄴城士庶，殍殕者十之六七。

先是，契丹遣幽州指揮使張璉，以部下軍二千餘人屯鄴〔六〕，時亦有燕軍一千五百人在京師。會高祖至闕，有上變者，言燕軍謀亂，盡誅於繁臺之下，咸稱其冤。有逃奔於鄴者，備言其事，故張璉等懼死，與重威膠固守城，略無叛志。高祖亦悔其前失，累令宣諭，許以不死。璉等於城上揚言曰：「繁臺之誅，燕軍何罪？既無生理，以死爲期。」璉一軍在圍中，重威推食解衣，盡力姑息。燕軍驕悍，憑陵吏民，子女金帛，公行豪奪。及重威請命，璉等邀朝廷信誓，詔許璉等却歸本土。及出降，盡誅璉等將數十人，其什長已下放歸幽州，將出漢境，剽略而去。高祖遣三司使王章、樞密副使郭威，録重威部下將吏盡誅之，籍其財産與重威私帑，分給將士。

車駕還宫，高祖不豫，既而大漸，顧命之際，謂近臣將佐曰：「善防重威。」帝崩，遂收重威、重威子弘璋弘璉弘璨誅之。詔曰：「杜重威猶貯禍心，未悛逆節，梟音不改，虺性難馴。昨朕小有不安，罷朝數日，而重威父子潛肆兇言，怨謗大朝，扇惑小輩。今則顯有陳告，備驗姦期，既負深恩，須置極法。其杜重威父子並處斬，所有晉朝公主及外親族，一切如常，仍與供給。」重威父子已誅，陳尸於通衢，案隆平集：党進，幼爲天雄軍節度使杜重威奴，重威愛其淳謹，雖長，猶令與婢妾雜侍。重威敗，周祖得之，以爲鐵騎都虞候。重威之後寒餓，進常分俸以給，士大夫或媿焉。（舊五代史考異）都人聚觀者詬駡蹴擊，軍吏不能禁，屍首狼籍，斯須而盡。

弘璉，重威之子也，累官至陳州刺史。永樂大典卷一萬四千七百三十。

李守貞，河陽人也。少桀黠落魄，事本郡爲牙將。晉高祖鎮河陽，用爲典客，後移數鎮，皆從之。及即位，累遷至客省使。天福中，李金全以安州叛，淮夷入寇，晉高祖命馬全節討之，守貞監護其軍，賊平，以守貞爲宣徽使。少帝即位，授滑州節度兼侍衛馬軍都指揮使，未幾，改侍衛都虞候。開運元年春，契丹犯澶、魏，少帝幸澶州，契丹主遣將麻荅以奇兵由鄆州馬家口濟河〔七〕，立柵於東岸，守貞率師自澶州馳赴之。契丹大敗，溺死者數千人，獲馬數百匹、偏裨七十餘人。有頃，敵退。晉少帝還京，以守貞爲兗州節度使，依前侍衛都虞候。

五月，以守貞爲青州行營都部署，率兵二萬東討楊光遠，命符彦卿爲副。十一月〔八〕，光遠子承勳等乞降，承勳，原本作「丞勳」，今從通鑑改正。（影庫本粘籤）守貞入城，害光遠於別第。光遠有孔目吏宋顔者〔九〕，盡以光遠財寶、名姬、善馬告於守貞，守貞德之〔一〇〕，置於帳下。近例，官軍克復城隍，必降德音，洗滌瑕穢。時樞密使桑維翰以光遠同惡數十輩潛竄未出〔一一〕，搜索甚急，故制書久不下。或有告宋顔匿於守貞處者，朝廷取而殺之，守貞由是怨維翰。時行營將士所給賞賜，守貞盡以甎茶、染木、薑藥之類分給之，軍中大怒〔一二〕，乃以帛包所得物，如人首級，目之爲守貞頭，懸於樹以詛之。守貞班師，加同平章事，以楊光遠東京第賜之。守貞因取連宅軍營〔一三〕，以廣其第，大興土木，治之歲餘，爲京師之甲，行幸賜宴，恩禮無比。

開運二年春，契丹主以全軍南下〔一四〕，前鋒至相州湯陰縣，詔守貞屯滑州。少帝再幸澶州，以守貞爲北面行營都監〔一五〕，與招討使杜重威北伐，洎獲陽城之捷，遂收軍而還。四月，車駕還京，以守貞爲侍衛副都指揮使，移鎮宋州，加檢校太師。三年春，詔守貞率師巡邊，至衡水，獲鄚州刺史趙思英而還〔一六〕。居無何，代高行周爲侍衛親軍都指揮使，移鎮鄆州，意頗觖望。會宰臣李崧加侍中，守貞謂樞密使直學士殷鵬曰〔一七〕：「樞密何功，便加正相！」先是，桑維翰以元勳舊德爲樞密使，守貞位望素處其下，每憚之，與李彥韜、馮玉輩協力排斥，維翰竟罷樞務。李崧事分疏遠〔一八〕，守貞得以凌蔑。

其年夏，契丹寇邊，以守貞爲北面行營都部署。少帝開曲宴於内殿，以寵其行，教坊伶人獻語云：「天子不須憂北寇，守貞面上管幽州。」既罷，守貞有自負之色，以其言誇詫於外。既而率兵至定州北，與契丹偏師遇，斬其將解里而還。九月，加兼侍中。會契丹遣瀛州刺史僞降於少帝，請發大軍應接，朝廷信之。十月，詔杜重威爲北面行營招討使，以守貞爲兵馬都監、知幽州行府事。先是，守貞領兵再由鄴都，杜重威厚加贈遺，曲意承迎，守貞悦之，每於帝前稱舉，請委征討之柄。至是，守貞、重威等會兵於鄴，遂趨瀛州，瀛州不應。貝州節度使梁漢璋爲蕃將高牟翰所敗〔一九〕，梁漢璋，原本作「澣漳」，今從歐陽史改正。（影庫本粘籤）死之，王師遂還。師至深州，聞契丹大至，乃西趨鎮州，至滹沲之中渡，與敵相遇。官軍營於滹水之南，未幾，敵騎潛渡至欒城，斷我糧路，尋則王清戰死，杜重威遂與守貞歸命契丹，授守貞司徒，依前鄆州節度使，從契丹至汴。時京輦之下，契丹充斥，都人士庶，若在塗炭。二帥出入揚揚，市人詬之，略無慚色。有頃，河北及京東草寇大起，澶州浮橋爲羣賊所斷，契丹主甚恐，乃命諸帥各歸本鎮，守貞遂赴汶陽。高祖入汴，守貞懼而來朝，授守貞太保，移鎮河中。居無何，高祖晏駕，杜重威被誅，守貞愈不自安，乃潛畜異計。

乾祐元年三月，先致書於權臣，布求保證，而完城郭，繕甲兵，晝夜不息。守貞以漢室新造，嗣君纔立，自謂舉無遺策。又有僧總倫者，以占術干守貞，謂守貞有人君之位。案通鑑云：浚儀人趙修己，素善術數，自守貞鎮滑州，署司户參軍，累從移鎮。爲守貞言：「時命不可妄動。」前後切諫非一，守貞不聽，乃稱疾歸里。（舊五代史考異）未幾，趙思綰以京兆叛，遣使奉表送御衣於守貞，守貞自謂天時人事合符於己，乃潛給草賊〔一〇〕，令所在竊發，遣兵據潼關。案宋史王繼勳傳：李守貞之叛，令繼勳據潼關，爲郭從義所破。（舊五代史考異）朝廷命白文珂、常思等領兵問罪，復遣樞密使郭威西征。官軍初至，守貞以諸軍多曾隸於麾下，自謂素得軍情，坐俟扣城迎己，及軍士詬譟，大失所望。案宋史馬全義傳：李守貞鎮河中〔一一〕，召置帳下。及守貞叛，周主討之，全義每率敢死士夜出攻周祖壘，多所殺傷。守貞貪而無謀，性多忌刻，全義累爲畫策，皆不能用。（舊五代史考異）俄而王景崇據岐下，與趙思綰遣使推奉，守貞乃自號秦王，思綰、景崇皆受守貞署置。又遣人齎蠟彈於吳、蜀、契丹，以求應援。案馬令南唐書朱元傳：

守貞以河中反，漢命周太祖討之，元與李平奉守貞表來乞師，未復而守貞敗。（舊五代史考異）既而城中糧盡，殺人爲食，召總倫詰其休咎，總倫至曰：「王自有天分，人不能奪。然分野災變，俟磨滅將盡，存留一人一騎，即王鵲起之際也。」守貞深以爲信。洎攻城，守貞欲發石以拒外軍，礮竿子不可得，無何，上游汎一筏至，其木悉可爲礮竿，守貞以爲神助。又嘗因宴會將佐，守貞執弧矢，遥指一虎舐掌圖曰：「我若有非常之事，當中虎舌。」引弓一發中之，左右拜賀，守貞亦自負焉。案宋史吴虔裕傳：周祖討三叛，以虔裕爲河中行營都監，率護聖諸軍五千以往。李守貞出兵五千餘，設梯橋，分五路于長連城西北以禦周祖。周祖令虔裕率大軍横擊之，蒲人敗走〔二二〕，奪其梯橋，殺傷大半。（舊五代史考異）

及周光遜以西砦降，周光遜，原本作「況遜」，今從通鑑改正。（影庫本粘籤）其勢益窘，人情離散。官軍攻城愈急，守貞乃潛於衙署多積薪芻，爲自焚之計。二年七月，城陷，舉家蹈火而死。王師入城，於煙中獲其屍，斷其首函之，并獲數子二女，與其黨俱獻於闕下。隱帝御明德樓受俘馘，宣露布，百僚稱賀。禮畢，以俘馘徇於都城，守貞首級梟於南市，諸子并賊黨孫愿、劉芮、張延嗣、劉仁裕、僧總倫、靖⿰王余〔二三〕、張球、王廷秀、焦文傑、安在欽等並磔於西市，餘皆斬之。永樂大典卷一萬三百九十。五代史闕文：符后先適河中節度使李守貞之子崇訓。守貞嘗得術士，善聽聲，知人貴賤，守貞舉族悉令術士聽之，獨言后大富貴，當母儀天下。

守貞信之，因曰：「吾婦尚爲皇后，吾可知也。」遂謀叛。及城陷，后獨免。周祖爲世宗娶之，顯德中，册爲后。臣以謂術士之言，蓋亦有時而中，人君之位，安可無望而求，公侯其誡之。

趙思綰，魏府人也。唐同光末，趙在禮之據魏城也，思綰隸于帳下，累從之。在禮卒，趙延壽籍其部曲，盡付於其長子贊〔二四〕，思綰即其首領也。高祖定河洛，趙贊自河中移京兆尹。趙贊以久事契丹，常慮國家終不能容，乃與鳳翔侯益謀，引蜀兵爲援，又令判官李恕入朝請覲，趙贊不待報赴闕，留思綰等數百人在京兆。會高祖遣王景崇等西赴鳳翔，行次京兆，時思綰等數百人在焉。思綰等比是趙在禮御士，本不刺面，景崇、齊藏珍既至京兆，欲令文面，以防逋逸。景崇微露風旨，思綰厲聲先請自刺，以率其下，景崇壯之。藏珍竊言曰：「思綰麤暴難制，不如殺之。」景崇不聽，但率之同赴鳳翔。

朝廷聞之，遣供奉官王益部署思綰等赴闕。思綰既發，行至途中，謂其黨常彦卿曰：「小太尉已入佗手，吾輩至，則併死矣。」小太尉蓋謂趙贊也。彦卿曰：「臨機制變，子勿復言！」既行，至永興，副使安友規、巡檢使喬守温出迎，于郊外離亭置酒。思綰前曰：「部下軍士已在城東安下，緣家屬在城，欲各將家今夜便宿城東。」守温等然之。思綰等辭去，與部下並無兵仗，纔入西門，有州校坐門側，思綰遽奪其佩劍，即斬之。其衆持白梃殺守門軍士十餘人，分衆守捉諸門。思綰劫庫兵以授之，遂據其城，時乾祐元年三月二十四日也。翌日，集城中丁壯得四千餘人，濬池隍，修樓櫓，旬浹之間，戰守皆備。尋遣人送款于河中，李守貞遣使賫僞詔授思綰晉昌軍節度使、檢校太尉。朝廷聞之，命郭從義、王峻帥師伐之。及攻其城，王師傷者甚衆，乃以長塹圍之，經年糧盡，遂殺人充食。思綰嘗對衆取人膽以酒吞之，告衆曰：「吞此至一千，即膽氣無敵矣。」案太平廣記：賊臣趙思綰自倡亂至敗，凡食人肝六十六，無不面剖而膾之。（舊五代史考異）

二年夏，食既盡，思綰計無從出，時左驍衞上將軍致仕李肅寓居城中，因與判官程讓能同言于思綰曰：「太尉比與國家無嫌，但負罪懼誅，遂爲急計。今朝廷三處用兵，一城未下，太尉若翻然效順，率先歸命，以功補過，庶幾無患。若坐守窮城，端然待斃，則何貴於智也。」案洛陽搢紳舊聞記：太子少師李公肅，唐末西京留守，齊王以女妻之。趙思綰在永興時，使主赴闕，思綰主藍田副鎮，有罪已發。李公時爲環衞將兼雍耀三白渠使、雍耀莊宅使〔二五〕、節度副使、權軍府事，護而脱之，來謝于李公。公歸宅，夫人詰之曰：「趙思綰庸賤人，公何與免其過？又何必見之乎？」曰：「思綰雖賤類，審觀其狀貌，真亂臣賊子，恨未有朕迹，不能除去之也。」夫人曰：「既不能除去〔二六〕，何妨以小惠啖之，無使銜怨。」自後夫人密遣人令思綰之妻來參，厚以衣物賜之，前後與錢物甚多。及漢朝〔二七〕，公以上將軍告老歸雍。未久，思綰過雍，遂閉門據雍城叛，衣冠之族遭塗炭者衆，公全家獲免。終以計勸思綰納款。（舊五代史考異）思綰然之，即令讓能爲章表，遣牙將劉成琦入朝，案：宋史郭從義傳作從義繫書矢上，射入城中，説思綰令降，與薛史異。（舊五代史考異）制授思綰華州留後、檢校太保，以常彦卿爲虢州刺史，遣内臣齎官告國信賜之。既受命，遲留未發。郭從義、王峻等籌之曰：「狼子野心，終不可用，留之必貽後悔耳！」既而從義、王峻等緩轡入城，陳列步騎至牙署，遣人召思綰曰：「太保登途，不暇出祖，對引一杯，便申仳別。」思綰至則執之，遂斬于市，并族其家。案東都事略郭從義傳云：思綰困甚，從義遣人誘之，佯許以華州節鉞。思綰信之，遂開門送款，從義入城，思綰謁見，即遣武士執之，并其黨斬于市。是思綰本以誘降而伏誅，非以其既降復謀叛也。與薛史異。（舊五代史考異）思綰臨刑，市人爭投瓦石以擊之，軍吏不能禁。是日，并部下叛黨、新授虢州刺史常彦卿等五百餘人並誅之。案：宋史郭從義傳作三百餘人。（舊五代史考異）籍思綰家財，得二十餘萬貫，入於官。按歐陽史：思綰遲留不行，陰遣人入蜀，郭威命從義圖之。從義因入城召思綰，趣之上道，至則擒之。思綰問曰：「何以用刑？」告者曰：「立釘也。」思綰厲聲曰：「爲吾告郭公，吾死未足塞責，然釘磔之醜，壯夫所恥，幸少假之。」從義許之，父子俱斬於市。

始思綰入城，丁口僅十餘萬，及開城，惟餘萬人而已，其餓斃之數可知矣。永樂大典卷一萬六千九百九十一。

校勘記

〔一〕其妻即晉高祖妹也　「晉」字原闕，據殿本、新五代史卷五二杜重威傳補。

〔二〕侍衛親軍馬步軍副都指揮使　「都」字原闕，據本書卷八〇晉高祖紀六、册府卷三〇二、卷三八七、通鑑卷二八二補。

〔三〕更望襆子乎　「襆子」，原作「福」，據册府卷四五三改。殿本、新五代史卷五二杜重威傳作「複子」。按「襆子」，謂行李也。

〔四〕弘璲　原作「弘遂」，據新五代史卷五二杜重威傳、通鑑卷二八七改。據本卷下文，杜重威諸子名皆從「玉」。本卷下文同。

〔五〕重威即遣其子弘璲妻石氏出候高祖　「弘璲」，通鑑卷二八七作「弘璉」。

〔六〕以部下軍二千餘人屯鄴　「二千」，原作「二十」，據殿本、劉本、通鑑卷二八七改。按新五代史卷五二杜重威傳：「燕將張璉先以兵二千在鄴。」

〔七〕契丹主遣將麻荅以奇兵由鄆州馬家口濟河　「主」字原闕，據殿本、孔本補。册府卷三六〇敍其事作「虜主」。

〔八〕十一月　本書卷八三晉少帝紀三、新五代史卷九晉本紀、通鑑卷二八四繫其事於十二月。

〔九〕光遠有孔目吏宋顔者　「孔目吏」，原作「孔目官吏」，據册府卷四五四、卷四五五改。

〔一〇〕守貞德之　原作「得之」，據册府卷四五四、新五代史卷五二李守貞傳改。

〔一一〕時樞密使桑維翰以光遠同惡數十輩潛竄未出　「數十輩」，册府卷四五四作「十數輩」。新五代史卷五二李守貞傳作「十餘人」。

〔一二〕軍中大怒　「怒」，殿本、孔本、册府卷四五四作「怨」。

〔一三〕守貞因取連宅軍營　「軍」，册府卷四五四作「庫」。

〔一四〕契丹主以全軍南下　「主」字原闕，據殿本、孔本補。册府卷三六〇敍其事作「虜主」。

〔一五〕以守貞爲北面行營都監　「以」字原闕，據殿本、孔本、册府卷三六〇補。

〔一六〕趙思英　本書卷八四晉少帝紀四作「趙思恭」。疑「英」爲「恭」之訛。按「趙思恭」係避後晉石敬瑭諱改。宋史卷二六一郭瓊傳敍其事作「趙思」，避宋諱省「敬」字，其原名疑作「趙思敬」。

〔一七〕守貞謂樞密使直學士殷鵬曰　「謂」，原作「爲」，據殿本、劉本、彭校改。

〔一八〕李崧事分疏遠　「事」，殿本、劉本作「勢」。

〔一九〕高牟翰　原作「高牟輪」，據殿本、劉本、邵本校、彭校、本書卷一三七契丹傳改。影庫本批校：「高牟輪，『輪』字當是『翰』之訛。」

〔二〇〕乃潛給草賊　「給」，殿本、劉本、彭本作「結」。

〔二一〕河中　原作「河東」，據殿本、劉本、宋史卷二七八馬全義傳改。

〔二二〕蒲人敗走　「走」，原作「守」，據宋史卷二七一吴虔裕傳改。

〔三〕靖徐　册府卷八、通鑑卷二八八作「靖畬」。

〔四〕盡付於其長子贇　「長子」，殿本、孔本作「子」。

〔五〕雍耀莊宅使　「耀」，原作「輝」，據殿本、劉本、洛陽搢紳舊聞記卷二改。

〔六〕既不能除去　「除去」二字原闕，據殿本、劉本、洛陽搢紳舊聞記卷二補。

〔七〕及漢朝　「及」，原作「乞」，據殿本、劉本、洛陽搢紳舊聞記卷二改。

舊五代史卷一百一十

周書一

太祖紀第一

太祖聖神恭肅文武孝皇帝，姓郭氏，諱威，字仲文〔一〕，邢州堯山人也。或云本常氏之子，幼隨母適郭氏，故冒其姓焉。案五代會要：周虢叔之後。高祖諱璟，廣順初，追尊爲睿和皇帝，廟號信祖，陵曰温陵；高祖妣張氏，追謚睿恭皇后。曾祖諱諶，漢贈太保，追尊爲明憲皇帝，廟號僖祖，陵曰齊陵；曾祖妣鄭國夫人申氏，追謚明孝皇后。祖諱蘊，漢贈太傅，追尊爲翼順皇帝，廟號義祖，陵曰節陵；案五代會要：温陵、齊陵、節陵皆無陵所，遥申朝拜。祖妣陳國夫人韓氏，追謚翼敬皇后。皇考諱簡，漢贈太師，追尊爲章肅皇帝，廟號慶祖，陵曰欽陵；皇妣燕國夫人王氏，追謚爲章德皇后。后以唐天祐元年甲子歲七月二十八日，生帝於堯山之舊宅。載誕之夕，赤光照室，有聲如爐炭之裂，星火四迸。

帝生三歲，家徙太原。居無何，皇考爲燕軍所陷，殁於王事。帝未及齠齔，章德太后蚤世，姨母楚國夫人韓氏提攜鞠養。及長，形神魁壯，趣向奇崛，愛兵好勇，不事田産。天祐末，潞州節度使李嗣昭常山戰殁，子繼韜自稱留後，南結梁朝，據城阻命，乃散金以募豪傑。帝時年十八，避吏壺關〔二〕，依故人常氏，遂往應募。帝負氣用剛，好鬭多力，繼韜奇之，或踰法犯禁，亦多假借焉。嘗遊上黨市，有市屠壯健，衆所畏憚，帝以氣凌之，因醉命屠割肉，小不如意，叱之。屠者怒，坦腹謂帝曰：「爾敢刺我否？」帝即剸其腹，市人執之屬吏，繼韜惜而逸之。其年，莊宗平梁，繼韜伏誅，麾下牙兵配從馬直，帝在籍中，時年二十一。帝性聰敏，喜筆劄，及從軍旅，多閱簿書，軍志戎政，深窮綮肯，人皆服其敏。嘗省義兄李瓊〔三〕，瓊方讀閫外春秋，即取視之，曰：「論兵也，兄其教我。」即授之，深通義理。

案宋史李瓊傳：唐莊宗募勇士，即應募，與周祖等十人約爲兄弟。一日會飲，瓊熟視周祖，知非常人，因舉酒祝曰：「凡我十人，龍蛇混合，異日富貴，無相忘。苟渝此言，神降之罰。」皆刺臂出血爲誓。周祖與瓊情好尤密，嘗造瓊，見其危坐讀書，因問所讀何書，瓊曰：「此閫外春秋，所謂以正守國，以奇用兵，較存亡治亂，記賢愚成敗，皆在此也。」周祖令讀之，謂瓊曰：「兄當教我。」自是周祖出入，常袖以自隨，遇暇輒讀，每問難，謂瓊爲師。（舊五代史考異）

天成初，明宗幸浚郊。時朱守殷嬰城拒命，帝從晉高祖一軍率先登城。晉祖領副侍衛，以帝長於書計，召置麾下，令掌軍籍，前後將臣，無不倚愛。初，聖穆皇后柴氏嬪于帝〔四〕，帝方匱乏，而后多資從。案東都事略：柴后資周太祖以金帛，使事漢高祖。帝常晝寢〔五〕，有小虺五色，出入顴鼻之間，后遽見愕然。在太原時，有神尼與帝同姓，見帝，謂李瓊曰：「我宗天上大仙，頂上有肉角，當爲世界主。」清泰末，晉祖起于河東〔六〕，時河陽節度使張彥琪爲侍衞步軍都指揮使〔七〕，奉命北伐，帝從之，營於晉祠。是時屋壞，同處數人俱斃，唯帝獨無所傷。漢高祖爲侍衞馬步都虞候，召置左右。所居官舍之鄰吳氏，有青衣佳娘者，爲山魈所魅，鬼能人言，而投瓦石，鄰伍無敢過吳氏之舍者。帝過之，其鬼寂然，帝去如故，如是者再。或謂鬼曰：「爾既神，向者客來，又何寂然？」鬼曰：「彼大人也〔八〕。」繇是軍中異之。范延光叛于魏，命楊光遠討之，帝當行，意不願從。或謂帝曰：「楊公當朝重勳，子不欲從，何也？」帝曰：「楊公素無英雄氣，得我何用？能用我，其劉公乎！」漢祖累鎮藩閫，皆從之。及鎮并門，尤深待遇，出入帷幄，受腹心之寄，帝亦悉心竭力，知無不爲。及吐渾白可久叛入契丹，帝勸漢祖誅白承福等五族，得良馬數千匹、財貨百萬計，以資軍用〔九〕。

開運末，契丹犯闕，晉帝北遷。帝與蘇逢吉、楊邠、史弘肇等勸漢祖建號，以副人望。漢高祖即位晉陽，時百度草創，四方猶梗，經綸締構，帝有力焉，授權樞密副使、檢校司徒。漢高祖至汴，正授樞密副使、檢校太保。乾祐元年春，漢高祖不豫，及大漸，帝與蘇逢吉等同受顧命〔一〇〕。隱帝嗣位，拜樞密使，加檢校太尉。案東都事略魏仁浦傳：仁浦少爲刀筆吏〔一一〕，隸樞密院，太祖問以卒乘數，仁浦對曰：「帶甲者六萬。」太祖喜曰：「天下事不足憂也。」（舊五代史考異）舊制，樞密使未加使相者，不宣麻制，至是宣之，自帝始也。有頃，河中李守貞據城反，朝廷憂之，諸大臣共議進取之計。史弘肇曰：「守貞，河陽一客司耳，竟何能爲？」帝曰：「守貞雖不習戎行，然善接英豪，得人死力，亦勍敵也〔一二〕，宜審料之。」乃命白文珂、常思率兵攻取。師未至，而趙思綰竊據永興，王景崇反狀亦露，朝廷遣郭從義、王峻討趙思綰。案：歐陽史作三月，河中李守貞、永興趙思綰、鳳翔王景崇相次反。薛史漢隱帝紀，思綰叛在四月，景崇叛在七月，非三月事。歐陽史因三月守貞反而牽連書之耳。（孔本）七月，西面師徒大集，未果進取。其月十三日，制授帝同平章事，即遣西征，以安慰招撫爲名，詔西面諸軍，並取帝節度。時論以白文珂、常思非守貞之敵，聞帝西行，羣情大愜。案宋史李穀傳：周祖討河中，穀掌轉運。時周祖已有人望，潛貯異志，屢以諷穀，穀但對以人臣當盡節奉上而已。（舊五代史考異）八月六日，帝發離京師。二十日，師至河中。案：五代春秋作七月，郭威率師圍河中，據此紀則周太祖以八月六日始發京師，非七月即圍河中也。薛史漢隱帝紀與此紀互異。宋史扈彥珂傳：周祖爲樞密使，總兵出征，時議多以先討景崇、思綰爲便，周祖意未決。彥珂曰：「三叛連衡，推守貞爲主，宜先擊河中。河中平，則永興、鳳翔失勢矣。今捨近圖遠，若景崇、思綰逆戰于前，守貞兵其後，腹背受敵，爲之奈何？」周祖從其言。（舊五代史考異）命白文珂營於河西，帝營於河東。不數日，周設長塹，復築長連城以迫之[一三]。帝在軍，居常接賓客，與大將讌語，即褒衣博帶，或遇巡城壘，對陣敵，幅巾短後，與衆無殊。臨矢石，冒鋒刃，必以身先，與士伍分甘共苦。稍立功効者，厚其賜與，微有傷痍者，親自循撫[一四]，士無賢不肖，有所陳啓，温顔以接之[一五]，俾盡其情，人之過忤，未嘗介意，故君子小人皆思効用。守貞聞之，深以爲憂。十二月，帝以蜀軍屯大散關，即親率牙兵往鳳翔、永興相度。將發，謂白文珂、劉詞曰：「困獸猶鬬，當謹備之。」帝至華州，聞蜀軍退敗，遂還。

二年正月五日夜，李守貞遣將王三鐵領千餘人，夜突河西砦，河西，原本作「江西」，今從通鑑改正。（影庫本粘籤）果爲劉詞等力戰敗之。先是，軍中禁酒，帝有愛將李審犯令，斬之以徇。五月九日，攻河西，砦主周光遜以砦及部衆千餘人來降[一六]。十七日，下令攻城，會西北大風，揚沙晦暝，帝令禱河伯祠，奠訖而風止，自是晝夜攻之。七月十三日，帝率三砦將士奪賊羅城。二十一日，城陷，守貞舉家自焚而死。案歐陽史周本紀云：守貞與妻子自焚死，思綰、景崇相次降。今考薛史漢紀，五月乙丑，趙思綰乞降。七月甲子，郭威奏收復河中，守貞自燔死。是思綰之降在守貞自焚之前也。又云：三年正月，趙暉奏，收復鳳翔，王景崇自燔死。是景崇未嘗降也。歐陽史漢本紀亦先載趙思綰降，後書克河中。王景崇傳亦作景崇自燔死。紀、傳前後自相矛盾，當以薛史爲得其實。案東都事略王溥傳：周太祖將兵討三叛，以溥爲從事〔一七〕。三叛既平，朝士及藩鎮嘗以書往來，詞意涉于悖逆者，太祖籍其名，欲按之。溥諫曰：「魑魅伺夜而出，日月既照，則氛沴消矣。請焚之，以安反側。」太祖從之。（舊五代史考異）帝前夢河神告曰：「七月下旬，上帝當滅守貞之族。」至是收復賊壘。城中人言，見帝營上有紫氣，如樓閣華蓋之狀。

二年八月五日，帝自河中班師，其月二十七日入朝。漢帝命升階撫勞，酌御酒以賜之，錫賚優厚。翌日，漢帝議賞勳，欲兼方鎮，帝辭之，乃止。帝以出征時廳子都七十三人，具籍獻之。九月五日，制加檢校太師、兼侍中。十月，契丹入寇，前鋒至邢、洺、貝、魏，河北告急，帝受詔率師赴北邊，以宣徽南院使王峻爲監軍。其月十九日，帝至邢州，遣王峻前軍趨鎮、定。時契丹已退，帝大閱，欲臨寇境，詔止之。

三年二月，班師。三月十七日，制授鄴都留守，樞密使如故。時漢帝以北戎爲患，委帝以河朔之任，宰相蘇逢吉等議，藩臣無兼樞密使例。史弘肇以帝受任之重，苟不兼密務，則難以便宜從事。竟從弘肇之議，詔河北諸州，凡事一稟帝節度。一稟帝節度，原本作「一廩」，據通鑑云：壬午，詔以威爲鄴都留守，天雄節度使，樞密使如故。仍詔河北，兵甲錢穀，但見郭威文書，立皆稟應。據此則「廩」字係「稟」字之訛，今改正。（影庫本粘籤）帝將北行，啓漢帝曰：「陛下富有春秋，萬幾之事，宜審於聽斷。文武大臣，乃心王室，凡事諮詢，即無敗失。」漢帝斂容謝之。帝至鄴，盡去煩弊之事，不數月，闔政有序，一方晏然。詔書褒美。一夕，在山亭院齋中，忽有黃氣起於前，上際於天，帝於黃氣中見星文，紫微、文昌，爛然在目。既而告知星者曰〔一八〕：「予於室中見天象，不其異乎？」對曰：「坐見天衢，物不能隔，至貴之祥也。」異日〔一九〕，又於牙署中有紫氣起於幡竿龍首之上〔二〇〕，凡三日。

十一月十四日，澶州節度使李洪義、侍衛步軍都指揮使王殷遣澶州副使陳光穗至鄴都，報京師有變：是月十三日旦，羣小等害史弘肇等。前一夕，李業等遣腹心齎密詔至澶州，令李洪義殺王殷，又令護聖左廂都指揮使郭崇等害帝于鄴城。十三日，洪義受得密詔，恐事不濟，乃以密詔示王殷，殷與洪義即遣陳光穗馳報於帝。十四日，帝方與宣徽使王峻坐議邊事，忽得洪義文字，遽歸牙署，峻亦未知其事。帝初知楊、史諸公被誅，神情惘然，又見移禍及己，伸訴無所，即集三軍將校諭之曰：「予從微至著，輔佐國家，先皇登遐，親受顧託，與楊、史諸公，彈壓經謀，忘寢與食，一旦無狀，盡已誅夷。今有詔來取予首級，爾等宜奉行詔旨，斷予首以報天子，各圖功業，且不累諸君也。」崇等與諸將校泣於前，言曰：「此事必非聖意，即是左右小人誣罔竊發，假令此輩握重柄，國得安乎！足得投論〔二一〕，以判忠佞，何事信單車之使而自棄，千載之下，空受惡名。崇等願從明公入朝，面自洗雪，除君側之惡，共安天下。」衆然之，遂請帝南行，案東都事略魏仁浦傳云：隱帝遣使害太祖，仁浦曰：「公有大功于朝廷，握强兵，臨重鎮，以讒見疑，豈可坐而待死！」教以易其語，云誅將士，以激怒衆心，太祖納其言。與薛史異，歐陽史與事略同。（舊五代史考異）帝即嚴駕首途。

十六日，至澶州，王殷迎謁慟哭。時隱帝遣小豎鸗脱偵鄴軍所在[二二]，爲游騎所執，帝即遣迴，令附奏隱帝赴闕之由，仍以密奏置鸗脱衣領中。奏曰：「臣發迹寒賤，遭遇聖明，既富且貴，實過平生之望，唯思報國，敢有他圖！今奉詔命，忽令郭崇等殺臣，即時俟死，而諸軍不肯行刑，逼臣赴闕，令臣請罪上前，仍言致有此事，必是陛下左右譖臣耳。今鸗脱至此，天假其便，得伸臣心，三五日當及闕朝陛下。若以臣有欺天之罪，臣豈敢惜死；若實有譖臣者，乞陛下縛送軍前，以快三軍之意，則臣雖死無恨。今託鸗脱附奏以聞。」十七日，帝至滑州，節度使宋延渥開門迎納。帝將發滑臺，召將士謂之曰：「主上爲讒邪所惑，誅殺勳臣，吾之此來，事不獲已，然以臣拒君，寧論曲直！汝等家在京師，不如奉行前詔，我以一死謝天子，實無所恨。」將校前啓曰：「國家負公，公不負國，請公速行，無宜遲久[二三]，安邦雪怨，正在此時。」既而王峻諭軍曰[二四]：「我得公處分，俟平定京城，許爾等旬日剽掠。」衆皆踊躍。

十九日，隱帝遣左神武統軍袁嶬、前鄧州節度使劉重進率禁軍來拒，與前開封尹侯益等屯赤崗，是夜俱退。二十日，隱帝整陣於劉子陂。二十一日，兩陣俱列，慕容彥超率軍奮擊，帝遣何福進、王彥超、李筠等大合騎以乘之。慕容彥超退却，死者百餘人，於是南軍奪氣，稍稍奔於北軍。慕容彥超與數十騎東奔兖州〔二五〕。吴虔裕、張彥超等相繼來見帝，是夜，侯益、焦繼勳潛至帝營，帝慰勞遣還。

二十二日旦，郭允明弑漢隱帝於北郊。初，官軍之敗，帝謂宋延渥曰：「爾國親，國親，通鑑作「近親」。胡三省注曰：「宋延渥，主壻〔二六〕，故云近親。」薛史前後多稱外戚爲國親，今仍其舊。（影庫本粘籤）可速往衞主上，兼附奏，請陛下得便速奔臣來，免爲左右所圖。」及延渥至，亂兵雲合，即惶駭而還。是旦，帝望見天子旌旗於高坡之上，謂隱帝在其下，既免胄釋馬而前，左右慮有不測，請帝止。帝泣曰：「吾君在此，又何憂焉。」及至前，隱帝已去矣，帝歔欷久之。俄聞隱帝遇弑，號慟不已。帝至玄化門，劉銖雨射城外，帝迴車自迎春門入，迎春，原本作「延春」，通鑑作「迎春」。胡三省注云：迎春門，汴城東面北來第一門也。今改正。（影庫本粘籤）諸軍大掠，煙火四發，帝止於舊第，何福進以部下兵守明德門。翌日，王殷、郭崇言曰：「若不止剽掠，比夜化爲空城耳。」由是諸將部分斬其剽者，至晡乃定。帝與王峻詣太后宫起居，請立嗣君，乃以高祖姪徐州節度使贇入繼大統，語在漢紀。二十七日，帝以嗣君未至，請太后臨朝，會鎮、定州馳奏，契丹入寇，河北諸州告急，太后命帝北征。

十二月一日，帝發離京師。四日，至滑州，駐馬數日。會湘陰公遣使慰勞諸將，受宣之際，相顧不拜，皆竊言曰：「我輩陷京師，各各負罪，若劉氏復立，則無種矣。」或有以其言告帝者，帝愕然，即時進途。十六日，至澶州。是日旭旦，日邊有紫氣來，當帝之馬首。十九日，下令諸軍進發。二十日，諸軍將士大譟趨驛，如牆而進，帝閉門拒之。軍士登牆越屋而入，請帝爲天子。亂軍山積，登階匝陛，扶抱擁迫，或有裂黄旗以被帝體，以代赭袍，山呼震地。帝在萬衆之中，聲氣沮喪，悶絶數四，左右親衛，星散竄匿。帝即登城樓，稍得安息，諸軍遂擁帝南行。時河冰初解，浮梁未搆。是夜北風凜烈，比旦冰堅可渡，諸軍遂濟，衆謂之「凌橋」，濟竟冰泮，時人異之。時湘陰公已駐宋州，樞密使王峻在京，聞澶州之變，遣侍衛馬軍指揮使郭崇率七百騎赴宋州，以衛湘陰公。二十五日，帝至七里店，羣臣謁見，遂營於皋門村。胡三省通鑑注云：大梁城無「皋門」，蓋郭門之外有村，遂呼爲皋門村耳。今附識於此。（影庫本粘籤）

二十七日，漢太后令曰：「樞密使、侍中郭威〔三七〕，以英武之才，兼内外之任，剪除禍亂，弘濟艱難，功業格天，人望冠世。今則軍民愛戴，朝野推崇，宜總萬幾，以允羣議，可監國，中外庶事，並取監國處分。」二十八日，監國教曰：

寡人出自軍戎，本無德望，因緣際會，叨竊寵靈。高祖皇帝甫在經綸，待之心腹，洎登大位，尋付重權。當顧命之時，受忍死之寄，與諸勳舊，輔立嗣君。旋屬三叛連衡，四郊多壘，謬膺朝旨，委以專征，兼守重藩，俾當勍敵，敢不橫身戮力，竭節盡心，冀肅靜於疆場，用保安於宗社。不謂姦邪搆亂，將相連誅，寡人偶脱鋒鋩〔二八〕，克平患難，志安劉氏，願報漢恩，推擇長君，以紹丕搆，遂奏太后，請立徐州相公，奉迎已在於道途，行李未及於都輦。尋以北面事急，敵騎深侵〔二九〕，遂領師徒，徑往掩襲，行次近鎮，已渡洪河。十二月二十日，將登澶州，軍情忽變，旌旗倒指，喊叫連天，引袂牽襟，迫請爲主，環繞而逃避無所，紛紜而逼脅愈堅，頃刻之間，安危莫保，事不獲已，須至徇從，於是馬步諸軍擁至京闕。今奉太后誥旨，以時運艱危，機務難曠，俾令監國，逐避無由，僶俛遵承，夙夜憂愧云。

時文武百官、内外將帥、藩臣郡守等，相繼上表勸進。三十日夜，御營西北隅步軍將校因醉揚言：「昨澶州馬軍扶策，步軍今欲扶策。」「馬軍扶策」二句，疑有脱字。通鑑：壬戌夜，監國營有步兵將校醉，揚言嚮者澶州騎兵扶立，今步兵亦欲扶立，監國斬之。較薛史爲明晰，今附識于此。（影庫本粘籤）尋令虞候詰其姓名，昧旦擒而斬之。其一軍仍納甲仗，遣中使監送就糧所。

廣順元年春正月丁卯，漢太后誥曰〔三〇〕：「邃古以來，受命相繼，是不一姓，傳諸百王〔三一〕，莫不人心順之則興，天命去之則廢，昭然事迹，著在典書。予否運所丁，遭家不造，姦邪搆亂，朋黨橫行，大臣冤枉以被誅，少主倉卒而及禍，人自作孽，天道寧論。監國威，深念漢恩，切安劉氏，既平亂略，復正頹綱，思固護於基扃，擇繼嗣於宗室。而獄訟盡歸於西伯，謳謠不在於丹朱，六師竭推戴之誠，萬國仰欽明之德，鼎革斯契，圖籙有歸，予作家賓，固以爲幸。今奉符寶授監國，可即皇帝位。於戲！天祿在躬，神器自至，允集天命，永綏兆民，敬之哉！」是日，帝自皋門入大內，御崇元殿，即皇帝位。制曰：

自古受命之君，興邦建統，莫不上符天意，下順人心。是以夏德既衰，爰啓有商之祚；炎風不競，肇開皇魏之基。朕早事前朝，久居重位。受遺輔政，敢忘伊霍之忠；仗鉞臨戎，復委韓彭之任。匪躬盡瘁，焦思勞心，討叛渙於河潼，張聲援於岐、雍，竟平大憝，粗立微勞。纔旋旆於關西，尋統兵於河朔，訓齊師旅，固護邊陲，只將身許國家，不以賊遺君父。外憂少息，內患俄生，羣小連謀，大臣遇害，棟梁既壞，社稷將傾。朕方在藩維，以遭讒搆[二]。逃一生於萬死，徑赴闕庭；梟四罪於九衢，幸安區宇。將延漢祚，擇立劉宗，徽命已行，軍情忽變。朕以衆庶所迫[三]，逃避無由，扶擁至京，尊戴爲主。重以中外勸進，方岳推崇，僶俛雖順於羣心，臨御實慚於涼德。改元建號，祗率於舊章；革故鼎新，宜覃於霈澤。

朕本姬室之遠裔，虢叔之後昆，積慶累功，格天光表，盛德既延於百世，大命復集於眇躬，今建國宜以大周爲號，可改漢乾祐四年爲廣順元年。自正月五日昧爽已前，應天下罪人，常赦所不原者，咸赦除之。故樞密使楊邠、侍衛都指揮使史弘肇、三司使王章等，以勞定國，盡節致君，千載逢時，一旦同命，悲感行路，憤結重泉，雖尋雪於沈冤，宜更伸於漏澤〔三四〕，並可加等追贈，備禮歸葬，葬事官給，仍訪子孫敍用。其餘同遭枉害者，亦與追贈。馬步諸軍將士等，戮力叶誠，輸忠効義，先則平持內難，後乃推戴朕躬，言念勳勞，所宜旌賞。其原屬將士等〔三五〕，各與等第，超加恩命，仍賜功臣名號，已帶功臣者別與改賜〔三六〕。應左降官，未量移者與量移，已量移者與復資，已復資者量加敍録。亡官失爵之人，宜與齒用，配流徒役人，並許放還。諸處有犯罪逃亡之人，及山林草寇等，一切不問，如赦到後一月不歸本業者，復罪如初。內外前任、見任文武官僚致仕官，各與加恩。應在朝文武臣僚、內諸司使、諸道行軍副使、藩方馬步都指揮使，如父母在，未有恩澤者即與恩澤，已有者更與恩澤；如亡没，未曾追封贈者亦與封贈，已封贈者更與封贈。

應天下州縣，所欠乾祐元年、二年已前夏秋殘税及沿徵物色，并三年夏税諸色殘欠，並與除放。澶州已來，官路兩邊共二十里內，并乾祐三年殘税欠税〔三七〕，並與除放。應河北沿邊州縣，自去年九月後來，曾經契丹蹂踐處，其人户應欠乾祐三年終已前積年殘欠諸色税物，並與除放。應係三司主持錢穀，敗闕場院官取乾祐元年終已前徵納外，灼然無抵當者，委三司分析聞奏。天下倉場、庫務，宜令節度使專切鈐轄，掌納官吏一依省條指揮，不得别納斗餘、秤耗。舊來所進羨餘物色，今後一切停罷。應乘輿服御之物，不得過爲華飾，宫闈器用，務從朴素，太官常膳，一切減損。諸道所有進奉，比助軍國之費〔三八〕，其珍巧纖華及奇禽異獸鷹犬之類，不得輒有獻貢。諸無用之物，不急之務，並宜停罷。帝王之道，德化爲先，崇飾虚名，朕所不取，苟致治之未洽，雖多端以奚爲〔三九〕！今後諸道所有祥瑞，不得輒有奏獻。古者用刑，本期止辟，今兹作法，義切禁非。蓋承弊之時，非猛則姦宄難制；及知勸之後，在寬則典憲得宜。相時而行，庶臻中道。今後應犯竊盜贓及和姦者，並依晉天福元年已前條制施行。應諸犯罪人等，除反逆罪外，其餘罪並不得籍没家産〔四〇〕、誅及骨肉，一依格令處分。天下諸侯，皆有親校〔四一〕，自可慎擇委任，必當克効參裨。朝廷選差，理或未當，宜矯前失，庶叶通規。其先於在京諸司差軍將充諸州郡元從都押衙、孔目官、内知客等，並可停廢，仍勒却還舊處職役。近代帝王陵寢，合禁樵採。唐莊宗、明宗、晉高祖，各置守陵十户，以近陵人户充。漢高祖皇帝陵署職員及守宫人，時日薦饗，并守陵人户等，一切如故。仍以晉、漢之胄爲二王後，委中書門下處分云。司天上言：「今國家建號，以木德代水，准經法，國以姓墓爲臘，請以未日爲臘。」從之。時議者曰：「昔武王勝殷，歲集于房；國家受命，金、木集于房。文王厄羑里，而卦遇明夷；帝脱于鄴，大衍之數，復得明夷，則周爲國號，符於文、武矣。」先是，丁未年夏六月，土、金、木、火四星聚于張，占者云，當有帝王興于周者。故漢祖建國，由平陽、陜服趨洛陽以應之，及隱帝將嗣位，封周王以符其事。而帝以姬虢之胄，復繼宗周〔四二〕，而天人之契炳然矣。昔武王以木德王天下，宇文周亦承木德，而三朝皆以木代水，不其異乎！

戊辰，前曹州防禦使何福進受宣權許州節度使，前復州防禦使王彦超受宣權徐州節度使，前澶州節度使李洪義受宣權宋州節度使。己巳，上漢太后尊號曰昭聖皇太后。是日，詔有司擇日爲故主發哀。案五代會要載原敕云：漢高祖爲義帝發喪，魏明帝正禪陵尊號，一時達禮，千古所稱。況朕久事前朝〔四三〕，常參大政，雖遷虞事夏，見奪于羣情，而四海九州，咸知予夙志。宜令所司擇日爲故主舉哀，仍備山陵葬禮〔四四〕。（舊五代史考異）辛未，有司上言：「皇帝爲故主舉哀日，服縞素，直領深衣、腰絰等。成服畢祭奠，不視朝七日，坊市禁音樂。文武內外臣僚成服後，每日赴太平宮臨，三日止，七日釋服。至山陵啓攢塗日，服初服；輴車出城〔四五〕，班辭釋服。」從之。壬申，前博州刺史李筠受宣權滑州節度使。癸酉，樞密使、檢校太傅王峻加同平章事；以前澶州節度使李洪義爲宋州節度使，加同平章事。以滑州節度副使陳觀爲左散騎常侍，鄴都留守判官王溥爲左諫議大夫，並充樞密院直學士。以元從都押衙鄭仁誨爲客省使，知客押牙向訓爲宮苑使。北京留守劉崇遣押牙翟廷美致書，原本脱「廷美」二字，今據册府元龜增入。（影庫本粘籤）求劉贇歸藩。帝報曰：「朕在澶州之時，軍情推戴之際，先差來直省李光美備見，必想具言，而況遐邇所聞，在後盡當知悉。湘陰公比在宋州駐泊，見令般取赴京，但勿憂疑，必令得所。惟公在彼，固請安心，若能同力扶持，別無顧慮，即當便封王爵，永鎮北門，鐵契丹書〔四六〕，必無愛惜。其諸情素，並令來人口宣。」遣千牛衛將軍朱憲充入契丹使〔四七〕。先是，去年契丹永康王兀欲寇邢、趙，陷内丘。及迴，兀欲遣使與漢隱帝書，案通鑑云：契丹之攻内丘也，死傷頗多，又值月食，軍中多妖異，契丹主不敢深入，引兵還，遣使請和于漢。（舊五代史考異）使至境上，會朝廷有蕭牆之變，帝定京城，迴至澶州，遇蕃使至，遂與入朝。至是，遣朱憲伴送來使歸蕃，兼致書叙革命之由，仍以金酒器一副、玉帶一遺兀欲。晉州節度使王晏殺行軍司馬徐建〔四八〕，以通河東聞。

乙亥，鄆州節度使、守太師、兼中書令、齊王高行周進位尚書令，襄州節度使、檢校太師、守太傅、兼中書令、齊國公安審琦進封南陽王，青州節度使、檢校太師、守太保、兼中書令、魏國公符彦卿進封淮陽王，夔州節度使、侍衛親軍馬步軍都指揮使、檢校太傅王殷加同平章事，充鄴都留守，典軍如故。丙子，帝赴太平宮，爲漢隱帝發喪，百官陪位如儀。是日，湘陰公元從右都押牙鞏廷美、教練使楊温等據徐州以拒命。帝遣新受節度使王彥超率兵馳赴之，仍賜廷美等敕書。案通鑑：帝復遺劉贇書曰：「爰念斯人，盡心於主，足以賞其忠義，何由責以悔尤。俟新節度入城，當各除刺史，公可更以委曲示之。」（舊五代史考異）丁丑，荆南高保融奏：去年十一月，朗州節度使馬希萼破潭州。十二月十八日，縊殺馬希廣。至十九日，希萼自稱天策上將軍、武平靜江寧遠等軍節度使、嗣楚王。戊寅，湘陰公殂。案：歐陽史作十二月，王峻遣郭崇以騎兵七百逆劉贇于宋州，殺之。通鑑作正月戊寅，殺湘陰公於宋州。（舊五代史考異）己卯，以前太師、齊國公馮道爲中書令、弘文館大學士，以司徒兼門下侍郎、同平章事、弘文館大學士竇貞固爲侍中、監修國史，以左僕射、平章事、集賢殿大學士蘇禹珪爲守司空、平章事。夏州節度使李彝興進封隴西郡王，荆南高保融進封渤海郡王，靈武馮暉進封陳留郡王，西京白文珂、兖州慕容彥超、鳳翔趙暉並加兼中書令。詔王彥超率兵攻徐州。

庚辰，故樞密使、左僕射、平章事楊邠追封恒農郡王，故宋州節度使兼侍衛親軍都指揮使史弘肇追封鄭王，故三司使、檢校太尉、平章事王章追封瑯琊郡王。是日，詔曰：

朕以眇末之身，託於王公之上，懼德弗類，撫躬靡遑，豈可化未及人而過自奉養，道未方古而不知節量。與其耗費以勞人，曷若儉約而克己。昨者所頒赦令，已述至懷。宮闈服御之所須，悉從減損；珍巧纖奇之厥貢，並使寢停。尚有未該，再宜條舉。應天下州府舊貢滋味食饌之物，所宜除減。其兩浙進細酒、海味、薑瓜，湖南枕子茶〔四九〕、乳糖、白沙糖、橄欖子，鎮州高公米、水梨，易定栗子，河東白杜梨、米粉、菉豆粉、玉屑粆子麪，白杜梨，原本作「梨」，粆子麪，原本作「糗子」，今俱從通鑑所引薛史改正。（影庫本粘籤）永興御田紅秔米、新大麥麪，興平蘇栗子，華州麝香、羚羊角、熊膽、獺肝、朱柿、熊白，河中樹紅棗、五味子、輕餳〔五〇〕，同州石鏉餅，晉絳葡萄、黄消梨，陝府鳳栖梨，襄州紫薑、新筍、橘子，安州折粳米、糟味，青州水梨，河陽諸雜果子，許州御李子，鄭州新筍、鵝梨，懷州寒食杏仁，申州蘘荷，亳州萆薢，沿淮州郡淮白魚，如聞此等之物，雖皆出於土産，亦有取於民家，未免勞煩，率皆糜費。加之力役負荷，馳驅道途，積於有司之中，甚爲無用之物，今後並不須進奉。諸州府更有舊例所進食味，其未該者，宜奏取進止。

又詔在朝文武臣僚，各上封事，凡有益國利民之事，速具以聞。案通鑑：詔曰：朕生長軍旅，不親學問，未知治天下之道。文武官有益國利民之術，各具封事以聞，咸宜直書其事，勿事辭藻。（舊五代史考異）

辛巳，鎮州武行德、晉州王晏、相州張彦成、潞州常思、邠州侯章並加兼侍中；以侍衛馬軍都指揮使、果州防禦使、檢校太保郭崇爲洋州節度使、檢校太傅，典軍如故；以侍衛步軍都指揮使、岳州防禦使曹英爲利州節度使、檢校太傅，典軍如故。癸未，涇州史懿、延州高允權、滄州王景、永興郭從義、定州孫方簡並加兼侍中，鄜州楊信、同州薛懷讓、貝州王繼弘並加同平章事。乙酉，華州王饒、河中扈彦珂、鄧州折從阮、邢州劉詞並加同平章事。丙戌，幸西莊。潞州奏，得石會關使王延美報，河東劉崇於正月十六日僭號。丁亥，以前澶州節度使李洪義爲宋州節度使，加同平章事〔五一〕；以曹州防禦使、北面行營馬步都排陣使何福進爲許州節度使，加檢校太傅；以博州刺史、北面行營右廂排陣使李筠爲滑州節度使，加檢校太保。戊子，有司上言：「准赦書，以晉、漢之冑爲二王後，其唐五廟仲祀合廢。」從之。庚寅，宗正寺奏：「請依晉、漢故事，遷漢七廟神主入昇平宮，行仲享之禮，以漢宗子爲三獻。」從之。永樂大典卷八千九百八十。

校勘記

〔一〕字仲文　「仲文」，原作「文仲」，據永樂大典卷八九八〇引五代薛史、通曆卷一五乙正。

〔二〕避吏壺關　「壺關」，原作「故關」，據永樂大典卷八九八〇引五代薛史、通曆卷一五改。按故關屬鎮州，壺關在潞州。新五代史卷一一周本紀：「威少孤，依潞州人常氏。」

〔三〕嘗省義兄李瓊　「義兄」，原作「昭義」，據永樂大典卷八九八〇引五代薛史、通曆卷一五改。按宋史卷二六一李瓊傳：「李瓊，字子玉，幽州人。……與周祖等十人約爲兄弟。」

〔四〕聖穆皇后柴氏嬪于帝　「柴氏」二字原闕，據永樂大典卷八九八〇引五代薛史、通曆卷一五補。

〔五〕帝常晝寢　「帝」字原闕，據永樂大典卷八九八〇引五代薛史、通曆卷一五補。按册府卷二一云：「周太祖微時嘗晝寢。」

〔六〕晉祖起于河東　「祖」字原闕，據永樂大典卷八九八〇引五代薛史、通曆卷一五補。

〔七〕時河陽節度使張彥琪爲侍衞步軍都指揮使　本書卷四八唐末帝紀下：「以忠正軍節度使、侍衞步軍都指揮使張彥琪爲河陽節度使，充侍衞馬軍都指揮使。」「步軍」疑爲「馬軍」之訛。

〔八〕彼大人也　「也」，原作「者」，據永樂大典卷八九八〇引五代薛史、通曆卷一五、册府卷二一改。

〔九〕以資軍用　「用」字原闕，據永樂大典卷八九八〇引五代薛史補。

〔一〇〕帝與蘇逢吉等同受顧命　「帝」字原闕，據永樂大典卷一三四九七引五代薛史補。

〔一一〕仁浦　原作「仁溥」，據殿本、劉本、東都事略卷一八改。本卷下文同。

〔一二〕亦勍敵也　「也」字原闕，據永樂大典卷八九八〇引五代薛史補。

〔一三〕復築長連城以迫之　「迫」，原作「逼」，據殿本、孔本、永樂大典卷八九八〇引五代薛史、通曆卷一五改。

〔一四〕親自循撫　「自」，原作「爲」，據永樂大典卷八九八〇引五代薛史、通曆卷一五改。

〔一五〕温顔以接之　「之」字原闕，據永樂大典卷八九八〇引五代薛史、通曆卷一五補。

〔一六〕攻河西砦主周光遜以砦及部衆千餘人來降　「攻」，册府卷一二六作「賊」。按本書卷一〇二漢隱帝紀中：「河中節度副使周光遜棄賊河西寨，與將士一千一百三十人來奔。」「主」，原作「賊將」，據殿本、孔本、永樂大典卷八九八〇引五代薛史、通曆卷一五、册府卷一二六改。

〔一七〕周太祖將兵討三叛以溥爲從事　以上十三字原闕，據殿本、劉本、東都事略卷一八補。

〔一八〕既而告知星者曰　「知」，原作「之」，據永樂大典卷八九八〇引五代薛史、通曆卷一五、册府卷二一改。

〔一九〕異日　原作「翌日」，據殿本、永樂大典卷八九八〇引五代薛史、通曆卷一五、册府卷二一改。

〔二〇〕又於牙署中有紫氣起於幡竿龍首之上　「又於」、「之上」四字原闕，據永樂大典卷八九八〇引五代薛史、通曆卷一五、册府卷二一補。

〔二一〕足得投論　「足」，原作「宜」，據孔本、永樂大典卷八九八〇引五代薛史、册府（宋本）卷八改。「投論」，册府卷八作「披論」。

〔二二〕時隱帝遣小豎鸗脱　「鸗脱」，原作「鸗脱」，據殿本、劉本、邵本、永樂大典卷八九八〇引五代薛史、通曆卷一四改。本卷下文同。影庫本粘籤：「鷰脱，與隱帝紀異文，已於卷一百三内加簽聲明。」

〔三〕無宜遲久　「宜」字原闕，據永樂大典卷八九八〇引五代薛史補。

〔四〕既而王峻諭軍曰　「而」字原闕，據永樂大典卷八九八〇引五代薛史補。

〔五〕慕容彦超與數十騎東奔兖州　「數十騎」，本書卷一〇三漢隱帝紀下作「十數騎」，通鑑卷二八九敍其事作「十餘騎」。

〔六〕主壻　原作「王壻」，據通鑑卷二八九胡注改。

〔七〕侍中郭威　「威」，永樂大典卷八九八〇引五代薛史作「諱」。本卷下一處同。

〔八〕寡人偶脱鋒鋩　「寡人」二字原闕，據永樂大典卷八九八〇引五代薛史補。

〔九〕敵騎深侵　「敵騎」，永樂大典卷八九八〇引五代薛史作「戎狄」。

〔一〇〕漢太后誥曰　「誥」，原作「詔」，據殿本、永樂大典卷八九八〇引五代薛史、通曆卷一五、通鑑卷二九〇改。

〔一一〕是不一姓傳諸百王　以上八字原闕，據殿本、劉本、孔本、永樂大典卷八九八〇引五代薛史補。

〔一二〕以遭譏搆　「以」，彭校、册府卷九六作「亦」。

〔一三〕朕以衆庶所迫　「迫」，原作「逼」，據殿本、孔本、永樂大典卷八九八〇引五代薛史、册府卷九六改。

〔三四〕宜更伸於漏澤　「漏澤」，原作「渥澤」，據永樂大典卷八九八〇引五代薛史、册府卷九六改。影庫本粘籤：「『渥澤』，原本作『漏澤』，今從册府元龜改正。」

〔三五〕其原屬將士等　「原屬」，册府卷九六、卷一二八作「員僚」，永樂大典卷八九八〇引五代薛史作「原遼」。

〔三六〕已帶功臣者別與改賜　「功臣」下册府卷九六、卷一二八有「名號」二字。

〔三七〕并乾祐三年殘税欠税　「殘税欠税」，永樂大典卷八九八〇引五代薛史同，册府卷九六、卷四九二作「殘欠秋税」。

〔三八〕比助軍國之費　「比」，原作「以」，據永樂大典卷八九八〇引五代薛史、册府卷九六改。

〔三九〕雖多端以奚爲　「端」，永樂大典卷八九八〇引五代薛史、册府卷九六同，劉本、册府卷六六、五代會要卷五作「瑞」。

〔四〇〕其餘罪並不得籍没家産　「餘」字原闕，據册府卷九六、卷六一三補。

〔四一〕皆有親校　「校」，原作「戚」，據册府卷九六、卷一六〇改。永樂大典卷八九八〇引五代薛史作「皆有親」。

〔四二〕復繼宗周　「復」，永樂大典卷八九八〇引五代薛史作「後」。

〔四三〕況朕久事前朝　「朕」，原作「臣」，據殿本、劉本、五代會要卷八改。

〔四四〕仍備山陵葬禮　「陵」，原作「林」，據殿本、劉本、五代會要卷八改。

〔四五〕輀車出城　句上五代會要卷八有「送」字。

〔四六〕鐵契丹書　「契」，原作「券」，據孔本、永樂大典卷八九八〇引五代薛史改。

〔四七〕千牛衞將軍　永樂大典卷八九八〇引五代薛史同，本書卷一一一周太祖紀二、册府卷九八〇、五代會要卷二九、通鑑卷二九〇作「左千牛衞將軍」。

〔四八〕王晏　原作「王宴」，據殿本、劉本、永樂大典卷八九八〇引五代薛史改。按宋史卷二五二有王晏傳。本卷下一處同。

〔四九〕枕子茶　通鑑卷二九〇胡注引薛史本紀作「枕子茶」。

〔五〇〕輕餳　「餳」，原作「錫」，據劉本、通鑑卷二九〇胡注引薛史本紀、册府卷一六八改。

〔五一〕丁亥以前澶州節度使李洪義爲宋州節度使加同平章事　按此事已見本卷上文癸酉，此處重出，二者或有一誤。

舊五代史卷一百一十一　周書二

太祖紀第二

廣順元年春二月癸巳朔，以樞密副使、尚書户部侍郎范質爲兵部侍郎，依前充職；以陳州刺史、判三司李穀爲户部侍郎、判三司；以右金吾大將軍、充街使翟光鄴爲左千牛衛上將軍，充宣徽北院使；以宣徽北院使袁㠖爲左武衛上將軍，充宣徽南院使；以左右金吾大將軍、充街使符彦琳爲右監門上將軍。丁酉，以皇子天雄軍牙内都指揮使、檢校右僕射、貴州刺史榮起爲澶州節度使〔一〕、檢校太保，以右金吾上將軍薛可言爲右龍武統軍，右金吾，原本脱「吾」字，今據文增入。（影庫本粘籤）以左神武統軍安審約爲左羽林統軍，以左驍衛上將軍趙贇爲右羽林統軍，以太子太師致仕宋彦筠爲左衛上將軍。詔移生吐渾族帳於潞州長子縣江猪嶺。己亥，以左武衛上將軍劉遂凝爲左神武統軍〔二〕，以左衛上將軍焦繼勳爲右神武統軍，以左領軍衛上將軍史佺爲右衛上將軍。

庚子，故吴國夫人張氏追贈貴妃；故皇第三女追封樂安公主；故第二子青哥贈太保，賜名侗；第三子意哥贈司空，賜名信；故長婦劉氏追封彭城郡夫人。皇姪三人：守筠贈左領軍將軍，改名愿〔三〕；奉超贈左監門將軍；定哥贈左千牛衛將軍，賜名遜。故皇孫三人：宜哥贈左驍衛大將軍，賜名誼；喜哥贈武衛大將軍，賜名誠；三哥贈左領衛大將軍，賜名諴。辛丑，西州回鶻遣使貢方物。前開封尹、魯國公侯益進封楚國公，前西京留守、莒國公李從敏進封秦國公，前西京留守王守恩進封莒國公。癸卯，以前中書侍郎兼户部尚書、平章事李濤爲太子賓客。詔宣徽南院使袁鬷權知開封府事，以太子太保和凝爲太子太傅。丙午，晉州王晏奏，王晏，原本作「王早」，今從宋史改正。（影庫本粘籤）河東劉崇遣僞招討使劉鈞、副招討使白截海率步騎萬餘人來攻州城，以今月五日五道齊攻，率州兵拒之，賊軍傷死甚衆。案宋史王晏傳：劉崇侵晉州，晏閉關不出，設伏城上。并人以爲怯，競攀堞而登，晏麾伏兵擊之，顛死者甚衆，遂焚橋遁。晏遣子漢倫追北數十里，斬首百餘級。（舊五代史考異）内出寶玉器及金銀結縷、寶裝牀几、飲食之具數十，碎之於殿庭。帝謂侍臣曰：「凡爲帝王，安用此！」仍詔所司，凡珍華悦目之物，不得入宫。先是，迴鶻閒歲入貢，禁民不得與蕃人市易寶貨，至是一聽私便交易，官不禁詰。

丁未，左千牛將軍朱憲使契丹迴。契丹主兀欲遣使褭骨支獻良馬一駟賀登極〔四〕。

戊申，詔曰：「朕祗膺景命，奄有中區，每思順物之情，從衆之欲。將使照臨之下，咸遂寬舒；仕官之流，自安進退。往者有司拘忌，人或滯流，所在前資，並遣赴闕。輦轂之下〔五〕，多寄食僦舍之徒，歲月之間，動懷土念家之思，宜循大體，用革前規。應諸道州府，有前資朝官居住，如未赴京，不得發遣。其行軍副使已下，幕職州縣官等，得替求官，自有月限，年月未滿，一聽外居。如非時詔徵，不在此限。」己酉，有司議立四親廟，從之。辛亥，以太子少傅楊凝式爲太子少師，以太常卿張昭爲户部尚書，以尚書左丞王易爲禮部尚書，以兵部侍郎邊蔚爲太常卿，以翰林學士、中書舍人魚崇諒爲工部侍郎充職，以户部侍郎韋勳爲兵部侍郎，以刑部侍郎邊歸讜爲户部侍郎，以禮部侍郎司徒詡爲刑部侍郎，以祕書監趙上交爲禮部侍郎，以兵部尚書王仁裕爲太子少保，以翰林學士、禮部尚書張沆爲刑部尚書充職，以尚書右丞田敏爲左丞，以吏部侍郎段希堯爲工部尚書，以太子詹事馬裔孫爲太子賓客。前鄜州節度使劉重進〔六〕、前滑州節度使宋延渥，並加食邑。吐渾府留後王全德加檢校太保，充憲州刺史。隰州刺史許遷奏，河東賊軍劉筠自晉州引兵來攻州城，尋以州兵拒之，賊軍傷死者五百人，信宿遁去。丁巳，以尚書左丞田敏充契丹國信使。迴鶻遣使貢方物。己未，天德軍節度使、虢國公郭勳加同平章事，以前宗正卿劉皞爲衛尉卿〔七〕。辛酉，以衛尉卿邊光範爲祕書監，以前吏部侍郎李詳爲吏部侍郎，以前户部侍郎

顏衎爲尚書右丞。顏衎，原本作「顏衍」，今從宋史改正。（影庫本粘籤）

三月壬戌朔，前西京留守李從敏卒。戊辰，以前左武衛上將軍李懷忠爲太子太傅致仕，以前邢州節度使安審暉爲太子太師致仕。辛未，幸南莊。壬申，詔曰：「諸州府先差散從親事官等，前朝創置，蓋出權宜，苟便一時，本非舊貫。近者遍詢羣議，兼採封章，且言前件抽差，於理不甚允當，一則礙州縣之色役，一則妨春夏之耕耘，貧乏者困於供須，豪富者幸於影庇。既爲煩擾，須至改更，況當東作之時，宜罷不急之務。其諸州所差散從親事官等，並宜放散。」詔下，公私便之。徐州行營都部署王彥超馳奏，收復徐州。「城内逆首楊温及親近徒黨並處斬〔八〕。其餘無名目人及本城軍都將校、職掌吏民等，雖被脅從，本非同惡，並釋放。兼知自前楊温招喚草賊，同力守把，朕以村墅小民，偶被煽誘，念其庸賤，特與含容，其招入城草賊，並放歸農，仍倍加安撫。湘陰公夫人并骨肉在彼，仰差人安撫守護，勿令驚恐。」以右散騎常侍張煦、給事中王延藹並爲左散騎常侍。以前大名府少尹李瓊爲將作監。以前彰武軍節度使周密爲太子太師致仕。以衛尉卿劉皞充漢隱帝山陵都部署。

丙子，以太子少保致仕王延爲太子少傅，以户部尚書致仕盧損、左驍衛上將軍致仕李肅並爲太子少保，兵部尚書致仕韓昭裔爲尚書右僕射，太子太師致仕盧文紀爲司空，自延而下，並依前致仕。故散騎常侍裴羽贈户部尚書，故太子賓客蕭愿贈禮部尚書。以司農卿致仕薛仁謙爲鴻臚卿，以將作監致仕烏昭爲太府卿，以太常少卿致仕王禧爲少府監，以祕書少監致仕段顒爲將作監，自仁謙而下，並依前致仕。詔沿淮州縣軍鎮，今後自守疆土，不得縱一人一騎擅入淮南地分。己卯，潞州奏，涉縣所擒河東將士二百餘人部送赴闕。詔給衫袴巾履，放歸本土。甲申，鎮州武行德移鎮許州，何福進移鎮鎮州。丙戌，以襄州節度副使郭令圖爲宗正卿。詔曰：「故蘇逢吉、劉銖，頃在漢朝，與朕同事。朕自平禍亂，不念仇讎，尋示優弘，與全家屬。尚以幼稚無託，衣食是艱，將行矜卹之恩，俾獲生存之路，報怨以德，非我負人。賜逢吉骨肉洛京莊宅各一，賜劉銖骨肉陝州莊宅各一。」己丑，幸南莊。庚寅，唐故郇國公李從益追封許王，唐明宗淑妃王氏追贈賢妃。辛卯，詔：「諸道節度副使、行軍司馬、兩京少尹、留守判官、兩使判命〔九〕，並許差定當直人力，不得過十五人；諸府少尹、書記、支使、防禦團練副使，不得過十人；節度推官、防禦團練軍事判官，不得過七人，逐處係帳收管。此外如敢額外影占人户，其本官當行朝典。」先是，漢隱帝時，有人上言：「州府從事令録，皆請料錢，自合雇人驅使，不合差遣百姓丁户。」秉政者然之，乃下詔州府從事令録，本處先差職役，並放歸農。自是官吏有獨行趨府縣者，帝頗知之，故有是命。

夏四月壬辰朔，詔沿淮州縣，許淮南人就淮北糴易餱糧，時淮南饑故也。甲午，以夫人董氏爲德妃，仍令所司備禮册命。己亥，改侍衛馬步軍軍額：馬軍舊稱護聖，今改爲龍捷；步軍舊稱奉國，今改爲虎捷。壬寅，詔唐莊宗、明宗、晉高祖三處陵寢，各有守陵宫人，並放逐便。如願在陵所者，依舊供給。甲辰，相州張彦成移鎮鄧州，案：原本作彦威，今據列傳改正。（舊五代史考異）折從阮移鎮滑州〔一〇〕，滑州李筠移鎮相州〔一一〕。丙午，亳州防禦使王重裔卒。戊申，幸南莊。庚戌，皇第四女封壽安公主。辛亥，故許州節度使劉信追封蔡王。丙辰，詔曰：「牧守之任，委遇非輕，分憂之務既同，制禄之數宜等。自前有富庶之郡，請給則優；或邊遠之州，俸料素薄。以至遷除之際，擬議亦難，既論資敍之高低，又患禄秩之升降。所宜分多益寡，均利同恩，冀無黨偏，以勸勳効。今定諸州防禦使料錢二百貫〔一二〕，禄粟一百石，食鹽五石，馬十匹草粟，元隨三十人衣糧；團練使一百五十貫，禄粟七十石，鹽五石，馬十匹，元隨三十人；刺史一百貫，禄粟五十石，鹽五石，馬五匹，元隨二十人」云。丁巳，尚書左丞田敏使契丹迴，契丹主兀欲遣使褥姑報命〔一三〕，并獻碧玉金塗銀裹鞍勒各一副，弓矢、器仗，貂裘等，土産馬三十匹，土産漢馬十匹。庚申，帝爲故貴妃張氏舉哀於舊宫，輟視朝三日。辛酉，司空致仕盧文紀卒。

五月壬戌朔，帝不視朝，以漢隱帝梓宫在殯故也。戊辰，皇子澶州節度使榮起復，依前澶州節度使，以故貴妃張氏去歲薨，至是發哀故也。己巳，遣左金吾衞將軍姚漢英、前右神武將軍華光裔使于契丹。辛未，太常卿邊蔚上追尊四廟謚議。是夜，有大星如五升器，流於東北，有聲如雷。丙子，太常卿邊蔚上太廟四室奠獻舞名。丁丑，詔京兆、鳳翔府，應諸色犯事人第宅、莊園〔一四〕、店磑已經籍没者，並給付罪人骨肉。壬午，幸南莊。甲申，考城縣巡檢、供奉官馬彦勍棄市，坐匿赦書殺獄囚也。丙戌，宰臣馮道爲四廟册禮使。

六月辛卯朔，不視朝，以漢隱帝梓宮在殯故也。甲午，百僚上表，請以七月二十八日皇帝降聖日爲永壽節，從之。邢州大雨霖。己亥，太常少卿劉悦上漢少帝謚曰隱皇帝，陵曰潁陵〔一五〕，從之。辛亥，以樞密使王峻爲尚書左僕射兼門下侍郎、同平章事、監修國史，充樞密使；以樞密副使、尚書兵部侍郎范質爲中書侍郎、同平章事，充集賢殿大學士；以户部侍郎、判三司李穀爲中書侍郎、同平章事、判三司。司徒、兼侍中、監修國史竇貞固，司空、兼中書侍郎、同平章事、集賢殿大學士蘇禹珪，並罷相守本官。壬子，幸西莊。癸丑，詔宰臣范質參知樞密院事。鄴都、洺、滄、貝等州大雨霖。丙辰，西京奏，新授宗正卿郭令圖卒。丁巳，以尚書左丞顔衎爲兵部侍郎，充端明殿學士；以宣徽北院使翟光鄴兼樞密副使。

秋七月辛酉朔，帝被衮冕，御崇元殿，授太廟四室寶册于中書令馮道等，赴西京行禮。癸亥，尚書左丞田敏兼判國子監事。戊辰，以御史中丞于德辰爲尚書右丞，以祕書監邊光範爲太子賓客。以户部尚書張昭爲太子賓客，以其子秉陽爲陽翟簿〔一六〕，犯法抵罪，昭詣閣待罪，詔釋之，乃左授此官。壬申，史官賈緯等以所撰晉高祖實録三十卷、少帝實録二十卷上之。丙子，幸宰臣王峻第。案：歐陽史作戊寅，幸王峻第。（舊五代史考異）己丑，鎮州奏，破河東賊軍於平山縣西，斬首五百級。是日，太常卿邊蔚奏，議改郊廟舞名，事具樂志。

八月辛卯，漢隱帝梓宫發引，帝詣太平宫臨奠，詔羣臣出祖於西郊。是歲，幽州饑，流人散入滄州界。詔流人至者，口給斗粟，仍給無主土田，令取便種蒔，放免差税。癸巳，虎入西京修行寺傷人，市民殺之。乙未，幸班荆館。壬寅，契丹遣幽州牙將曹繼筠來歸故晉中書令趙瑩之喪，詔贈太傅，仍賜其子絹五百匹，以備喪事，歸葬於華陰故里。乙巳，幸西莊。壬子，晉州王晏移鎮徐州，滄州王景移鎮河中，定州孫方簡移鎮華州，永興郭從義移鎮許州，貝州王繼弘移鎮河陽，李暉移鎮滄州〔一七〕。以許州節度使武行德爲西京留守，滑州折從阮移鎮陝州，河中扈彦珂移鎮滑州，陝州李洪信移鎮永興，華州王饒移鎮貝州，徐州王彦超移鎮晉州。丙辰，尚食李氏等宫官八人並封縣君，司記劉氏等六人並封郡夫人，尚宮皇甫氏等三人並封國夫人。唐制有内官、宫官，各有司存，更不加郡國之號，近代加之，非舊典也。以易州刺史孫行友爲定州留後。戊午，故夫人柴氏追立爲皇后，仍令所司定謚，備禮册命。

九月庚申朔，帝詣太平宫起居漢太后。辛酉，故夫人楊氏追贈淑妃，仍令所司擇日備禮册命。故皇第五女追封永寧公主。癸亥，定州奏，契丹永康王兀欲爲部下所殺。案遼史：世宗以九月癸亥遇弑，不應定州即能于癸亥入奏，疑原文有舛誤。甲子〔一八〕，以前耀州團練使武廷翰太子少保致仕。丙子，諸道兵馬都元帥、兩浙節度使、檢校太師、尚書令、中書令、吴越國王錢俶可天下兵馬都元帥〔一九〕。丁丑，中書舍人劉濤責授少府少監，分司西京，坐遣男頊代草制詞也；監察御史劉頊責授復州司户，坐代父草制也。中書舍人楊昭儉解官放逐私便，以多在假告，不親其職也。永樂大典卷八千九百八十。

校勘記

〔一〕貴州刺史榮起爲澶州節度使　「起」下原有「復」字，據永樂大典卷八九八〇引五代薛史删。按本卷下文：「（五月）戊辰，皇子澶州節度使榮起復，依前澶州節度使，以故貴妃張氏去歲薨，至是發哀故也。」

〔二〕以左武衛上將軍劉遂凝爲左神武統軍　「以」字原闕，據殿本及本卷上下文補。

〔三〕守筠贈左領軍將軍改名愿　永樂大典卷八九八〇引五代薛史、册府卷二七七同，按本書卷一一七周世宗紀四：「故皇從弟贈左領軍大將軍守愿，再贈左衛大將軍。」又新五代史卷一九周太祖家人傳：「皇姪守筠，贈左領軍衛將軍，以『筠』聲近『榮』，爲世宗避，更名守愿。」

〔四〕契丹主兀欲遣使褭骨支獻良馬一駟賀登極　「褭骨支」，原作「人」，據永樂大典卷八九八〇引五代薛史改。殿本作「郭濟」，殿本考證：「『郭濟』，舊作『骨支』，今改。」通鑑卷二九〇作「褭骨支」。

〔五〕咸遂寬舒……輦轂之下　以上三十四字原闕，據永樂大典卷八九八〇引五代薛史補。

〔六〕前鄜州節度使劉重進　「鄜州」，本書卷一一〇周太祖紀一作「鄧州」。按宋史卷二六一劉重進傳未記其嘗歷鄜州。

〔七〕宗正卿　原作「宗卿」，據殿本、劉本、邵本校、永樂大典卷八九八〇引五代薛史、本書卷一〇三漢隱帝紀下改。

〔八〕城内逆首楊温及親近徒黨並處斬　「城内」，永樂大典卷八九八〇引五代薛史同，殿本作「詔曰」。按「城内」以下係詔文，疑其上脱「詔曰」二字。

〔九〕兩使判命　以上四字原闕，據册府卷六一補。五代會要卷二五作「兩使判官」。永樂大典卷八九八〇引五代薛史「留守判官」下有「兩」字，知原本有脱文。

〔一〇〕折從阮移鎮滑州　永樂大典卷八九八〇引五代薛史同，本書卷一〇三漢隱帝紀下：「府州折從阮移鎮鄧州。」卷一一〇周太祖紀一：「鄧州折從阮……加同平章事。」據本卷上下文例，句上疑脱「鄧州」二字。

〔一一〕滑州李筠移鎮相州　「滑州」二字原闕，據永樂大典卷八九八〇引五代薛史補。按本書卷一一〇周太祖紀一：「（廣順元年正月）以博州刺史、北面行營右廂排陣使李筠爲滑州節度使。」

〔一二〕今定諸州防禦使料錢二百貫　「州」字原闕，據册府卷五〇八、五代會要卷二八補。

〔一三〕耨姑　原作「努瑚」，注云：「舊作『耨姑』，今改正。」按此係輯録舊五代史時所改，今恢復原文。　永樂大典卷八九八〇引五代薛史、五代會要卷二九作「賓六」。

〔一四〕莊園　原作「莊圍」，據殿本、劉本、邵本校、册府卷一六七改。

〔一五〕潁陵　原作「穎陵」，據本書卷一〇三漢隱帝紀下、通曆卷一四、册府（宋本）卷一七四、通鑑卷二九〇改。

〔一六〕以其子秉陽爲陽翟簿　「秉陽」，原作「秉」，據册府卷九二五、宋史卷二六三張昭傳改。按昭另有子秉圖、秉謙。

〔一七〕李暉移鎮滄州　永樂大典卷八九八〇引五代薛史同。按本書卷一二九李暉傳：「乾祐初，拜河陽節度使、檢校太傅。太祖登極，加同平章事，尋移鎮滄州。」本書卷一〇一漢隱帝紀上、卷一〇二漢隱帝紀中敍其歷官略同。據本卷上下文例，句上疑脱「河陽」二字。

〔一八〕甲子　以上二字原闕，據永樂大典卷八九八〇引五代薛史補。

〔一九〕吳越國王錢俶可天下兵馬都元帥　「都元帥」，吳越備史卷四作「元帥」。據本書卷一一四周世宗紀一，錢俶至顯德元年七月方加兵馬都元帥。

舊五代史卷一百一十二　周書三

太祖紀第三

廣順元年冬十月己丑朔，宰臣王峻獻唐張蘊古大寶箴、謝偃惟皇誡德賦二圖。惟皇，原本作「雖皇」，今從文苑英華改正。（影庫本粘籤）詔報曰：「朕生長軍戎，勤勞南北，雖用心於鈐匱，且無暇於詩書，世務時艱，粗嘗經歷〔一〕，前言往行，未甚討尋。卿有佐命立國之勳，居代天調鼎之任，恒慮眇德，未及古人。於是採掇箴規，弼諧寡昧，披文閱理，懌意怡神，究爲君治國之源，審修己御人之要。帝王之道，盡在於茲，辭翰俱高，珠寶何貴。再三省覽，深用愧嘉。其所進圖，已令於行坐處張懸，所冀出入看讀，用爲鑒戒。」壬辰，潞州奏，巡檢使陳思讓、監軍向訓破河東賊軍於虒亭〔二〕。案通鑑：陳思讓敗北漢兵在十月辛卯，蓋辛卯得捷，次日始奏聞也。又虒亭，原本作「褫亭」，今從通鑑及宋史改正。癸巳，以刑部侍郎司徒詡爲户部侍郎，以左散騎常侍張煦爲刑部侍郎，以給事中呂咸休爲左散騎常侍。甲午，絳州防禦使孫漢英卒。辛丑，荆南奏，湖南亂，大將軍陸孟俊執僞節度使馬希萼遷於衡州，立希萼弟希崇爲留後，將吏二千餘人，遇害者半，牙署庫藏，焚燒殆盡。乙巳，詔併吏部三銓爲一銓，委本司長官通判。丙午，晉州巡檢王萬敢奏，河東劉崇入寇，營於州北。辛亥，潞州奏，河東賊軍寇境。乙卯，荆南奏，淮南遣鄂州節度使劉仁贍，以戰船二百艘於今月二十五日入岳州。丙辰，詔樞密使王峻率兵援晉州。丁巳，以左衛將軍申師厚爲河西軍節度使、檢校太保。師厚素與王峻善，及峻貴，師厚羈旅無依，日於峻馬前望塵而拜。會西涼請帥，帝令擇之，無欲去者，峻乃以師厚奏之，師厚亦欣然求往，尋自前鎮將授左衛將軍、檢校工部尚書。翌日，乃有涼州之命，賜旌節、駝馬、繒帛以遣之。

十一月己未朔，荆南奏，淮南大將邊鎬率兵三萬，自袁州路趨潭州，袁州，原本作「阮州」，今從通鑑改正。（影庫本粘籤）馬希崇遣從事送牌印，納器仗。鎬入城，稱武安軍節度使，馬氏諸族及將吏千餘人皆徙于金陵。甲子夜，東南白虹亘天。以新晉州節度使王彥超爲晉絳行營馬軍都虞候。乙丑，命王峻出征晉州，帝幸西莊以餞之。甲戌，日南至，羣臣拜表稱賀。甲申，葬故貴妃張氏。丁亥，詔：「唐朝五廟，舊在至德宮安置，應屬徽陵莊田園舍，宜令新除右監門將軍李重玉爲主。其緣陵緣廟法物，除合留外，所有金銀器物，充遷葬故淑妃王氏及許王從益外，其餘並給與重玉及尼惠英、惠燈、惠能、惠嚴等。令重玉以時祀陵廟，務在豐潔。」重玉，故皇城使李從璨之子，皇城使，原本作「皇晟使」，今從五代會要改正。（影庫本粘籤）明宗之孫，惠英等亦明宗親屬也，故帝授重玉官秩，令主先祀，卹王者之後也。

十二月戊子朔，詔以劉崇入寇，取當月三日暫幸西京。庚寅，詔巡幸宜停。時王峻駐軍陝府，聞帝西巡，遣使馳奏，不勞車駕順動，帝乃止。乙未，幸西莊。兗州慕容彥超上言，乞朝覲，詔允之，尋稱部內草寇起，不敢離鎮。戊申，鄆州奏，慕容彥超據城反。己酉，王峻奏，劉崇逃遁，王師已入晉州。案宋史陳思讓傳：王峻援晉州，以思讓與康延昭分爲左右廂排陣使，令率軍自烏嶺路至絳州〔三〕，與大軍合。崇燒營遁去，思讓又與藥元福襲破之。（舊五代史考異）

廣順二年春正月戊午朔，不受朝賀，以宿兵在外故也。庚申，王峻奏，起近鎮丁夫二萬城晉州。壬戌，修東京羅城，凡役丁夫五萬五千，兩旬而罷。甲子，以侍衞步軍都指揮使曹英爲兗州行營都部署，以齊州防禦使史延韜爲副部署〔四〕，以皇城使向訓爲兵馬都監，陳州防禦使藥元福爲馬步都虞候，率兵討慕容彥超。案隆平集：慕容彥超盜據兗海，周祖命曹英爲帥，向訓副之，參用藥元福以兵從。謂元福曰：「已敕英、訓，勿以軍禮見汝。」及元福至，英、訓皆父事焉。（舊五代史考異）諸軍入兗州界，不得下路停止村舍，犯者以軍法從事。丙寅〔五〕，徐州巡檢供給官張令彬奏，破淮賊于沭陽〔六〕，斬首千餘級，擒賊將燕敬權。時慕容彥超求援於淮南，淮南僞主李景發兵援之，師於下邳，聞官軍至，退趨沭陽，遂破之。庚午，高麗權知國事王昭遣使貢方物。壬申，鎮州何福進差人部送先擒獲到河東賊軍二百餘人至闕下，詔給巾履衫袴以釋之。戊寅，徐州部送沭陽所獲賊將燕敬權等四人至闕下，詔賜衣服金帛，放歸本土，敬權等感泣謝罪。帝召見，謂之曰：「夫惡凶邪，奬忠順，天下一也。我之賊臣，撓亂國法，嬰城作逆，殃及生靈，不意吳人助茲凶慝，非良算也，爾歸當言之於爾君。」初，漢末遣三司軍將路昌祚於湖南市茶，屬淮南將邊鎬陷長沙，淮南，原本作「懷南」，今從通鑑改正。（影庫本粘籤）昌祚被賊送金陵。及敬權自大朝歸，具以帝言告于李景，景乃召昌祚，延坐從容久之，且稱美大朝皇帝聖德廣被，恩沾鄰土，深有依附國家之意。及罷，遣僞宰相宋齊丘宴昌祚於別館，又令訪昌祚在湖南遭變之時亡失綱運之數，命依數償之，給茗荈萬八千斤，遣水運至江夏，仍厚給行裝，遣之歸闕。

二月庚寅，府州防禦使折德扆奏，河東賊軍寇境，率州兵破之，斬首二千級。辛卯，太白經天。癸巳，以權知高麗國事王昭爲高麗國王。庚子，府州防禦使折德扆奏，收河東界岢嵐軍。癸卯〔七〕，詔先獲河東鄉軍一百餘人，各給錢鞋放歸鄉里。壬子，太子太師致仕安審暉卒。

三月庚申，幸南莊，令從臣習射。戊辰，以樞密院直學士、左諫議大夫王溥爲中書舍人，充翰林學士；以內客省使、恩州團練使鄭仁誨爲樞密副使。詔宣徽北院使翟光鄴權知永興軍府事。甲戌，迴鶻遣使貢方物。庚辰，詔：「西京莊宅司、內侍省、宮苑司、內園等四司，所管諸巡繫稅户二千五百並還府縣。其廣德、昇平二宮並停廢。應行從諸莊園林、亭殿、房舍、什物課利，宜令逐司依舊收管。」

夏四月丙戌朔，日有食之，帝避正殿，百官守司。丁亥，詔停蔡州鄉軍。戊子，以京師旱，分命羣臣禱雨。癸巳，制削奪慕容彥超在身官爵。甲午，高麗國册使、衞尉卿劉皞卒。乙卯，詔取來月五日，車駕赴兗州城下，慰勞將士。以樞密副使鄭仁誨爲右衞大將軍，依前充職，兼權大內都點檢；以中書侍郎、平章事、判三司李穀爲權東京留守、兼判開封府事。

五月丙辰朔，帝御崇元殿受朝，仗衞如儀。庚申，車駕發京師。案：五代春秋作庚辰，帝東征，歐陽史從薛史作庚申。戊辰，至兗州城下。乙亥，收復兗州，斬慕容彥超，夷其族。詔端明殿學士顏衎權知兗州軍州事。壬午，曲赦兗州管內罪人，取五月二十七日已前所犯罪，大辟已下，咸赦除之。慕容彥超徒黨，有逃避潛竄者，及城內將吏等，並放罪。自慕容彦超違背以來，鄉州内有接便爲非者〔八〕，一切不問。諸軍將士没於王事者，各與賻贈，都頭已上與贈官。兗州城内及官軍下寨四面去州五里内，今年所徵夏秋苗子及沿徵錢物並放〔九〕；十里内，只放夏税〔一〇〕；一州管界，今夏苗子三分放一分。城内百姓遭毁拆舍屋及遭燒焚者，給賜材木。諸處差到人夫内，有遭矢石死者，各給絹三匹，仍放户下三年徭役云。癸未，詔兗州降爲防禦州，仍爲望州。

六月乙酉朔，帝幸曲阜縣，謁孔子祠。既奠，將致拜，左右曰：「仲尼，人臣也，無致拜。」帝曰：「文宣王，百代帝王師也，得無敬乎！」即拜奠於祠前。其所奠酒器、銀鑪並留於祠所。遂幸孔林，拜孔子墓。帝謂近臣曰：「仲尼、亞聖之後，今有何人？」對曰：「前曲阜令、襲文宣公孔仁玉，是仲尼四十三代孫；有鄉貢三禮顔涉，是顔淵之後。」即召見。仁玉賜緋，賜緋，原本作「賜排」，今從册府元龜改正。（影庫本粘籤）口授曲阜令，顔涉授主簿，便令視事。仍敕兗州修葺孔子祠宇，墓側禁樵採。丙戌，車駕還京。初，帝以五月十三日至兗州，賊尚拒守，至十七日，晝夢道士一人進書，卷首云「車駕來月二日還京」，其下文字絶多，不能盡記。既寤，以夢告宰臣，又四日而城拔。帝至軍，凡駐蹕九日而賊平，果以六月二日發離城下，近代親征克捷，無如此行之速也〔一一〕。是日大雨，城下行宫水深數尺〔一二〕。其日晚，至中都縣，帝笑謂侍臣曰：「今日若不離城下，則當爲水潦所溺矣〔一三〕。」

戊戌，車駕至自兗州。案：歐陽史作庚子，至自兗州。五代春秋從薛史作戊戌。辛丑，以靈武節度使馮暉卒，輟視朝一日〔一四〕。壬寅，前翰林學士李澣自契丹中上表〔一五〕，陳奏機事，且言僞幽州節度使蕭海眞欲謀嚮化，帝甚嘉之。案宋史李澣傳：海眞與澣相善，澣乘間諷海眞以南歸之計，海眞納之。周廣順二年，澣因定州孫方諫密表，言契丹衰微之勢。周祖嘉焉，遣諜者田重霸齎詔慰撫，仍命澣通信。澣復表，述契丹主幼弱多寵，好擊鞠，大臣離貳，若出師討伐，因與通好，乃其時也。屬中原多故，不能用其言。（舊五代史考異）癸卯〔一六〕，德妃董氏薨。乙巳，詔宣徽南院使袁義判開封府事。辛亥，以朔方軍衙內都虞候馮繼業起復爲朔方軍兵馬留後〔一七〕。甲寅，幸舊宅，爲德妃舉哀故也。

秋七月丙辰，詔：「內外臣僚，每遇永壽節，舊設齋供。今後中書門下與文武百官共設一齋，侍衞親軍都指揮使已下共設一齋，樞密使、內諸司使已下共設一齋，其餘前任職員及諸司職掌，更不得開置道場及設齋〔一八〕。」是日大風雨，破屋拔樹，尚書省都堂有龍穿屋壞獸角而去，西壁有爪迹存焉。襄州大水。丁卯，詔復升陳州、曹州爲節鎮，以侍衞馬軍都指揮使、洋州節度使郭崇爲陳州節度使，以侍衞步軍都指揮使曹英爲曹州節度使，並典軍如故。以陳州防禦使藥元福爲晉州節度使。辛未，詔相州節度使李筠權知潞州軍州事。丙子，以小底都指揮使、漢州刺史李重進爲大內都點檢兼馬步都軍頭，領恩州團練使；以內殿直都知、駙馬都尉張永德領和州刺史，張永德，原本作「承德」，今從宋史改正。（影庫本粘籤）充小底第一軍都指揮使。

八月甲申朔，翰林學士、刑部尚書張沆落職守本官；以中書舍人、史館修撰判館事徐台符爲禮部尚書，充翰林學士承旨。以兵部侍郎韋勳爲尚書右丞；以尚書右丞于德辰爲吏部侍郎；以户部侍郎邊歸讜爲兵部侍郎；以禮部侍郎趙上交爲户部侍郎；以樞密直學士、左散騎常侍陳觀爲工部侍郎，依前充職；以刑部侍郎景範爲左司郎中，充樞密直學士。乙酉，樞密使王峻上章，請解樞衡，凡三上章，詔不允。庚寅，潁州奏，先於淮南俘獲孳畜，已准詔送還本土。甲午，詔止絕吏民詣闕舉請刺史、縣令。賜宰臣李穀白藤肩輿。時穀以今年七月，因步履傷臂，請告數旬，詔穀扶持就三司〔一九〕，刻名印署事，仍放朝參。庚子，潞州節度使常思移鎮宋州，相州節度使李筠移鎮潞州。壬寅，鄆州節度使高行周薨。癸丑，詔改鹽麴法，鹽麴犯五斤已上處死，煎鹻鹽者犯一斤已上處死。先是，漢法不計斤兩多少，並處極刑，至是始革之。

九月庚午，以大理卿劇可久爲太僕卿，以左庶子張仁瑑爲大理卿，以司天監趙延乂趙延乂，原本作「廷義」，今從通鑑改正。（影庫本粘籤）爲太府卿兼判司天監事。詔北面沿邊州鎮，自守疆場，不得入北界俘掠。乙亥，鎮州奏，契丹寇深、冀州，遣龍捷都指揮使劉誨、牙内都指揮使何繼筠等率兵拒之而退。時契丹聞官軍至，掠冀部丁壯數百隨行，狼狽而北，冀部被擄者望見官軍，鼓譟不已，官軍不敢進，其丁壯盡爲蕃軍所殺而去。丁丑，以鄭州防禦使白重贊爲相州留後。戊寅，樂壽都監杜延熙奏，於瀛州南殺敗契丹，斬首三百級，獲馬四十七匹。癸未，帝姨母韓氏追封楚國太夫人〔二〇〕，故第四姊追封福慶長公主。癸未〔二一〕，易州奏，契丹武州刺史石越來奔。

冬十月丙戌，以前晉州節度使王彥超爲河陽節度使。庚寅，詔：「諸州罷任或朝覲，並不得以器械進貢〔二二〕。」先是，諸道州府，各有作院，每月課造軍器，逐季搬送京師進納。其逐州每年占留係省錢帛不少，謂之「甲料」，仍更於部内廣配土産物，徵斂數倍，民甚苦之。除上供軍器外，節度使、刺史又私造器甲，以進貢爲名，功費又倍，悉取之於民。帝以諸州器甲，造作不精，兼占留屬省物用過當，乃令罷之，仍選擇諸道作工，赴京作坊，以備役使。乙未，永興軍奏，宣徽北院使、知軍府事翟光鄴卒。丁酉，葬德妃，「德妃」上疑脱「董」字，考册府元龜亦無「董」字，蓋上文已云「癸巳，德妃董氏薨」，此處可從省文也，今仍其舊。（影庫本粘籤）廢朝。戊戌，以宣徽南院使袁羲權知永興軍府事，以樞密直學士、工部侍郎陳觀權知開封府事。己亥，升鉅野縣爲濟州〔二三〕。以樞密院副使鄭仁誨爲宣徽北院使兼樞密副使。庚子，幸樞密院，王峻請之也。甲辰，宰臣李穀以臂傷未損〔二四〕，上表辭位，凡三上章，詔報不允。丁未，滄州奏，自十月已前，蕃界歸漢户萬九千八百户〔二五〕。是時，北境饑饉，人民轉徙，襁負而歸中土者，散居河北州縣，凡數十萬口。

十一月丙辰，荆南奏，朗州大將劉言以今年十月三日領兵趨長沙，十五日至潭州。淮南所署湖南節度使邊鎬、岳州刺史宋德權並棄城遁去。庚申，以前少府監馬從斌爲殿中監。壬戌，樞密使王峻亡妻崔氏追封趙國夫人，非故事也。乙丑，刑部尚書張沆卒。辛未，陝州折從阮移鎮邠州。以前宋州節度使李洪義爲安州節度使。癸酉，青州符彦卿移鎮鄆州。鄆州，原本作「均州」，今從通鑑改正。（影庫本粘籤）甲戌，詔曰：「累朝已來，用兵不息，至於繕治甲胄，未免配役生靈，多取于民，助成軍器。就中皮革，尤峻科刑，稍犯嚴條，皆抵極典，鄉縣以之生事，姦猾得以侵漁，宜立新規〔二六〕，用革前弊。應天下所納牛皮，今將逐年所納數〔二七〕，三分内減二分，其一分於人户苗畝上配定。每秋夏苗共十頃納連角皮一張，其黄牛納乾筋四兩，水牛半斤，犢子皮不在納限。牛馬驢騾皮筋角，今後官中更不禁斷，只不得將出化外敵境。州縣先置巡檢牛皮節級並停。」丙子，詔曰：「應内外文武官僚幕職、州縣官舉選人等，今後有父母、祖父母亡殁未經遷葬者，其主家之長，不得輒求仕進，所由司亦不得申舉解送。如是卑幼在下者，不在此限。」己卯，日南至，帝御崇元殿受朝賀，仗衛如儀。

十二月丙戌，權武平軍留後劉言遣牙將張崇嗣入奏，於十月十三日，與節度副使王進逵〔二八〕、行軍司馬何敬貞、指揮使周行逢等，同共部領戰棹，攻收湖南。僞節度使邊鎬當夜出奔，王進逵等已入潭州。案九國志王逵傳：逵，朗州武陵人，或名進逵。邊鎬爲武安軍節度使，召劉言入覲，言不行，謀于逵曰：「江南召我，不往，必加兵於我矣，爲之奈何！」逵曰：「鎬之此來，以制置潭、朗爲名，公如速行，正入其算。武陵負江湖之阻，帶甲百萬，乃欲拱手臣異姓乎？鎬新至長沙，經略未定，乘人心憤怒，引兵攻鎬，可一鼓而擒也。」言善之，乃遣與何景真等同起兵于武陵，號十指揮使，以攻邊鎬。逵率舟師南上，至長沙，邊鎬大駭，以所部奔歸江南，諸州屯守皆罷之，盡復湖外之地。（舊五代史考異）癸巳，太子太師致仕安叔千卒。甲午，詔今後諸侯入朝，不得進奉買宴。丁酉，皇子澶州節度使榮落起復，加同平章事。戊戌，太子少傅致仕王延卒。壬寅，幸西莊。乙巳，以端明殿學士顏衎權知開封府事。御史臺奏：「請改左右衛復爲左右屯衛。」請改左右衛，當作「左右威衛」，蓋當時奏牘之文，因避御名，故去「威」字，今仍其舊。（影庫本粘籤）從之，避御名也。是冬無雪。

廣順三年春正月壬子朔，帝御崇元殿受朝賀，仗衛如儀。幸太平宮起居漢太后。甲寅，賜羣臣射於內鞠場。乙卯，武平軍兵馬留後劉言奏：「潭州兵戈之後，焚燒殆盡，乞移使府於武陵。」從之。詔升朗州爲大都督府，在潭州之上。丙辰，以武平軍節度使留後〔二九〕、檢校太尉劉言爲檢校太師、同平章事、行朗州大都督，充武平軍節度、兼三司水陸轉運等使、制置武安靜江等軍事，進封彭城郡公；武平軍節度副使、權知潭州軍州事、檢校太傅王進逵爲檢校太尉、行潭州刺史，充武安軍節度使；以武安軍行軍司馬兼衙內步軍都指揮使、檢校太傅何敬貞爲檢校太尉、行桂州刺史，充靜江軍節度使；以張倣領眉州刺史，充武平軍節度副使；以朱元琇領黃州刺史〔三〇〕，充靜江軍節度副使；以周行逢領集州刺史，充武安軍節度行軍司馬。自進逵而下，皆劉言將校也。邠州奏，慶州略蕃部野鷄族略奪商旅〔三一〕，野雞，原本作「黑雞」，今從通鑑及宋史改正。（影庫本粘籤）侵擾州界。詔遣寧州刺史張建武等率兵掩襲，仍先賜敕書安撫，如不從命，即進軍問罪。辛酉，詔賜朗州劉言應兩京及諸道舊屬湖南樓店邸第。

乙丑，詔：「諸道州府係屬户部營田及租税課利等，除京兆府莊宅務、贍國軍榷鹽務、兩京行從莊外，其餘並割屬州縣，所徵租税課利，官中只管舊額〔三二〕，其職員節級一切停廢。應有客户元佃係省莊田、桑土、舍宇，便賜逐户，充爲永業，仍仰縣司給與憑由。應諸處元屬營田户部院及係縣人户所納租牛課利〔三三〕，起今年後並與除放。所有見牛犢並賜本户，官中永不收係」云。帝在民間，素知營田之弊，至是以天下係官莊田僅萬計，悉以分賜見佃户充永業。是歲，出户三萬餘，百姓既得爲己業，比户欣然，於是葺屋植樹，敢致功力。又東南郡邑各有租牛課户，往因梁太祖渡淮，軍士掠民牛以千萬計，梁太祖盡給與諸州民，輸租課。自是六十餘載，時移代改，牛租猶在，百姓苦之，至是特與除放。未幾，京兆府莊宅務及榷鹽務亦歸州縣，依例處分。或有上言，以天下係官莊田，甚有可惜者，若遣貨之，當得三十萬緡，亦可資國用。帝曰：「苟利於民，與資國何異。」

丁卯，户部侍郎、權知貢舉趙上交奏：「諸科舉人，欲等第各加對義場數〔三四〕，進士除詩賦外，别試雜文一場。」從之。兩浙弔祭使、左諫議大夫李知損責授棣州司馬〔三五〕、員外置，仍令所在馳驛放遣。知損銜命江浙，所經藩郡，皆强貸於侯伯，爲青州知州張凝所奏，故有是命。己巳，幸南莊，臨水亭，見雙鳧戲於池上，帝引弓射之，一發疊貫，從臣稱賀。庚午，以前邠州節度使侯章爲鄧州節度使。前萊州刺史葉仁魯賜死，坐爲民所訟故也。辛未，詔樞密使王峻巡視河堤。峻請行，故從之。辛巳，幸南莊。

閏月甲申，朗州劉言、潭州王進逵奏，廣賊占據桂管，深入永州界俘劫，遣朗州行軍司馬何敬真與指揮使朱全琇、何敬真，前作「敬貞」，後作「敬真」，未詳孰是。（影庫本批校）陳順等，率水陸軍五萬進擊。丙戌，迴鶻遣使貢方物。詔故梁租庸使趙巖姪崇勳，見居陳州，量賜係官店宅，從王峻之請也。辛卯，定州奏，契丹攻義豐軍，出勁兵夜斫蕃營，斬首六十級，契丹遁去。甲午，鎮州奏，契丹寇境，遣兵追襲，至無極而還。案：契丹國志作無極山，薛史無「山」字，當係史家省文，今姑仍其舊。（舊五代史考異）丙申，皇子澶州節度使榮來朝。壬寅，以樞密使、尚書左僕射、同平章事、監修國史王峻兼青州節度使，餘如故。延州衙内指揮使高紹基奏言：「父允權患脚膝，令臣權知軍州事。」癸卯，陳州奏：「吏民請與前刺史李穀立祠堂。」從之。時穀爲宰相，聞郡人陳請，遜讓數四，乃止。甲辰，鄴都留守王殷加檢校太尉，依前同平章事。丙午，鎮州節度使何福進、河陽節度使王彦超並加檢校太尉，潞州節度使李筠加檢校太傅。丁未，延州節度使高允權卒。己酉，開封府奏，都城内録到無名額僧尼寺院五十八所。詔廢之。

二月辛亥朔，以前西京留守白文珂爲太子太師致仕，進封韓國公。癸丑，安州節度使李洪義、侍衛馬軍都指揮使郭崇、侍衛步軍都指揮使曹英，並加檢校太尉。唐州方城縣令陳守愚棄市，坐剋留户民鹽鹽一千五百斤入己也。内制國寶兩座，詔中書令馮道書寶文，其一以「皇帝承天受命之寶」爲文，其一以「皇帝神寶」爲文。按傳國寶始自秦始皇，令李斯篆之，歷代傳授，事具前史。至唐末帝自燔之際，以寶隨身，遂俱焚焉。晉高祖受命，特制寶一座。開運末，北戎犯闕，少帝遣其子延煦送于戎王，戎王訝其非真，少帝上表具訴其事，及戎王北歸，齎以入蕃。漢朝二帝，未暇别製，至是始創爲之。庚申，遣將作監李瓊知陝州軍州事。甲子，樞密使、平盧軍節度使、尚書左僕射、平章事、監修國史王峻責授商州司馬，員外置，所在馳驛發遣。戊辰，左監門上將軍李建崇卒。延州牙内都指揮使高紹基奏，交割軍府與副使張圖。己巳，朗州劉言奏，當道先遣行軍司馬何敬真率兵掩擊廣賊，行及潭州，部衆奔潰。湖南王進逵以敬真失律，已梟首訖。以樞密直學士、工部侍郎陳觀爲祕書監。陳觀，原本作「陳官」，今從宋史顏衎傳改正。（影庫本粘籤）壬申，鳳翔少尹桑能責授鄧州長史。能，晉相維翰之庶弟也，坐據維翰別第爲人所訟故也〔三六〕。癸酉，以户部侍郎、知貢舉趙上交爲太子詹事。是歲，新進士中有李觀者，不當策名，物議諠然。中書門下以觀所試詩賦失韻勾落姓名，故上交移官。丁丑，幸南莊，賜從官射。命客省使向訓權知延州軍州事。永樂大典卷八千九百八十。

校勘記

〔一〕粗嘗經歷　原作「粗經閱歷」，據永樂大典卷八九八〇引五代薛史改。影庫本粘籤：「閱歷，原本脱『閱』字，今從册府元龜增入。」按今檢册府，無此段文字。

〔二〕監軍向訓破河東賊軍於虒亭　「賊」字原闕，據永樂大典卷八九八〇引五代薛史補。

〔三〕令率軍自烏嶺路至絳州　「路」字原闕，據殿本、劉本、宋史卷二六一陳思讓傳補。

〔四〕以齊州防禦使史延韜爲副部署　「史延韜」，永樂大典卷八九八〇引五代薛史、册府卷一二一〇同，册府卷一二三、通鑑卷二九〇作「史延超」。「部」，册府卷一二一〇、通鑑卷二九〇同，殿本、劉本、孔本、永樂大典卷八九八〇引五代薛史作「都」。

〔五〕丙寅　原作「丙申」，據殿本改。影庫本粘籤：「丙申，以長曆推之，當作丙寅。今無别本可校，姑仍其舊。」按是月戊午朔，無丙申，丙寅爲初九。

〔六〕沭陽　原作「沐陽」，據殿本、劉本、本書卷一一五周世宗紀二、新五代史卷五三慕容彦超傳、卷六二南唐世家、通鑑卷二九〇改。本卷下文同。

〔七〕癸卯　原作「癸巳」，據殿本、册府卷一六七改。下文「壬子」，原作「壬寅」，據殿本改。影庫本粘籤：「以長曆推之，癸巳當作癸卯。下文壬寅當作壬子。今無别本可校，姑仍其舊，附識于此。」按是月丁亥朔，癸卯爲十七日，壬子爲二十六日。

〔八〕鄉州内有接便爲非者　「州」，原作「城」，據殿本、孔本、册府卷九六改。按永樂大典卷八九八〇引五代薛史作「川」，係「州」之訛。

〔九〕今年所徵夏秋苗子及沿徵錢物並放　「苗子」二字原闕，據册府卷九六、卷四九二補。殿本、孔本校作「税」。

〔一〇〕只放夏税　「夏税」二字原闕，據永樂大典卷八九八〇引五代薛史補。

〔一一〕無如此行之速也　「行」字原闕，據永樂大典卷八九八〇引五代薛史補。

〔一二〕城下行宮水深數尺　「宮」，彭校、册府卷二六作「營」。

〔一三〕則當爲水潦所溺矣　「水」字原闕，據彭校、永樂大典卷八九八〇引五代薛史、册府卷二六補。

〔一四〕輟視朝一日　「視」字原闕，據殿本、孔本、永樂大典卷八九八〇引五代薛史補。

〔一五〕李澣　原作「李瀚」，據殿本、劉本、邵本、彭本、永樂大典卷八九八〇引五代薛史、宋史卷二六二李澣傳改。影庫本批校：「李瀚，據宋史作李澣。」

〔一六〕癸卯　原作「癸巳」，據殿本、永樂大典卷八九八〇引五代薛史改。影庫本粘籤：「癸巳，以長曆推之，當作癸卯。今無別本可校，姑仍其舊。」按是月乙酉朔，癸巳爲初九，此事繫於壬寅、乙巳之間，當爲癸卯。

〔一七〕以朔方軍衙内都虞候馮繼業起復爲朔方軍兵馬留後　「起復」，原作「復起」，據殿本、劉本、邵本校、彭校乙正。

〔一八〕更不得開置道場及設齋　「置」，原作「設」，據永樂大典卷八九八〇引五代薛史、册府卷二、五代會要卷五改。

〔一九〕詔穀扶持就三司　「就」字原闕，據永樂大典卷八九八〇引五代薛史補。

〔二〇〕帝姨母韓氏追封楚國太夫人　「太」字原闕，據册府卷三八補。

〔二一〕癸未　以上二字殿本無。影庫本粘籤：「『癸未』二字與上文複見，疑原本有舛誤。今無別本可校，姑仍其舊，附識于此。」

〔二〕並不得以器械進貢　「得」字原闕，據永樂大典卷八九八〇引五代薛史、册府卷一六〇補。

〔三〕升鉅野縣爲濟州　「鉅野縣」上永樂大典卷八九八〇引五代薛史有「暉州」二字。按太平寰宇記卷一四，鉅野縣唐屬鄆州，後周於此置濟州，疑永樂大典訛「鄆州」爲「暉州」。

〔四〕宰臣李穀以臂傷未損　「損」，原作「愈」，據永樂大典卷八九八〇引五代薛史、册府卷三三一改。

〔五〕蕃界歸漢户萬九千八百户　「界」字原闕，據永樂大典卷八九八〇引五代薛史補。

〔六〕宜立新規　「新」，原作「所」，據殿本、彭校、册府卷四八八改。

〔七〕今將逐年所納數　「年」字原闕，據册府卷四八八、五代會要卷二五補。

〔八〕王進逵　原作「王進達」，據殿本、劉本、邵本、彭校、册府卷一七九、新五代史卷六六楚世家改。本卷下文同。影庫本批校：「王進達，據九國志應作王進逵。」舊五代史考異卷四：「案原本作『進達』，後又作『王逵』，考九國志：王逵或名進逵，今改正畫一。」

〔九〕以武平軍節度使留後　「軍」字原闕，據永樂大典卷八九八〇引五代薛史及本卷上下文補。

〔一〇〕朱元琇　册府卷一七九、通鑑卷二九一、新五代史卷六六楚世家、九國志卷一一及本卷下文作「朱全琇」。

〔一一〕慶州略蕃部野鷄族略奪商旅　「慶州略」，彭校作「慶州」，劉本作「慶州界」。

〔一二〕官中只管舊額　「官」，原作「宫」，據殿本、劉本、邵本、彭本改。影庫本批校：「宫中，據下文應作『官中』。」舊五代史考異卷四：「案『官中』誤『宮中』，今據下文改正。」

〔二三〕應諸處元屬營田户部院及係縣人户所納租牛課利　「牛」，原作「中」，據五代會要卷一五改。

〔二四〕欲等第各加對義場數　「對」，原作「封」，據永樂大典卷八九八〇引五代薛史、本書卷一四八選舉志、册府卷六四二、五代會要卷二二、卷二三改。影庫本粘籤：「『封義』二字原本似有舛誤，考五代會要亦作『封義』，今無别本可校，姑仍其舊。」

〔二五〕左諫議大夫李知損責授棣州司馬　「左」，本書卷一一五周世宗紀二、卷一三一李知損傳作「右」。按本書一三一李知損傳：「世宗即位……遽與復資。」「棣州」，原作「登州」，據本書一三一李知損傳、册府卷四八一、續世説卷九改。永樂大典卷八九八〇引五代薛史「州」上闕一字，疑係避明成祖諱省。影庫本粘籤：「『登州』，原本脱『登』字，今從李知損本傳增入。」按本書李知損傳作「棣州」。

〔二六〕坐據維翰别第爲人所訟故也　「據」，永樂大典卷八九八〇引五代薛史作「惔」。

舊五代史卷一百一十三

周書四

太祖紀第四

廣順三年春三月庚辰朔，以相州留後白重贊爲滑州節度使，以鄭州防禦使王進爲相州節度使，以前兗州防禦使索萬進爲延州節度使，以亳州防禦使張鐸爲同州節度使。甲申，以皇子澶州節度使榮爲開封尹、兼功德使，封晉王，仍令所司擇日備禮册命。丙戌，以宣徽北院使兼樞密副使鄭仁誨爲澶州節度使，以殿前都指揮使李重進領泗州防禦使，以客省使向訓爲內客省使。己丑，以棣州團練使王仁鎬爲右衛大將軍，充宣徽北院使兼樞密副使。庚寅，端明殿學士、尚書兵部侍郎顏衎落職守本官。案宋史顏衎傳云：衎權知開封府，王峻敗，衎罷職，守兵部侍郎。蓋當時以晉王爲開封尹，故衎罷職。與薛史異。以翰林學士、中書舍人王溥爲户部侍郎充職，以左司郎中、充樞密直學士景範爲左諫議大夫充職。祕書監陳觀責授左贊善大夫，留司西京，坐王峻黨也。癸巳，大風雨土。戊申，幸南莊。

夏四月甲寅，禁沿邊民鬻兵仗與蕃人。戊辰，河中節度使王景移領鳳翔，宋州節度使常思移鎮青州〔一〕，鳳翔節度使趙暉移鎮宋州，河陽節度使王彥超移鎮河中。賜朗州劉言絹三百匹，以兵革之後匱乏故也。詔在京諸軍將士持支救接。

五月己卯朔，帝御崇元殿受朝，仗衛如儀。辛巳，前慶州刺史郭彥欽勒歸私第。國初，以彥欽再刺慶州，兼掌榷鹽，彥欽擅加榷錢，民夷流怨。州北十五里寡婦山有蕃部曰野雞族，彥欽作法擾之。蕃情獷猂，好爲不法，彥欽乃奏野雞族掠奪綱商，帝遣使齎詔撫諭，望其率化。蕃人既苦彥欽貪政，不時報命，朝廷乃詔邠州節度使折從阮、寧州刺史張建武進兵攻之。建武勇於立功，徑取野雞族帳，擊殺數百人。又殺牛族素與野雞族有憾，案：原本作「殺牛于族」，考通鑑、五代會要、宋史、東都事略俱作殺牛族，知原本「于」字衍，今删。（舊五代史考異）且聞官軍討伐，相聚餉饋，欣然迎奉。官軍利其財貨孳畜，遂劫奪之，翻爲族所誘，至包山負險之地，官軍不利，爲蕃人迫逐，投崖墜澗而死者數百人。從阮等以兵自保，不相救應。帝怒彥欽及建武，俱罷其任，及彥欽至京師，故有是命。丁亥，新授青州節度使常思在宋州日出放得絲四萬一千四百兩，請徵入官。詔宋州給還人户契券，其絲不徵。甲午，中書侍郎、同平章事、集賢殿大學士、權判門下省事范質可權監脩國史。

六月壬子，滄州奏，契丹幽州榷鹽制置使、兼防州刺史、知盧臺軍事張藏英，以本軍兵士及職員户人孳畜七千頭口歸化。案：歐陽史作秋七月，張藏英來奔。（舊五代史考異）癸丑，以前開封尹、楚國公侯益爲太子太師，以前西京留守、莒國公王守恩爲左衞上將軍，案：原本作「守思」，今據通鑑改正。（舊五代史考異）以前永興軍節度使李洪信爲左武衞上將軍。甲寅，以左衞上將軍宋彦筠爲太子少師，以太子少師楊凝式爲尚書右僕射致仕。癸亥，前河陽節度使王繼弘卒。己巳，太子太傅李懷忠卒。是月，河南、河北諸州大水，霖雨不止，川陂漲溢。襄州漢水溢入城，深一丈五尺，居民皆乘筏登樹。羣烏集潞州，河南無烏。

秋七月戊寅朔，徐州言，龍出豐縣村民井中，即時澍雨，漂没城邑。癸未，太子賓客馬裔孫卒。甲申，鄴都王殷奏乞朝覲，凡三上章，允之。尋以北邊奏契丹事機，詔止其行。丙戌〔二〕，以左金吾上將軍安審信爲太子太師致仕。丁亥，以右金吾上將軍張從恩爲左金吾上將軍，以前鄧州節度使張彦成爲右金吾上將軍。己丑，以虎捷左廂都指揮使、永州防禦使韓通爲陝州留後。庚寅，太府卿、判司天監趙延乂卒。辛卯，以前西京副留守盧價爲太子賓客。乙未，以御史中丞邊光範爲禮部侍郎，以刑部侍郎張煦爲御史中丞，以翰林學士承旨、尚書禮部侍郎徐台符爲刑部侍郎充職。丙申，太子太師致仕安審信卒。丁酉，詔曰：「京兆、鳳翔府，同、華、邠、延、鄜、耀等州所管州縣軍鎮，頃因唐末藩鎮殊風，久歷歲時，未能釐革，政途不一，何以教民。其婚田爭訟、賦税丁徭，合是令佐之職。其擒姦捕盜、庇護部民，合是軍鎮警察之職。今後各守職分，專切提撕，如所職疏遺〔三〕，各行按責，其州府不得差監徵軍將下縣。」戊戌，衛尉少卿李温美責授房州司户參軍。温美奉使祭海，便道歸家，家在壽光縣，爲縣吏馮勳所訟，故黜之。供奉官武懷贊棄市，坐盜馬價入己也。壬寅，以鴻臚少卿趙脩己爲司天監。

八月己酉，幸南莊。丙辰，内衣庫使齊藏珍除名，配沙門島。藏珍奉詔脩河，不於役所部轄，私至近縣止宿，及報隄防危急，安寢不動，遂致横流，故有是責。庚申，邢州節度使劉詞移鎮河陽。辛酉，以龍捷左廂都指揮使、閬州防禦使田景咸爲邢州留後。景咸，原本作「景成」；邢州，原本作「刑州」，今各據通鑑改正。（影庫本粘籤）丁卯，河決河陰，京師霖雨不止。給賜諸軍將士薪芻有差。癸酉，以翰林學士、户部侍郎王溥爲端明殿學士。甲戌，潭州王逵奏〔四〕：「朗州劉言與淮賊通連，差指揮使鄭玟部領兵士，欲併當道。鄭玟爲軍衆所執，奔入武陵，劉言尋爲諸軍所廢，臣已至朗州安撫訖。」詔劉言勒歸私第，委王逵取便安置。是月，所在州郡奏，霖雨連綿，漂没田稼，損壞城郭廬舍。

九月己卯，太子少保盧損卒。丁酉，深州上言：「樂壽縣兵馬都監杜延熙爲戍兵所害。」先是，齊州保寧都兵士屯於樂壽〔五〕，都頭劉彦章等殺延熙爲亂。時鄭州開道指揮使張萬友亦屯於樂壽，然不與之同。朝廷急遣供奉官馬謂省其事，馬謂，原本作「馬咢」，今從通鑑改正。（影庫本粘籤）諤乃與萬友擒彦章等十三人斬之，餘衆奔齊州。是月多陰曀，木再華。

冬十月戊申朔，詔以來年正月一日有事於南郊，諸道州府不得以進奉南郊爲名，輒有率斂。己酉，右金吾上將軍張彦成卒。庚戌，以前同州節度使薛懷讓爲左屯衞上將軍，以尚書左丞兼判國子監田敏權判太常卿，以禮部尚書王易權兵部尚書。太常奏郊廟社稷壇位制度，請下所司脩奉，從之。以中書令馮道爲南郊大禮使，以開封尹、晉王榮爲頓遞使，權兵部尚書王易爲鹵簿使，御史中丞張煦爲儀仗使，權判太常卿田敏爲禮儀使。以前潁州防禦使郭瓊爲權宗正卿。甲寅，以前光禄卿丁知浚復爲光禄卿。丙辰，幸南莊、西莊。己未，前寧州刺史張建武責授右司禦副率〔六〕，以野鷄族失利故也〔七〕。以前翰林學士、工部侍郎魚崇諒爲禮部侍郎，充翰林學士。時崇諒解職於陝州就養，至是再除禁職，仍賜詔召之，令本州給行裝鞍馬，侍親歸朝。以太子賓客張昭爲户部尚書，以太子賓客李濤爲刑部尚書。詔中書令馮道赴西京迎奉太廟神主。甲子，中書令馮道率百官上尊號曰聖明文武仁德皇帝，答詔不允，凡三上章，允之，仍俟郊禮畢施行。壬申，鄴都、邢、洺等州皆上言地震，鄴都尤甚。

十一月辛巳，廢共城稻田務，任人佃蒔。乙酉，日南至，帝不受朝賀。庚寅，鎮州節度使何福進奏乞朝覲，三奏，允之。詔侍衛步軍都指揮使曹英權知鎮州軍府事。癸巳，以將作監李瓊爲濟州刺史。壬寅，詔：「重定天下縣邑，除畿赤外，其餘三千户已上爲望縣，二千户已上爲緊縣，一千户已上爲上縣，五百户以上爲中縣，不滿五百户爲中下縣。」

十二月戊申，雨木冰。是日，四廟神主至西郊，帝郊迎奠饗，奉神主入于太廟，設奠安神而退。壬子，前單州刺史趙鳳賜死，單州，原本作「善州」，今據趙鳳本傳改正。（影庫本粘籤）坐爲民所訟故也。甲寅，詔諸道州府縣鎮城内人户，舊請蠶鹽徵價，起今後並停。甲子，鎮州節度使何福進來朝。乙丑，鄴都留守王殷來朝。丙寅，禮儀使奏：「皇帝郊廟行事，請以晉王榮爲亞獻，通攝終獻行事。」從之。己巳，左補闕王伸停任，坐檢田於亳州，虛憑紐配故也。辛未，鄴都留守、侍衛親軍都指揮使王殷削奪在身官爵，長流登州，尋賜死於北郊。其家人骨肉，並不問罪。癸酉，帝宿齋於崇元殿，爲來年正月一日親祀南郊也。時帝已不豫。甲戌，宿于太廟。乙亥質明，帝親饗太廟，自齋宮乘步輦至廟庭，被衮冕，令近臣翼侍陞階，陞階，原本作「陸階」，今從通鑑及契丹國志改正。（影庫本粘籤）止及一室行禮，俛首而退，餘命晉王宰有司終其禮。是日，車駕赴郊宮。

顯德元年春正月丙子朔，帝親祀圜丘，禮畢，詣郊宫受賀。車駕還宫，御明德樓，宣制：「大赦天下，改廣順四年爲顯德元年。自正月一日昧爽已前，應犯罪人，常赦所不原者，咸赦除之。内外將士各賜優給〔八〕，文武職官並與加恩，内外命婦並與進封。寺監攝官七周年已上者，同明經出身，今後諸寺監不得以白身署攝。升朝官兩任已上，著緑十五周年與賜緋，著緋十五年與賜紫。州縣官曾經五度參選者〔九〕，雖未及十六考，與授朝散大夫階，年七十已上，授優散官，賜緋。應奉郊廟職掌人員，並與恩澤。今後不得以梁朝及清泰朝爲僞朝僞主，天下帝王陵廟及名臣墳墓無後，官爲檢校」云。宣赦畢，帝御崇元殿受册尊號，禮畢，羣臣稱賀。時帝郊祀，御樓受册，有司多略其禮，以帝不豫故也。先是，有占者言：「鎮星在氐、房，（氐、房，原本作「互方」，今從通鑑及契丹國志改正。（影庫本粘籤））乃鄭宋之分，當京師之地，兼氐宿主帝王露寢，若散財以致福，遷幸以避災，庶幾可以驅禳矣。」帝以遷幸煩費，不可輕議，散財可矣，故有郊禋之命。洎歲暮，帝疾增劇，郊廟之禮蓋勉而行之耳。

戊寅，詔廢鄴都依舊爲天雄軍，大名府在京兆府之下。庚辰，制皇子開封尹、晉王榮可開府儀同三司、檢校太尉、兼侍中、行開封尹、功德使、判内外兵馬事。襄州安審琦進封陳王；鄆州符彦卿進封衞王，移鎮天雄軍；荆南高保融進封南平王；夏州李彝興進封西平王。甲申，宋州趙暉進封韓國公，青州常思進封萊國公，徐州王晏進封滕國公，鄧州侯章進封中國公，西京武行德進封譙國公，許州郭從義加檢校太師，鳳翔王景進封褒國公，華州孫方諫進封蕭國公。自趙暉已下並加開府儀同三司。乙酉，分命朝臣往諸州開倉，減價出糶，以濟饑民。詔潭州依舊爲大都督府，在朗州、桂州之上。丙戌，以澶州節度使鄭仁誨爲樞密使，加同平章事。鄜州楊信加開府儀同三司，進封杞國公；邠州折從阮加開府儀同三司，折從阮，原本作「從玩」，考從阮本名從遠，漢時避高祖御名，始改作「阮」，今改正。（影庫本粘籤）改封鄭國公。滄州李暉加檢校太尉；安州李洪義加檢校太師；貝州王饒加檢校太尉。以陳州節度使兼侍衛馬軍都指揮使郭崇爲澶州節度使，加同平章事；以曹州節度使兼侍衛步軍都指揮使曹英爲鎮州節度使，加同平章事。潭州王逵加特進、兼侍中，河陽劉詞加檢校太尉，河中王彥超加同平章事。以鎮州節度使何福進爲鄆州節度使，加同平章事。潞州李筠加同平章事。戊子，晉州藥元福、滑州白重贊、相州王進、同州張鐸並加檢校太傅。以延州節度使索萬進爲曹州節度使，加檢校太傅。定州留後孫行友、邢州留後田景咸、陝州留後韓通、靈武留後馮繼業並正授節度使。庚寅夜，東北有大星墜，其聲如雷。

壬辰，宰臣馮道加守太師，范質加尚書左僕射、監修國史，李穀加右僕射、集賢殿大學士。以端明殿學士、尚書户部侍郎王溥爲中書侍郎、平章事。案東都事略王溥傳：太祖將大漸，促召學士草制，以溥爲中書侍郎、同中書門下平章事。已宣制，太祖曰：「吾無恨矣。」（舊五代史考異）司徒竇貞固進封汧國公，司空蘇禹珪進封莒國公，並加開府儀同三司。以宣徽南院使、知永興軍府事袁羲爲延州節度使；以宣徽北院使兼樞密副使王仁鎬爲永興軍節度使；以前安州節度使王令温爲陳州節度使；以殿前都指揮使、泗州防禦使李重進爲武信軍節度使、檢校太保，典軍如故；以龍捷左廂都指揮使、睦州防禦使樊愛能爲侍衛馬軍都指揮使、樊愛能，原本作「受熊」，今從通鑑改正。（影庫本粘籤）洋州節度使，加檢校太保；以虎捷左廂都指揮使、果州防禦使何徽爲侍衛步軍都指揮使、利州節度使，加檢校太保。以樞密承旨魏仁浦爲樞密副使。是日巳時，帝崩於滋德殿，聖壽五十一，祕不發喪。乙未，遷神柩於萬歲殿，召文武百官班於殿廷，宣遺制：「晉王榮可於柩前即皇帝位，服紀月日一如舊制」云。是歲，自正月朔日後，景色昏晦，日月多暈，及嗣君即位之日，天氣晴朗，中外肅然。

帝自郊禋後，其疾乍瘳乍劇，晉王省侍，不離左右。案東都事略：李重進，周太祖之甥，母即福慶長公主。重進年長于世宗，及太祖寢疾，召重進受顧命，令拜世宗，以定君臣之分。（舊五代史考異）累諭晉王曰：「我若不起此疾，汝即速治山陵，不得久留殿内。陵所務從儉素，應緣山陵役力人匠，並須和雇，不計近遠，不得差配百姓。陵寢不須用石柱費人功，只以磚代之〔一〇〕。用瓦棺紙衣。臨入陵之時，召近税户三十家爲陵户，下事前揭開瓦棺，下事，原本作「卞是」，今從通鑑及契丹國志改正。（影庫本粘籤）遍視過陵内，切不得傷他人命。勿修下宫，不要守陵宫人，亦不得用石人石獸，只立一石記子，鐫字云：『大周天子臨晏駕，留言與嗣帝〔一一〕，緣平生好儉素，只令著瓦棺紙衣葬。』若違此言，陰靈不相助。」又言：「朕攻收河府時，見李家十八帝陵園，廣費錢物人力，並遭開發。汝不聞漢文帝儉素，葬在霸陵原，至今見在。如每年寒食無事時，即仰量事差人灑掃，如無人去，只遥破散〔一二〕。兼仰於河府、魏府各葬一副劍甲，澶州葬通天冠、絳紗袍，東京葬一副平天冠、衮龍服。千萬千萬，莫忘朕言。」

二月甲子，太常卿田敏上尊謚曰聖神恭肅文武孝皇帝，廟號太祖。

四月乙巳，葬於嵩陵〔一三〕。宰臣李穀撰謚册文，王溥撰哀册文〔一四〕。永樂大典卷八千九百八十。

五代史補：高祖之爲樞密使也，每出入，常恍然覩人前導，狀若臺省人吏，其服色一緋一緑，高祖以爲不祥，深憂之。及河中、鳳翔、永興等處反，詔命高祖征之，一舉而三鎮瓦解〔一五〕。自是權傾天下，論者以爲功高不賞，郭氏其危乎！高祖聞而恐懼。居無何，忽覩前導者服色，緋者改紫，緑者改緋，高祖心始安，曰：「彼二人者，但見其升，不見其降，吉兆也。」未幾，遂爲三軍所推戴。高祖之入京師也，三軍分擾，殺人爭物者不可勝數。時有趙童子者，知書善射，至防禦使，覩其紛擾，竊憤之，乃大呼於衆中曰：「樞密太尉志在除君側以安國，所謂兵以義舉，鼠輩敢爾，乃賊也，豈太尉意耶！」於是持弓矢，於所居巷口據牀坐，凡軍人之來侵犯者，皆殺之，由是居人賴以保全僅數千家。其間亦有致金帛于門下，用爲報答，已堆集如丘陵焉。童子見而笑曰：「吾豈求利者耶！」於是盡歸其主。高祖聞而異之，陰謂世宗曰：「吾聞人間讖云，趙氏合當爲天子，觀此人才略度量近之矣，不早除去，吾與汝其可保乎？」使人誣告，收付御史府，劾而誅之。洎高祖厭世未十年，而皇宋有天下，趙氏之讖乃應，于斯知王者不死，信矣哉。高祖征李守貞，軍次河上，高祖慮其爭濟，臨岸而諭之。未及坐，忽有羣鴉噪于上，高祖退十餘步，引弓將射之，矢未及發而岸崩，其釁裂之勢，在高祖足下。高祖棄弓顧羣鴉而笑曰：「得非天使汝驚動吾耶，如此則李守貞不足破矣。」於是三軍欣然，各懷鬬志矣。五代史闕文：周太祖在漢隱帝朝爲樞密使，將兵伐河中李守貞，時馮道守太師，不與朝政，以請告，周祖謁道于私第，問伐蒲策，道辭以不在其位，不敢議國事。周祖固問之，道不得已，謂周祖曰：「相公頗知博乎？」周祖微時好蒱博，屢以此抵罪，疑道譏己，勃然變色。道曰：「是行亦猶博也。夫博，財多者氣豪而勝，財寡者心怯而輸。守貞在晉累典禁兵〔一六〕，自謂軍情附己，遂謀反耳。今相公誠能不惜官錢，廣施惠愛，明其賞罰，使軍心許國，則守貞不足慮也。」周祖曰：「恭聞命矣。」故伐蒲之役，周祖以便宜從事，卒成大功，然亦軍旅歸心，終移漢祚。又周祖自鄴起兵赴闕，漢隱帝兵敗，遇害於劉子陂。周祖入京師，百官謁，周祖見道猶設拜，意道便行推戴，道受拜如平時，徐曰：「侍中此行不易。」周祖氣沮，故禪代之謀稍緩。及請道詣徐州册湘陰公爲漢嗣，道曰：「侍中由衷乎？」周祖設誓，道曰：「莫教老夫爲謬語，令爲謬語人。」臣謹案，周世宗朝，詔御史臣修周祖實録，故道之事，所宜諱矣。

史臣曰：周太祖昔在初潛，未聞多譽，洎西平蒲阪，北鎮鄴臺，有統御之勞，顯英偉之量。旋屬漢道斯季，天命有歸。縱虎旅以盪神京，不無慚德；攬龍圖而登帝位，遂闡皇風。期月而弊政皆除，逾歲而羣情大服，何遷善之如是，蓋應變以無窮者也。所以魯國凶徒，望風而散；并門遺孽，引日偷生。及鼎駕之將昇，命瓦棺而薄葬，勤儉之美，終始可稱，雖享國之非長，亦開基之有裕矣。然而二王之誅，議者譏其不能駕馭權豪，傷於猜忍，卜年斯促，抑有由焉。永樂大典卷八千九百八十。

校勘記

〔一〕常思　原作「常思進」，據殿本、彭校、本書卷一一二周太祖紀三、卷一二九常思傳、新五代史卷四九常思傳改。

〔二〕丙戌　以上二字原闕，據永樂大典卷八九八〇引五代薛史補。

〔三〕如所職疏遺　「遺」，原作「遣」，據册府卷六一改。

〔四〕王逵　殿本、本書卷一三三劉言傳作「王進逵」。本卷下文同。

〔五〕先是齊州保寧都兵士屯於樂壽　「先」，原作「光」，據殿本、劉本、孔本、邵本、彭本、永樂大典卷八九八〇引五代薛史改。「保寧都」，原作「保寧郡」，據劉本改。按通鑑（兩浙東路茶鹽司公使庫刻本）卷二九一：「契丹寇樂壽，齊州戍兵右保寧都頭劉彥章殺都監杜延熙，謀應契丹。」

〔六〕前寧州刺史張建武責授右司禦副率　「右」，册府卷四四六作「左」。

〔七〕以野鷄族失利故也　册府卷四四六載責授張建武左司禦率府副率制云：「頃以野雞蕃族，蠢賊邊陲，俾爾率領兵師，於彼進討。」張其凡五代禁軍初探卷五疑「野鷄族」上脱「討」字。

〔八〕内外將士各賜優給　「賜」字原闕，據永樂大典卷八九八〇引五代薛史補。

〔九〕州縣官曾經五度參選者　「者」字原闕，據永樂大典卷八九八〇引五代薛史、册府卷八一、卷九六、五代會要卷六補。

〔一〇〕陵寢不須用石柱費人功只以磚代之　通鑑卷二九一敍其事作「壙中無用石，以甓代之」，崔世平從文獻記載論五代帝陵玄宫問題（華夏考古二〇一一年第二期）考時無於陵寢中置石柱之制。疑「柱」係「杜」字之訛。

〔一一〕留言與嗣帝　原作「與嗣帝約」，據永樂大典卷八九八〇引五代薛史改。

〔一二〕只遥破散　「破散」，原作「祭」，據永樂大典卷八九八〇引五代薛史改。按五代會要卷三：

「漢乾祐三年三月寒食，隱帝奉皇后幸南御園家祭，樞密使、三司使從之。」原注云：「人君奉先之道，無寒食野祭，近代莊宗每年寒食出祭，謂之『破散』，故襲而行之。」

〔三〕四月乙巳葬於嵩陵　本書卷一一四周世宗紀一敍其事作「夏四月乙巳，太祖靈駕發東京。乙卯，葬於嵩陵」。

〔四〕王溥撰哀册文　「文」下原有「云」字，據殿本、永樂大典卷八九八〇引五代薛史删。

〔五〕一舉而三鎮瓦解　「三」，原作「二」，據殿本、劉本、五代史補卷五改。

〔六〕守貞在晉累典禁兵　「在晉」，原作「嘗」，據殿本、五代史闕文改。

舊五代史卷一百一十四　周書五

世宗紀第一

世宗睿武孝文皇帝，諱榮，太祖之養子，蓋聖穆皇后之姪也。本姓柴氏，父守禮，太子少保致仕。案隆平集云：柴翁者，嘗獨居室，人以爲司冥事。一日，笑不止，妻問其故，不答。翁嗜飲，妻醉之以酒，乃曰：「上帝有命，郭郎爲天子。」考柴翁即守禮之父，史佚其名。（舊五代史考異）帝以唐天祐十八年歲在辛巳九月二十四日丙午，生於邢州之別墅。邢州，原本作「雒州」，今據五代會要改正。（影庫本粘籤）年未童冠，因侍聖穆皇后，在太祖左右，時太祖無子，家道淪落，然以帝謹厚，故以庶事委之。帝悉心經度，貲用獲濟，太祖甚憐之，乃養爲己子。漢初，太祖以佐命功爲樞密副使，帝始授左監門衞將軍。案國老談苑云：周世宗在漢爲諸衞將軍，嘗遊畿甸，謁縣令，忘其姓名，令方聚邑客蒱博，勿得見，世宗頗銜之。及即位，令因部夫犯贓數百疋，宰相范質以具獄上奏，世宗曰：「親民之官，贓狀狼藉，法當處死。」范質奏曰：「受所監臨財物有罪，上贓雖多，法不至死。」世宗怒，厲聲曰：「法者自古帝王之所制，本以防姦，朕立法殺贓吏，非酷刑也。」質曰：「陛下殺之則可，若付有司，臣不敢署敕。」遂貸其命〔一〕。（舊五代史考異）二年〔二〕，太祖鎮鄴，改天雄軍牙内都指揮使，領貴州刺史、檢校右僕射。三年冬，太祖入平内難，留帝守鄴城。

廣順元年正月，太祖踐祚，帝懇求入覲，忽夢至河而不得渡，尋授澶州節度使、檢校太保，封太原郡侯。帝在鎮，爲政清肅，盜不犯境。先是，澶之里衖湫隘，公署毁圮，帝即廣其街肆，增其廨宇，吏民賴之。案宋史王贊傳：周世宗鎮澶淵，每旬決囚，贊引律令，辨析中理。問之，知其嘗事學問，即署右職。（舊五代史考異）二年正月，兖州慕容彦超反，帝累表請征行，太祖嘉之。及曹英等東討，數月無功，太祖欲親征，召羣臣議其事。宰臣馮道奏以方當盛夏，車駕不宜衝冒。太祖曰：「寇不可翫，如朕不可行，當使澶州兒子擊賊，方辨吾事。」時樞密王峻意不欲帝將兵，故太祖親征。六月，兖州平。十二月，加檢校太傅、同平章事。三年正月〔三〕，帝入覲。三月，授開封尹、兼功德使，封晉王。

顯德元年正月庚辰，加開府儀同三司、開府，原本作「開封」，今據文改正。（影庫本粘籤）檢校太尉、兼侍中，依前開封尹、兼功德使、判内外兵馬事。時太祖寢疾彌留，士庶憂沮，及聞帝總内外兵柄，咸以爲惬。案隆平集：曹翰隸世宗幕下，世宗鎮澶淵，以爲牙校。及尹開封，翰猶在澶淵，聞周祖寢疾，不俟召來見世宗〔四〕，密言曰：「王爲冢嗣，不侍醫藥〔五〕，何以副天下望？」世宗悟，入侍禁中，以府事命翰總決。（舊五代史考異）壬辰，太祖崩，祕不發喪。丙申，內出太祖遺制：「晉王榮可於柩前即位。」羣臣奉帝即皇帝位。庚子，宰臣馮道率百僚上表請聽政，凡三上。壬寅，帝見羣臣於萬歲殿門之東廡下。

二月庚戌，潞州奏，河東劉崇與契丹大將軍楊衮舉兵南指。壬戌，宰臣馮道率百僚上表，請御殿，凡三上，允之。丁卯，以中書令馮道充山陵使，太常卿田敏充禮儀使，兵部尚書張昭充鹵簿使，御史中丞張煦充儀仗使，開封少尹、權判府事王敏充橋道使。河東賊將張暉率前鋒自團柏谷入寇，帝召羣臣議親征。宰臣馮道等奏以「劉崇自平陽奔遁之後，勢弱氣奪，未有復振之理，竊慮聲言自來，以誤於我〔六〕。陛下纂嗣之初，先帝山陵有日，人心易搖，不宜輕舉，命將禦寇，深以爲便」。帝曰：「劉崇幸我大喪，聞我新立，自謂良便，必發狂謀，謂天下可取，謂神器可圖，此際必來，斷無疑耳！」馮道等以帝銳於親征，因固諍之。帝曰：「昔唐太宗之創業，靡不親征，朕何憚焉。」道曰：「陛下未可便學太宗。」帝又曰：「劉崇烏合之衆，苟遇王師，必如山壓卵耳。」道曰：「不知陛下作得山否？」「作得山否」，原本作「昨待山否」，今從通鑑改正。（影庫本粘籤）帝不悅而罷。詔諸道募山林亡命之徒有勇力者，送於闕下，仍目之爲强人。帝以趫捷勇猛之士，多出於羣盜中，故令所在招納，有應命者，即貸其罪，以禁衛處之，至有朝行殺奪，暮升軍籍，讎人遇之，不敢仰視。帝意亦患之，其後頗有不獲宥者。

三月丁丑，潞州奏，河東劉崇入寇，兵馬監押穆令均部下兵士爲賊軍所襲，官軍不利。詔天雄軍節度使符彥卿領兵自磁州固鎮路赴潞州，以澶州節度使郭崇副之。詔河中節度使王彥超領兵取晉州路東向邀擊，以陝府節度使韓通爲副。命宣徽使向訓、馬軍都指揮使樊愛能、步軍都指揮使何徽、滑州節度使白重贊、鄭州防禦使史彥超、前耀州團練使符彥能等，領兵先赴澤州。辛巳，制：「大赦天下，常赦所不原者，咸赦除之。諸貶降責授官，量與升陟敍用。應配流徒役人，並放逐便。諸道州府所欠去年夏秋租稅並放。內外見任文武職官並與加恩，父母在者並與恩澤，亡沒者與封贈，其妻未敍封者〔七〕，特與敍封」云。前涇州節度使史懿卒。

癸未，詔以劉崇入寇，車駕取今月十一日親征。甲申，以樞密使鄭仁誨爲東京留守。乙酉，車駕發京師。壬辰，至澤州。癸巳，王師與河東劉崇、契丹楊衮大戰於高平，賊軍敗績。初，車駕行次河陽，聞劉崇自潞而南，即倍程而進。是月十八日，至澤州，既晡，帝御戎服，觀兵於東北郊，距州十五里，夜宿於村舍。十九日，前鋒與賊軍相遇，賊陣於高平縣南之高原。有賊中來者云：「劉崇自將騎三萬，并契丹萬餘騎，嚴陣以待官軍。」帝促兵以擊之，崇東西列陣，頗亦嚴整。乃令侍衛馬步軍都虞候李重進、滑州節度使白重贊將左，居陣之西廂；侍衛馬軍都指揮使樊愛能、步軍都指揮使何徽將右，居陣之東廂；宣徽使向訓、鄭州防禦使史彦超以精騎當其中；殿前都指揮使張永德以禁兵衛蹕。帝介馬觀戰。兩軍交鋒，未幾，樊愛能、何徽望賊而遁，東廂騎軍亂，步軍解甲投賊。帝乃自率親騎，臨陣督戰。案隆平集馬仁瑀傳：從世宗親征劉崇，王師不利，仁瑀謂衆曰：「主辱臣死！」因躍馬大呼，引弓連斃將卒數十，士氣始振。（舊五代史考異）今上馳騎於陣前，先犯其鋒，戰士皆奮命爭先，賊軍大敗。日暮，賊萬餘人阻澗而陣。會劉詞領兵至，與大軍迫之，賊軍又潰，臨陣斬賊大將張暉張暉，通鑑考異引晉陽見聞録作張令徽，考歐陽史、十國春秋俱同薛史作張暉，今附識於此。（影庫本粘籤）及僞樞密使王延嗣。案：九國志作張元徽乘勢復入，馬倒，爲周師所擒，殺之。與薛史異，通鑑從薛史。（舊五代史考異）案九國志張元徽傳：元徽爲前鋒，與周師遇于巴公，元徽以東師先登陷陣，擒監軍使一人，降其步卒千人而旋。劉崇大褒賞之。元徽乘勝復入，馬倒，爲周師所擒，殺之。考薛史作大將張暉戰于高平縣南，與九國志人名地名互異。通鑑從薛史。（孔本）諸將分兵追襲，殭尸棄甲，填滿山谷。初夜，官軍至高平，降賊軍數千人，所獲輜重、兵器、駝馬、僞乘輿器服等不可勝紀。其夕，殺降軍二千餘人，我軍之降敵者亦皆就戮。初，兩軍之未整也，風自東北起，不便於我，及與賊軍相遇，風勢陡迴，人情相悦。戰之前夕，有大星如日，流行數丈，墜於賊營之上。及戰，北人望見官軍之上有雲氣如龍虎之狀，則天之助順，亶其然乎！案九國志張元徽傳：前鋒兵將次巴公，一夕，營中刁斗皆嗄，元徽亟遣詣劉崇大營易之〔八〕，凡易數十，皆嗄而不可擊，因以白崇。崇怒曰：「故要吾金鉦耶〔九〕？」遂止。是夜有大星墜元徽營中，明日果敗。（孔本）是日，危急之勢，頃刻莫保，賴帝英武果敢，親臨寇敵，不然則社稷幾若綴旒矣。是夕，帝宿於野次。甲午，次高平縣。詔賜河東降軍二千餘人各絹二匹，并給其衣裝，鄉兵各給絹一匹，放還本部。是日，大雨。戊戌，車駕至潞州。案：歐陽史作丁酉，幸潞州，與薛史異。通鑑從歐陽史，五代春秋作丙戌，誤。河南府上言，前青州節度使常思卒。

己亥，侍衛馬軍都指揮使、夔州節度使樊愛能，夔州，原本作「萱州」，今從通鑑改正。（影庫本粘籤）侍衛步軍都指揮使、壽州節度使何徽等并諸將校七十餘人，並伏誅。高平之役，兩軍既成列，賊騎來挑戰，愛能望風而退，何徽以徒兵陣於後，爲奔騎所突，即時潰亂，二將南走。帝遣近臣宣諭止遏，莫肯從命，皆揚言曰：「官軍大敗，餘衆已解甲矣。」至暮，以官軍克捷，方稍稍而迴。帝至潞州，録其奔遁者，自軍使以上及監押使臣並斬之，由是驕將墮兵，無不知懼。帝以何徽有平陽守禦之功，欲貸其罪，竟不可，與愛能俱殺之，皆給槽車歸葬。案東都事略：世宗謂張永德曰：「樊愛能及偏裨七十餘人，吾欲盡按軍法，何如？」對曰：

「必欲開拓疆宇，威加四海，安可已也。」世宗善其言，悉誅愛能等以徇，軍聲始振。（舊五代史考異）

庚子，以侍衛馬步都虞候李重進爲許州節度使，以宣徽南院使向訓爲滑州節度使，以殿前都指揮使張永德爲武信軍節度使，職並如故。以滑州節度使白重贊爲鄜州節度使，以鄭州防禦使史彦超爲華州節度使，賞高平之功也。以晉州節度使藥元福爲同州節度使，以宣徽北院使楊廷璋爲晉州節度使，以同州節度使張鐸爲彰義軍節度使。以內客省使吴廷祚爲宣徽北院使〔一〇〕。以龍捷左廂都指揮使李千爲蔡州防禦使，以龍捷右廂都指揮使康延沼爲萊州防禦使，以虎捷左廂都指揮使田瓊爲密州防禦使〔一一〕，以虎捷右廂都指揮使張順爲登州防禦使，以龍捷左第二軍都指揮使孫延進爲鄭州防禦使，以前耀州團練使符彦能爲澤州防禦使。以散員都指揮使李繼勳爲殿前都虞候，以殿前都虞候韓令坤爲龍捷左廂都指揮使，以鐵騎第一軍都指揮使趙弘殷案：原本注「宣祖廟諱」四字，今據宋史改作弘殷。爲龍捷右廂都指揮使，以散員都指揮使慕容延釗爲虎捷左廂都指揮使，以控鶴第一軍都指揮使趙晁爲虎捷右廂都指揮使〔一二〕，並遥授團練使，其餘改轉有差。壬寅，以天雄軍節度使、衛王符彦卿爲河東行營都部署、知太原行府事，以澶州節度使郭崇爲行營副都部署〔一三〕，以宣徽南院使向訓爲行營兵馬都監，以侍衛都虞候李重進爲行營都虞候，以華州節度使史彦超爲先鋒都指揮使：領步騎二萬進討河東。詔河中節度使王彦超、陝府節度使韓通，率兵自陰地關討賊。以河陽節度使劉詞爲隨駕都部署，以鄜州節度使白重贊爲隨駕副部署。

夏四月乙巳，太祖靈駕發東京。乙卯，葬於嵩陵。河中節度使王彥超奏，僞汾州防禦使董希顏以城歸順。案宋史王彥超傳：彥超自陰地關與符彥卿會兵圍汾州，諸將請急攻，彥超曰：「城已危矣，旦暮將降，我士卒精鋭，驅以先登，必死傷者衆，少待之。」翼日，州將董希顏果降。（舊五代史考異）董希顏，原本作「革希顏」，今從通鑑改正。（影庫本粘籤）丙辰，僞遼州刺史張漢超以城歸順。丁巳，幸柏谷寺。遣右僕射、平章事、判三司李穀赴河東城下計度軍儲。詔河東城下諸將，招撫户口，禁止侵掠，只令徵納當年租税。及募民入粟，五百斛、草五百圍者賜出身，千斛、千圍者授州縣官。辛酉，符彥卿奏，嵐、憲二州歸順。壬戌，制立衞國夫人符氏爲皇后，仍令有司擇日備禮册命。王彥超奏，收下石州，獲僞刺史安彥進。案宋史王彥超傳：引兵趣石州，彥超親鼓士乘城，躬冒矢石，數日下之，擒其守將安彥進獻行在。（舊五代史考異）癸亥，僞沁州刺史李廷誨以城歸順。甲子，皇妹壽安公主張氏進封晉國長公主。乙丑，東京奏，太師、中書令馮道薨。丙寅，太祖皇帝神主祔於太廟。庚午，曲赦潞州見禁罪人，除死罪外並釋放。是日，車駕發潞州，親征劉崇。癸酉，忻州僞監軍李勍殺刺史趙皐及契丹大將楊耨姑，以城歸順。詔授李勍忻州刺史。

五月乙亥，以尚書右丞邊歸讜守本官，充樞密直學士；以尚書戶部侍郎陶穀守本官，充翰林學士。案宋史陶穀傳：從征太原，時魚崇諒迎母後至，穀乘間言曰：「崇諒宿留不來，有顧望意。」世宗頗疑之〔一四〕。崇諒又表陳母病，詔許歸陝州就養，以穀爲翰林學士。（舊五代史考異）丙子，車駕至太原城下。是日，僞代州防禦使鄭處謙以城歸順。案遼史穆宗紀：四年五月乙亥，忻、代二州叛。據薛史，則忻州歸順在四月，代州歸順在五月丙子，與遼史月日互異。丁丑，觀兵於太原城下，帝親自慰勉，錫賚有差。升代州爲節鎮，以靜塞軍爲額，以鄭處謙爲節度使。戊寅，斬僞命石州刺史安彥進於太原城下，以其拒王師也。庚辰，以前忠武軍節度使郭從義爲天平軍節度使〔一五〕。遣符彥卿、郭從義、向訓、白重贊、史彥超等率步騎萬餘赴忻州。案宋史符彥卿傳：彥卿之行也，世宗以并人雖敗，朝廷饋運不繼，未議攻擊，且令觀兵城下，徐圖進取。及周師入境，汾晉吏民，望風款接，皆以久罹虐政，願輸軍需，以資兵力。世宗從之，而連下數州。彥卿等皆以芻糧未備，欲旋軍，世宗不之省，乃調山東近郡輓軍食濟之。（舊五代史考異）是夜大風，發屋拔樹。壬午，以宰臣李穀判太原行府事。辛丑，升府州爲節鎮，以永安軍爲軍額，以本州防禦使折德扆爲節度使。

六月癸卯朔，詔班師。車駕發離太原。時大集兵賦，及徵山東、懷孟、蒲、陝丁夫數萬，急攻其城，旦夕之間，期於必取。會大雨時行，軍士勞苦，復以忻口之師不振，帝遂決旋師之意。指麾之間，頗傷怱遽，部伍紛亂，無復嚴整，不逞之徒，訛言相恐，隨軍資用，頗有遺失者，賊城之下，糧草數十萬，悉焚棄之。案通鑑考異引晉陽見聞録云：六月旦，周師南轅返旆，惟數百騎，間之以步卒千人，長槍赤甲，銜趫捷跳梁于城隅，晡晚殺行而抽退。宋史藥元福傳：詔令班師，元福上言曰：「進軍甚易，退軍甚難。」世宗曰：「一以委卿。」遂部分卒伍爲方陣而南，元福以麾下爲後殿。崇果出兵來追，元福擊走之。（舊五代史考異）乙巳，車駕至潞州。癸丑，帝發潞州。乙丑，幸新鄭縣。丙寅，帝親拜嵩陵，祭奠而退，案五代會要云：顯德元年二月，車駕征太原回，親拜嵩陵，望陵號慟。至陵所，俯伏哀泣，感于左右，再拜訖，祭奠而退。（舊五代史考異）賜守陵將吏及近陵户帛有差。庚午，帝至自河東。帝至自河東，原本脱「自」字，今據五代春秋增入。（影庫本粘籤）

秋七月癸酉朔，前河西軍節度使申師厚責授右監門衞率府副率。師厚在涼州歲餘，以所部艱食，蕃情反覆，奏乞入朝，尋留其子爲留後，不俟詔離任，故責之。乙亥，天雄軍節度使、衞王符彦卿進位守太傅，改封魏王。鄆州郭從義加兼中書令；河陽劉詞移鎮永興軍，加兼侍中；潞州李筠加兼侍中；河中王彦超移鎮許州，加兼侍中；許州節度使、侍衞都虞候李重進移鎮宋州〔一六〕，加同平章事、兼侍衞親軍都指揮使〔一七〕；以武信軍節度使兼殿前都指揮使張永德爲滑州節度使，加檢校太傅，典軍如故；同州藥元福移鎮陝州，藥元福，原本作「元祉」，今從通鑑改正。（影庫本粘籤）加檢校太尉；鄜州白重贊移鎮河陽，加檢校太尉；陝州韓通移鎮曹州，加檢校太傅。帝即位之初，覃慶於諸侯，且賞從征之功也。丙子，以前禮部侍郎邊光範爲刑部侍郎，權判開封府事。丁丑，天下兵馬元帥、吳越國王錢俶加天下兵馬都元帥；襄州節度使、陳王安審琦加守太尉。戊寅，右散騎常侍張可復卒。以前亳州防禦使李萬金爲鄜州留後。庚辰，幸南莊。辛巳，荆南節度使、南平王高保融加守中書令；夏州節度使、西平王李彝興加守太保；西京留守武行德、徐州王晏、鄧州侯章，並加兼中書令。癸未，湖南王進逵加兼中書令；天德軍節度使郭勳、邠州折從阮、安州李洪義，並加兼侍中。以前華州節度使孫方諫爲同州節度使，加兼中書令；以前永興軍節度使王仁鎬爲河中節度使，加檢校太尉。乙酉，滄州李暉、貝州王饒、鎮州曹英，並加兼侍中；涇州張鐸、相州王進、延州袁義，並加檢校太尉。壬辰，百僚上表，請以九月二十四日誕聖日爲天清節，天清節，原本作「本清」，今從五代會要改正。（影庫本粘籤）從之。癸巳，以左僕射兼門下侍郎、平章事、監修國史范質爲守司徒、兼門下侍郎、平章事、弘文館大學士，案國老談苑云：周太祖嘗令世宗詣范質，時爲親王，軒車高大，門不能容，世宗即下馬步入。及嗣位，從容語質曰：「卿所居舊宅耶，門樓一何小哉！」因爲治第〔一八〕。（舊五代史考異）以右僕射兼中書侍郎〔一九〕、平章事、集賢殿大學士、判三司李穀爲守司徒、兼門下侍郎、平章事、監修國史，以中書侍郎、平章事王溥爲中書侍郎兼禮部尚書、平章事、集賢殿大學士，以樞密院直學士[二〇]、工部侍郎景範爲中書侍郎、平章事，判三司。樞密使、檢校太保、同平章事鄭仁誨加兼侍中；靈武馮繼業、定州孫行友、邢州田景咸，並加檢校太傅；晉州楊廷璋加檢校太保。以太子詹事趙上交爲太子賓客。乙未，以樞密副使、右監門衛大將軍魏仁浦爲樞密使、檢校太保。案東都事略云：議者以仁浦不由科第進，世宗曰：「顧才何如耳！」遂用之。（舊五代史考異）丙申，以中書舍人、史館修撰、判館事劉温叟爲禮部侍郎，判館如故。丁酉，相州節度使王進卒。

八月壬寅朔，以宣徽北院使吴廷祚爲右監門衛大將軍充職，以樞密院直學士、尚書右丞邊歸讜爲尚書左丞充職。甲辰，幸南莊，賜從臣射。乙巳，以吏部侍郎顔衎爲工部尚書致仕。丙午，同州節度使孫方諫卒。己酉，前澤州刺史李彦崇責授右司禦副率。高平之役，帝與賊軍相遇，即令彦崇領兵守江猪嶺，以遏寇之歸路。以遏寇之歸路，原本脱「遏」字，今據册府元龜增入。（影庫本粘籤）彦崇初見王師已却，即時而退，及劉崇兵敗，果由茲嶺而遁，故有是責。壬子，以金州防禦使王暉爲同州留後。癸丑，以吴越國内外都指揮使吴延福爲寧國軍節度使、檢校太尉，從錢俶之請也。以太子少師宋彦筠爲太子太師致仕。甲寅，以兵部郎中兼太常博士尹拙爲國子祭酒。丙辰，皇姑故福慶長公主追封燕國大長公主，李重進之母也〔二二〕。丁巳，以户部郎中致仕景初爲太僕卿致仕，宰臣範之父也。己巳，華州鎮國軍宜停，依舊爲郡。庚午，以給事中劉悅、康澄並爲右散騎常侍。辛未，以左散騎常侍裴巽爲御史中丞，以御史中丞張煦爲兵部侍郎，集賢殿學士、判院事司徒詡爲吏部侍郎，以左散騎常侍薛沖乂爲工部侍郎。

九月壬申朔，以東京舊宅爲皇建禪院。皇建，原本作「皇逮」，今從五代會要改正。（影庫本粘籤）甲戌，以武安軍節度副使、知潭州軍府事周行逢爲鄂州節度使、知潭州軍府事，加檢校太尉。丙戌，右屯衞將軍薛訓除名，流沙門島，坐監雍兵倉，縱吏卒掊斂也。己亥，以右僕射致仕韓昭裔、左僕射致仕楊凝式並爲太子太保致仕，以太子太傅致仕李肅爲太子太師致仕。辛丑，斬宋州巡檢供奉官、副都知竹奉璘於寧陵縣，坐盜掠商船不捕獲也。

冬十月甲辰，左羽林大將軍孟漢卿賜死，坐監納厚取耗餘也。丙午，以安州節度使李洪義爲青州節度使，以貝州節度使王饒爲相州節度使，以徐州節度使王晏爲西京留守，以西京留守武行德爲徐州節度使。戊申，以龍捷左廂都指揮使、泗州防禦使韓令坤爲洋州節度使，充侍衞馬軍都指揮使；以虎捷右廂都指揮使〔二三〕、永州防禦使李繼勳爲利州節度使，充侍衞步軍都指揮使。己酉，太子太保致仕楊凝式卒。詔安、貝二州依舊爲防禦州，其軍額並停。壬子，以今上爲永州防禦使，依前殿前都虞候。戊午，監修國史李穀等上言曰：「竊以自古王者，咸建史官。君臣獻替之謀，皆須備載；家國安危之道，得以直書。歷代已來，其名不一。人君言動，則起居注創於累朝；輔相經綸，則時政記興於前代。然後採其事實，編作史書。蓋緣聞見之間，須有來處；記録之際，得以審詳。今之左右起居郎，即古之左右史也，唐文宗朝，命其官執筆，立於殿階螭頭之下，以紀政事。後則明宗朝，命端明殿及樞密直學士，皆輪修日曆，旋送史官，以備纂修。及近朝，此事皆廢，史官唯憑百司報狀，館司但取兩省制書，此外雖有訪聞，例非端的。伏自先皇帝創開昌運，及皇帝陛下纘嗣丕基，其聖德武功，神謀睿略，皆係萬幾宥密〔一三〕，丹禁深嚴，非外臣之所知，豈庶僚之可訪。此後欲望以諮詢之事，裁制之規，別命近臣，旋具抄録，每當修撰日曆，即令封付史臣，庶國事無漏略之文，職業免疏遺之咎。」從之。因命樞密直學士，起今後於樞密使處，逐月抄録事件，送付史館。己未，供奉官郝光庭棄市，坐在葉縣巡檢日挾私斷殺平人也。是日大閱，帝親臨之。帝自高平之役，覩諸軍未甚嚴整，遂有退却。至是命今上一概簡閱，選武藝超絶者，署爲殿前諸班，因是有散員、散指揮使、内殿直、散都頭、鐵騎、控鶴之號。復命總戎者，自龍捷、虎捷以降，一一選之，老弱羸小者去之，諸軍士伍，無不精當。由是兵甲之盛，近代無比，且減冗食之費焉。案五代會要云：顯德元年，上謂侍臣曰：「侍衛兵士，老少相半，强懦不分，蓋徇人情，不能選練。今春朕在高平，與劉崇及蕃軍相遇，臨敵有指使不前者，苟非朕親當堅陣，幾至喪敗。況百户農夫，未能贍一甲士，且兵在精不在衆，宜令一一點選，精鋭者升爲上軍，怯懦者任從安便，庶期可用，又不虚費。」先是，上按於高平，觀其退縮，慨然有懲革之志。又以驍勇之士，多爲外諸侯所占，如是召募天下豪傑，不以草澤爲阻，在于闕下，躬親試閲，選武藝超絶及有身首者，分署爲殿前諸班。（舊五代史考異）

十一月戊寅，以太子賓客石光贊爲兵部尚書致仕。壬午，鎮州節度使曹英卒。乙酉，以澶州節度使郭崇爲鎮州節度使。乙未，以荆南節度副使、歸州刺史高保勗爲寧江軍節度使、檢校太尉，充荆南節度行軍司馬。戊戌，詔宰臣李穀監築河隄。先是，鄆州界河決，數州之地，洪流爲患，故命穀治之，役丁夫六萬人，三十日而罷。

十二月己酉，太子太師侯益以本官致仕。永樂大典卷八千九百八十四。

校勘記

〔一〕遂貸其命　「遂」，原作「令」，據殿本、劉本、孔本、國老談苑卷一改。

〔二〕二年　本書卷一〇三漢隱帝紀下、新五代史卷一〇漢本紀、通鑑卷二八九繫其事於乾祐三年。

〔三〕三年正月　本書卷一一二周太祖紀三繫其事於廣順三年閏正月。

〔四〕聞周祖寢疾不俟召來見世宗　「聞」、「召」，原作「問」、「朝」，據殿本、劉本、隆平集卷一七改。

〔五〕不侍醫藥　「侍」，原作「事」，據殿本、劉本、隆平集卷一七改。

〔六〕以誤於我　「以」，册府卷五七作「誘」。

〔七〕其妻未敍封者　原作「其母妻未敍者」，據册府卷九六改。按上文已敍父母與封贈，此不當復及母。

〔八〕元徽亟遣詣劉崇大營易之　「亟」，原作「互」，據九國志卷八改。

〔九〕故要吾金鉦耶　「金鉦」，原作「金鈿」，據九國志卷八改。

〔一〇〕以内客省使吴廷祚爲宣徽北院使　「内客省使」，原作「客省使」，據册府卷一二八、宋史卷二五七吴廷祚傳、吴廷祚墓誌（拓片刊北京圖書館藏中國歷代石刻拓本匯編第三十七册）改。

〔一一〕以龍捷右廂都指揮使康延沼爲萊州防禦使以虎捷左廂都指揮使田瓊爲密州防禦使　「康延沼爲萊州防禦使以虎捷左廂都指揮使」十八字原闕，據册府卷一二八補。又「康延沼」，册府卷一二八原作「康延治」，據舊五代史卷九一康福傳、宋史卷二五五康延沼傳改。按通鑑卷二九一：「（顯德元年四月）帝遣萊州防禦使康延沼攻遼州，密州防禦使田瓊攻沁州。」「田瓊」，原作「田中」，據册府卷一二八改。

〔一二〕以控鶴第一軍都指揮使趙晁爲虎捷右廂都指揮使　「趙晁」，原作「趙鼎」，據册府卷一二八改。按宋史卷二五四趙晁傳記晁時爲虎捷右廂都指揮使。

〔一三〕以澶州節度使郭崇爲行營副都部署　「都」字原闕，據册府卷一二〇補。按宋史卷二五五郭崇傳記崇時爲行營副都部署。

〔一四〕世宗頗疑之　「頗」字原闕，據殿本、劉本、宋史卷二六九陶穀傳補。

〔一五〕以前忠武軍節度使郭從義爲天平軍節度使　「忠武軍」，原作「中武軍」，據殿本、劉本改。按本書卷一一一周太祖紀二，郭從義廣順元年八月移鎮許州。又據本卷上文，顯德元年三月，從義爲李重進所代。影庫本粘籤：「中武，疑當作『忠武』。考梁時忠武軍至後唐已改額宣武。又疑原本『中』字不誤，今無別本可校，姑仍其舊。」按許州，唐爲忠武軍，後梁改爲匡國軍，後唐同光元年復爲忠武軍。

〔一六〕侍衛都虞候李重進移鎮宋州　「侍」字原闕，據殿本、册府卷一二八、宋史卷四八四李重進傳補。

〔一七〕兼侍衛親軍都指揮使　「衛」字原闕，據殿本、彭校、册府卷一二八補。

〔一八〕因爲治第　「因」，原作「遂」，據殿本、劉本、孔本、國老談苑卷一改。

〔一九〕以右僕射兼中書侍郎　「右」，原作「左」，據本書卷一一三周太祖紀四、宋史卷二六二李穀傳改。據本卷上文，時爲左僕射者係范質。

〔二〇〕樞密院直學士　原作「樞密院學士」，據册府卷七四、新五代史卷一二周本紀、通鑑卷二九二改。按本書卷一一三周太祖紀四：「（廣順三年三月）以左司郎中、充樞密直學士景範爲左諫議大夫充職。」金石萃編卷一二一中書侍郎景範碑：「公爲左司郎中，充樞密直學士。」

〔二〕李重進　原作「李從進」，據通鑑卷二九〇、東都事略卷二一、宋史卷四八四李重進傳改。

〔三〕虎捷右廂都指揮使　「右」，宋史卷二五四李繼勳傳作「左」。

〔三〕皆係萬幾宥密　「皆係」，殿本、孔本、通曆卷一五作「而皆」。

舊五代史卷一百一十五

周書六

世宗紀第二

顯德二年春正月辛未朔，帝不受朝賀。辛卯，詔：「在朝文班，各舉堪爲令録者一人，雖姻族近親，亦無妨嫌。授官之日，各署舉主姓名，若在官貪濁不任，懦弱不理，並量事狀重輕，連坐舉主。」乙未，詔：「應逃户莊田，並許人請射承佃，請射，原本作「請藉」，今從五代會要改正。（影庫本粘籤）供納税租。如三周年内本户來歸者，其桑田不計荒熟，並交還一半；五周年内歸業者，三分交還一分；如五周年外歸業者〔一〕，其莊田除本户墳塋外，不在交付之限。其近北地諸州，應有陷蕃人户，自蕃界來歸業者：五周年内來者，三分交還二分；十周年内來者，交還一半；十五周年内來者〔二〕，三分交還一分；十五周年外來者，不在交還之限。」

二月戊申，遣使赴西京，賜太子太師致仕侯益、白文珂、宋彦筠等茶藥、錢帛各有差，仍降詔存問。壬戌，詔曰：

善操理者不能有全功，善處身者不能無過失，雖堯、舜、禹、湯之上聖，文、武、成、康之至明，尚猶思逆耳之言，求苦口之藥，何況後人之不逮哉！

朕承先帝之靈，居至尊之位，涉道猶淺，經事未深，常懼昏蒙，不克負荷。自臨宸極，已過周星，至於刑政取捨之間，國家措置之事，豈能盡是，須有未周，朕猶自知，人豈不察。而在位者未有一人指朕躬之過失，食祿者曾無一言論時政之是非，豈朕之寡昧不足與言邪？豈人之循默未肯盡心邪？豈左右前後有所畏忌邪？豈高卑疏近自生間別邪？

古人云：「君子大言受大祿，小言受小祿。」又云：「官箴王闕。」則是士大夫之有祿位，無不言之人。然則爲人上者，不能感其心而致其言，此朕之過也，得不求骨鯁之辭，詢正直之議，共申裨益，庶洽治平。庶洽，原本作「書詒」，今從册府元龜改正。（影庫本粘籤）朕於卿大夫，才不能盡知，面不能盡識，若不採其言而觀其行，審其意而察其忠，則何以見器略之淺深，知任用之當否？若言之不入，罪實在予；苟求之不言，咎將誰執！

應内外文武臣僚，今後或有所見所聞，並許上章論諫。若朕躬之有闕失，得以盡言；時政之有瑕疵，勿宜有隱。方求名實，豈尚虛華，苟或素不工文，但可直書其事。辭有謬誤者〔三〕，固當捨短；言涉傷忤者，必與留中。所冀盡情，免至多慮。諸有司局公事者，各宜舉職，事有不便者，革之可也，理有可行者，舉之可也，勿務因循，漸成訛謬。臣僚有出使在外迴者，苟或知黎庶之利病，聞官吏之優劣，當具敷奏，以廣聽聞。班行職位之中，遷除改轉之際，即當考陳力之輕重，較言事之否臧，奉公切直者當議甄升，臨事蓄縮者須期抑退。翰林學士、兩省官，職居侍從，乃論思諫諍之司；御史臺官，任處憲綱，是擊搏糾彈之地：論其職分，尤異羣臣，如逐任官内，無所獻替啓發彈舉者〔四〕，至月限滿合遷轉時，宜令中書門下先奏取進止。

三月辛未，以李晏口爲靜安軍，其軍南距冀州百里，北距深州三十里，北距深州，原本作「恒州」，今從通鑑注所引薛史改正。（影庫本粘籤）夾胡盧河爲壘。案通鑑：浚胡盧河在正月，至三月始建軍額。（舊五代史考異）先是，貝、冀之境，密邇戎疆，居常敵騎涉河而南，馳突往來，洞無阻礙，北鄙之地，民不安居。帝乃按圖定策，遣許州節度使王彥超、曹州節度使韓通等領兵庀徒〔五〕，築壘於李晏口，以兵戍守，功未畢，契丹衆尋至，彥超等擊退之。及壘成，頗扼要害，自是敵騎雖至，不敢涉河，邊民稍得耕牧焉。壬辰，尚書禮部貢院進新及第進士李覃等一十六人所試詩賦、文論、策文等。詔曰：「國家設貢舉之司，求英俊之士，務詢文行，方中科名。比聞近年以來，多有濫進，或以年勞而得第，或因媒勢以出身。今歲所放舉人，試令看驗，果見紕繆，須至去留。其李覃、何曮、楊徽之、趙鄰幾等四人，趙鄰幾，原本作「鄰其」，今從五代會要及宋史改正。（影庫本粘籤）宜放及第。其嚴說、武允成、王汾、閭丘舜卿、任惟吉、周度、張慎微〔六〕、王翥、馬文、劉選、程浩然、李震等一十二人，藝學未精，並宜勾落，且令苦學，以俟再來。禮部侍郎劉溫叟失於選士，頗屬因循，據其過尤，合行譴謫，尚示寬恕〔七〕，特與矜容。劉溫叟放罪，其將來貢舉公事，仍令所司別具條理以聞。」

夏四月庚戌，以內客省使李彥頵爲延州留後。辛亥，詔：「應自外新除御史未經朝謝者〔八〕，行過州府，不得受館驛供給及所在公禮。」乙卯，詔於京城四面，別築羅城，期以來春興役。戊午，以翰林學士、給事中竇儀爲禮部侍郎，依前充職；以禮部侍郎劉溫叟爲太子詹事。癸亥，以翰林學士、中書舍人楊昭儉爲御史中丞。是月，詔翰林學士承旨徐台符已下二十餘人，各撰爲君難爲臣不易論、平邊策各一首，帝親覽之。案宋史陶穀傳：世宗謂宰相曰：「朕觀歷代君臣治平之道，誠爲不易，又念唐、晉失德之後，亂臣黠將，僭竊者多。今中原甫定，吳、蜀、幽、并尚未平附，聲教未能遠被，宜令近臣各爲論策，宣導經濟之略。」乃命承旨徐台符已下二十餘人各撰爲君難爲臣不易論、平邊策以進。其略率以修文德來遠人爲意，惟穀與竇儀、楊昭儉、王朴以封疆密邇江淮，當用師取之。世宗自克高平，常訓兵講武，思混一天下，及覽其策，欣然聽納，由是

平南之意益堅矣。（舊五代史考異）

五月辛未，迴鶻遣使貢方物。鳳翔節度使王景上言：「奉詔攻收秦、鳳二州，已於今月一日領軍由大散關路進軍次。」先是，晉末契丹入晉，秦州節度使何建何建，原本作「賀建」，今從通鑑及歐陽史改正。（影庫本粘籤）以秦、成、階三州入蜀，蜀人又取鳳州。至是，秦、鳳人户怨蜀之苛政，相次詣闕，乞舉兵收復舊地，乃詔景與宣徽南院使向訓率師以赴焉〔九〕。案東都事略王溥傳：世宗將討秦、鳳，溥薦向拱，遂平之。世宗因宴，酌巵酒賜之，曰：「成吾邊功，卿擇帥之力也。」（舊五代史考異）甲戌，詔曰：

釋氏貞宗，聖人妙道，助世勸善，其利甚優。前代以來，累有條貫，近年已降，頗紊規繩。近覽諸州奏聞，繼有緇徒犯法，蓋無科禁，遂至尤違，私度僧尼，日增猥雜，創修寺院，漸至繁多，鄉村之中，其弊轉甚。漏網背軍之輩，苟剃削以逃刑；行奸爲盜之徒，託住持而隱惡。將隆教法，須辨否臧，宜舉舊章，用革前弊。

諸道州府縣鎮村坊，應有敕額寺院，一切仍舊；其無敕額者，並仰停廢，所有功德佛像及僧尼，並騰併於合留寺院内安置。天下諸縣城郭内，若無敕額寺院，祇於合停廢寺院内，選功德屋宇最多者，或寺或院〔一〇〕，僧尼各留一所，若無尼住，祇留僧寺院一所。諸軍鎮坊郭及二百户已上者，亦依諸縣例指揮。如邊遠州郡無敕額寺院處，於停廢寺院内僧尼各留兩所。今後並不得創造寺院蘭若。蘭若，原本作「蘭著」，今從五代會要改正。（影庫本粘籤）王公戚里諸道節刺已下[一二]，今後不得奏請創造寺院及請開置戒壇。男子女子如有志願出家者，並取父母、祖父母處分，已孤者取同居伯叔兄處分，候聽許方得出家。男年十五已上，念得經文一百紙，或讀得經文五百紙；女年十三已上，念得經文七十紙，或讀得經文三百紙者，經本府陳狀乞剃頭，委録事參軍、本判官試驗經文。其未剃頭間，須留髮髻，如有私剃頭者，却勒還俗；其本師主決重杖，勒還俗，仍配役三年。兩京、大名府、京兆府、青州各處置戒壇，候受戒時，兩京委祠部差官引試，其大名府等三處，衹委本判官、録事參軍引試。如有私受戒者，其本人、師主、臨壇三綱、知事僧尼，並同私剃頭例科罪。應合剃頭受戒人等，逐處聞奏，候敕下，委祠部給付憑由，方得剃頭受戒。應男女有父母[一三]、祖父母在，別無兒息侍養，不聽出家。曾有罪犯、遭官司刑責之人及棄背父母、逃亡奴婢、姦人細作、惡逆徒黨、山林亡命、未獲賊徒、負罪潛竄人等，並不得出家剃頭。如有寺院輒容受者，其本人及師主、三綱、知事僧尼、鄰房同住僧，並仰收捉禁勘，申奏取裁。

僧尼俗士，自前多有捨身、燒臂、鍊指、釘截手足、帶鈴掛燈、諸般毀壞身體、戲弄道具、符禁左道、妄稱變現還魂坐化、聖水聖燈妖幻之類，皆是聚衆眩惑流俗，今後一切止絶。如有此色人，仰所在嚴斷，遞配邊遠，仍勒歸俗，其所犯罪重者，準格律處分。每年造僧帳兩本，其一本奏聞，一本申祠部，逐年四月十五日後，勒諸縣取索管界寺院僧尼數目申州，州司攢賬，至五月終以前文帳到京，僧尼籍帳内無名者，並勒還俗。其巡禮行脚，出入往來，一切取便。

是歲，諸道供到帳籍，所存寺院凡二千六百九十四所，廢寺院凡三萬三百三十六，僧尼係籍者六萬一千二百人。戊寅，以刑部侍郎邊光範爲户部侍郎，以前御史中丞裴巽爲刑部侍郎。己卯，刑部員外郎陳渥賜死，坐檢齊州臨邑縣民田失實也。渥爲人清苦，臨事有守，以微累而當極刑，時論惜之。戊子，以沙州留後曹元忠爲沙州節度使、檢校太尉、同平章事。丙申，禮部侍郎竇儀奏，請廢童子、明經二科及條貫考試次第，從之。

六月己酉，以曹州節度使韓通充西南面行營都虞候。丙辰，以亳州防禦使陳思讓爲邢州留後。庚申，詔：「兩京及諸道州府，不得奏薦留守判官、兩使判官、少尹、防禦團練軍事判官，如是隨幕已曾任此職者聽奏。防禦、團練、刺史州，各置推官一員。」辛酉，廢景州爲定遠軍。癸亥，以前延州節度使袁羲爲滄州節度使，以前邢州節度使田景咸爲鄧州節度使。

秋七月丁卯朔，以鳳翔節度使王景兼西南面行營都招討使，以宣徽南院使、鎮安軍節

度使向訓兼西南面行營都監。戊辰，太子太傅、魯國公和凝卒。魯國，原本作「路國」，今從和凝本傳改正。（影庫本粘籤）

八月癸卯，兵部尚書張昭、太常卿田敏等奏，議減祠祭所用犧牲之數，由是圜丘、方澤及太廟即用太牢，餘皆以羊代之。丁未，中書侍郎、平章事、判三司景範罷判三司，加銀青光禄大夫，依前中書侍郎、平章事，進封開國伯；以樞密院承旨張美權判三司。辛亥，詔：「今後應有病患老弱馬，並送同州沙苑監、衞州牧馬監，就彼水草，以盡飲齕之性。」庚子，太子太師致仕趙暉卒。乙丑，詔曰：「今後諸處祠祭，應有牲牢、香幣、饌料、供具等，仰委本司官吏躬親檢校，務在精至。行事儀式，依附禮經，大祠祭合用樂者，仍須祀前教習。凡關祀事，宜令太常博士及監察御史用心點檢，稍或因循，必行朝典。」

九月丙寅朔，詔禁天下銅器，始議立監鑄錢。案五代會要：顯德二年九月，敕云：「今採銅興冶，立監鑄錢，冀便公私〔一三〕，宜行條制。今後除朝廷法物、軍器、官物及鏡，并寺觀内鐘磬、鈸、相輪〔一四〕、火珠、鈴鐸外，其餘銅器，一切禁斷。」（舊五代史考異）癸未，以太子賓客趙上交爲吏部侍郎，以吏部侍郎于德辰、司徒詡並爲太子賓客。乙酉，詔文武百僚，今後遇天清節，依近臣例各賜衣服。辛卯，西南面招討使王景部送所獲西川軍校姜暉已下三百人至闕。甲午，潞州部送先擒到河東僞兵馬監押程交等二百人至闕〔一五〕。詔所獲西川、河東軍校已下並釋之，各賜錢帛有差。

閏月壬子，西南面招討使王景奏，大破西川賊軍於黄花谷，黄花，原本作「黄化」，今從通鑑改正。（影庫本粘籤）擒僞命都監王巒、孫韜等一千五百餘人。案九國志李廷珪傳：周師攻秦、鳳，以廷珪爲北路行營都統，高彦儔、吕彦珂爲招討。廷珪遣先鋒指揮使李進以兵據馬嶺，分兵出斜谷，營於白澗，將腹背以攻周師；又遣染院使王巒領兵出唐倉，與周師遇，蜀師敗走，王巒死之。而馬嶺、斜谷之兵聞之皆退奔，高彦儔與諸將謀退守青泥嶺。由是秦、鳳、階、成之地，皆陷於周矣。癸丑，秦州僞命觀察判官趙玭以本城降，詔以玭爲郢州刺史。案宋史趙玭傳：高彦儔出師救援，未至，聞軍敗，因潰歸。玭閉門不納，召官屬諭之曰：「今中朝兵甲無敵于天下，自用師西征，戰無不勝，蜀中所遣將皆武勇者，卒皆驍健者，然殺戮逋逃之外，幾無孑遺。我輩安忍坐受其禍，去危就安，當在今日。」衆皆俯伏聽命，玭遂以城歸順。世宗欲命以藩鎮，宰相范質不可，乃授郢州刺史。（舊五代史考異）先是，帝以西師久次，艱於糧運，命今上乘驛赴軍前，以觀攻戰之勢。及迴，具以事勢上奏，帝甚悦，至是果成功焉。甲子，祕書少監許遜責授蔡州别駕，坐先假竇氏圖書隱而不還也。

冬十月庚午，召近臣射於苑中，賜金器鞍馬有差。辛未，成州歸順。癸酉，以給事中王敏爲工部侍郎。戊寅，高麗國遣使朝貢。丁丑，丁丑，以長曆推之，當作「丁亥」，今無别本可校，姑仍其舊。（影庫本粘籤）右散騎常侍康澄責授環州別駕，左司郎中史又玄責授商州長史〔一六〕，左驍衛大將軍元霸責授均州別駕，右驍衛將軍林延堤責授登州長史。澄等奉使浙中，迴日以私便停留，逾時復命，故有是責。右諫議大夫李知損配流沙門島，沙門，原本作「河門」，今從李知損本傳改正。（影庫本粘籤）坐妄貢章疏，斥讟貴近，及求使兩浙故也。己丑，前太常卿邊蔚卒。是月，始議南征。

十一月乙未朔，以宰臣李穀爲淮南道前軍行營都部署、知廬壽等州行府事；以許州節度使王彦超爲行營副部署；命侍衛馬軍都指揮使韓令坤等一十二將，各帶征行之號以從焉。己亥，諭淮南州縣，詔曰：

朕自纘承基構，統御寰瀛，方當恭己臨朝〔一七〕，誕修文德，豈欲興兵動衆，專耀武功。顧兹昏亂之邦，須舉弔伐之義。蠢爾淮甸，敢拒大邦，因唐室之陵遲，接黄寇之紛亂，飛揚跋扈，垂六十年，盜據一方，僭稱僞號。幸數朝之多事，與北境以交通，厚啓戎心，誘爲邊患。晉、漢之代，寰海未寧，而乃招納叛亡，朋助凶慝，李金全之據安陸，李守貞之叛河中，大起師徒，來爲應援，攻侵高密，殺掠吏民，迫奪閩、越之封疆，塗炭湘潭之士庶。以至我朝啓運，東魯不庭，發兵而應接叛臣，觀釁而憑凌徐部。沭陽之役，曲直可知，尚示包荒，猶稽問罪。邇後維揚一境，連歲阻飢，我國家念彼災荒，大許羅易。前後擒獲將士，皆遣放還；自來禁戢邊兵，不令侵撓。我無所負，彼實多姦，勾誘契丹，至今未已，結連并寇，與我爲讎，罪惡難名，人神共憤。

今則推輪命將，鳴鼓出師，徵浙右之樓船，下朗陵之戈甲，東西合勢，水陸齊攻。吳孫皓之計窮，自當歸命；陳叔寶之數盡，何處偷生。應淮南將士軍人百姓等，久隔朝廷，莫聞聲教，雖從僞俗，應樂華風，必須善擇安危，早圖去就。如能投戈獻款，舉郡來降，具牛酒以犒師，納圭符而請命，車服玉帛，豈吝旌酬，土地山河，誠無愛惜。刑賞之令，信若丹青，苟或執迷，寧免後悔。王師所至，軍政甚明，不犯秋毫，有如時雨，百姓父老，各務安居，剽虜焚燒，必令禁止云。

高麗國王王昭加開府儀同三司、檢校太尉，依前使持節玄菟州都督、大義軍使，王如故。辛亥，以前滄州節度使李暉爲邠州節度使。壬子，潞州奏，破河東賊軍於祁縣。癸丑，西南面行營都部署王景奏，收復鳳州，案：歐陽史作戊申。（舊五代史考異）獲僞命節度使王環。乙卯，曲赦秦、鳳、階、成等州管内罪人，自顯德二年十一月已前，凡有罪犯，無問輕重，一切釋放。丁巳，前邠州節度使折從阮卒。己未，邢州奏，河東劉崇死。案：通鑑作顯德元年十一月，北漢主殂，遣使告於契丹。考異引王保衡見聞要録、劉繼顒神道碑爲據，疑薛史作二年爲誤。今考遼史穆宗紀，應曆五年十一月，漢主崇殂〔一八〕。應曆五年即周廣順二年也，與薛史合，蓋薛史、遼史皆以實録爲據也。五代春秋亦作二年。壬戌，淮南前軍都部署李穀奏，先鋒都指揮使白延遇破淮賊於來遠鎮。

十二月丙寅，以左金吾大將軍蓋萬爲右監門上將軍。丁卯，淄州奏，前中書侍郎、同平章事景範卒。庚午，右金吾衛上將軍王守恩卒。辛未，安州奏，盜殺防禦使張穎。是日，翰林學士承旨徐台符卒。甲戌，李穀奏，破淮賊二千人於壽州城下。丙子，以左諫議大夫、權知開封府事王朴爲左散騎常侍、充端明殿學士，依前權知開封府事。永興軍奏，節度使劉詞卒。己卯，李穀奏，破淮賊千餘人於山口鎮。丙戌，樞密使鄭仁誨卒。辛卯，西南面行營都部署王景差人部送所獲僞鳳州節度使王環至闕〔一九〕。詔釋之，仍賜鞍馬衣服，尋授右驍衛按原本闕一字。將軍〔二〇〕。

是冬，命起居郎陶文舉徵殘租於宋州。文舉本酷吏也，宋民被其刑者凡數千，冤號之聲，聞於道路，有悼耄之輩，不勝其刑而死者數人，物議以爲不允。永樂大典卷八千九百八十四。

校勘記

〔一〕如五周年外歸業者「如」字原闕，據殿本、孔本、五代會要卷二五、册府卷四九五補。

〔二〕十五周年内來者　「内」字原闕，據五代會要卷二五及本卷上文補。

〔三〕辭有謬誤者　「辭」，册府卷一〇三作「理」。

〔四〕無所獻替啓發彈舉者　「無」字原闕，據册府卷一〇三補。

〔五〕曹州節度使韓通等領兵庀徒　「庀徒」，原作「他徒」，據册府卷九九四改。通鑑卷二九二敍其事云：「是月，詔忠武節度使王彦超、彰信節度使韓通將兵夫浚胡盧河。」

〔六〕張慎微　原作「張慎徽」，據五代會要卷二二、册府卷六四二、卷六四四、卷六五一改。

〔七〕尚示寬恕　「示」，原作「視」，據邵本校、五代會要卷二二、册府卷四一、卷六四二改。

〔八〕應自外新除御史未經朝謝者　「者」字原闕，據五代會要卷一七補。

〔九〕宣徽南院使　「使」字原闕，據殿本、新五代史卷一二周本紀及本卷下文補。

〔一〇〕或寺或院　下一「或」字原闕，據五代會要卷一二補。

〔一一〕王公戚里諸道節刺已下　「王公」，原作「公王」，據殿本、五代會要卷一二乙正。

〔一二〕應男女有父母　「男女」，五代會要卷一二作「男子」。

〔一三〕今採銅興冶立監鑄錢冀便公私　「冶」，原作「治」；「便」，原作「使」，據邵本校、五代會要卷二七改。

〔一四〕相輪　原作「相輸」，據邵本校、五代會要卷二七改。

〔一五〕潞州部送先擒到河東僞兵馬監押程交等二百人至闕　「僞」字原闕，據册府卷一六七補。

「程交」，殿本、劉本作「程支」，册府卷一六七作「程友」。

〔六〕左司郎中史又玄責授商州長史　「授」字原闕，據殿本、劉本、邵本校補。

〔七〕方當恭己臨朝　「恭」，原作「躬」，據殿本、册府卷一一三改。

〔八〕漢主崇殂　「主」，原作「王」，據殿本、劉本、遼史卷六穆宗紀上改。

〔九〕西南面行營都部署王景差人部送所獲僞鳳州節度使王環至闕　「鳳州」，原作「鳳翔」，據册府卷一六七改。按册府卷九六、通鑑卷二九二皆記時獲蜀鳳州節度使王環。

〔一〇〕尋授右驍衛將軍　本書卷一二九王環傳作「授右驍衛大將軍」，通鑑卷二九二作「以王環爲右驍衛大將軍」，「驍衛」下疑脱「大」字。

舊五代史卷一百一十六

周書七

世宗紀第三

顯德三年春正月乙未朔，帝不受朝賀。前司空蘇禹珪卒。丁酉，李穀奏，破淮賊於上窰。上窰，原本作「上黨」，其地與淮南殊遠。考通鑑作上窰，胡三省注云：壽州南有地名上窰。今改正。（影庫本粘籤）戊戌，發丁夫十萬城京師羅城。庚子，詔取此月八日幸淮南。殿中監馬從斌免所居官〔一〕，坐乾没外孫女霍氏之貲產，爲人所訟故也。辛丑，以宣徽南院使向訓爲權東京留守，以端明殿學士王朴爲副留守。壬寅，車駕發京師。丁未，李穀奏，自壽州引軍退守正陽。辛亥，李重進奏，大破淮賊於正陽，斬首二萬餘級，伏尸三十里，臨陣斬賊大將劉彥貞，生擒偏將咸師朗已下，獲戎甲三十萬副、馬五百匹。先是，李穀駐軍於壽春城下，以攻其城，既而淮南援軍大至，乃與將佐謀曰：「賊軍舟棹將及正陽，正陽，原本作「上陽」，考歐陽史、五代春秋、通鑑俱作正陽，今改正。（影庫本粘籤）我師無水戰之備，萬一橋梁不守，則大軍隔絶矣。不如全師退守正陽浮橋，以俟鑾輅。」諸將皆以爲然，遂燔其糧草而退。軍迴之際，無復嚴整，公私之間，頗多亡失，淮北役夫，亦有陷於賊境者。帝聞之，急詔侍衛都指揮使李重進率師赴之。時淮賊乘李穀退軍之勢，發戰棹數百艘，沿淮而上，且張斷橋之勢，彦貞以大軍列陣而進。李重進既至正陽，聞淮軍在近，率諸將渡橋而進，與賊軍遇，重進等合勢擊之，一鼓而敗之。案南唐書劉彦貞傳：彦貞生長富貴，不練兵事，裨將武彦暉、張廷翰、咸師朗皆鬭將〔一〕，無籌略，見周師退，以爲怯，惟恐不得速戰，士未及朝食，即督以進，遇周將李重進于正陽東。彦貞置陣，横布拒馬，聯貫利刃，以鐵繩維之，刻木爲猛獸攫挐狀，飾以丹碧，立陣前，號「揵馬牌」，又以革囊貯鐵蒺藜布于地。周師望而笑其怯，鋭氣已增。一戰，我師大敗〔二〕，師朗等皆被擒，彦貞殁于陣。（舊五代史考異）馬令南唐書：世宗親征，行至圍鎮，聞穀軍却，意唐兵必追之，遣李重進急趨正陽，曰：「唐兵且至，宜急擊之。」彦貞等聞穀退軍，皆以爲怯，裨將咸師朗曰：「追之可大獲。」劉仁贍使人喻之曰：「君來赴援，未交戰而敵人退，不可測也，慎勿追逐。君爲大將，安危以之，脱有不利，大事去矣。」前軍張全約亦曰：「不可追。」彦貞曰：「軍容在我，汝輩何知？沮吾事者斬！」比至正陽，而重進先至，未及食而戰。彦貞施利刃于拒馬，又刻木爲獸，號「揵馬牌」，以皮囊布鐵蒺藜于地。周兵見而知其怯，一鼓而敗之，彦貞死于陣。（殿本）殺獲之外，降者三千餘人，皆爲我將趙晁所殺。甲寅，車駕至正陽。以侍衛都指揮使李重進爲淮南道行營都招討使，命宰臣李穀判壽州行府事。乙卯，車駕渡淮。丙辰，至壽州城下，營於州西北淝水之陽，詔移正陽浮橋於下蔡。下蔡，原本脫「下」字，今從通鑑增入。（影庫本粘籤）庚申，耀兵於城下。案春明退朝録云：家有范魯公雜録，記世宗親征忠正，駐蹕城下，中夜有白虹自淝水起，亘數丈，下貫城中，數刻方没。（舊五代史考異）壬戌，今上奏，破淮賊萬餘衆於渦口，斬僞兵馬都監何延錫等，獲戰船五十艘。

二月丙寅，幸下蔡。斬前濟州馬軍都指揮使康儼於路左，坐橋道不謹也。朗州節度使王進逵奏，領兵入淮南界。戊辰，廬壽巡檢使司超奏，破淮賊三千於盛唐，獲都監僞吉州刺史高弼以獻。詔釋之。兵部尚書張昭奏，準詔撰集兵法，分爲十卷，凡四十二門，目之爲制旨兵法，上之。優詔褒美，仍以器幣賜之。壬申，今上奏，破淮賊萬五千人於清流山，清流，原本作「青琉」，今從歐陽史改正。（影庫本粘籤）案歐陽脩豐樂亭記，太祖以周師破李景兵十五萬于清流關下，與薛史作萬五千人異。考國老談苑云：太祖提周師甚寡〔四〕，當李景兵十五萬于清流山下，臨陣親斬驍將皇甫暉。疑豐樂亭記即本于此。第皇甫暉以傷重被擒，而談苑云臨陣親斬，小説家多傅會之詞，恐不足信。（舊五代史考異）乘勝攻下滁州，擒僞命江州節度使、充行營應援使皇甫暉，常州團練使、充應援都監姚鳳以獻。案王銍默記：李景聞世宗親至淮上，而滁州其控扼，且援壽州，命大將皇甫暉、監軍姚鳳提兵十萬扼其地。太祖以周師數千與暉遇于清流關隘路，周師大敗，暉整全師入憩滁州城下，會翊日再出。太祖兵聚關下，且虞暉兵再至，問諸村人〔五〕，云有鎮州趙學究在村中教學，多智計，村民有爭訟者，多請以決曲直。太祖往訪之，學究曰：「我有奇計，所謂因敗爲勝，轉禍爲福。今關下有徑路，人無行者，雖牌軍亦不知之，乃山之背也，可以直抵城下。方值西澗水大漲之時，彼必謂我既敗之後，無敢躡其後者，誠能由山背小路率兵浮西澗水至城下，斬關而入，可以得志。」太祖大喜，且命學究以指其路。學究亦不辭，而遣人前導，即下令誓師，夜從小徑行，三軍跨馬浮西澗以迫城，暉果不爲備。奪門以入，暉始聞之，率親兵擐甲與太祖巷戰，三縱而三擒之，遂下滁州。（舊五代史考異）甲戌，江南國主李景遣泗州牙將王知朗齎書一函至滁州，本州以聞，書稱「唐皇帝奉書於大周皇帝」，其略云：「願陳兄事，永奉鄰歡，設或俯鑒遠圖，下交小國，悉班卒乘，俾乂蒼黔，慶鷄犬之相聞，奉瓊瑤以爲好，必當歲陳山澤之利，少助軍旅之須。虔俟報章，以聽高命，道塗朝坦，禮幣夕行」云。書奏不答。乙亥，今上虜送所獲江南二將皇甫暉、姚鳳至行在，詔釋之。壬午，江南國主李景遣其臣僞翰林學士户部侍郎鍾謨、僞工部侍郎文理院學士李德明等，李德明，原本作「德名」，今從通鑑改正。（影庫本粘籤）奉表來上，敍願依大國稱臣納貢之意，仍進金器千兩，錦綺綾羅二千匹及御衣、犀帶、茶茗、藥物等，又進犒軍牛五百頭，酒二千石。是日，賜謨等錦綺綾羅二百匹，銀器二百兩，襲衣、金帶、鞍馬等。丙戌，侍衛馬軍都指揮使韓令坤奏〔六〕，韓令坤，原本作「全坤」，今從通鑑及宋史改正。（影庫本粘籤）收下揚州。案東都事略韓令坤傳：率兵襲揚州，將吏開門以迎之，令坤整衆而入，市不易肆，人甚悦。（舊五代史考異）丁亥，壽州城内僞左神衛軍使徐象等一十八人來奔〔七〕。庚寅，朗州節度使王進逵上言，領兵入鄂州界，攻下長山砦〔八〕，殺賊軍三千餘衆。辛卯，令上表僞命天長軍制置使耿謙以本軍降，獲糧草二十餘萬。侍衛馬軍都指揮使韓令坤上言，泰州降。癸巳，荆南上言，朗州節度使王進逵爲部將潘叔嗣所殺，案九國志王逵傳：領衆逼宜春〔九〕，道出長沙，耀兵金波亭，有蜜蜂集纖蓋中，占者以爲不利，遂留長沙。令行營副使毛立領兵南下，以潘叔嗣、張文表爲前鋒。叔嗣怒，至澧陵擁衆而還。逵聞兵叛，乃乘輕舸奔歸武陵，叔嗣追殺之于朗州城外。（舊五代史考異）遣人詣潭州，請周行逢爲帥，行逢至朗州，斬叔嗣於市。

三月丙申，行光州刺史何超奏，光州僞命都監張承翰以城歸順，尋授承翰集州刺史。庚子，文武百僚再上表請聽樂，詔允之。行舒州刺史郭令圖奏，收下舒州。案隆平集王審琦傳：世宗征淮，舒州堅壁不下，以郭令圖爲刺史，命審琦、司超將兵攻城。一夕拔之。令圖入，復見逐于郡人。審琦方進軍援黄州，聞令圖被逐，乃選騎銜枚襲城，夜敗其衆而復納之。（舊五代史考異）江南國主李景表送先隔過朝廷兵士一百五十人至行在。其軍即蜀軍也，秦、鳳之役，爲王師所擒，配隸諸軍，及渡淮，輒復南逸。帝怒其奔竄，盡戮之。丙午，江南國主李景遣其臣僞司空孫晟、僞禮部尚書王崇質等奉表來上，仍進金一千兩，銀十萬兩，羅綺二千匹，又進賞給將士茶絹金銀羅帛等。庚戌，兩浙奏，遣大將率兵攻常州。延州留後李彦頵奏，蕃衆與部民爲亂，尋與兵司都監閻縮掩殺，獲其酋帥高鬧兒等十人，磔於市。彦頵本賈人也，貪而好利，蕃漢之民怨其侵刻，故至於是。辛亥，賜江南李景書曰：

頃自有唐失御，天步方艱，巢、蔡喪亂之餘，朱、李戰爭之後，朱、李，原本作「朱子」，今據文改正。（影庫本粘籤）中夏多故，六紀於茲，海縣瓜分，英豪鼎峙，自爲聲教，各擅烝黎，連衡而交結四夷，乘釁而憑凌上國。華風不競，否運所鍾，凡百有心，孰不興憤？

朕猥承先訓，恭荷永圖，德不迨於前王，道不方於往古。然而擅一百州之富庶，握三十萬之甲兵〔一〇〕，農戰交修，士卒樂用，思欲報累朝之宿怨，刷萬姓之包羞。是以踐位已來，懷安不暇，破幽、并之巨寇，收秦、鳳之全封，兵不告疲，民有餘力。一昨迴軍隴上，問罪江干，我實有辭，咎將誰執？朕親提金鼓，尋渡淮淝，上順天心，下符人欲，前鋒所向，彼衆無遺，棄甲僵屍，動盈川谷。收城徇地，已過滁陽，豈有落其爪牙，折其羽翼，潰其心腹，扼其吭喉而不亡者哉！

早者，泗州主將遞送到書一函，尋又使人鍾謨、李德明至，賫所上表及貢奉衣服腰帶、金銀器幣、茶藥牛酒等，今又使人孫晟等並到行朝。觀其降身聽命，引咎告窮，所謂君子見機，不俟終日，苟非達識，孰能若斯？但以奮武興戎，所以討不服；惇信明義，所以懷遠人。五帝三王，盛德大業，恒用此道，以正萬邦。

朕今躬統戎師，龔行討伐，告於郊廟社稷，詢於將相公卿，天誘其衷，國無異論。苟不能恢復内地，申畫邊疆，便議班旋，真同戲劇，則何以光祖宗之烈，厭士庶之心，匪獨違天，兼且咈衆。但以淮南部内，已定六州，廬、壽、濠、黄，大軍悉集，指期刻日，拉朽焚枯，其餘數城，非足介意〔一一〕。必若盡淮甸之土地，爲大國之提封〔一二〕，猶是遠圖，豈同迷復。「豈同迷復」下疑原本有脱誤，今無別本可校，姑仍其舊，附識于此。（影庫本粘籤）如此則江南吏卒，悉遣放還；江北軍民，並當留住，免違物類之性，俾安鄉土之情。至於削去尊稱，願輸臣禮，非無故事，實有前規。蕭詧奉周，不失附庸之道；孫權事魏，自同藩國之儀。古也雖然，今則不取，但存帝號，何爽歲寒。儻堅事大之心，終不迫人於險，事資真慤〔一三〕，辭匪枝游，俟諸郡之悉來，即大軍之立罷。質於天地，信若丹青，我無彼欺，爾無我詐，言盡於此，更不煩云，苟曰未然，請自茲絶。

切以陽春在候，庶務縈思，願無廢於節宣，更自期於愛重。音塵非遠，風壤猶殊，翹想所深，勞於夢寐。

又賜其將佐書曰：

朕自類禡出師，麾旆問罪，絶長淮而電擊，指建業以鷹揚，建業，原本作「逮業」，今據册府元龜改正。（影庫本粘籤）旦夕之間，克捷相繼。至若兵興之所自，釁起之所來，勝負之端倪，戎甲之次第，不勞盡諭，必想具知。

近者金陵使人，繼來行闕，追悔前事，委質大朝，非無謝咎之辭，亦有罷軍之請。但以南邦之土地，本中夏之封疆，苟失克復之期，大孤朝野之望，已興是役，固不徒還〔一四〕。必若自淮以南，畫江爲界，盡歸中國，猶是遠圖。所云願爲外臣，乞比湖、浙，彼既服義，朕豈忍人，必當別議封崇，待以殊禮。凡爾將佐，各盡乃心，善爲國家之謀，勉擇恒久之利。

初，李景遣鍾謨、李德明奉表至行闕，使人面奏云：「本國主願割壽、濠、泗、楚、光、海六州之地，歸於大朝。」帝志在盡取江北諸郡，不允其請。使人見王師急攻壽陽，李德明奏曰：「願陛下寬臣數日之誅，容臣自往江南，取本國表，盡獻江北之地。」帝許之，乃令李德明、王崇質齎此書以賜李景。

夏四月甲子，以徐州節度使武行德爲濠州城下行營都部署，以前鄧州節度使侯章爲壽州城下水砦都部署。己巳，車駕發壽春，循淮而東。辛未，揚州奏，江南大破兩浙軍於常州。初，兩浙錢俶承詔遣部將率兵攻常州，爲江南大將陸孟俊所敗，將佐陷没者甚衆，李景亦以表聞。乙亥，駐蹕於濠州城下。丁丑，揚州韓令坤破江南賊軍於州之東境，獲大將陸孟俊。今上表大破江南軍於六合，斬首五千級。時李景乘常州之捷，遣陸孟俊領兵迫泰州，王師不守，韓令坤欲棄揚州而迴。帝怒，急遣殿前都指揮使張永德帥親兵往援之，又命今上領步騎二千人屯於六合。俄而陸孟俊領其徒自海陵抵揚州，陸孟俊，原本作「孟後」，今從十國春秋改正。（影庫本粘籤）令坤迎擊，敗之，生擒孟俊。李景遣其弟齊王達率大衆由瓜步濟江，距六合一舍而設柵。居數日，乃棄柵來迫官軍，今上麾兵以擊之，賊軍大敗，餘衆赴江溺死者不可勝紀。己卯，韓令坤奏，敗楚州賊將馬在貴萬餘衆於灣頭堰，獲漣州刺史秦進崇〔一五〕。丙戌，以宣徽南院使向訓爲權淮南節度使，充沿江招討使，以侍衛馬軍都指揮使韓令坤充沿江副招討使。案宋史向拱傳：揚州初平，南唐令境上出師謀收復，韓令坤有棄城之意，即驛召拱赴行在，拜淮南節度使，依前宣徽使兼沿江招討使，以令坤爲副。時周師久駐淮陽，都將趙晁、白延遇等驕恣横暴，不相禀從，惟務貪濫，至有劫人婦女者。及拱至，戮其不法者數輩，軍中肅然。（舊五代史考異）丁亥，車駕發濠州，幸渦口。己丑，以前湖南節度使馬希崇爲左羽林統軍。

五月壬辰朔，以渦口爲鎮淮軍。戊戌，車駕還京，發渦口。案馬令南唐書：天子駐于渦口，猶欲再幸揚州，宰相范質以師老泣諫，乃班師。（舊五代史考異）乙卯，上至自淮南，詔赦都下見禁罪人。丁巳，陳州節度使王令温卒〔一六〕。戊午，以江南僞命東都副留守、工部侍郎馮延魯爲太府卿。己未，太子賓客于德辰卒。辛酉，詔：「天下公私織造布帛及諸色匹段，幅尺斤兩，並須依向來制度，不得輕弱假僞，犯者擒捉送官。」

六月甲子，以鳳翔節度使王景爲秦州節度使、兼西面沿邊都部署；以宣徽南院使、陳州節度使向訓爲淮南節度使，依前南院宣徽使，加檢校太尉；以曹州節度使韓通爲許州節度使，加檢校太尉；以亳州防禦使王全斌爲隴州防禦使，遥領利州昭武軍兩使留後。丙寅，許州王彦超移鎮永興軍，鄧州田景咸移鎮鄜州。御史中丞楊昭儉、知雜侍御史趙礪、侍御史張糺並停任，坐鞫獄失實也。丁卯，以翰林學士、户部侍郎陶穀爲兵部侍郎，充翰林學士承旨；以水部員外郎知制誥扈載、度支員外郎王著，王著，原本作「王署」，今從宋史改正。（影庫本粘籤）並本官充翰林學士。以給事中高防爲右散騎常侍；以前都官郎中、知制誥薛居正爲左諫議大夫，充昭文館學士、判館事。壬申，曲赦淮南道諸州見禁罪人，自今年六月十一日已前，凡有違犯，無問輕重，並不窮問。先屬江南之時，應有非理科徭，無名配率，一切停罷云。戊寅，以右衛上將軍扈彦珂爲太子太師致仕〔一七〕。庚辰，以西京留守王晏爲鳳翔節度使。戊子，升贍國軍爲濱州。淮南道招討使李重進奏，壽州賊軍攻南砦，王師不利。先是，詔步軍都指揮使李繼勳營於壽州之南，攻賊壘。是日，賊軍出城來攻我軍，破柵而入，其攻城之具並爲賊所焚，將士死者數百人。李重進在東砦，亦不能救。時城堅未下，師老於外，加之暑毒，糧運不繼。李繼勳喪失之後，軍無固志，諸將議欲退軍，賴今上自六合領兵歸闕，過其城下，因爲駐留旬日，王師復振。

秋七月辛卯朔，以武清軍節度使、知潭州軍府事周行逢爲朗州大都督，充武平軍節度使，加檢校太尉、兼侍中。丁酉，以太子賓客盧價爲禮部尚書致仕，以給事中李明爲大理卿。庚子，廬州行營都部署劉重進奏〔一八〕，破淮賊千餘人於州界。丁未，濠州行營都部署武行德奏，敗淮賊二千餘人於州界〔一九〕。庚戌，太子少保王仁裕卒〔二〇〕。辛亥，皇后符氏薨。淮南節度使向訓自揚州班師，迴駐壽春。時王師攻壽春，經年未下，江淮盜賊充斥，舒、蘄、和、泰等州復爲吳人所據，故棄揚州，併力於壽春焉。案馬令南唐書：向訓請棄揚州，併力以攻壽春，乃封府庫付主者，遣淮南舊將按巡城中，秋毫不犯而去。淮人大悅，皆負糗糧以送周師。（舊五代史考異）

八月壬戌，河陽白重贊移鎮涇州，張鐸移鎮河中〔二一〕。甲子，以前鄧州節度使侯章復爲鄧州節度使，以侍衛步軍都指揮使、彰信軍節度使李繼勳爲河陽節度使。乙丑，太僕卿劇可久停任，坐爲舉官累也。戊辰，端明殿學士王朴撰成新曆上之，命曰顯德欽天曆，上親爲製序，仍付司天監行用。殿前都指揮使張永德奏，破淮賊於下蔡。先是，江南李景以王師猶在壽州，遣其將林仁肇、郭廷謂率水陸軍至下蔡，欲奪浮梁，以舟實薪芻，乘風縱火，永德禦之。有頃，風勢倒指，賊衆稍却，因爲官軍所敗。己卯，工部侍郎王敏停任，坐薦子壻陳南金爲河陽記室也。南金，原本作「南僉」，今從王敏本傳改正。（影庫本粘籤）

九月丙午，以端明殿學士、左散騎常侍、權知開封府事王朴爲尚書户部侍郎，充樞密副使。以右羽林統軍焦繼勳爲左屯衛上將軍，以左衛上將軍楊信爲右羽林統軍，楊信本名承信，在隱帝時，避御名去「承」字。（舊五代史考異）以左監門上將軍宋延渥爲右神武統軍。

冬十月辛酉，葬宣懿皇后於懿陵。癸亥，以右神武統軍宋延渥爲廬州行營副部署。乙丑，舒州刺史郭令圖責授虢州教練使，坐棄郡逃歸也。丙寅，詔曰：「諸司職員，皆係奏補，當執役之際，悉藉公勤，及聽選之時，尤資幹敏，苟非慎擇，漸致因循。應諸司寺監，今後收補職役人〔二〕，並須人材俊利，身言可採，書札堪中，自前行止，委無詑濫，勒本司闕送吏部，引驗人材，考校筆札。其中選者，連所試書跡及正身引過中書，正身引過，原本似有脱落，考册府元龜所引薛史與永樂大典同，今仍其舊。（影庫本粘籤）餘從前後格敕處分，仍每年祇得一度奏補。」丁卯，宣懿皇后神主入廟，時有司請爲后立別廟，禮也。己巳，詔：「漳河已北郡縣〔三〕，並許鹽貨通商，逐處有鹹鹵之地，一任人户煎鍊。」壬申，以武平軍節度副使、知潭州軍府事宇文瓊爲武清軍節度使、知潭州軍府事。癸酉，淮南招討使李重進奏，破淮賊於盛唐，斬二千級。太子賓客致仕薛仁謙卒。丙子，襄州節度使、守太尉、兼中書令、陳王安審琦加守太師。審琦鎮漢上十餘年，至是來朝，故以命寵之。癸未，右拾遺趙守微杖一百，配沙門島。守微本村民也，形貌樸野，粗學爲文。前年徒步上書，帝以急於取士，授右拾遺，聞者駭其事。至是爲妻父所訟，彰其醜行，故逐之。案東都事略張昭傳：世宗好拔奇取俊，有自布衣上書、下僚言事者，多不次進用。昭諫曰：「昔唐初劉洎、馬周起徒步，太宗擢用爲相，其後朱朴、柳璨在下僚[二四]，昭宗亦以大用，然則太宗用之於前而國興，昭宗用之於後而國亡，士之難知也如此。臣願陛下存舊法而用人[二五]，以劉、馬爲鑑，朱、柳爲戒，則善矣。」（舊五代史考異）甲申，宣授今上同州節度使兼殿前都指揮使；宣授內外馬步軍都軍頭袁彥爲曹州節度使兼侍衞步軍都指揮使。戊子，右神武統軍張彥超卒。張彥超，原本作「彥起」，今從通鑑改正。（影庫本粘籤）

十一月己丑朔，詔廢天下無名祠廟。庚子，日南至，帝不受朝賀，以宣懿皇后遷祔日近也。乙巳，江南進奉使孫晟下獄死，江南進奉使鍾謨責授耀州司馬。戊申，放華山隱者陳摶歸山。帝素聞摶有道術，徵之赴闕，月餘放還舊隱。庚戌，殿前都指揮使張永德奏，敗濠州送糧軍二千人於下蔡，奪米船十餘艘。宰臣李穀以風痺請告十旬，三上表求解所任，不允。

十二月己未朔，以給事中張鑄爲光禄卿。鑄訴以官名與祖諱同〔二六〕，尋改祕書監、判光禄寺事。辛酉，以許州節度使韓通兼侍衛馬步軍都虞候。壬戌，以右領軍大將軍、權判三司張美領三司使。壬申，以滑州節度使兼殿前都指揮使、駙馬都尉張永德爲殿前都點檢。發陳、蔡、宋、亳、潁、曹、單等州丁夫城下蔡。辛巳，故襄邑令劉居方贈右補闕，男士衡賜學究出身，奬廉吏也。癸亥，癸亥，以長曆推之，當作「癸未」，今無別本可校，姑仍其舊。（影庫本粘籤）詔兵部尚書張昭纂修太祖實録及梁均王、唐清泰帝兩朝實録。案五代會要云：同修撰官委張昭定名請奏，至四年正月，張昭奏請國子祭酒尹拙、太子詹事劉温叟同編修。（舊五代史考異）又詔曰：「史館所少書籍，宜令本館諸處求訪補填。如有收得書籍之家，並許進納。其進書人據部帙多少等第〔二七〕，各與恩澤；如是卷帙少者，量給資帛。如館内已有之書，不在進納之限。仍委中書門下，於朝官内選差三十人，據見在書籍，各求真本校勘，署校官姓名，逐月具功課申報中書門下。」戊子，淮南道招討使李重進奏，破淮賊二千人於塌山北〔二八〕。永樂大典卷八千九百八十四。

校勘記

〔一〕馬從斌　原作「馬從贇」，據本書卷一一二周太祖紀三、册府卷九四二改。

〔二〕咸師朗　原作「成師朗」，據陸游南唐書卷九改。

〔三〕我師大敗　「我」字原闕，據陸游南唐書卷九補。

〔四〕太祖提周師甚寡　「提」，原作「捷」，據殿本考證、劉本考證、國老談苑卷一改。

〔五〕問諸村人　「問」，原作「聞」，據殿本、劉本、默記卷上改。

〔六〕侍衞馬軍都指揮使韓令坤奏　「都」字原闕，據本書卷一一五周世宗紀二及本卷下文補。「使」字原闕，據邵本校、本書卷一一五周世宗紀二及本卷下文補。

〔七〕壽州城内僞左神衞軍使徐象等一十八人來奔　「僞」字原闕，據册府卷一六七補。按本書書南唐官吏例用「僞」字。

〔八〕攻下長山砦　「下」字原闕，據册府卷四三五、通鑑卷二九二考異引世宗實録、新五代史卷六六楚世家補。通鑑卷二九二敍其事作「王逵奏拔鄂州長山寨」。

〔九〕領衆逼宜春　「逼」，原作「適」，據殿本、劉本、九國志卷一一改。

〔一〇〕握三十萬之甲兵　「三十」，原作「三十一」，據殿本、劉本、彭校、册府卷一六七、新五代史卷六二南唐世家改。

〔一一〕非足介意　「介」，原作「屆」，據殿本、劉本、彭校、册府卷一六七改。

〔一二〕爲大國之提封　「提封」，原作「隄封」，據殿本、劉本、彭校、册府卷一六七改。

〔三〕事資真慤　「資」，册府卷一六七作「實」。

〔四〕固不徒還　「還」，原作「遷」，據殿本、劉本、邵本校、彭校、册府卷一六七改。

〔五〕獲漣州刺史秦進崇　「漣州」，原作「連州」，據殿本、劉本、孔本、册府卷四三五、通鑑卷二九三、宋史卷二五一韓令坤傳改。按通鑑胡注：「唐蓋置漣州於漣水縣。九域志：漣水西南至楚州六十里。」

〔六〕陳州節度使王令温卒　郭武雄證補：「據本書卷一二四王令温傳，温前已罷鎮歸朝，『陳州節度使』上當加一『前』字。」

〔七〕以右衛上將軍扈彦珂爲太子太師致仕　「右」，宋史卷二五四扈彦珂傳作「左」。

〔八〕廬州行營都部署劉重進奏　「行」字原闕，據殿本、劉本、邵本校、彭校、册府卷四三五及本卷下文補。

〔九〕敗淮賊二千餘人於州界　「餘」字原闕，據孔本、册府卷四三五補。

〔一〇〕太子少保王仁裕卒　「太子少保」，原作「太子太保」，據本書卷一二八王仁裕傳、册府卷八四一、卷八九三、王仁裕神道碑、王仁裕墓誌（拓片俱刊玉堂閒話評注）改。

〔一一〕張鐸移鎮河中　「張鐸」，原作「張澤」，據劉本改。按宋史卷二六一有張鐸傳。本書卷一一四周世宗紀一：「同州節度使張鐸爲彰義軍節度使。」又顯德六年棲巖寺修舍利殿記（拓片刊北京圖書館藏中國歷代石刻拓本匯編第三十六册）：「丙辰秋八月，詔令府主太尉移北庭節度鎮於蒲。」末題「輸忠保節功臣、河中護國軍節度管內觀察處置等使、光禄大夫、檢校太尉、行河中尹、兼御史大夫、上柱國、清河郡開國侯、食邑一千户張鐸建」。彰義軍及北庭皆指涇州，蒲即指河中節度使，句上疑脱「涇州」二字。

〔二二〕今後收補職役人　「職」字原闕，據通曆卷一五、册府卷六三四、五代會要卷一七補。

〔二三〕漳河已北郡縣　「漳河」，原作「彰河」，據劉本、邵本校、本書卷一四六食貨志、通曆卷一五、册府卷四九四改。

〔二四〕柳璨　原作「柳燦」，據殿本、劉本、東都事略卷三〇改。按舊唐書卷一七九、新唐書卷二二三下有柳璨傳。

〔二五〕臣願陛下存舊法而用人　「存」，原作「在」，據殿本、劉本、孔本、邵本校、東都事略卷三〇改。

〔二六〕鑄訴以官名與祖諱同　「鑄」字原闕，據殿本、孔本補。册府卷八六三敍其事作「鑄以『卿』字與祖名同，援令式上訴」。

〔二七〕並許進納其進書人據部帙多少等第　「進納其」三字原闕，據册府卷五〇、五代會要卷一八補。

〔二八〕破淮賊二千人於塌山北　「於」字原闕，據殿本、孔本、册府卷四三五補。影庫本粘籤：「『塌』字上疑脱『於』字，考册府元龜所引薛史與永樂大典同，今仍其舊。」

舊五代史卷一百一十七

周書八

世宗紀第四

顯德四年春正月己丑朔，帝御崇元殿受朝賀，仗衞如儀。詔天下見禁罪人，除大辟外，一切釋放。壬寅，兵部尚書張昭上言：「奉詔編修太祖實録及梁、唐二末主實録。伏以撰漢書者先爲項籍〔一〕，編蜀記者首序劉璋，貴神器之傳授有因，曆數之推遷得序。伏緣漢隱帝君臨在太祖之前，其歷試之績〔二〕，並在隱帝朝内，請先修隱帝實録，以全太祖之事功。又以唐末主之前有閔帝，在位四月，出奔於衞，亦未編紀，請修閔帝實録。其清泰帝實録，請書爲廢帝實録。」從之。案：自「唐末主」以上，原文疑有脱誤。據五代會要云：梁末主之上，有郢王友珪，篡弑居位，未有紀録，請依宋書劉劭例，書爲「元凶友珪」，其末主請依古義，書曰後梁實録。又唐末主之前，有應順帝，在位四月出奔，亦未編紀，請書爲前廢帝，清泰主爲後廢帝，其書並爲實録。（舊五代史考異）丁未，淮南道招討使李重進奏，破淮賊五千人於壽州北。先是，李景遣其弟僞齊王達率全軍來援壽州，齊王，原本作「蔡王」，今從通鑑改正。（影庫本粘籤）達留駐濠州，遣其將許文縝、邊鎬、朱元領兵數萬，泝淮而上，至紫金山，紫金山，原本作「柴金山」，考通鑑及宋史、東都事略俱作「紫金」，今改正。（影庫本粘籤）設十餘砦，與城内烽火相應。又築夾道數里，將抵壽春，爲運糧之路，至是爲重進所敗。戊申，詔取來月幸淮南。案宋史李穀傳：師老無功，時請罷兵爲便，世宗令范質、王溥就穀謀之。穀手疏請親征，有必勝之利者三，世宗大悦，用其策。（舊五代史考異）

二月庚申，以前工部侍郎王敏爲司農卿。辛酉，詔每遇入閤日，賜百官廊下食，從舊制也。淮南道行營都監向訓奏，破淮賊二千於黄蓍砦。甲戌，以樞密副使王朴爲權東京留守、兼判開封府，以三司使張美爲大内都巡檢。乙亥，車駕發京師。乙酉，次下蔡。

三月庚寅旦，帝率諸軍駐於紫金山下，命今上率親軍登山擊賊，連破數砦，斬獲數千，斷其來路，賊軍首尾不相救。是夜，賊將朱元、朱仁裕、孫璘各舉砦來降，案通鑑云：辛卯夜，朱元與先鋒壕寨使朱仁裕等舉寨萬餘人降〔三〕。據薛史，則朱元等之降即在庚寅，與通鑑異。（舊五代史考異）降其衆萬餘人。翌日，盡陷諸砦，殺獲甚衆，擒賊大將建州節度使許文縝、前湖南節度使邊鎬，其餘黨沿流東奔，帝自率親騎沿淮北岸追賊。及晡，馳二百餘里，至鎮淮軍，殺獲數千人，奪戰艦糧船數百艘，錢帛器仗不可勝數。甲午，詔發近縣丁夫城鎮淮軍，仍搆浮梁於淮上。廬州都部署劉重進奏，殺賊三千人於壽州東山口，皆紫金山之潰兵也。戊戌，授宣徽南院使、淮南節度使向訓爲徐州節度使，充淮南道行營都監，即命屯鎮淮上。己亥，帝自鎮淮軍復幸下蔡。壬寅，賜淮南降軍許文縝、邊鎬已下萬五百人衣服錢帛有差。丙午，壽州劉仁贍上表乞降，帝遣閤門使張保續入城慰撫。翌日，仁贍復令子崇讓上表請罪。戊申，幸壽州城北，劉仁贍與將佐已下及兵士萬餘人出降，案通鑑考異云：仁贍降書蓋其副使孫羽等爲之。歐陽史本傳亦言孫羽詐爲仁贍書以城降，與薛史異〔四〕。帝慰勞久之，恩賜有差。庚戌，詔移壽州於下蔡，以故壽州爲壽春縣。是日，曲赦壽州管內見禁罪人，自今月二十一日已前，凡有過犯，並從釋放。應歸順職員，並與加恩。壽州管界去城五十里內，放今年秋夏租稅〔五〕。自來百姓，有曾受江南文字聚集山林者，並不問罪。如有曾相傷害者，今後不得更有相酬及經官論訴。自用兵已來，被擄却骨肉者，不計遠近，並許本家識認，官中給物收贖。曾經陣敵處所暴露骸骨，並仰收拾埋瘞。自前政令有不便於民者，委本州條例聞奏，當行釐革。辛亥，以僞命清淮軍節度使、檢校太尉、兼侍中劉仁贍爲特進、檢校太尉、兼中書令、鄆州節度使，以右羽林統軍楊信爲壽州節度使。是日，劉仁贍卒。壬子，以江南僞命西北面行營都監使、舒州團練使朱元爲蔡州防禦使，舒州，原本作「抒州」，今從通鑑改正。（影庫本粘籤）以江南僞命文德殿使、壽州監軍使周廷構爲衛尉卿〔六〕，以江南僞命壽州營田副使孫羽爲太僕卿，以壽州節度判官鄭牧爲鴻臚卿，賞歸順也。癸丑，追奪前許州行軍司馬韓倫在身官爵，配流沙門島。倫，侍衛馬軍都指揮使令坤之父也〔七〕。令坤領陳州，倫在州干預郡政，掊斂之暴，公私患之，爲項城民武都等所訟〔八〕。帝命殿中侍御史率汀就按之，倫詐報汀云「準詔赴闕」，汀即奏之。帝愈怒，遽令追劾，盡得其實，故有是命。案宋史韓令坤傳云：倫法當棄市，令坤泣請于世宗，遂免死。（舊五代史考異）遣左諫議大夫尹日就於壽州開倉賑饑民。丙辰，車駕發下蔡還京。

夏四月己巳，車駕至自下蔡。辛未，以江南僞命西北面行營應援使、前永安軍節度使、檢校太尉許文縝爲左監門衛上將軍、檢校太尉，以僞命西北面行營應援都軍使、前武安軍節度使邊鎬爲左千牛衛上將軍〔九〕、檢校太傅。丙子，宰臣李穀以風痹經年，上章請退，凡三上章，不允。案宋史李穀傳：穀扶疾入見便殿，詔令不拜，命坐御坐側。以抱疾久，請辭相位，世宗怡然勉之，謂曰：「譬如家有四子，一人有疾，棄而不養，非父之道也。朕君臨萬方，卿處輔相之位，君臣之間，分義斯在，奈何以祿奉爲言。」穀愧謝而退。（舊五代史考異）丁丑，斬內供奉官孫延希於都市，御廚使董延勛、副使張皓、武德副使盧繼昇並停職。時重脩永福殿，命延希督役，上見役夫有就瓦中啖飯，以柹爲匕者，大怒，斬延希而罷延勛等。壬午，故彭城郡夫人劉氏追册爲皇后。案：歐陽史作癸未追册，與薛史異。（舊五代史考異）癸未，故皇子贈左驍衛大將軍誼再贈太尉，追封越王；故皇子贈左武衛大將軍誠再贈太傅，追封吳王；故皇子贈左屯衛大將軍諴再贈太保，追封韓王。故皇弟贈太保侗再贈太傅，追封郯王；故皇弟贈司空信再贈司徒，追封杞王。故皇第三妹樂安公主追册莒國長公主〔一〇〕，故皇第五妹永寧公主追册梁國長公主。故皇從弟贈左領軍大將軍守愿再贈左衛大將軍，故皇從弟贈左監門將軍奉超再贈右衛大將軍，故皇從弟贈左千牛衛將軍悉再贈右武衛大將軍。甲申，以先降到江南兵士，團結爲三十指揮，號懷德軍。

五月丁亥朔，帝御崇元殿受朝，仗衛如式。己丑，以新修永福殿改爲廣政殿。薛史漢隱帝紀有廣政殿，此又云改爲廣政殿，疑周太祖時宮殿之名多所更易，至世宗又從舊稱也。今無可復考，姑附識於此。（影庫本粘籤）辛卯，以端午賜文武百僚衣服，書始也。癸巳，侍衛親軍都指揮使、宋州節度使、充淮南道行營都招討李重進加檢校太傅、兼侍中；以宣徽南院使、淮南節度使向訓爲徐州節度使，加檢校太尉、同平章事。丙申，斬密州防禦副使侯希進於本郡。時太常博士張紈檢視本州夏苗，移牒希進分檢，希進以不奉朝旨，不從。紈具事以聞，帝怒，遣使斬之。丁酉，以滑州節度使、兼殿前都點檢、駙馬都尉張永德爲澶州節度使，都尉，原本作「較尉」，今從宋史改正。（影庫本粘籤）加檢校太尉；以今上爲滑州節度使，加檢校太保，依前殿前都指揮使。今上以三年十月宣授同州節度使，未於正衙宣制，至是移鎮滑臺，故自永州防禦使授焉。以侍衛馬軍都指揮使、洋州節度使韓令坤爲陳州節度使，加檢校太傅；以權侍衛步軍都指揮使、岳州防禦使袁彦爲曹州節度使，加檢校太保，並典軍如故。己亥，以左神武統軍劉重進爲鄧州節度使，以虎捷左廂都指揮使、閬州防禦使趙晁爲河陽節度使，以兖州防禦使白延遇爲同州節度使。辛丑，宰臣范質、李穀、王溥並加爵邑，改功臣。樞密使魏仁浦加檢校太傅，進封開國公。辛亥，知廬州行府事劉重進奏，相次殺敗賊，獲戰船三十艘。壬子，以宣徽北院使吴廷祚爲宣徽南院使〔二一〕，權西京留守、判河南府事。是月，詔中書門下，差官詳定格律。中書門下奏：「差侍御史知雜事張湜等一十人詳定。候畢日，委御史臺尚書省四品已上、兩省五品已上官參詳可否，送中書門下議定，奏取進止。」從之。

六月丁巳，前濠州刺史齊藏珍以罪棄市。己未，以責授耀州司馬鍾謨爲衛尉少卿，賜紫。帝既誅孫晟，尋竄謨爲耀州，既而悔之，故有是命。辛酉，西京奏，伊陽山谷中有金屑，民淘取之，詔勿禁。乙酉，詔在朝文資官再舉堪爲令録、從事者各一人。

秋七月丁亥，以前徐州節度使、檢校太師、兼中書令武行德爲左衛上將軍。先是，詔行德分兵屯定遠縣，既爲淮寇所襲，王師死者數百人，帝懲其僨軍之咎，故以環衛處之。以前河陽節度使李繼勳爲右衛大將軍〔二二〕，責壽春南砦之敗也。壬辰，以刑部尚書王易爲太子少保致仕，以右監門衛上將軍蓋萬爲左衛上將軍致仕。己酉，己酉，以長曆推之，當作丁酉，今無別本可校，姑仍其舊。（影庫本粘籤）司農卿王敏卒。甲辰，詔曰：「準令，諸論田宅婚姻，起十一月一日至三月三十日止者。州縣爭論，舊有釐革，每至農月，貴塞訟端。近聞官吏因循，由此成弊，凡有訴競，故作逗遛，至時而不與盡辭，入務而即便停罷，强猾者因茲得計，孤弱者無以自伸。起今後應有人論訴陳辭狀，至二月三十日權停。若是交相侵奪、情理妨害、不可停滯者，不拘此限。」

八月乙卯朔，兵部尚書張昭上疏，望準唐朝故事，置制舉以羅英才。帝覽而善之，因命昭具制舉合行事件，條奏以聞。丙辰，以太常卿田敏爲工部尚書，以太子賓客司徒詡爲太常卿。辛未，詔在朝武班，各舉武勇膽力堪爲軍職者一人。甲戌，賜左監門上將軍許文縝、右千牛上將軍邊鎬、右驍衛大將軍王環〔一三〕、衛尉卿周廷構、太府卿馮延魯、太僕卿鄭牧、鴻臚卿孫羽〔一四〕、衛尉少卿鍾謨、工部郎中何幼沖各冬服絹二百匹，綿五百兩。文縝已下，皆吴、蜀之士也。乙亥，宰臣李穀罷相，守司空，加食邑實封。穀抱疾周歲，累上表求退，至是方允其請。以樞密副使、户部侍郎王朴爲樞密使、檢校太保。癸未，前濮州刺史胡立自僞蜀迴，濮州，原本作「維州」，今從十國春秋改正。（影庫本粘籤）蜀主孟昶寓書於帝，其末云：「昶昔在齠齔，即離并都，亦承皇帝鳳起晉陽，龍興汾水，合敍鄉關之分，以陳玉帛之歡。儻蒙惠以嘉音，佇望專馳信使，謹因胡立行次，聊陳感謝披述」云。初，王師之伐秦、鳳也，以立爲排陣使，既而爲蜀所擒。及秦、鳳平，得降軍數千人，其後帝念其懷土，悉放歸蜀，至是蜀人知感，故歸立於我。昶本生於太原，故其書意願與帝推鄉里之分，帝怒其抗禮，不答。

九月甲申朔，宰臣王溥、樞密使王朴皆丁内艱，並起復舊位。以侍衞馬步軍都指揮使、宋州節度使李重進爲鄆州節度使，典軍如故。己丑，以前翰林學士、禮部侍郎竇儀爲端明殿學士，依前禮部侍郎。

冬十月丙辰，賜京城内新修四寺額，以天清、天壽〔一五〕、顯静、顯寧爲名。壬戌，左藏庫使符令光棄市。時帝再議南征，先期敕令光廣造軍士袍襦，不即辦集，帝怒，命斬之。時宰臣等至庭救解，帝起入宫〔一六〕，遂戮於都市。令光出勳閥之後，歷職内庭，以清慎自守，累總繁劇，甚有廉幹之譽。帝素重其爲人，每加委用，至是以小過見誅，人皆冤之。戊午，詔懸制科凡三：其一曰賢良方正能直言極諫科，其二曰經學優深可爲師法科，其三曰詳閑吏理達於教化科。不限前資、見任職官，黄衣草澤，並許應詔。時兵部尚書張昭條奏，請興制舉，故有是命。癸亥，河東僞命麟州刺史楊重訓以城歸順，授重訓本州防禦使、檢校太傅。戊辰，詔取月内車駕暫幸淮上。己巳，以樞密使王朴爲權東京留守，以三司使張美爲大内都點檢。壬申〔一七〕，駕發京師。壬午，以前鄆州節度使郭從義爲徐州節度使，以徐州節度使向訓爲宋州節度使。

十一月癸未朔，以内客省使昝居潤爲宣徽北院使，權東京留守。案：上文以王朴爲權東京留守，不應復以命昝居潤。據東都事略昝居潤傳，世宗幸淮上，命爲副留守，疑原本脱「副」字。（舊五代史考異）丙戌，車駕至濠州城下。戊子，親破十八里灘。砦在濠州東北淮水之中，四面阻水，上令甲士數百人跨駞以濟。今上以騎軍浮水而渡，遂破其砦，擄其戰艦而迴。癸巳，帝親率諸軍攻濠州，奪關城，破水砦，賊衆大敗，焚戰艦七十餘艘，斬首二千級，進軍攻羊馬城。丙申夜，僞濠州團練使郭廷謂上表陳情，且言家在江南，欲遣人稟命於李景，從之。辛丑，帝自濠州率大軍水陸齊進，循淮而下，命今上率精騎爲前鋒。癸卯，大破淮賊於渦口，渦口，原本作「濟口」，今從通鑑改正。（影庫本粘籤）斬首五千級，收降卒二千餘人，奪戰船三百艘，遂鼓行而東，以追奔寇，晝夜不息，沿淮城栅，所至皆下。乙巳，至泗州。今上乘勝麾軍〔一八〕，焚郭門，奪月城，帝親冒矢石以攻其壘。丙午，日南至，從臣拜賀於月城之上。

十二月乙卯，泗州守將范再遇以其城降，授再遇宿州團練使。戊午，帝自泗州率衆東下，命今上領兵行於南岸，與帝夾淮而進。己未，至清口，追及淮賊，軍行鼓譟之聲，聞數十里。辛酉，至楚州西北，大破賊衆，水陸俱奔，有賊船數艘，順流而逸。帝率驍騎與今上追之數十里，今上擒賊大將僞保義軍節度使、江北都應援使陳承昭以獻。收獲舟船，除焚盪外得三百餘艘，將士除殺溺外得七千餘人。初，帝之渡淮也，比無水戰之備，每遇賊之戰棹，無如之何，敵人亦以此自恃，有輕我之意。帝即於京師大集工徒，脩成艛艦，踰歲得數百艘，兼得江淮舟船，遂令所獲南軍教北人習水戰出没之勢，未幾，舟師大備。至是水陸皆捷，故江南大震。壬戌，僞命濠州團練使郭廷謂郭廷謂，原本作「廷渭」，今從宋史改正。（影庫本粘籤）以城歸順。案：郭廷謂以城降，歐陽史作庚申，通鑑作辛酉，與薛史異。（舊五代史考異）乙丑，雄武軍使崔萬迪以漣水歸順。丙寅，以郭廷謂爲亳州防禦使，案隆平集：廷謂望金陵大慟，再拜，然後以城降。世宗曰：「江南諸將，惟卿斷渦口橋，破定遠寨，足以報李景祿矣。濠上使李景自守，亦何能爲！」乃授以亳州防禦使。（舊五代史考異）以僞命濠州兵馬都監陳遷爲沂州團練使，以僞命保義軍節度使陳承昭爲右監門上將軍。江南李景遣兵驅擄揚州士庶渡江，焚其州郭而去。丙子，故同州節度使白延遇贈太尉，故濠州刺史唐景思贈武清軍節度使。丁丑，泰州平[九]。永樂大典卷八千九百八十四。

校勘記

〔一〕伏以撰漢書者先爲項籍　「項籍」，册府卷五五七作「項傳」。

〔二〕其歷試之績　「其」字原闕，據殿本、孔本、册府卷五五七、五代會要卷一八補。

〔三〕朱元與先鋒壕寨使朱仁裕等舉寨萬餘人降　「舉」，原作「與」，據孔本、殿本考證、劉本考證、通鑑卷二九三改。

〔四〕歐陽史本傳亦言孫羽詐爲仁贍書以城降與薛史異　以上二十一字原闕，據舊五代史考異卷四補。

〔五〕放今年秋夏租稅　「今年」，册府卷九六、卷四九二作「今年及明年」。

〔六〕周廷構　原作「周延構」，據册府卷一六七、通鑑卷二九四改。按新五代史卷三二劉仁贍傳、陸游南唐書卷二皆有周廷構。本書各處同。

〔七〕侍衛馬軍都指揮使令坤之父也　「都」字原闕，據劉本、本書卷一一六周世宗紀三、册府卷一五四、通鑑卷二九三及本卷下文改。

〔八〕武都　册府卷一五四、宋史卷二五一韓令坤傳作「武郁」。

〔九〕前武安軍節度使邊鎬爲左千牛衞上將軍　「左」，本書卷一一八周世宗紀五、通鑑卷二九四及本卷下文作「右」。「節度使」下册府卷一六七有「檢校太傅」四字。

〔一〇〕故皇第三妹樂安公主追册莒國長公主　「故皇」二字原闕，據殿本、孔本校補。

〔一一〕吴廷祚　原作「吴延祚」，據隆平集卷九、東都事略卷二五、宋史卷二五七吴廷祚傳改。按吴廷祚墓誌(拓片刊北京圖書館藏中國歷代石刻拓本匯編第三十七册)、其子吴元載墓誌(拓片刊千唐誌齋藏誌)皆記其名爲「廷祚」。本書各處同。影庫本粘籤:「吴延祚,原本作『廷祚』,今從東都事略改正。」

〔三〕以前河陽節度使李繼勳爲右衛大將軍　「右衛大將軍」,通鑑卷二九三同,本書卷一一八周世宗紀五、宋史卷二五四李繼勳傳作「右武衛大將軍」。

〔三〕右驍衛大將軍王環　「驍」字原闕,據本書卷一一五周世宗紀二、卷一一八周世宗紀五、卷一二九王環傳補。

〔四〕太僕卿鄭牧鴻臚卿孫羽　册府卷一六七及本卷上文云:「(三月壬子)以江南僞命壽州營田副使孫羽爲太僕卿,以壽州節度判官鄭牧爲鴻臚卿。」

〔五〕天壽　五代會要卷一二、册府卷五二作「聖壽」。

〔六〕帝起入宫　「宫」,原作「營」,據殿本、劉本、邵本、彭校改。

〔七〕壬申　原作「壬辰」,據孔本、新五代史卷一二周本紀、卷六二南唐世家注引五代舊史及世宗實録、册府卷一一八、通鑑卷二九三改。舊五代史考異卷四:「案原本作『壬辰』,考五代春秋作十月壬辰,帝南征,與薛史同。歐陽史作壬申南征,通鑑作壬申,帝發大梁,與薛史異。據下文有壬午,則十月不應有壬辰,疑原本係傳寫之誤,今從歐陽史、通鑑改正。」

〔八〕今上乘勝麾軍　「勝」字原闕,據御覽卷三〇七引五代周史、册府卷一一八補。殿本、劉本作

「勢」。

〔二九〕秦州　原作「秦州」，據殿本、劉本、彭本、册府卷一一八、新五代史卷一二周本紀、通鑑卷二九三改。

舊五代史卷一百一十八　周書九

世宗紀第五

顯德五年春正月癸未朔，帝在楚州城下，從臣詣行宮稱賀。案隆平集馬仁瑀傳：世宗征淮南，登楚州水寨飛樓，距城百步，城卒詬罵，左右射莫能及。召仁瑀至，應弦而斃。（舊五代史考異）乙酉，降同州爲郡。右驍衛大將軍王環卒〔一〕。丙戌，右龍武將軍王漢璋奏，攻下海州〔二〕。戊子，詔：「諸道幕職州縣官，並以三周年爲考限，閏月不在其內，州府不得差攝官替正官」云。己丑，詔侍衛馬軍都指揮使韓令坤權知揚州軍府事〔三〕。庚寅，發楚州管內丁壯，開老鸛河以通運路〔四〕。鸛河，原本作「觀河」，今從通鑑改正。（影庫本粘籤）乙巳，帝親攻楚州。時今上在楚州城北，晝夜不解甲冑，親冒矢石，麾兵以登城。丙午，拔之，案：歐陽史、通鑑俱作丁未克楚州，與薛史異。五代春秋從薛史作丙午。（舊五代史考異）斬僞守將張彥卿等，六軍大掠，城內軍民死者萬餘人，廬舍焚之殆盡。案陸游南唐書張彥卿傳云：保大末，周世宗南侵，彦卿爲楚州防禦使。周師鋭甚，旬日間，海、泰州、静海軍皆破，元宗亦命焚東都宫寺民廬，徙其民渡江。世宗親御旗鼓攻楚州，自城以外皆已下，發州民濬老鸛河〔五〕，遣齊雲戰艦數百，自淮入江，勢如震霆烈焰。彦卿獨不爲動。及梯衝臨城，鑿城爲窟室，實薪而焚之〔六〕，城皆摧圮〔七〕，遂陷。彦卿猶結陣城内，誓死奮擊，謂之巷鬬。日暮，轉至州廨，長短兵皆盡，彦卿猶取繩牀搏戰，及兵馬都監鄭昭業等千餘人皆死之，無一人生降者。周兵死傷亦甚衆，世宗怒，盡屠城中居民，焚其室廬，然得彦卿子光祐不殺也。又趙鼎臣竹隱畸士集云：當城中之危也，彦卿方與諸將立城上，因泣諫以周、唐强弱，勢不足以相支，又城危甚，而外無一人援，恐旦夕徒死無益，勸彦卿趣降。彦卿頷之，因顧諸將，指曰：「視彼！」諸將方回顧，彦卿則抽劍斷其子首，擲諸地，慷慨泣謂諸將曰：「此彦卿子，勸彦卿降周，彦卿受李家厚恩，誼不降，此城吾死所也。」諸軍欲降任降，第勿勸我，勸我者同此子矣！」於是諸將愕然亦泣，莫敢言降。考張彦卿死事甚烈，而九國志諸書所載甚略，今附録諸書以備參考。又彦卿，馬令書作彦能，與薛史異〔八〕。（舊五代史考異）

二月甲寅，僞命天長軍使易贇以城歸順。案：通鑑作易文贇。（舊五代史考異）戊午，車駕發楚州南巡。丁卯，駐蹕於廣陵，詔發揚州部内丁夫萬餘人城揚州。帝以揚州焚盪之後，居民南渡，遂於故城内就東南别築新壘。戊辰，遣使祭故淮南節度使楊行密、故昇府節度使徐温等墓。癸酉，幸揚子渡觀大江。揚子，原本作「退子」，今從歐陽史改正。（影庫本粘籤）乙亥，黄州刺史司超奏，破淮賊三千人，擒僞舒州刺史施仁望。丙子，隰州奏，河東賊軍逃遁。時劉鈞聞帝南征，發兵圍隰州，巡檢使李謙溥以州兵拒之而退。案東都事略楊廷璋傳：隰州闕守，乃請監軍李謙溥至隰，并人來圍其城，或請速救之，廷璋曰：「賊遽至，必未攻城〔九〕。」乃募死士百餘人，潛諭謙溥相應，夜銜枚擊之，并人大潰，逐北數十里。又李謙溥傳云：隰州闕守，謙溥攝州事，至則濬城隍，嚴兵備。未旬日而并人至，方盛暑，謙溥服絺綌，揮羽扇，引二小吏登城徐步，并人望之，勒兵不敢動。（舊五代史考異）

三月壬午朔，幸泰州。丁亥，復幸廣陵。辛卯，幸迎鑾江口。遣右武衛大將軍李繼勳率舟師至江島以觀寇。癸巳，帝臨江望見賊船數十艘，命今上帥戰棹以追之，賊軍退去，今上直抵南岸，焚其營栅而迴。甲午，以右武衛大將軍李繼勳爲左領軍上將軍。乙未，殿前都虞候慕容延釗奏，大破賊軍於東沛州〔一〇〕。案：通鑑作甲午，延釗奏大破唐兵于東沛州。與薛史異曰。（舊五代史考異）丙申，江南李景遣其臣兵部侍郎陳覺奉表陳情，兼貢羅縠紬絹三千匹，乳茶三千斤，及香藥犀象等。覺至行在，覩樓船戰棹已泊於江岸，以爲自天而降，愕然大駭。丁酉，荆南高保融奏，本道舟師已至鄂州。

戊戌，兩浙錢俶奏，差發戰棹四百艘，水軍萬七千人，已泊江岸，請師期。己亥，今上率水軍破賊船百餘隻於瓜步。是日，李景遣其臣劉承遇奉表以廬、舒、蘄、黄等四州來獻，且請以江爲界。帝報曰：「皇帝恭問江南國主。使人至，省奏請分割舒、廬、蘄、黃等州，蘄、黃，原本脱「黃」字，今據册府元龜增入。（影庫本粘籤）畫江爲界者。頃逢多事，莫通玉帛之歡，適自近年，遂搆干戈之役，兩地之交兵未息，蒸民之受弊斯多。一昨再辱使人，重尋前意，將敦久要，須盡縷陳。今者承遇爰來，封函復至，請割州郡，仍定封疆，猥形信誓之辭，備認始終之意，既能如是，又復何求。邊陲頓靜於煙塵，師旅便還於京闕，永言欣慰，深切誠懷。其常、潤一路及沿江兵棹，今已指揮抽退；兼兩浙、荆南、湖南水陸兵士，各令罷兵；其廬、黃、蘄三路將士，亦遣抽拔近内[一]，候彼中起揭逐處將員及軍都家口了畢[二]，祇請差人勾喚在彼將校，交割州城」云。淮南平，凡得州十四、縣六十、户二十二萬六千五百七十四。

先是，李景以江南危蹙，謀欲傳位于世子，使附庸於我，故遣陳覺上表陳敍。至是帝以既許其通好，乃降書以答之，曰：「别覩來章，備形縟旨，敍此日傳讓之意，述向來高尚之懷。仍以數歲已還，交兵不息，備論追悔之事，無非尅責之辭，雖古人有引咎責躬，因災致懼，亦無以過此也。況君血氣方剛，春秋甚富，爲一方之英主，得百姓之歡心。即今南北才通，疆埸甫定，是玉帛交馳之始，乃干戈載戢之初，豈可高謝君臨，輕辭世務，與其慕希夷之道，曷若行康濟之心。重念天災流行，分野常事，前代賢哲，所不能逃。苟盛德之日新，則景福之彌遠，勉修政理，勿倦經綸，保高義於初終，垂遠圖於家國，流芳貽慶，不亦美乎！」

庚子，詔曰：「比者以近年貢舉，頗是因循，頻詔有司，精加試練，所冀去留無濫，優劣昭然。昨據貢院奏，今年新及第進士等，所試文字，或有否臧，爰命辭臣，再令考覆，庶涇渭之不雜，免玉石之相參。其劉坦、戰貽慶、戰貽慶，原本作「辭貽慶」，五代會要作「戰」。據文苑英華辨證云：戰姓出沛郡，宋初有戰弼，今改正。（影庫本粘籤）李頌、徐緯、張覲等，詩賦稍優，宜放及第；王汾據其文辭，亦未精當，念以頃曾剥落，特與成名〔一三〕；熊若谷、陳保衡皆是遠人，深可嗟念，亦放及第；郭峻、趙保雍、楊丹、安玄度、張昉、董咸則、杜思道等，未甚苦辛，並從退黜，更宜修進，以俟將來。知貢舉、右諫議大夫劉濤選士不當，有失用心，責授右贊善大夫，俾令省過，以戒當官。」先是，濤於東京放牓後，引新及第進士劉坦已下一十五人赴行在，帝命翰林學士李昉覆試，故有是命。

壬寅，復幸揚州，改廬州軍額爲保信軍。甲辰，以右龍武統軍趙贊爲廬州節度使，以殿前都虞候慕容延釗爲淮南節度使兼殿前副指揮使〔一四〕。延釗，原本作「廷鑑」，今從東都事略改正。（影庫本粘籤）遣鹽城監使申屠謂齎書及御馬一十匹，金銀銜全，散馬四十匹，羊千口，賜江南李景。謂先爲王師所俘，故遣之。丙午，江南李景遣所署宰相馮延巳獻犒軍銀十萬兩，絹十萬匹，錢十萬貫，茶五十萬觔，米麥二十萬石。庚戌，詔：「故淮南節度使楊行密、故昇府節度使徐温，各給守冢户。應江南臣僚有先代墳墓在江北者，委所在長吏差人檢校。」辛亥，李景遣所署臨汝郡公徐遼進買宴錢二百萬，并遣伶官五十人與遼俱來獻壽觴。

夏四月癸丑，宴從臣及江南進奉使馮延巳等於行宫，徐遼代李景捧壽觴以獻，進金酒器、御衣、犀帶、金銀、錦綺、鞍馬等。乙卯，車駕發揚州還京。丙辰，太常博士、權知宿州軍州事趙礪除名，坐推劾弛慢也。先是，翰林醫官馬道玄進狀，訴壽州界被賊殺却男，獲正賊，見在宿州，本州不爲勘斷。帝大怒，遣端明殿學士竇儀乘驛往按之，及獄成，坐族死者二十四人。儀奉辭之日，帝旨甚峻，故儀之用刑傷於深刻。戊午，以前延州留後李彦頵爲滄州留後。庚申，新太廟成，遷五廟神主入於其室。壬申，至自淮南。癸酉，命宣徽北院使昝居潤判開封府事。甲戌，澶州節度使張永德準詔赴北邊，以契丹犯境故也。案遼史：應曆八年四月，南京留守蕭思温攻下沿邊州縣。五月，周陷束城縣。東都事略郭崇傳云：世宗征淮甸，契丹萬騎掠邊境，崇帥師破之于束鹿，斬首數百級，俘人口牛羊三萬餘。薛史祇書犯境，未及詳言，歐陽史闕而不載。（孔本）丁丑，兩浙奏，四月十九日杭州火，廬舍府署延燒殆盡。

五月辛巳朔，上御崇元殿受朝，仗衛如式。詔：「侍衛諸軍及諸道將士，各賜等第優給。應行營將士歿於王事者，各與贈官，親的子孫，並量才録用，傷夷殘廢者，別賜救接。淮南諸州及徐、宿、宋、亳、陳、潁、許、蔡等州，所欠去年秋夏税物，並與除放」云。丙戌，命端明殿學士竇儀判河南府、兼知西京留守事。辛卯，以襄州節度使安審琦爲青州節度使；以許州節度使韓通爲宋州節度使，依前兼侍衞馬步都虞候；以宋州節度使向訓爲襄州節度使；以今上爲忠武軍節度使，依前殿前都指揮使。淮南之役，今上之功居最，及是命之降，雖云酬勳，止於移鎮而已，賞典太輕，物議不以爲允。癸巳，以左武衞上將軍武行德爲鄜州節度使，以右神武統軍宋延渥爲滑州節度使，案小畜集宋延渥神道碑云：五月，授義成軍節度使，其制略曰：「長驅下瀨之師，若涉無人之境。除凶戡難，爾既立夫殊庸；礪岳盟河，予豈忘于豐報。南燕舊邦，北闕伊邇。河壖作翰，遥臨白馬之津；穰下統戎，即鎮卧龍之地。」（舊五代史考異）以前同州留後王暉爲相州留後。乙未，立東京羅城諸門名額：東二門曰寅賓、延春，南三門曰朱明、景風、畏景，畏景，原本作「思景」，五代會要作畏景〔一五〕，據下文北門愛景，則南門當以畏景爲是，今改正。（影庫本粘籤）西二門曰迎秋、肅政，北三門曰玄德、長景、愛景。辛丑，幸懷信驛。乙巳，詔在朝文資官各再舉堪爲幕職令録者一人〔一六〕。戊申，以襄州節度使向訓兼西南面水陸發運招討使。己酉，以太府卿馮延魯充江南國信使，以衞尉少卿鍾謨爲副。賜李景御衣、玉帶、錦綺羅縠帛共十萬匹、金器千兩、銀器萬兩、御馬五匹、金玉鞍轡全、散馬百匹、羊三百匹。賜江南世子李弘冀器幣鞍馬等。别賜李景書曰：「皇帝恭問江南國主。煮海之利，在彼海濱，屬疆壤之初分，慮供食之有闕。江左諸郡，素號繁饒，然於川澤之間，舊無斥鹵之地，曾承素旨，常在所懷，願均收積之餘，以助軍旅之用。已下三司，逐年支撥供軍食鹽三十萬石。」又賜李景今年曆日一軸。

六月庚午，命中書舍人竇儼參定雅樂。辛未，放先俘獲江南兵士四千七百人歸本國。案：歐陽史作四千六百人。（舊五代史考異）壬申，有司奏御膳料，上批曰：「朕之常膳，今後減半，餘人依舊。」癸酉，禘於太廟。乙亥，兵部尚書張昭等撰太祖實録三十卷成，上之，賜器帛有差。丁丑，以中書舍人張正爲工部侍郎，充江北諸州水陸轉運使。戊寅，詔諫議大夫宜依舊爲正五品上，仍班在給事中之下。

秋七月癸未，以右散騎常侍高防爲户部侍郎，以左驍衛上將軍李洪信爲右龍武統軍，以左領軍上將軍李繼勳爲右羽林統軍。以工部尚書田敏爲太子少保，以刑部侍郎裴巽爲尚書左丞，以左武衛上將軍薛懷讓爲太子太師，以右羽林大將軍李萼爲右千牛衛上將軍，自敏已下皆致仕。丙戌，中書門下新進删定大周刑統〔一七〕，奉敕班行天下。丁亥，賜諸道節度使、刺史均田圖各一面。均田，原本作「匀田」，今從通鑑改正。（影庫本粘籤）唐同州刺史元稹，在郡日奏均户民租賦，帝因覽其文集而善之，乃寫其辭爲圖，以賜藩郡。時帝將均定天下賦稅，故先以此圖徧賜之。案五代會要載原詔云：朕以寰宇雖安，蒸民未泰，當乙夜觀書之際，較前賢阜俗之方。近覽元稹長慶集，見在同州時所上均田表，較當時之利病，曲盡其情，俾一境之生靈，咸受其賜，傳于方册，可得披尋。因令製素成圖，直書其事，庶王公親覽，觸目驚心，利國便民，無亂條制，背經合道，盡繫變通〔一八〕，但要適宜，所冀濟務，繄乃勛舊，共庇黎元。今賜元稹所奏均田圖一面，至可領也。（舊五代史考異）

閏月壬子，廢衍州爲定平縣，廢武州爲潘原縣。壬戌，河決河陰縣，溺死者四十二人。辛丑，辛丑，以長曆推之，當作辛酉，今無別本可校，姑仍其舊。（影庫本粘籤）幸新授青州節度使安審琦第〔一九〕。癸酉，邢州留後陳思讓奏，破河東賊軍千餘人於西山下，斬首五百級。

八月庚辰，延州奏，溠溪水漲，壞州城，溺死者百餘人。己丑，太子太師致仕宋彥筠卒。辛丑，江南李景上表乞降，詔書不允。

九月丁巳，以太府卿馮延魯爲刑部侍郎，以衛尉少卿鍾謨爲給事中，並放歸江南。時延魯、鍾謨自江南復命，李景復奏欲傳位於其世子弘冀，帝亦以書答之。甲子，賜江南羊萬口，馬三百匹，橐駞三十頭；賜兩浙錢俶羊五千口，馬二百匹，橐駞二十頭。乙丑，賜宰臣、樞密使及近臣宴於玉津園。己巳，占城國王釋利因德漫遣使貢方物。壬申，天清節，羣臣詣廣德殿上壽。江南進奉使商崇義代李景捧壽觴以獻〔二〇〕。案宋類苑云：湯悅，父殷舉，唐末有才名。本名崇義，建隆初，避宣祖諱改姓湯〔一一〕。初在吴爲舍人，受詔撰揚州孝先寺碑，世宗親征，駐蹕此寺，讀其文賞歎。及畫江議定，後主遣悦入貢，世宗爲之加禮。自淮上用兵，凡書詔多悦之作，特爲典贍，切于事情。世宗每覽江南文字，形於嗟歎，當時沈遇、馬士元皆不稱職，復用陶穀、李昉于舍人，其後用扈載，率由此也。（舊五代史考異）冬十月己卯，以户部侍郎高防爲西南面水陸轉運使，將用師於巴邛故也。案宋史高防傳：世宗謀伐蜀，以防爲西南面水陸轉運制置使，屢發芻糧赴鳳州，爲征討之備。（舊五代史考異）丙戌，邠州李暉移鎮鳳翔。戊子，幸迎春苑。己丑，太常卿司徒詡以本官致仕。壬辰，帝狩於近郊。癸巳，前相州節度使王饒卒。甲午，左監門上將軍許文縝、右千牛上將軍邊鎬、衛尉卿周廷構，並放歸江南〔一二〕。乙未，詔淮南諸州鄉軍，並放歸農。丁酉，遣左散騎常侍艾穎等均定河南六十州稅賦。案五代會要載賜諸道均田詔曰：朕以干戈既弭，寰海漸寧，言念地征，罕臻藝極，須並行均定，所冀永適重輕。卿受任方隅，深窮治本，必須副寡昧平分之意，察鄉閭致弊之源〔一三〕，明示條章，用分寄任，竚令集事，允屬推公。今差使臣往彼檢括，餘從别敕。（舊五代史考異）

十一月丁未朔，詔翰林學士竇儼，集文學之士，撰集大周通禮、大周正樂，案：歐陽史作十一月庚戌。（舊五代史考異）從儼之奏也。辛亥，日南至，帝御崇元殿受朝賀，仗衛如式。己未，昭義李筠奏，破遼州長清砦，獲僞命磁州刺史李再興。甲子，帝狩於近郊。

十二月丁丑朔，朗州奏，醴陵縣玉仙觀山門中〔二四〕，舊有田二萬頃，久爲山石閉塞，今年七月十七日夜，暴雷劈開，其路復通。己卯，楚州兵馬都監武懷恩棄市，坐擅殺降軍四人也。丙戌，詔重定諸道州府幕職、令録、佐官料錢，其州縣官俸户宜停。己丑，楚州防禦使張順賜死，坐在任隱落榷税錢五十萬、官絲綿二千兩也。壬辰，詔兩京及五府少尹、司録參軍各省一員〔二五〕，六曹判司六曹判司，原本脱「曹」字，今從五代會要增入。（影庫本粘籤）内祇置户、法二曹〔二六〕，餘及諸州觀察支使、兩蕃判官並省。甲午，帝狩於近郊。乙未，鄧州劉重進移鎮邠州，滑州宋延渥移鎮鄧州，以前河中節度使王仁鎬爲邢州節度使，以邢州留後陳思讓爲滑州留後。己亥，詔翰林學士，今後逐日起居，當直者仍赴晚朝。是月，江南李景殺其臣僞太傅中書令宋齊丘、僞兵部侍郎陳覺、僞鎮南軍節度副使李徵古等。初，帝之南征也，吴人大懼，覺與徵古皆齊丘門人，因進説於景，請委國事於齊丘，景繇是銜之。及吴人遣鍾謨、李德明奉表至行在，帝尋遣德明復命於金陵，德明因説李景請割江北之地求和於我，而陳覺、李徵古等以德明爲賣國，請戮之，景遂殺德明。及江南内附，帝放鍾謨南歸，謨本德明之黨也，因譖齊丘等，故齊丘等得罪。放齊丘歸九華山，覺等貶官，尋並害之。景既誅齊丘等，令鍾謨到闕，具言其事，故書。永樂大典卷八千九百八十四。

校勘記

〔一〕右驍衛大將軍王環卒　「大」字原闕，據本書卷一一五周世宗紀二、卷一一七周世宗紀四、卷一二九王環傳補。

〔二〕攻下海州　「下」字原闕，據册府卷一一八補。册府卷三六〇敍其事作「收下海州」。舊五代史考異卷四：「案通鑑作丁亥王漢璋奏克海州，歐陽史亦作丁亥取海州。薛史祇載丙戌攻海州，而不載取城之日，疑有闕文。」

〔三〕詔侍衛馬軍都指揮使韓令坤權知揚州軍府事　「揚」字原闕，據殿本、劉本、孔本、通鑑卷二九四補。

〔四〕開老鸛河以通運路　「老」字原闕，據彭校、册府卷四五補。

〔五〕發州民濬老鸛河　「老鸛河」，原作「老鶴河」，據殿本、劉本、孔本、陸游南唐書卷一四改。

〔六〕實薪而焚之　「薪」，原作「城」，據陸游南唐書卷一四改。

〔七〕城皆摧圮　「圮」，原作「地」，據殿本、劉本、孔本、陸游南唐書卷一四改。

〔八〕考張彦卿……與薛史異　以上四十字原闕，據孔本補。

〔九〕必未攻城　「必未」，原作「未必」，據殿本、劉本、東都事略卷一九乙正。

〔一〇〕東沛州　原作「東市州」，據殿本、劉本、孔本、舊五代史考異卷四引文、通鑑卷二九四改。

〔一一〕亦遣抽拔近内　「内」，册府卷一六七作「外」。通鑑卷二九四敍其事作「亦令斂兵近外」。

〔一二〕候彼中起揭逐處將員及軍都家口了畢　「了畢」，原作「丁畢」，據册府卷一六七改。

〔一三〕特與成名　「特」，原作「將」，據彭校、五代會要卷二二、册府卷六四二、卷六四四、卷六五一改。

〔一四〕以殿前都虞候慕容延釗爲淮南節度使兼殿前副指揮使　「殿前副指揮使」，東都事略卷二〇、宋史卷二五一慕容延釗傳作「殿前副都指揮使」。

〔一五〕五代會要作畏景　「景」字原闕，據五代會要卷一九補。

〔一六〕詔在朝文資官各再舉堪爲幕職令録者一人　「者」字原闕，據五代會要卷四補。

〔一七〕中書門下新進删定大周刑統　「删定」，原作「册定」，據通鑑（兩浙東路茶鹽司公使庫刻本）卷二九三、近事會元卷五改。按本書卷一四七刑法志：「應該京百司公事，逐司各有見行條件，望令本司删集，送中書門下詳議聞奏。敕：宜依，仍頒行天下。乃賜侍御史知雜事張湜等九人各銀器二十兩、雜綵三十匹，賞删定刑統之勞也。」五代會要卷九、册府卷六一三略同。

〔一八〕盡繫變通　「繫」，原作「擊」，據殿本、劉本、五代會要卷一五改。

〔一九〕幸新授青州節度使安審琦第　「授」字原闕，據殿本、劉本、孔本校補。

〔二〇〕商崇義　原作「商崇儀」，據殿本、孔本、舊五代史考異卷四引文、册府卷二、卷二三二改。

〔二一〕避宣祖諱改姓湯　「姓」，原作「名」，據殿本、劉本、事實類苑卷四〇改。

〔二二〕並放歸江南　「放」字原闕，據彭校、册府卷一六七補。

〔三〕察鄉閭致弊之源　「致」，原作「治」，「源」，原作「原」，據孔本、五代會要卷二五改。

〔四〕玉仙觀　原作「王仙觀」，據殿本、劉本、邵本、彭校、册府卷二五改。

〔五〕司録參軍　「録」字原闕，據本書卷一四九職官志、五代會要卷二〇補。

〔六〕六曹判司内祇置户法二曹　「置」，原作「直」，據邵本、本書卷一四九職官志、五代會要卷二〇改。

舊五代史卷一百一十九

周書十

世宗紀第六

顯德六年春正月丁未朔，帝御崇元殿受朝賀，仗衞如式。壬子，高麗國王王昭遣使貢方物。己卯，己卯，以長曆推之，當作「乙卯」，今無别本可校，姑仍其舊。（影庫本粘籤）以翰林學士、中書舍人申文炳爲左散騎常侍。辛酉，女真國遣使貢獻。壬戌，青州奏，節度使、陳王安審琦陳王，原本作「揀王」；審琦，原本作「審騎」，今從通鑑改正。（影庫本粘籤）爲部曲所殺。乙丑，賜諸將射於内鞠場。戊辰，幸迎春苑。甲戌，詔：「每年新及第進士及諸科聞喜宴〔一〕，宜令宣徽院指揮排比。」乙亥，詔：「禮部貢院今後及第舉人，依逐科等第定人數姓名，并所試文字奏聞，候敕下放榜」云。是月，樞密使王朴詳定雅樂十二律旋相爲宫之法，并造律準，上之。詔尚書省集百官詳議，亦以爲可。語在樂志。

二月庚辰，發徐、宿、宋、單等州丁夫數萬濬汴河。甲申，發滑、亳二州丁夫濬五丈河，東流於定陶，入於濟，以通青、鄆水運之路。又疏導蔡河，以通陳、潁水運之路。乙酉，詔諸道應差攝官各支半俸。丙戌，以翰林學士承旨、尚書兵部侍郎陶穀爲尚書吏部侍郎充職。詔升湖州爲節鎮，以宣德軍爲軍額，宣德，原本作「直德」，今從十國春秋改正。（影庫本粘籤）以湖州刺史錢偡爲本州節度使，從兩浙錢俶之請也。辛丑，幸迎春苑。甲辰，右補闕王德成責授右贊善大夫，坐舉官不當也。詔賜諸道州府供用糧草有差。

三月庚申，樞密使王朴卒。甲子，詔以北境未復，取此月内幸滄州。以宣徽南院使吳廷祚爲權東京留守〔二〕、判開封府事；以宣徽北院使昝居潤副之〔三〕；以三司使張美爲權大内都部署〔四〕。案東都事略張美傳：世宗北征，以美爲大内都點檢。（舊五代史考異）命諸將各領馬步諸軍及戰棹赴滄州。己巳，濠州奏，鍾離縣飢民死者五百九十有四。癸酉，詔廢諸州銅魚。案五代會要：顯德六年，敕諸道牧守，每遇除移，特降制書，何假符契，其請納銅魚，宜廢之。（舊五代史考異）甲戌，車駕發京師。

夏四月辛卯，車駕次滄州。以前左諫議大夫薛居正爲刑部侍郎。是日，帝率諸軍北征。壬辰，至乾寧軍，僞寧州刺史王洪以城降。丁酉，駕御龍舟，率舟師順流而北，首尾數十里。辛丑，至益津關。案通鑑：至益津關，契丹守將終廷暉以城降。（舊五代史考異）自此以西〔五〕，水路漸隘，舟師難進，乃捨舟登陸。壬寅，宿於野次。時帝先期而至，大軍未集，隨駕之士，不及一旅，賴今上率材官騎士以衛乘輿。癸卯，今上先至瓦橋關〔六〕，僞守將姚內斌以城降。案隆平集：姚內斌，平州人也。世宗北征，將兵至瓦橋關，內斌爲關使，開門請降，世宗以爲汝州刺史。（舊五代史考異）甲辰，鄭州刺史劉楚信以州來降〔七〕。案：鄭州之降，通鑑從薛史作四月，遼史作五月，疑誤。

五月乙巳朔，帝駐蹕於瓦橋關。侍衛親軍都指揮使李重進及諸將相繼至行在，瀛州刺史高彥暉以本城歸順〔八〕。關南平，凡得州三，縣十七，户一萬八千三百六十。是役也，王師數萬，不亡一矢，邊界城邑皆望風而下〔九〕。丙午，帝與諸將議攻幽州，諸將皆以爲未可，帝不聽。是夜，帝不豫，乃止。戊申，定州節度使孫行友奏，攻下易州，擒僞命刺史李在欽來獻，斬於軍市。己酉〔一〇〕，以瓦橋關爲雄州，案宋史陳思讓傳：得瓦橋關爲雄州，命思讓爲都部署，率兵戍守。（舊五代史考異）以益津關爲霸州。案宋史韓令坤傳：爲霸州都部署，率所部兵戍之。（舊五代史考異）是日，先鋒都指揮使張藏英破契丹數百騎於瓦橋關北，攻下固安縣。詔發濱、棣二州丁夫城霸州。庚戌，遣侍衛都指揮使李重進率兵出土門，入河東界〔一一〕。壬子，車駕發雄州。案：遼史作五月辛未，周師退，與薛史異。通鑑從薛史作壬子。還京。泉州節度使留從効遣別駕黄禹錫奉貢於行在〔一二〕，帝以泉州比臣江南，李景方歸奉國家，不欲奪其所屬，但錫詔褒美而已。丁卯，西京奏，太常卿致仕司徒詡卒。己巳，侍衛都指揮使李重進奏，破河東賊軍於百井，斬首二千級。甲戌，上至自雄州。案却掃編：周世宗既定三關，遇疾而退，至澶淵遲留不行，雖宰輔近臣問疾者皆莫得見，中外洶懼。時張永德爲澶州節度使，永德尚周太祖之女，以親故，獨得至卧内，于是羣臣因永德言曰：「天下未定，根本空虚，四方諸侯惟幸京師之有變。今澶、汴相去甚邇，不速歸以安人情，顧憚旦夕之勞，而遲回于此，如有不可諱，奈宗廟何！」永德然之，乘間爲世宗言如羣臣旨，世宗問：「誰使汝爲此言？」永德對以羣臣之意皆願爲此，世宗熟視久之〔一三〕，歎曰：「吾固知汝必爲人所教，獨不喻吾意哉！然觀汝之窮薄，惡足當此！」即日趣駕歸京師。（舊五代史考異）

六月乙亥朔，潞州李筠奏，攻下遼州，獲僞刺史張丕旦〔一四〕。案：通鑑作張丕。丙子，以皇女薨，輟朝三日。戊寅，鳳翔奏，節度使李暉卒。鄭州奏，河決原武，詔宣徽南院使吴廷祚發近縣丁夫二萬人以塞之。庚辰，命宣徽北院使昝居潤判開封府事。晉州節度使楊廷璋奏，率兵入河東界，招降堡砦一十三所。癸未，立魏王符彦卿女爲皇后，仍令所司擇日備禮册命。以皇長子宗訓爲特進〔一五〕、左衛上將軍，案：恭帝宗訓，通鑑注作第四子。歐陽史周家人傳〔一六〕，世宗子七人，長曰宜哥，次二皆未名，次曰恭皇帝，是亦以宗訓爲第四子也。是紀作皇長子，蓋宜哥與其二皆爲漢誅，指其現存者而長之耳。（舊五代史考異）封梁王；以第二子宗讓案：歐陽史作宗誼，通鑑從薛史作宗讓〔一七〕。（舊五代史考異）爲左驍衛上將軍，封燕國公。賜江南進奉使李從善錢二萬貫，絹二萬匹，銀一萬兩；賜兩浙進奉使吴延福錢三千貫，絹五千匹，銀器三千兩。丁亥，以前青州節度使李洪義爲永興軍節度使，永興軍節度使王彦超移鎮鳳翔。戊子，潞州部送所獲遼州刺史張丕旦等二百四十五人以獻，詔釋之。己丑，宰臣范質、王溥並參知樞密院事。以樞密使魏仁浦仁浦，原本作「仁補」，今從宋史改正。（影庫本粘籤）爲中書侍郎、平章事、集賢殿大學士，依前充樞密使；以宣徽南院使吴廷祚爲樞密使、行左驍衛上將軍；案歐陽史：三月，吴廷祚爲左驍衛上將軍、樞密使。與薛史異，通鑑從薛史作六月。（舊五代史考異）以宋州節度使、侍衛都虞候韓通爲侍衛親軍副都指揮使，加檢校太尉、同平章事；澶州澶州，原本作「洹州」，今從通鑑改正。（影庫本粘籤）節度使兼殿前都點檢、駙馬都尉張永德落軍職，加檢校太尉、同平章事；以今上爲殿前都點檢，加檢校太傅，依前忠武軍節度使。帝之北征也，凡供軍之物，皆令自京遞送行在。一日，忽於遞中得一木〔一八〕，長二三尺，如人之揭物者，其上卦全題云「點檢做」〔一九〕，觀者莫測何物也。至是，今上始受點檢之命，明年春，果自此職以副人望，則「點檢做」之言乃神符也。辛卯，以宣徽北院使、判開封事昝居潤爲左領軍上將軍，充宣徽南院使；以三司使、左領衛大將軍張美爲左監門衛上將軍，充宣徽北院使、判三司。案東都事略張美傳：世宗師還，擢左領軍上將軍、宣徽北院使，與薛史微異。又云〔二〇〕：美少爲三司小吏、澶州糧料使，世宗鎮澶州，每有求取，美悉力應之。及即位，連歲征討，糧餽無乏，美之力也。然每思澶州所爲，終不以公忠待之。（舊五代史考異）癸巳，帝崩於萬歲殿，案：歐陽史作滋德殿，與薛史異。五代會要、五代春秋俱作萬歲殿，與薛史同。（舊五代史考異）聖壽三十九。甲午，宣遺制，梁王於柩前即皇帝位，服紀月日，一依舊制。是日，羣臣奉梁王即位於殿東楹，中外發哀。其年八月，翰林學士、判太常寺事竇儼上謚曰睿武孝文皇帝，廟號世宗。十一月壬寅朔〔二〕，葬於慶陵。宰臣魏仁浦撰謚册文，王溥撰哀册文云。永樂大典卷八千九百八十四。五代史補：世宗在民間，嘗與鄴中大商頡跌氏，忘其名，往江陵販賣茶貨。至江陵，見有卜者王處士，其術如神，世宗因頡跌氏同往問焉。方布卦，忽有一蓍躍出，卓然而立，卜者大驚曰：「吾家筮法十餘世矣，常記曾祖以來遺言，凡卜筮而蓍自躍而出者，其人貴不可言，况又卓立不倒，得非爲天下之主乎！」遽起再拜。世宗雖佯爲詰責，而私心甚喜。於逆旅中夜置酒，與頡跌氏半酣，戲曰：「王處士以我當爲天子，若一旦到此，足下要何官，請言之。」頡跌氏曰：「某三十年作估來，未有不由京洛者，每見税官坐而獲利，一日所獲，可以敵商賈數月，私心羡之。若大官爲天子，某願得京洛税院足矣。」世宗笑曰：「何望之卑耶！」及承郭氏之後踐祚，頡跌猶在，召見，竟如初言以與之。世宗之征東也，駐蹕於高平，劉崇兼契丹之衆來迎戰。時帥多持兩端，而王師不利。親軍帥樊愛能等各退衄，世宗赫怒〔三〕，躍馬入陣，引五十人直衝崇之牙帳。崇方張樂飲酒，以示閑暇，及其奄至，莫不驚駭失次，世宗因以奮擊，遂敗之，追奔于城下。凱旋，駐蹕潞州，且欲出其不意以誅退衄者，乃置酒高會，指樊愛能等數人責之曰：「汝輩皆累朝宿將，非不能用兵者也，然退衄者無他，誠欲將寡人作物貨賣與劉崇爾。不然，何寡人親戰而劉崇始敗耶？如此則卿等雖萬死不足以謝天下，宜其曲膝引頸以待斧誅。」言訖，命行刑壯士擒出，皆斬之〔二三〕。于是立功之士以次行賞，自行伍拔于軍廂者甚衆，其恩威並著，皆此類也。初，劉崇求援于契丹，得騎數千，及覩世宗兵少，悔之，曰：「吾觀周師易與爾，契丹之衆宜勿用，但以我軍攻戰，自當萬全。如此則不惟破敵，亦足使契丹見而心服，一舉而有兩利，兵之機也。」諸將以爲然，乃使人謂契丹主將曰：「柴氏與吾，主客之勢，不煩足下餘刃，敢請勒兵登高觀之可也。」契丹不知其謀，從之。洎世宗之陣也，三軍皆賈勇爭進，無不一當百，契丹望而畏之，故不救而崇敗。論者曰：世宗患諸將之難制也久矣，思欲誅之，未有其釁，高平之役，可謂天假，故其斬決而無貸焉。自是姑息之政不行，朝廷始尊大，自非英主，其孰能爲之哉。

世宗既下江北〔二四〕，駐蹕於建安，以書召僞主。僞主惶恐，命鍾謨、李德明爲使以見世宗。德明素有詞辯，以利害說世宗使罷兵。世宗具知之〔二五〕，乃盛陳兵師，排旗幟戈戟，爲鹿頂道以凑御〔二六〕，然後引德明等入見。世宗謂之曰：「汝江南自以爲唐之後，衣冠禮樂世無比，何故與寡人隔一帶水，更不發一使奉書相問，惟泛海以通契丹，舍華事夷，禮將安在？今又聞汝以詞說寡人罷兵，是將寡人比六國時一羣癡漢，何不知人之甚也！汝慎勿言，當速歸報汝主，令徑來跪寡人兩拜，則無事矣。不然，則寡人須看金陵城，借府庫以犒軍，汝等得無悔乎！」於是德明等戰懼，不能措一辭，即日告歸。及見僞主，具陳世宗英烈之狀，恐非四方所能敵。僞主計無所出，遂上表服罪，且乞保江南之地，以奉宗廟，修職貢，其詞甚哀。世宗許之，因曰：「叛則征，服則懷，寡人之心也。」於是遣使者齎書安之，然後凱還。論者以世宗加兵於江南，不獨臨之以威，抑亦諭之以禮，可謂得大君之體矣。陳摶，陝西人。能爲詩，數舉不第，慨然有塵外之趣，隱居華山，自是其名大振。世宗之在位也，以四方未服，思欲牢籠英傑，且以摶曾踐場屋，不得志而隱，必有奇才遠略，於是召到闕下，拜左拾遺。摶不就，堅乞歸山，世宗許之。未幾，賜之書：「敕陳摶，朕以汝高謝人寰，栖心物外，養太浩自然之氣，應少微處士之星，既不屈於王侯，遂高隱於岩壑，樂我中和之化，慶乎下武之期。而能遠涉山涂，暫來城闕，浹旬延遇，弘益居多，白雲暫駐於帝鄉，好爵難縻於達士。昔唐堯之至聖，有巢許爲外臣，朕雖寡薄，庶遵前鑒。恐山中所闕，已令華州刺史每事供須。乍反故山，履兹春序，緬懷高尚，當適所宜，故兹撫問，想宜知悉。」即陶穀之詞也。初，摶之被召，嘗爲詩一章云：「草澤吾皇詔，圖南摶姓陳。三峯十年客，四海一閑人。世態從來薄，詩情自得真。超然居物外，何必使爲臣。」好事者欣然謂之答詔詩。世宗以張昭遠好古直，甚重之，因問曰：「朕欲一賢相，卿試爲言朝廷誰可。」昭遠對曰：「以臣所見，莫若李濤。」世宗常薄濤之爲人，聞昭遠之舉甚驚，曰：「李濤本非重厚，朕以爲無大臣體，卿首舉此何也？」昭遠曰：「陛下所聞止名行，曾不聞才略如何耳〔二七〕。且濤事晉高祖，曾上疏論邠州節度使張彦澤蓄無君心，宜早圖之，不然則爲國患，晉祖不納。其後契丹南侵，彦澤果有中渡之變，晉社殲焉。先帝潛龍時，亦上疏請解其兵權，以備非常之變，少主不納，未幾先帝遂有天下。以國家安危未兆間，濤已先見，非賢而何？臣所以首舉之者〔二八〕，正爲此也。」世宗曰：「今卿言甚公，然此人終不可于中書安置。」居無何，濤亦卒。濤爲人不拘禮法，與弟澣雖甚雍睦，然聚話之際，不典之言，往往間作。澣娶禮部尚書竇寧固之女，年甲稍長，成婚之夕，竇氏出參，濤輒望塵下拜。澣驚曰：「大哥風狂耶？新婦參阿伯，豈有答禮儀。」濤應曰：「我不風，只將謂是親家母。」澣且慚且怒。既坐，竇氏復拜，濤又叉手當胸，作歇後語曰：「慚無竇建，繆作梁山，喏喏喏！」時聞者莫不絕倒。凡濤於閨門之內，不存禮法也如此，世宗以爲無大臣體，不復任用，宜哉！

世宗志在四方，常恐運祚速而功業不就，以王朴精究術數，一旦從容問之曰：「朕當得幾年？」對曰：「陛下用心，以蒼生爲念，天高聽卑，自當蒙福。臣固陋，輒以所學推之，三十年後非所知也。」世宗喜曰：「若如卿言，寡人當以十年開拓天下，十年養百姓，十年致太平，足矣。」其後自瓦橋關回戈，未到關而晏駕，計在位止及五年餘六箇月，五六乃三十之數也，蓋朴婉而言之。世宗末年，大舉以取幽州，契丹聞其親征，君臣恐懼，沿邊城壘皆望風而下，凡蕃部之在幽州者，亦連宵遁去。車駕至瓦橋關，探邏是寔，甚喜，以爲大勳必集，登高阜，因以觀六師。頃之，有父老百餘輩持牛酒以獻，世宗問曰：「此地何名？」對曰：「歷世相傳，謂之病龍臺。」默然，遽上馬馳去。是夜，聖體不豫，翌日病亟，有詔回戈，未到關而晏駕。先是，世宗之在民間也〔二九〕，常夢神人以大傘見遺，色如鬱金，加道經一卷，其後遂有天下。及瓦橋不豫之際，復夢向之神人來索傘與經，夢中還之而驚起，謂近侍曰：「吾夢不祥，豈非天命將去耶？」遂召大臣，戒以後事。初，幽州聞車駕將至，父老或有竊議曰：「此不足憂，且天子姓柴，幽州爲燕〔三〇〕，燕者亦煙火之謂也。此柴入火不利之兆，安得成功。」卒如其言。

史臣曰：世宗頃在仄微，尤務韜晦，及天命有屬，嗣守鴻業，不日破高平之陣，逾年復秦、鳳之封，江北、燕南，取之如拾芥，神武雄略，乃一代之英主也。加以留心政事，朝夕不倦，摘伏辯姦，多得其理。臣下有過，必面折之，常言太祖養成二王之惡，以致君臣之義，不保其終，故帝駕馭豪傑，失則明言之，功則厚賞之，文武參用，莫不服其明而懷其恩也。所以仙去之日，遠近號慕。然禀性傷於太察，用刑失於太峻，及事行之後，亦多自追悔。逮至末年，漸用寬典，知用兵之頻併，憫黎民之勞苦，蓋有意於康濟矣。而降年不永，美志不就，悲夫！　永樂大典卷八千九百八十四。

校勘記

〔一〕聞喜宴　原作「開喜宴」，據殿本、劉本、孔本、邵本校、册府卷六四二改。

〔二〕以宣徽南院使吴廷祚爲權東京留守　「宣徽南院使」，原作「宣徽南苑使」，據册府卷一一八、新五代史卷一二周本紀、通鑑卷二九四改。

〔三〕以宣徽北院使昝居潤副之　「副之」，原作「爲副使」，據册府卷一一八改。按宋史卷二六二昝居潤傳記居潤時爲宣徽北院使、兼副留守。

〔四〕以三司使張美爲權大内都部署　「權」字原闕，據册府卷一一八、通鑑卷二九四補。

〔五〕自此以西　「此」，原作「北」，據殿本、劉本、孔本改。彭校、册府卷二〇、卷一一八作「關」。

〔六〕今上先至瓦橋關　「先」字原闕，據殿本、劉本、孔本、通鑑卷二九四、宋史卷一太祖紀一補。

〔七〕鄭州刺史劉楚信以州來降　「鄭州」，原作「鄚州」，據殿本、劉本改。册府卷二〇、通鑑卷二九四、遼史卷六穆宗紀敍其事皆作「莫州」。按舊唐書卷三九地理志二，莫州即鄚州。又「鄚州刺史」上册府卷二〇、卷一二六、卷一六七有「僞」字。

〔八〕瀛州刺史高彦暉以本城歸順　「瀛州刺史」上册府卷二〇、卷四四、卷一一八、卷一六七有「僞」字。

〔九〕邊界城邑皆望風而下　「邊界」，册府卷二〇、卷四四、卷一一八作「虜界」。

〔一〇〕己酉　原作「乙酉」，據通鑑卷二九四改。按是月乙巳朔，無乙酉，己酉爲初五。

〔一一〕入河東界　「河東」下原有「城」字，據殿本及本卷下文删。

〔一二〕黄禹錫　原作「王禹錫」，據册府卷二三二、宋史卷四八三留從效傳改。按册府卷一六七載顯德六年六月賜留從效詔亦稱黄禹錫至省上表歸附。

〔一三〕世宗熟視久之　「視」，原作「思」，據孔本、邵掃編卷上改。

〔四〕獲僞刺史張丕旦　「刺史」，原作「判史」，據殿本、劉本、孔本、宋史卷四八四李筠傳及本卷下文改。

〔五〕以皇長子宗訓爲特進　「皇」，原作「王」，據殿本、邵本校、彭校、舊五代史考異引文、通曆卷一五改。

〔六〕歐陽史周家人傳　「周」，原作「漢」，據新五代史卷二〇周世宗家人傳改。

〔七〕通鑑從薛史作宗讓　以上八字原闕，據孔本補。

〔八〕忽於遞中得一木　「遞」，原作「地」，據通曆卷一五改。按宋史卷一太祖紀一敍其事云：「世宗在道閱四方文書，得韋囊中有木三尺餘。」

〔九〕其上卦全題云點檢做　「卦」，通曆卷一五作「封」。

〔一〇〕世宗師還擢左領軍上將軍宣徽北院使與薛史微異又云　以上二十三字原闕，據孔本補。

〔一一〕十一月壬寅朔　「十一月」，原作「十二月」，據殿本、孔本、本書卷一二〇周恭帝紀、通鑑卷二九四改。按十一月壬寅朔，十二月壬申朔。

〔一二〕世宗赫怒　「怒」，原作「然」，據殿本、孔本、五代史補卷五改。

〔一三〕皆斬之　「皆」字原闕，據殿本、孔本、五代史補卷五補。

〔一四〕世宗既下江北　「下」上原有「主」字，據殿本、劉本、孔本校、五代史補卷五刪。

〔一五〕世宗具知之　「具」，原作「且」，據劉本、五代史補卷五改。

〔二六〕爲鹿頂道以湊御　「鹿頂道」，原作「門頃道」，據五代史補（四庫本）卷五改。

〔二七〕曾不聞才略如何耳　「聞」，原作「問」，據殿本、劉本、孔本、五代史補卷五改。

〔二八〕臣所以首舉之者　「以」字原闕，據五代史補（顧校）卷五補。

〔二九〕世宗之在民間也　「也」，原作「已」，據舊五代史考異卷四、五代史補（顧校）卷五改。

〔三〇〕幽州爲燕　「州」，原作「者」，據殿本、五代史補（四庫本）卷五改。

舊五代史卷一百二十

周書十一

恭帝紀

恭帝，諱宗訓，世宗子也。案五代會要云：世宗後宮所生。通鑑注云：世宗第四子也〔一〕。歐陽史作：不知其母爲誰氏。今附識于此。（舊五代史考異）廣順三年歲在癸丑八月四日，生於澶州之府第。顯德六年六月癸未，制授特進、左衞上將軍，封梁王，食邑三千户，實封五百户。癸巳，世宗崩。甲午，内出遺制，命帝柩前即皇帝位。是日，羣臣奉帝即位而退。丁酉，北面兵馬都部署韓令坤奏，敗契丹五百騎於霸州北。戊戌，文武百僚、宰臣范質等上表請聽政，表三上，允之。壬寅，文武臣僚上表，請以八月四日爲天壽節，從之。癸卯，以司徒、平章事范質爲山陵使，以翰林學士、判太常寺事竇儼爲禮儀使，以兵部尚書張昭爲鹵簿使，以御史中丞邊歸讜爲儀仗使，以宣徽南院使、判開封府事昝居潤爲橋道頓遞使〔二〕。是月，州郡十六奏大雨連旬不止。

秋七月丁未，以户部尚書李濤爲山陵副使，户部，原本脱「部」字，今據文增入。（影庫本粘籤）以度支郎中盧億爲山陵判官。辛亥，左散騎常侍申文炳卒。乙卯，右拾遺徐雄奪三任官，坐誣奏雷澤縣令虚破户也。丁巳，百僚釋服。尚輦奉御金彦英，本東夷人也，奉使高麗，稱臣於夷王，故及於罪〔三〕。庚申，以邢州節度使王仁鎬爲襄州節度使，進封開國公；以侍衛步軍都指揮使、曹州節度使、檢校太保袁彦爲陝州節度使，加檢校太傅；以右羽林統軍、權知邢州事、檢校太保李繼勳爲邢州節度使，加檢校太傅；以滑州留後、檢校太保陳思讓爲滄州節度使；以侍衛馬軍都指揮使、陳州節度使、檢校太傅韓令坤爲侍衛馬步都虞候，依前陳州節度使，加檢校太尉；以龍捷左廂都指揮使、岳州防禦使、檢校司徒高懷德爲夔州節度使〔四〕，充侍衛馬軍都指揮使、檢校太保；以虎捷左廂都指揮使、常州防禦使、檢校司空張鐸爲遂州節度使，充侍衛步軍都指揮使〔五〕、檢校太保，仍改名令鐸。案宋史張令鐸傳云：本名鐸，以與河中張鐸同姓名，故賜今名。（舊五代史考異）壬戌，以鄆州節度使、充侍衛馬步軍都指揮使、檢校太傅、兼侍中李重進爲淮南節度使、檢校太尉、兼侍中，依前侍衛馬步軍都指揮使；以襄州節度使、檢校太尉、同平章事向拱爲河南尹，充西京留守，加檢校太師、兼侍中；案通鑑：向拱即向訓也，避恭帝名改焉。（舊五代史考異）考宋史向拱傳，拱本名訓，周恭帝時避御名改爲拱，今附識于此。（影庫本粘籤）以宋州節度使、充侍衛馬步軍副都指揮使〔六〕、檢校太尉、同平章事韓通爲鄆州節度使，依前侍衞親軍馬步軍副都指揮使；以澶州節度使、檢校太尉、同平章事、駙馬都尉張永德爲許州節度使，進封開國公；以今上爲宋州節度使，依前檢校太尉、殿前都點檢，進封開國侯；以淮南節度使兼殿前副都點檢、檢校太保慕容延釗爲澶州節度使、檢校太傅，依前殿前副都點檢，進封開國伯；以殿前都指揮使、江州防禦使、檢校司空石守信爲滑州節度使、檢校太保，依前殿前都指揮使。丙寅，制大赦天下。庚午，翰林學士、判太常寺竇儼撰進大行皇帝太室歌酌獻辭，舞曰定功之舞，定功，原本作「空力」，今從五代會要改正。（影庫本粘籤）歌辭不録。是月，諸道相繼奏，大雨，所在川渠漲溢，漂溺廬舍，損害苗稼。

八月甲戌朔，以光禄卿致仕柴守禮爲太子太保致仕。乙亥，翰林學士、兼判太常寺竇儼撰進大行皇帝尊謚曰睿武孝文皇帝，廟號世宗，從之。庚辰，天下兵馬都元帥、守尚書令、兼中書令、吴越國王錢俶加食邑一千户，實封四百户，改賜功臣。天雄軍節度使、檢校太師、守太傅、兼中書令、魏王符彦卿加守太尉；夏州節度使、檢校太師、守太保、兼中書令、西平王李彝興加守太傅；荆南節度使、檢校太師、守中書令、南平王高保融加守太保。壬午，山陵使范質撰進大行皇帝陵名曰慶陵，從之。秦州節度使、西面沿邊都部署、檢校太師、守中書令、褒國公王景進封涼國公，徐州節度使、檢校太師、兼中書令郭從義加開府儀同三司，鄜州節度使、檢校太師、兼中書令、邢國公武行德進封宋國公，永興軍節度使、檢校太師、兼侍中李洪義加開府儀同三司，鳳翔節度使、檢校太尉、兼侍中郭崇加檢校太師〔七〕，潞州節度使、檢校太傅、兼侍中李筠加檢校太尉，朗州節度使、朗州，原本作「狼州」，今從十國春秋改正。（影庫本粘籤）檢校太尉、兼侍中周行逢加檢校太師。甲申，壽州節度使、檢校太師、同平章事、韓國公楊信封魯國公。邠州節度使、檢校太師劉重進，廬州節度使、檢校太尉趙贊，鄧州節度使、檢校太尉宋延渥，並加開府儀同三司。涇州節度使、檢校太尉白重贊，河中節度使、檢校太尉張鐸，並加階爵。丙戌，易定節度使孫行友、行友，原本作「行支」，今從宋史改正。（影庫本粘籤）靈州節度使馮繼業、府州節度使折德扆，並自檢校太保加檢校太傅，進階爵。以延州留後、檢校太傅李萬全爲延州節度使，進封開國公。庚寅，皇弟特進、檢校太保、左驍衛上將軍〔八〕、燕國公、食邑三千户宗讓加檢校太傅，進封曹王，改名熙讓；熙謹可光禄大夫、檢校太保、右武衛大將軍，封紀王，食邑三千户；熙誨可金紫光禄大夫〔九〕、檢校司徒、左領衛大將軍，封蘄王，食邑三千户。制下，即令所司擇日備禮册命。以晉國長公主張氏爲晉國大長公主。以前陜州節度使、檢校太尉藥元福爲曹州節度使，進階爵。甲午，守司徒、同平章事、弘文館大學士、參知樞密院事范質加開府儀同三司，進封蕭國公；門下侍郎兼禮部尚書、同平章事、監修國史、參知樞密院事王溥加右僕射，進封開國公；樞密使、中書侍郎、同平章事、集賢殿大學士魏仁浦加兼刑部尚書，依前樞密使；檢校太傅、左驍衛上將軍吴廷祚依前樞密使〔一〇〕，進封慶國公；以左武衛上將軍史佺爲左金吾上將軍致仕。乙未，以隴州防禦使王全斌爲相州留後。戊戌，宣徽南院使、判開封府事昝居潤，宣徽北院使、判三司張美，並加檢校太傅。己亥，前司空李穀加開府儀同三司、趙國公。以前太傅少卿朱渭爲太僕卿致仕〔一一〕。辛丑，左金吾上將軍致仕史佺卒。壬寅，高麗國遣使朝貢，兼進別序孝經一卷、越王孝經新義八卷〔一二〕、皇靈孝經一卷、孝經雌圖三卷。案文昌雜録云：別序者，記孔子所生及弟子從學之事。新義者，以越王爲問目，釋疏文之義。皇靈者，止説延年避災之事及符文，乃道書也。雌圖者，止説日之環暈、星之彗孛，亦非奇書。又孝經雌圖三卷，歐陽史作一卷。（舊五代史考異）考文昌雜録云：別敍孝經者，紀孔子生卒之年月；越王孝經新義者，以越王爲問答；皇靈孝經言五德之運；孝經雌圖兼及壬遁之術。皆無當於經義，謹附識于此。（影庫本粘籤）

九月壬子，前滄州留後李彦頵卒。乙卯，高麗王王昭加檢校太師，食邑三千户。丙辰，以三司副使王贊爲内客省使兼北面諸州水陸轉運使。癸亥，前開封縣令路延規除名〔一三〕，流沙門島。先是，延規有過停任，有司召延規宣敕，延規拒命〔一四〕，爲憲司所按，故有是命。甲子，以端明殿學士、禮部侍郎竇儀爲兵部侍郎充職；以尚書户部員外郎、直樞密院杜韡爲司門郎中[一五]，充樞密直學士，賜紫；以翰林學士、尚書度支員外郎王著爲金部郎中、知制誥充職，仍賜金紫。是日，翰林學士、尚書屯田郎中、知制誥李昉，都官郎中、知制誥扈蒙，水部郎中、知制誥趙逢，並加柱國，賜金紫。乙丑，兵部尚書張昭進封舒國公[一六]，户部尚書李濤進封莒國公。以太子詹事劉温叟爲工部侍郎、判國子祭酒事。是月，京師及諸州郡霖雨踰旬，所在水潦爲患，川渠泛溢。

冬十月癸酉朔，以司農卿致仕李鍇爲太僕卿致仕，太常少卿致仕姚遂爲將作監致仕。丁亥，太子太師薛懷讓封杞國公。壬辰，翰林學士、判太常寺事竇儼撰進貞惠皇后廟歌辭。貞惠，原本作「德惠」，今從歐陽史改正。（影庫本粘籤）丁酉，世宗皇帝靈駕發引。戊戌，以前相州留後王暉爲右神武統軍。辛丑，江南國主李景來告，世子弘冀卒，遣御廚使張延範充弔祭使。

十一月壬寅朔，葬世宗皇帝於慶陵，以貞惠皇后劉氏祔焉。戊申，西京奏，太子太師致仕白文珂卒。丙辰，日南至，百僚奉表稱賀。戊午，廢兗州廣利軍，依舊爲萊蕪監。壬戌，升鳳州固鎮爲雄勝軍。丙寅，左羽林統軍馬希崇。案：原本有脱誤。

十二月壬申朔，史館奏，請差官修撰世宗實録，從之。甲戌，改萬歲殿爲紫宸殿。甲午，西京奏，左屯衞上將軍致仕李萼卒。乙未，大霖，晝昏，凡四日而止，分命使臣賑給諸州遭水人户。

顯德七年春正月辛丑朔，文武百僚進名奉賀。鎮、定二州馳奏，契丹入寇，河東賊軍自土門東下，與蕃寇合勢，詔今上率兵北征。癸卯，發京師，是夕宿於陳橋驛。未曙，軍變，將士大譟呼萬歲，擐甲將刃，推戴今上升大位，扶策升馬，擁迫南行。是日，詔曰：「天生蒸民，樹之司牧，二帝推公而禪位，三王乘時以革命，其極一也。予末小子，遭家不造，人心已去，國命有歸。咨爾歸德軍節度使、殿前都點檢趙〔一七〕，案：原空二字。稟上聖之姿，有神武之略，佐我高祖，格于皇天，逮事世宗，功存納麓，東征西怨，厥績懋焉。天地鬼神，享於有德，謳謡獄訟，附于至仁，應天順民，法堯禪舜，如釋重負，予其作賓，嗚呼欽哉，祗畏天命。」今上於是詣崇元殿受命，百官朝賀而退。制封周帝爲鄭王，案續通鑑長編云：建隆三年，周鄭王出居房州。（舊五代史考異）新、舊録並稱鄭王以建隆三年出居房州。王皞唐餘録乃云，鄭王以開寶三年自西宮出居房州，恐誤。（孔本）以奉周祀，正朔服色一如舊制，奉皇太后爲周太后。

皇朝開寶六年春，崩于房陵。今上聞之震慟，發哀成服於便殿，百僚進名奉慰。尋遣中使監護其喪。案續通鑑長編云：開寶六年三月乙卯，房州上言，周鄭王殂，上素服發哀，輟視朝十日。（舊五代史考異）以其年十月，歸葬于世宗慶陵之側。詔有司定謚曰恭皇帝，陵曰順陵。永樂大典卷八千九百八十九。案續通鑑長編云：仁宗嘉祐四年，詔有司取柴氏譜系，於諸房中推最長一人，令歲時奉周祀〔一八〕。（舊五代史考異）

史臣曰：夫四序之氣，寒往則暑來；五行之數，金銷則火盛。故堯舜之揖讓，漢魏之傳禪，皆知其數而順乎人也。況恭帝當紈綺之沖年，會笙鏞之變響，聽謳歌之所屬，知命曆之有在，能遜其位，不亦善乎。終謚爲恭，固其宜矣。永樂大典卷八千九百八十九。

校勘記

〔一〕通鑑注云世宗第四子也　以上十字原闕，據孔本補。

〔二〕以宣徽南院使判開封府事昝居潤爲橋道頓遞使　「府」字原闕，據彭本、新五代史卷一二周本紀補。

〔三〕尚輦奉御金彥英本東夷人也奉使高麗稱臣於夷王故及於罪　「金彥英」下邵本校有小注「案以下疑有闕文」七字。册府卷六六四敍其事云：「金彥英本東夷人，爲尚輦奉御，奉使高麗，稱臣於夷王……決杖二百，配流商州。」

〔四〕以龍捷左廂都指揮使岳州防禦使檢校司徒高懷德爲夔州節度使　「龍捷」，原作「虎捷」，據册府卷九八七、宋史卷二五〇高懷德傳改。

〔五〕常州防禦使檢校司空張鐸爲遂州節度使充侍衞步軍都指揮使　以上二十六字原闕，據殿本、劉本、孔本補。影庫本粘籤：「『仍改名令鐸』以上原本疑有脱誤，今無别本可校，姑仍其舊，附識于此。」

〔六〕充侍衞馬步軍副都指揮使　「使」字原闕，據殿本、劉本、邵本校補。

〔七〕鳳翔節度使檢校太尉兼侍中郭崇加檢校太師　本書卷一一九周世宗紀六：「（顯德六年）永興軍節度使王彦超移鎮鳳翔。」宋史卷二五五王彦超傳作「宋初，加兼中書令，代還」，時鎮鳳翔者係王彦超。宋史卷二五五郭崇傳未記其嘗歷鳳翔。朱玉龍方鎮表：「舊史『郭崇』云云，或以制詞割裂脱漏而誤。」

〔八〕左驍衞上將軍　「驍」，原作「饒」，據殿本、劉本、邵本改。

〔九〕熙誨可金紫光禄大夫　「熙誨」上原有「皇弟」二字，據殿本、邵本、通鑑卷二九四、新五代史卷一二周本紀及本卷上下文删。影庫本粘籤：「『熙誨』二字原本疑衍『皇弟』二字，今無别本可校，姑仍其舊。」

〔一〇〕左驍衞上將軍　「左」，原作「右」，據本書卷一一九周世宗紀六、宋史卷二五七吴廷祚傳改。

〔一一〕以前太傅少卿朱渭爲太僕卿致仕　「傅」，疑爲「僕」之訛。

〔一二〕越王孝經新義八卷　「八卷」，原作「一卷」，據殿本、孔本、五代會要卷三〇、册府卷九七二、新五代史卷七四四夷附録改。

〔三〕路延規　册府卷七〇七作「駱延規」。

〔四〕延規拒命　「延規」二字原闕，據殿本、孔本、册府卷七〇七補。

〔五〕直樞密院杜韡爲司門郎中　「杜韡」，原作「杜華」，據孔本改。按續資治通鑑長編卷三：「樞密直學士、司門郎中安平杜韡，美風儀，工尺牘。仕周世宗，居近職。」全唐文補編卷一〇五大周推誠翊戴功臣金紫光禄大夫檢校司徒使持節衞州諸軍事衞州刺史兼御史大夫上柱國太原縣開國男食邑三百户郭公屏盜碑署「朝請大夫行右補闕柱國臣杜韡奉敕撰」，疑即其人。

〔六〕兵部尚書張昭進封舒國公　「封」字原闕，據殿本、劉本、孔本校、邵本校、彭校補。

〔七〕殿前都點檢　「殿」字原闕，據劉本、東都事略卷一補。

〔八〕令歲時奉周祀　「祀」，原作「紀」，據殿本、劉本、孔本、續資治通鑑長編卷一八九改。

舊五代史卷一百二十一　周書十二

后妃列傳第一

太祖聖穆皇后柴氏　淑妃楊氏　貴妃張氏　德妃董氏

世宗貞惠皇后劉氏　宣懿皇后符氏

太祖聖穆皇后柴氏，邢州龍崗人，案：龍川別志作魏成安人。（舊五代史考異）世家豪右。

太祖微時，在洛陽聞后賢淑，遂聘之。案東都事略張永德傳云：周太祖柴后，本唐莊宗之嬪御也，莊宗没，明宗遣歸其家。行至河上，父母迓之，會大風雨，止於逆旅數日。有一丈夫走過其門，衣弊不能自庇，后見之，驚曰：「此何人邪？」逆旅主人曰：「此馬步軍使郭雀兒者也。」后異其人，欲嫁之，請於父母。父母恚曰：「汝帝左右人，歸當嫁節度使，奈何欲嫁此人？」后曰：「此貴人也，不可失也。」囊中裝分半與父母，我取其半。」父母知不可奪，遂成婚於逆旅中。所謂郭雀兒，即周太祖也。此事薛史不載，蓋當時爲之諱言。太祖壯年，喜飲博，好任俠，不拘細行，后規其太過，每有內助之力焉。世宗皇帝即后之姪也，幼而謹愿，后甚憐之，故太祖養之爲己子。太祖嘗寢，后見五色小蛇入顴鼻間，心異之，知其必貴，敬奉愈厚。未及貴而厭代。太祖即位，乃下制曰：「義之深無先於作配，禮之重莫大於追崇。朕當宁載思〔一〕，撫存懷舊。河洲令德，猶傳荇菜之詩；嬀汭大名，不及珩璜之貴。俾盛副笄之禮，以伸求劍之情。故夫人柴氏，代籍貽芳，湘靈集慶。體柔儀而陳翽翟，芬若椒蘭；持貞操以選中璫，譽光圖史。懿範尚留於閨闈，昌言有助於箴規。深唯望氣之艱，望氣，原本作「望器」，今詳其文義，當是用漢武帝望氣河間事，「器」字係傳寫之訛，今改正。（影庫本粘籤）彌歎藏舟之速，將開寶祚，俄謝璧臺〔二〕。宜正號於軒宮，俾潛耀於坤象，可追命爲皇后。仍令所司定謚，備禮册命。」既而有司上謚曰聖穆。顯德初，太祖神主入廟，以后祔于其室。永樂大典卷八千九百八十九。

淑妃楊氏，鎮州真定人。父弘裕，真定少尹。案東都事略楊廷璋傳云：父洪裕，少漁貂裘陂，有以二石鴈授之者，其翼一撿左，一撿右，曰：「吾北嶽使也。」言訖不知所之。是年生女，爲周太祖淑妃〔三〕，明年生廷璋。當河朔全盛之時，所屬封疆，制之於守帥，故韶顏美媛，皆被選於王宮。妃幼以良家子中選，事趙王王鎔。張文禮之亂，妃流離於外。唐明宗在藩，録其遺逸。安重誨保庇妃家，致其仕進，父母即以妃嫁于鄉人石光輔，不數年嫠居。太祖佐漢之初，屬聖穆皇后棄世，聞妃之賢，遂以禮聘之。案宋史楊廷璋傳：有姊寡居京師，周祖微時，欲聘之，姊不從。令媒氏傳言恐逼，姊以告廷璋。廷璋往見周祖，歸謂姊曰：「此人姿貌異常，不可拒。」姊乃從之。（舊五代史考異）妃睦族撫孤，宜家內助，甚有力焉。晉天福末，卒於太原，因留葬於晉郊。廣順元年九月，追册爲淑妃。太祖凡一后三妃，及嵩陵就掩，皆議陪祔。時以妃喪在賊境，未及遷窆〔四〕，世宗乃詔有司於嵩陵之側，預營一冢以虚之，俟賊平即議襄事。顯德元年夏，世宗征河東，果成素志焉。

妃兄廷璋，案東都事略：廷璋係淑妃之弟。續通鑑長編亦云：廷璋有姊爲周太祖妃。俱與薛史異。（舊五代史考異）早事太祖。即位，累歷內職，出爲晉州節度使。皇朝撫運，移鎮邢州，又改鄜州，受代歸闕，卒於私第。永樂大典卷一千二百六十六。

貴妃張氏，恒州真定人也。祖記，成德軍節度判官、檢校兵部尚書。父同芝，本州諮呈官、檢校工部尚書，事趙王王鎔，歷職中要。諮呈官及中要，皆不見職官志，疑當時藩鎮所私設之官也。今無可復考，謹附識于此。（影庫本粘籤）天祐末，趙將張文禮殺王鎔，以鎮州歸梁，莊宗命將符存審討平之。時妃年尚幼，有幽州偏將武從諫者，駐旆於家，見妃韶令，乃爲其子聘之。武氏家在太原，太祖從漢祖鎮并門，屬楊夫人以疾終，無何武氏子卒，太祖素聞妃之賢，遂納爲繼室。太祖貴，累封至吴國夫人。漢隱帝末，蕭牆變起，屠害大臣，太祖在鄴都被讒，妃與諸皇屬同日遇害於東京舊第。太祖踐祚，追册爲貴妃，發哀，故世宗有起復之命。世宗嗣位，以太祖舊宅即妃遇禍之地，因施爲僧院，以「皇建」爲名焉。永樂大典卷八千九百八十九。

德妃董氏，常山靈壽人也。祖文廣，唐深州録事參軍。父光嗣，趙州昭慶尉。妃孩提穎悟，始能言聽，按絲管而能辨其聲。年七歲，遇鎮州之亂，親黨羈離，與妃相失。潞州牙將得之，匿于褚中。其妻以息女不育，得妃憐之，過于所生，姆教師箴，功容克備。妃家悲念，其兄瑀諸處求訪，垂六七年，後潞將入官于朝，妃之鄉親頗有知者，瑀見潞將，欣歸之，時年十三。妃歸踰年，嫁爲里人劉進超之妻，進超爲内職，及契丹破晉之歲，陷蕃殁焉。妃嫠居洛陽，太祖楊淑妃與妃鄉親，平居恒言妃賢德。太祖從漢祖幸洛，因憶淑妃之言，尋以禮納之。鼎命初建，張貴妃遇禍，中宮虚位，乃册爲德妃。太祖自聖穆皇后早世以來，屢失邦媛，中幃内助，唯妃存焉，加以結珮脱簪，率由令範。

廣順三年夏〔五〕，遇疾，醫藥之際，屬太祖兖海之征，兖海，原本作「衮海」，今據歐陽史改正。（影庫本粘籤）車駕將行，妃奏曰：「正當暑毒，勞陛下省巡，明發宵征，須人供侍，司簿已下典事者，各已處分從行。」太祖曰：「妃疾未平，數令診視，此行在近，無煩内人。」及太祖駐蹕魯中，妃志欲令内人進侍，發中使往來言之。太祖手敕鄭仁誨曰：「切慮德妃以朕至兖州行營，津置内人承侍。緣諸軍在野，不可自安，令鄭仁誨專心體候。如德妃津置内人東來，便須上聞約住，或取索鞍馬，不得供應。如意堅確，即以手敕示之。」既而平定兖州，車駕還京，妃疾無減，俄卒於大内，時年三十九。輟朝三日。

妃長兄瑀，以左贊善大夫致仕。仲兄玄之、季兄自明，皆累歷郡守。永樂大典卷八千九百八十九。

世宗貞惠皇后劉氏，將家女也，幼歸於世宗。漢乾祐中，世宗在西班，后始封彭城縣君。世宗隨太祖在鄴，后留居邸第。漢末李業等作亂，后與貴妃張氏及諸皇族同日遇禍。

國初，追封彭城郡夫人。顯德四年夏四月，追册爲皇后，謚曰貞惠，陵曰惠陵。永樂大典卷八千九百八十九。

宣懿皇后符氏，祖存審，事後唐武皇、莊宗，位極將相，追封秦王。父彦卿，天雄軍節度使，封魏王。后初適李守貞之子崇訓。崇訓，原本作「崇酬」，今從通鑑改正。（影庫本粘籤）漢乾祐中，守貞叛於河中，太祖以兵攻之，及城陷，崇訓自刃其弟妹，次將及后，后時匿於屏處，以帷箔自蔽，崇訓倉黄求后不及，遂自刎，后因獲免。太祖入河中，令人訪而得之，即遣女使送于其父，自是后常感太祖大惠，拜太祖爲養父。世宗鎮澶淵日，太祖爲世宗聘之。后性和惠，善候世宗之旨，世宗或暴怒於下，后必從容救解，世宗甚重之。及即位，册爲皇后。世宗將南征，后常諫止之，言甚切直，世宗亦爲之動容。洎車駕駐於淮甸，久冒炎暑，后因憂恚成疾。顯德三年七月二十一日[六]，崩於滋德殿，時年二十有六。世宗甚悼之。既而有司上謚曰宣懿，葬于新鄭，陵曰懿陵。永樂大典卷八千九百八十九。案：世宗有兩符后，其後符后即宣懿之女弟也，入宋稱符太后[七]，薛史不爲立傳，未免闕略。五代史補：世宗皇后符氏，即魏王彦卿之女。時有相工視之大驚，密告魏王曰：「此女貴不可言。」李守貞素有異志，因與子崇訓娶之，禮畢，守貞甚有喜色。其後據河中叛，高祖爲樞密使，受命出征。后知高祖與其父有舊，城破之際，據堂門而坐，叱諸軍曰：「我符魏王女也，魏王與樞密太尉，兄弟之不若，汝等慎勿無禮。」於是諸軍聳然引退。頃之，高祖至，喜曰：「此女於白刃紛拏之際保全，可謂非常人也。」乃歸之魏王。至世宗即位，納爲皇后。既免河中之難，其母欲使出家，資其福壽。后不悦曰：「死生有命，誰能髡首跣足以求苟活也！」母度不可逼，遂止。世宗素以后賢，又聞命不以出家爲念，愈賢之，所以爲天下母也。

史臣曰：周室后妃凡六人，而追册者四，故中闈内則，罕得而聞，唯董妃、符后之懿範，亦無愧於彤管矣。永樂大典卷八千九百八十九。又案：薛史無外戚傳，考五代會要云：周太祖第三女樂安公主，爲漢室所害，廣順元年二月追封，至顯德四年四月，又追封莒國長公主。第四女壽安公主，降張永德，廣順元年四月封，至顯德元年，封晉國長公主。第五女永寧公主，廣順元年九月追封，至顯德四年四月，又追封梁國長公主。（舊五代史考異）

校勘記

〔一〕朕當宁載思　「思」，原作「恩」，據殿本、劉本、孔本改。

〔二〕俄謝璧臺　「璧」，原作「壁」，據殿本、劉本改。

〔三〕是年生女爲周太祖淑妃　原作「是年生周室淑妃」，據殿本、孔本、東都事略卷一九改。

〔四〕未及遷窆　「窆」，原作「定」，據劉本、邵本校、册府卷二七改。

〔五〕廣順三年夏　本書卷一一二周太祖紀三記董氏薨於廣順二年六月癸卯，又周太祖親征兗州事在廣順二年夏四月。

〔六〕顯德三年七月二十一日　「三年」，原作「二年」，據本書卷一一六周世宗紀三、五代會要卷一改。

〔七〕世宗有兩符后其後符后即宣懿之女弟也入宋稱符太后　「有兩符后其」、「入宋稱符太后」十一字原闕，據殿本補。

舊五代史卷一百二十二　周書十三

宗室列傳第二

郯王侗　杞王信　越王宗誼　曹王宗讓　紀王熙謹　蘄王熙誨

郯王侗〔一〕，太祖子，初名青哥，漢末遇害。太祖即位，詔贈太尉〔二〕，賜名侗。顯德四年追封。永樂大典卷一千二百六十六〔三〕。

杞王信，太祖子，初名意哥，漢末遇害。太祖即位，詔贈司空，賜名信。顯德四年追封。永樂大典卷一千二百六十六。　案：太祖諸子早歲遇害，本無事蹟。永樂大典所録薛史過于簡略，疑有删節，今無可考。據歐陽史家人傳云：初，帝舉兵於魏，漢以兵圍帝第，時張貴妃與諸子青哥、意哥，姪守筠、奉超、定哥皆被誅。青哥、意哥，不知其母誰氏。太祖即位，詔故第二子青哥贈太尉，賜名侗；第三子意哥贈司空，賜名信。皇姪守筠贈左領軍衛將軍，以「筠」聲近「榮」，爲世宗避，更名守愿；奉超贈左監門衛將軍；定哥贈左千牛將軍，賜名遜。世宗顯德四年夏四月癸未，詔曰：「禮以緣情，恩以悼往，矧在友于之列，尤鍾惻愴之情。故皇弟贈太保侗、贈司空信，景運初啓，天年不登，俾予終鮮，實慟予懷。侗可贈太傅，追封郯王〔四〕；信司徒，杞王。」又詔曰：「故皇從弟贈左領軍衛將軍守愿、贈左監門衛將軍奉超〔五〕、贈左千牛衛將軍遜等，頃因季世，不享遐齡，每念非辜，難忘有慟。守愿可贈左衛大將軍，奉超右衛大將軍，遜右武衛大將軍。」案：歐陽史所載詔辭，薛史已見本紀，今仍附録于此，以備參考。

越王宗誼，世宗子，漢末遇害。顯德四年追封。永樂大典卷一萬六千六百二十八。

曹王宗讓，世宗子，顯德六年封。永樂大典卷一萬六千六百二十八。

紀王熙謹，世宗子，顯德六年封，皇朝乾德二年卒。永樂大典卷一萬六千六百二十八。

蘄王熙誨，世宗子，顯德六年封。永樂大典卷一萬六千六百二十八。案歐陽史家人傳云：世宗子七人：長曰宜哥，次二皆未名，次曰恭皇帝，次曰熙讓，次曰熙謹，次曰熙誨，皆不知其母爲誰氏。宜哥與其二皆爲漢誅。太祖即位，詔賜皇孫名：誼，贈左驍衞大將軍；誠，左武衞大將軍；諴，左屯衞大將軍。顯德三年，羣臣請封宗室，世宗以謂爲國日淺，恩信未及于人，須功德大成，慶流于世，而後議之可也。明年夏四月癸未〔六〕，先封太祖諸子。又詔曰：「父子之道，聖賢不忘，再思夭閼之端，愈動悲傷之抱。故皇子左驍衞大將軍誼、左武衞大將軍誠、左屯衞大將軍諴等，載惟往事，有足傷懷，宜增一字之封，仍贈三台之秩。誼可贈太尉，追封越王；誠太傅，吴王；諴太保，韓王。」而皇子在者皆不封。六年，北復三關，遇疾還京師。六月癸未，皇子宗訓特進、左衞上將軍，封梁王，而宗讓亦拜左驍衞上將軍，封燕國公。後十日而世宗崩，梁王即位，是爲恭皇帝。其年八月，宗讓更名熙讓，封曹王。熙謹、熙誨皆前未封爵，遂拜熙謹右武衞大將軍，封紀王；熙誨左領軍衞大將軍〔七〕，封蘄王。乾德二年十月，熙謹卒。熙讓、熙誨不知其所終。案：薛史不載吴王誠、韓王諴，疑有闕文。

校勘記

〔一〕郯王侗　「郯王」，原作「剡王」，據邵本校、本書卷一一七周世宗紀四、册府卷九二六、五代會要卷二、新五代史卷一九周太祖家人傳改。

〔二〕詔贈太尉　「太尉」，本書卷一一一周太祖紀二、册府卷二九六作「太保」。按吴蘭庭五代史記纂誤補：「世宗顯德四年四月詔稱故皇弟贈太保侗可贈太傅，追封郯王。然則初贈是太保，非太尉。且惟是太保，故得加贈太傅，若已贈太尉，則其上惟有太師，豈容反加太傅乎？薛史太祖紀、世宗紀俱作贈太保，而宗室傳則云贈太尉，此正仍其誤。」

〔三〕永樂大典卷一千二百六十六　檢永樂大典目録，卷一二六六爲「妃」字韻「淑妃　德妃　賢妃　皇太子妃」，與本則内容不符，恐有誤記。疑出自卷一六六一八「建」字韻「封建十一唐五代」。本卷下一則同。

〔四〕郯王　原作「倓王」，據劉本、新五代史卷一九周太祖家人傳改。

〔五〕贈左監門衛將軍奉超　「左」，原作「右」，據新五代史卷一九周太祖家人傳改。

〔六〕明年夏四月癸未　「癸未」，原作「癸巳」，據新五代史卷二〇周世宗家人傳改。按是月戊午朔，無癸巳，癸未爲二十六日。

〔七〕熙誨左領軍衛大將軍　「左」，原作「右」，據新五代史卷二〇周世宗家人傳改。

舊五代史卷一百二十三

周書十四

列傳第三

高行周 安審琦 安審暉 安審信 李從敏 鄭仁誨

張彥成 安叔千 宋彥筠

高行周，字尚質，案通鑑考異引莊宗實録，行周作「行温」，是書唐紀尚仍實録之舊〔一〕。（舊五代史考異）幽州人也。生于嬀州懷戎軍之鵰窠里。曾祖順厲，世戍懷戎。父思繼，昆仲三人，俱雄豪有武幹，聲馳朔方〔二〕。唐武皇之平幽州也，表劉仁恭爲帥，仍留兵以戍之。以思繼兄爲先鋒都將、嬀州刺史，思繼爲中軍都將、順州刺史，案歐陽史：思繼爲李匡威戍將，先爲晉王所招，後事仁恭。與薛史異。（舊五代史考異）思繼弟爲後軍都將，昆仲分掌燕兵。部下士伍，皆山北之豪也，仁恭深憚之。武皇將歸，私謂仁恭曰：「高先鋒兄弟，勢傾州府，爲燕患者，必此族也，宜善籌之。」久之，太原戍軍恣横，思繼兄弟制之以法，所殺者多。太祖怒，詬讓仁恭，乃訴以高氏兄弟，遂併遇害。仁恭因以先鋒子行珪爲牙將，諸子並列帳下，厚撫之以慰其心。時行周十餘歲，亦補職，在仁恭左右。行珪别有傳在唐書。案通鑑考異引周太祖實録云：行珪在武州，食盡，乃夜縋其弟行周于晉軍乞兵。（舊五代史考異）

及莊宗收燕，以行周隸明宗帳下，常與唐末帝分率牙兵。明宗征燕，率兵隨行〔三〕。鄉人趙德鈞謂明宗曰：「行周心甚謹厚，必享貴位。」梁將劉鄩之據莘也，與太原軍對壘，旦夕轉鬭。嘗一日，兩軍成列，元行欽爲敵軍追躡，劍中其面，血戰未解。行周以麾下精騎突陣解之，行欽獲免。莊宗方寵行欽，召行周撫諭賞勞，而欲置之帳下，又念於明宗帳下已奪行欽，更取行周，恐傷其意，密令人以利禄誘之。行周辭曰：「總管用人，亦爲國家，事總管猶事王也。余家昆仲，脱難再生，承總管之厚恩，忍背之乎？」案通鑑考異云：明宗時爲代州刺史，天祐十八年始爲副總管。蓋周太祖實録之誤，薛史未及改正。（舊五代史考異）及兩軍屯於河上，覘知梁軍自汴入楊村寨，明宗晨至斗門，設伏將邀之，衆寡不敵，反爲所乘。時矛稍叢萃，勢甚危蹙。行周聞之，出騎横擊梁軍，遂得解去。明宗之襲鄆州也，行周爲前鋒。會夜分澍雨，人無進志，行周曰：「此天贊也，彼必無備。」是夜，涉河入東城，比曙平之。

莊宗平河南，累加檢校太保，領端州刺史。同光末，出守絳州。明宗即位，特深委遇。天成中，從王晏球圍定州，敗王都，擒禿餒，皆有功。賊平，遷潁州團練使。長興初，以北邊陷契丹〔四〕，用爲振武節度使。明年，以河西用軍，移鎮延安。清泰初，改潞州節度使。晉祖建義於太原，唐末帝命張敬達征之，行周與符彥卿爲左右排陣使。契丹主入援太原也，行周、彥卿引騎拒之，尋爲契丹所敗，遂與敬達保晉安砦，累月救軍不至。楊光遠欲圖敬達，行周知之，引壯士護之。敬達性戇，不知其營護，謂人曰：「行周每踵余後，其意何也？」繇是不復敢然，敬達遂爲光遠所害。

晉祖入洛，令行周還藩，加同平章事。晉祖都汴，以行周爲西京留守，未幾，移鄴都。晉祖幸鄴，會安從進叛，命行周爲襄州行營都部署。明年秋，平定漢南。晉少帝嗣位，加兼侍中，移鎮睢陽。開運初，從幸澶淵，拒敵於河上。車駕還京，代景延廣爲侍衛親軍都指揮使，移鄆州節度使。時李彥韜爲侍衛都虞候，可否在己。行周雖典禁兵，每心遊事外，退朝歸第，門宇翛然，賓友過從，但引滿而已。尋改歸德軍節度使，歸德，原本作「歸順」，今從通鑑改正。（影庫本粘籤）以李守貞代掌兵柄，許行周歸藩。晉軍降於中渡也，少帝命行周與符彥卿同守澶州。戎王入汴，召赴京師，會草寇攻宋州急，遣行周歸鎮。案宋史高懷德傳：杜重威降契丹，京東諸州羣盜大起，懷德堅壁清野，敵不能入，行周率兵歸鎮，敵遂解去。（舊五代史考異）及契丹主死於欒城，契丹將蕭翰立許王李從益知南朝軍國事，遣死士召行周，辭之以疾，退謂人曰：「衰世難輔，況兒戲乎！」

漢高祖入汴，加守太傅、兼中書令，代李守貞爲天平節度使。杜重威據鄴叛，漢祖以行周爲招討使，總兵討之。鄴平，授鄴都留守，加守太尉，進爵臨清王。臨清，原本作「監清」，今從歐陽史改正。（影庫本粘籤）乾祐中入覲，加守太師，進封鄴王，復授天平節鉞，改封齊王。案歐陽史云：周太祖入立，封齊王。據薛史則漢末已封齊王矣。（舊五代史考異）太祖踐阼，加守尚書令，增食邑至一萬七千户。太祖以行周耆年宿將，賜詔不名，但呼王位而已。慕容彦超據兗叛，太祖親征，奉迎輿駕，傾家載贄，奉觴進俎，率以身先，太祖待之逾厚。廣順二年秋，以疾薨於位，享年六十八。賵賻加等，册贈尚書令，追封秦王，謚曰武懿。

子懷德，皇朝駙馬都尉、宋州節度使。永樂大典卷一萬八千一百三十二。

安審琦，字國瑞，其先沙陁部人也。祖山盛，朔州牢城都校，贈太傅。父金全，安北都護、振武軍節度使，累贈太師，唐書有傳。審琦性驍果，善騎射，幼以良家子事莊宗爲義直軍使，遷本軍指揮使。天成初，唐末帝由潞邸出鎮河中，奏審琦爲牙兵都校，未幾，入爲歸化指揮使。王師伐蜀，充行營馬軍都指揮使，及凱旋，改龍武右廂都校，領富州刺史。清泰初，爲捧聖指揮使，捧聖，原本作「持聖」，今從通鑑改正。（影庫本粘籤）領順化軍節度使。其年鎮邢州，兼北面行營排陣使，從張敬達圍太原。及楊光遠舉晉安寨降於晉祖，審琦亦預焉。

晉祖踐阼，加檢校太傅、同平章事，充天平軍節度使兼侍衞馬步軍都指揮使，旋以母喪起復。天福三年，就加檢校太尉，尋改晉昌軍節度使、京兆尹。七年，移鎮河中。晉少帝嗣位，加檢校太師。

開運末，朝廷以北戎入寇，以審琦爲北面行營馬軍左右廂都指揮使，與諸將會兵於洺州。俄而敵騎大至，時皇甫遇、慕容彥超亦預其行，乃率所部兵與敵戰於安陽河上。時遇馬爲流矢所中，勢已危蹙，諸將相顧，莫有敢救者。審琦謂首將張從恩曰：「皇甫遇等未至，必爲敵騎所圍，若不急救，則爲擒矣。」從恩曰：「敵勢甚盛，無以枝梧，將軍獨往何益？」審琦曰：「成敗命也，若不濟，與之俱死，假令失此二將，何面目以見天子！」遂率鐵騎北渡。敵見塵起，謂救兵至，救兵，原本作「救冰」，今據文改正。（影庫本粘籤）乃引去。遂救遇與彥超而還。晉少帝嘉之，加兼侍中，移領許州。未幾，移鎮兗海。

漢有天下，授襄州節度使、兼中書令。屬荆人叛命，潛遣舟師數千，將屠襄郢〔五〕，審琦禦之而遁，朝廷賞功，就加守太保，進封齊國公。歲餘，又加守太傅。國初，封南陽王。顯德初，進封陳王。世宗嗣位，加守太尉。三年，拜章請覲，優詔許之，加守太師，增食邑至一萬五百户，食實封二千三百户。審琦鎮襄沔僅一紀，嚴而不殘，威而不暴，故南邦之民甚懷其惠。五年，移平盧軍節度使，承詔赴鎮，因朝于京師，世宗以國之元老，禮遇甚厚，車駕親幸其第以寵之。六年正月七日夜，爲其隸人安友進、安萬合所害，時年六十三。

初，友進與審琦之愛妾私通，有年數矣。其妾常慮事泄見誅，因與友進謀害審琦，友進甚有難色。其妾曰：「爾若不從，我當反告。」友進乃許之。至是夕，審琦沈醉，寢於帳中，其妾乃取審琦所枕劍與友進，友進猶惶駭不敢剸刃，遽召其黨安萬合，使殺審琦。既而慮事泄，乃引其帳下數妓，盡殺以滅其跡。不數日，友進等竟敗，悉爲子守忠臠而戮之。世宗聞之震悼，輟視朝三日，詔贈尚書令，追封齊王。

守忠仕皇朝，累爲郡守。永樂大典卷一萬八千一百三十二。五代史補：安審琦素惡釋氏，凡居方鎮，僧凡有過，不問輕重殺之。及鎮青州也，一旦方大宴，忽有紫衣僧持錫杖直上廳事，審琦赫怒連叱，是僧安然不顧，縱步而向内室，至中門，審琦仗劍逐之，將及而滅，但聞錫杖聲鏗然，入在卧所。審琦驚懼之際，有小蒼頭報曰：「國夫人生子矣。」得非紫衣錫杖者乎？因命之曰僧哥，即安守忠也，自是審琦稍稍信重。

安審暉，字明遠，審琦之兄也。起家自長直軍使，轉外衙左廂軍使。從莊宗平幽薊，戰山東，定河南，皆預其功。同光中，授蔚州刺史。天成初，改汝州防禦副使，歷鳳翔徐州節度副使、河東行軍司馬。晉高祖龍飛，以霸府上僚授振武兵馬留後，遷河陽節度使，不踰月移鎮鄜州，丁内艱，起復視事。五年，李金全據安州叛，詔馬全節爲都部署，領兵討之，全節，原本作「全積」，今從通鑑改正。（影庫本粘籤）以審暉爲副。安陸平，移鎮鄧州，進位檢校太傅。六年冬，襄州安從進叛，舉漢南之衆北攻南陽。南陽素無城壁，唯守衙城，賊傅城下，審暉登陴，召賊帥以讓之，從進不克而退。襄州平，就加檢校太尉。少帝嗣位，加檢校太師，罷鎮，授右羽林統軍〔六〕。歲餘，出鎮上黨，屬契丹内侵，授邢州節度使。居無何，目疾暴作，上章求代，歸於京師，養疾累年。太祖即位，召於内殿，從容顧問，尤所歎重。將以禄起之，審暉辭以暮齒，願就頤養。拜太子太師致仕，封魯國公，累食邑五千户，實封四百户。廣順二年春卒，年六十三。廢朝二日，詔贈侍中，謚曰靜。

子守鏻，仕皇朝爲贊善大夫。永樂大典卷一萬八千一百四十四〔七〕。

安審信，字行光，審琦之從父兄也。父金祐，世爲沙陁部偏裨，名聞邊塞。審信習騎射，世父金全，天成初，爲振武節度使，補爲牙將。俄而兄審通爲滄州節度使，用爲衙内都虞候，歷同、陝、許三州馬步軍都指揮使。晉祖起義於太原，唐末帝命張敬達以兵攻之，敬達，原本作「敬遠」，今從歐陽史改正。（影庫本粘籤）而審信率先以部下兵遁入并州，晉祖以其故人，得之甚悦。其妻與二子在京師，皆爲唐末帝所戮，但貸其老母而已。契丹既降晉安砦，晉高祖以審信爲汾州刺史、檢校太保，充馬步軍副部署。晉祖入洛，授河中節度使〔八〕、檢校太尉、同平章事。審信性既翻覆，率多疑忌，在蒲中時，每王人告諭，騎從稍多，必潛設備，以防其圖己。尋歷許、兗二鎮〔九〕，所至以聚斂爲務，民甚苦之。會朝廷謀大舉北伐，凡藩侯皆預將帥，以審信爲馬步軍右廂都排陣使，俄改華州節度使。漢初，移鎮同州，入爲左衛上將軍。國初，轉右金吾上將軍。三年夏四月，太祖御乾元殿，入閤，審信不赴班位，爲御史所彈，詔釋之。時審信久病，神情恍惚，聞臺司奏劾，揚言曰：「趨朝偶晚，未是大過，何用彈舉，我終進奉二萬緡，盡逐此乞索兒輩。」未幾，以病請退，授太子太師致仕。是歲秋卒，年六十。贈侍中，謚曰成穆。永樂大典卷一萬八千一百四十四。

李從敏，字叔達，唐明宗之猶子也。沈厚寡言，善騎射，多計數。初，莊宗召見，試弓馬，用爲衙内馬軍指揮使，從平汴洛，補帳前都指揮使，遷捧聖都將。明宗移鎮真定，表爲成德軍馬步軍都指揮使。從明宗入洛，補皇城使，出爲陝府節度使。王都據定州叛，命王晏球爲招討使，率師討之，以從敏爲副，領滄州節度使。王都平，移授定州。尋代范延光爲成德軍節度使，加檢校太尉，封涇王。涇王，原本作「渭王」，今從歐陽史改正。（影庫本粘籤）

鎮州有市人劉方遇，家富於財。方遇卒，無子。妻弟田令遵者，幼爲方遇治財，善殖貨，劉族乃共推令遵爲方遇子，親族共立券書，以爲誓信。累年後，方遇二女取資於令遵不如意，乃訟令遵冒姓，奪父家財。從敏令判官陸浣鞫其獄，而殺令遵。案北夢瑣言云：鎮州市民劉方遇，家財數十萬。方遇妻田氏蚤卒，田之妹爲尼，常出入方遇家，方遇使尼長髮爲繼室。有田令遵者，方遇之妻弟也，善貨殖，方遇以所積財令令遵興殖焉。方遇有子年幼，二女皆嫁。方遇疾卒，子幼不能督家業，方遇妻及二女以家財素爲令遵興殖[一〇]，乃聚族合謀，請以令遵姓劉，爲方遇繼嗣，即令鬻券人安美爲親族請嗣。券書既定，乃遣令遵服斬衰居喪。而二女初立令遵時，先邀每月供財二萬，及後求取無厭，而石、李二女夫使二女詣本府論訴，云令遵冒姓，奪父家財。令遵下獄，石、李二夫族與本府要吏親黨，上至府帥判官、行軍司馬、隨使都押衙，各受方遇二女賂錢數千緡，而以令遵與姊及書券安美同情共盜，俱棄市，人知其冤。（舊五代史考異）令遵父詣臺訴冤，詔本州節度副使符蒙、掌書記徐台符鞫之，備明姦狀。及詰二女，伏行賂於節度副使趙環〔一〕、代判高知柔、觀察判官陸浣，並捕下獄，具服贓罪。事連從敏，從敏甚懼〔二〕，乃令其妻赴洛陽，入宫告王淑妃。明宗知之，怒曰：「朕用從敏爲節度使，而枉法殺人，我羞見百官，又令新婦奔走〔三〕，不須見吾面。」時王淑妃頗庇護之，趙環等三人竟棄市，從敏罪止於罰俸而已。案北夢瑣言云：從敏初欲削官，中宫哀祈，竟罰一年俸。（舊五代史考異）

長興初，移鎮宋州。唐末帝起兵於鳳翔，其子重吉爲亳州防禦使，從敏承朝廷命害之。清泰中，從敏與洋王從璋並罷歸第，待之甚薄。嘗宫中同飲，既醉，末帝謂從璋、從敏曰：「爾等何物，處雄藩大鎮！」二人大懼，賴曹太后見之，叱曰：「官家醉，爾輩速出去！」方得解。

晉祖革命，降封莒國公，再領陝州，尋移鎮上黨，入爲右龍武統軍〔四〕，出爲河陽節度使。漢祖入汴，移授西京留守，累官檢校太師、同平章事。隱帝即位，就加兼侍中，改封秦國公。歲餘，以王守恩代還。廣順元年春，以疾卒，年五十四。詔贈中書令，謚曰恭惠。

永樂大典卷一萬三百九十。

鄭仁誨，字日新，晉陽人。父霸，累贈太子太師。仁誨幼事唐驍將陳紹光，紹光，原本作「昭光」，今從册府元龜改正。（影庫本粘籤）紹光恃勇使酒〔一五〕，嘗乘醉抽佩劍，將剚刃於仁誨，左右無不奔避，唯仁誨端立以俟，略無懼色。紹光因擲劍於地，謂仁誨曰：「汝有此器度，必當享人間富貴。」及紹光典郡，仁誨累爲右職。後退歸鄉里，以色養稱〔一六〕。

漢高祖之鎮河東也，太祖累就其第，與之燕語，每有質問，無不以正理爲答，太祖深器之。漢有天下，太祖初領樞務，即召爲從職。及太祖西征，嘗密贊軍機，西師凱旋，累遷至檢校吏部尚書。太祖踐阼，旌佐命功，授檢校司空、客省使、兼大内都點檢、案歐陽史云：漢興，周太祖爲樞密使，乃召仁誨用之，累官至内客省使。太祖入立，以仁誨爲大内都點檢〔一七〕。據此傳，仁誨仕周始爲客省使，與歐陽史異。（舊五代史考異）恩州團練使，尋爲樞密副使。踰年，轉宣徽北院使、右衛大將軍，出鎮澶淵，轉檢校太保，入爲樞密使，加同平章事。

世宗之北征也，以仁誨爲東京留守，調發軍須，供億無所闕。車駕迴〔一八〕，加兼侍中。尋丁内艱，未幾起復。顯德二年冬，疾亟，世宗幸其第，親加撫問，欷歔久之。及卒，世宗親臨其喪，哭踊數舉。是時，世宗將行，近臣奏云：「歲道非便，不宜臨喪。」弗聽，然而先之以桃茢之事，時以爲得禮。仁誨爲人端厚謙損，造次必由于禮。及居樞務，雖權位崇重，而能孜孜接物，無自矜之色，及終，故朝廷咸惜之。詔贈中書令，追封韓國公，謚曰忠正。既葬，命翰林學士陶穀撰神道碑文，官爲建立，表特恩也。子勳，累歷内職，早卒，絶嗣。初，廣順末，王殷受詔赴闕，太祖遣仁誨赴鄴都巡檢，及殷得罪，仁誨不奉詔即殺其子，蓋利其家財妓樂也。及仁誨卒而無後，人以爲陰責焉。永樂大典卷一萬八千八百八十。

張彥成，案通鑑考異：彥成本名彥威，避周祖諱，故改名。潞州潞城人也。曾祖靜，汾州刺史。祖述，澤州刺史。父礪，昭義行軍司馬。彥成初爲并門牙將。天成中，自秦州鹽鐵務官改鄆州都押牙。漢祖鎮北門，表爲行軍司馬，以隱帝娶其女，特見親愛。從平汴洛，累加特進、檢校太尉、同州節度使。隱帝即位，就加同平章事。太祖之伐河中，彥成有饋輓之勞，河中平，加檢校太師。乾祐三年冬，移鎮相州。廣順初，就加兼侍中，尋移鎮南陽。

三年秋，代歸，授右金吾衞上將軍。其年秋，以疾卒，年六十。贈侍中。永樂大典卷六千三百五十一。案宋史楊克讓傳：乾祐中，同州節度使張彥成表授掌書記。周廣順初，彥成移鎮安陽、穰下，克讓以舊職從行。彥成入爲執金吾，病篤，奏稱其材可用。克讓以彥成死未葬，不忍就祿，退居別墅，俟張氏子外除，時論稱之。（舊五代史考異）

安叔千，沙陁三部落之種也。父懷盛，事唐武皇，以驍勇聞。叔千習騎射，從莊宗定河南，爲奉安都將〔一九〕。天成初，王師伐定州，命爲先鋒都指揮使。王都平，授泰州刺史，連判涿、易二郡。清泰初，契丹寇鴈門，叔千從晉祖迎戰，敗之，進位檢校太保、振武節度使。晉祖踐阼，就加同平章事。天福中，歷邠、滄、邢、晉四鎮節度使。叔千鄙野而無文，當時謂之「安沒字」，言若碑碣之無篆籀，但虛有其表耳。開運初，朝廷將大舉北伐，授行營都排陣使，俄改左金吾衞上將軍。契丹入汴〔二〇〕，百僚迎見于赤崗，契丹主登高崗駐馬而撫諭漢官，叔千出班效國語〔二一〕，契丹主曰：「爾是安沒字否？卿比在邢州日，遠輸誠款，我至此，汝管取一喫飯處。」叔千拜謝而退，俄授鎮國軍節度使。案遼史太宗紀：安叔千出班獨立，上曰：「汝邢州之請，朕所不忘。」乃加鎮國軍節度使。與薛史微異。漢初，遇代歸京，自以嘗附幕庭，居常愧惕，久之，授太子太師致仕，尋請告歸洛。廣順二年冬卒，年七十二。詔贈侍中。永樂大典卷一萬八千一百四十四。

宋彦筠，雍丘人也。初隸滑州軍，梁氏與莊宗夾河之戰，彦筠時爲戰棹都指揮使，以勞遷開封府牙校。案洛陽縉紳舊聞記：彦筠多力勇健，走及奔馬。爲小校時，欲立奇功，每見陣敵，于兜牟上闞爲雙髻，故軍中目之爲「宋忙兒」。後雖貴爲節將，遠近皆謂之宋忙兒。（舊五代史考異）莊宗有天下，擢領禁軍。伐蜀之役，率所部從康延孝爲前鋒。蜀平，歷維、渝二州刺史。明宗在位，連典數郡。晉初，自汝州防禦使討安從進於襄陽，以功拜鄧州節度使，累官至檢校太尉。未幾，歷晉、陝二鎮。晉少帝嗣位，再領鄧州，尋移鎮河中。漢初，授太子太師致仕。國初，拜左衛上將軍。世宗嗣位，復爲太子太師致仕。顯德四年冬〔二〕，卒于西京之私第。輟視朝一日，詔贈侍中。

初，彦筠入成都，據一甲第，第中資貨鉅萬，妓女數十輩，盡爲其所有。一旦，與其主母微忿，遽擊殺之，自後常有所睹，彦筠心不自安，乃修浮屠法以禳之，因而溺志於釋氏。其後，每歲至金仙入涅槃之日〔三〕，常衣斬縗號慟於其像前，其佞佛也如是。家有侍婢數十人，皆令削髮披緇，以侍左右，大爲當時所誚。又性好貨殖，能圖什一之利，良田甲第，相望於郡國。將終，以伊洛之間田莊十數區上進，並籍於官焉。永樂大典卷一萬三千四十四。

史臣曰：近代領戎藩，列王爵，禄厚而君子不議，望重而人主不疑，能自晦於飲酌之間，保功名於始終之際，如行周之比者，幾何人哉！奕世藩翰，固亦宜然。審琦有分閫之勞，乏御家之道，峯摧玉折，蓋不幸也。其餘雖擁戎旃，未聞閫政，固不足與文、邵、龔、黄爲比也。永樂大典卷一萬三千四十四。

校勘記

〔一〕是書唐紀尚仍實録之舊　以上十字原闕，據殿本考證、劉本考證補。

〔二〕聲馳朔方　「朔方」，殿本、孔本、册府卷八四八作「朔塞」。

〔三〕率兵隨行　殿本、孔本作「率其下擁從」。

〔四〕以北邊陷契丹　「陷」，原作「隣」，據殿本、孔本改。影庫本批校：「陷契丹，『陷』訛『隣』。」

〔五〕將屠襄郢　「將」字原闕，據册府卷三六〇、卷三八七補。

〔六〕授右羽林統軍　「右」，本書卷八一晉少帝紀一作「左」。

〔七〕永樂大典卷一萬八千一百四十四　檢永樂大典目録，卷一八一四四爲「將」字韻「宋將」，與本則内容不符，恐有誤記。陳垣舊五代史輯本引書卷數多誤例謂應作卷一八一三二「將」字韻「後周將」。本卷下文安審信傳、安叔千傳同。

〔八〕授河中節度使　「河中」，原作「河州」，據劉本、邵本校改。按本卷下文云「在蒲中時」，蒲州即河中府，本書卷七九晉高祖紀五有河中節度使安審信。

〔九〕尋歷許兗二鎮　「二」，原作「州」，據册府卷七〇〇改。

〔一〇〕方遇妻及二女以家財素爲令遵興殖　「素」，原作「數」，據殿本、劉本、北夢瑣言卷二〇改。

〔一一〕伏行賂於節度副使趙環　「節度副使」，原作「節度使」，據册府卷五八改。按本卷上文，時節度使爲李從敏。

〔一二〕從敏甚懼　「從敏」二字原闕，據册府卷五八補。

〔一三〕又令新婦奔走　「走」，原作「赴」，據册府卷五八改。

〔一四〕入爲右龍武統軍　「右」，本書卷八二晉少帝紀二作「左」。

〔一五〕紹光恃勇使酒　「紹光」二字原闕，據御覽卷三四二引五代周史、册府卷八四三補。

〔一六〕以色養稱　殿本、孔本作「以色養爲樂」。

〔一七〕以仁誨爲大内都點檢　「點檢」，原作「巡檢」，據新五代史卷三一鄭仁誨傳改。

〔一八〕車駕迴　「車」字原闕，據殿本、册府卷三一九補。

〔一九〕爲奉安都將　「都」，原作「部」，據册府卷三八七改。

〔二〇〕契丹入汴　册府卷九二三作「玁戎犯闕」。

〔二一〕叔千出班效國語　「效國語」，册府卷九二三作「夷言」，通鑑卷二八六敍其事作「胡語」。

〔二二〕顯德四年冬　「四年」，本書卷一一八周世宗紀五、宋彦筠墓誌（拓片刊北京圖書館藏中國歷代石刻拓本匯編第三十六册）作「五年」。

〔二三〕每歲至金仙入涅槃之日　「槃」字原闕，據册府卷九二七補。

舊五代史卷一百二十四

周書十五

列傳第四

王殷　何福進　劉詞　王進　史彦超　史懿　王令温

周密　李懷忠　白文珂　白延遇　唐景思

王殷，瀛州人。案：歐陽史作大名人。曾祖昌裔，本州別駕。祖光，滄州教練使，因家焉。唐末，幽、滄大亂，殷父咸珪，避地南遷，因投於魏軍。殷自言生於魏州之開元寺，既長從軍，漸爲偏將。唐同光末，爲華州馬步軍副指揮使〔一〕，因家于華下。天成中，移授靈武都指揮使，久之代還。清泰中，張令昭據鄴叛，殷從范延光討之，首冒矢石，率先登城，以功授祁州刺史，尋改原州。殷性謙謹好禮，事母以孝聞，每與人結交，過從皆先禀於母〔二〕，母命不從，殷必不往，雖在軍旅，交遊不雜。及爲刺史，政事小有不佳，母察之，立殷於庭，詰責而杖之。案歐陽史云：殷爲刺史，政事有小失，母責之，殷即取杖授婢僕，自笞于母前。與薛史微異。

晉天福中，丁内艱，尋有詔起復，授憲州刺史。殷上章辭曰：「臣爲末將，出處無損益於國家。臣本燕人，值鄉國離亂，少罹偏罰，因母鞠養訓導，方得成人。臣不忍遽釋苴麻〔三〕，遠離廬墓，伏願許臣終母喪紀。」晉高祖嘉而許之。晉少帝嗣位，會殷服闋，召典禁軍，累遷奉國右廂都指揮使。

漢祖受命，從討杜重威於鄴下，殷與劉詞皆率先力戰，矢中於首，久之，出折鏃於口中，以是漢祖嘉之。乾祐末，遷侍衞步軍都指揮使，領夔州節度使。會契丹寇邊，遣殷領兵屯澶州。及李業等作亂，漢隱帝密詔澶帥李洪義遣圖殷，洪義懼不克，反以變告殷，殷與洪義同遣人至鄴，請太祖赴内難。殷從平京師，授侍衞親軍都指揮使。

太祖即位，授天雄軍節度使，加同平章事，典軍如故。殷赴鎮，以侍衞司局從，凡河北征鎮有戍兵處〔四〕，咸禀殷節制。又於民間多方聚斂，太祖聞而惡之，因使宣諭曰：「朕離鄴時，帑廩所儲不少，卿與國家同體，隨要取給，何患無財。」二年夏〔五〕，太祖征兗還，殷迎謁于路，宴賜而去。及王峻得罪，太祖遣其子飛龍使承誨往鄴〔六〕，承誨，原本作「承謙」，今從通鑑改正。（影庫本粘籤）令口諭峻之過惡，以慰其心。三年秋，以永壽節上表請覲，太祖雖允其請，且慮殷之不誠，尋遣使止之。何福進在鎮州，素惡殷之太横，福進入朝，摭其陰事以奏之，太祖遂疑之。是年冬，以郊禋有日，殷自鎮入覲，太祖令依舊内外巡警。殷出入部從不下數百人，又以儀形魁偉，觀者無不聳然。一日，遽入奏曰：「郊禮在近，兵民大集，臣城外防警，請量給甲仗，以備非常。」太祖難之。時中外以太祖嬰疾，步履稍難，多不視朝，俯逼郊禋，殷有震主之勢，頗憂之。太祖乃力疾坐於滋德殿，殷入起居，即命執之，尋降制流竄，及出都城，遽殺之〔七〕，衆情乃安。

是歲春末，鄴城寺鐘懸絶而落〔八〕，又火光出幡竿之上。殷之入覲也，都人餞於離亭，上馬失鐙，翻墮于地，人訝其不祥，果及於禍。太祖尋令澶帥鄭仁誨赴鄴，殷次子爲衙内指揮使，不出候謁〔九〕，仁誨誅之，遷其家屬於登州。永樂大典卷六千八百五十一。

何福進，字善長，太原人。父神劍，神劍，原本作「伸劍」，册府元龜作神劍。考五代時多有名「神劍」者，如吴有李神劍，蜀有陳神劍，皆見九國志。此處當以「神」字爲是，今改正。（影庫本粘籤）累贈左驍衛大將軍。福進少從軍，以驍勇聞。唐同光末，郭從謙以兵圍莊宗於大内，福進時爲宿衛軍校，獨出死力拒戰於内，後明宗知而嘉之，擢爲捧聖軍校，出爲慈州刺史〔一〇〕，充北面行營先鋒都校。清泰中，自彰聖都虞候率本軍從范延光平鄴，以功歷鄭、隴二州防禦使。開運中，由潁州團練使入拜左驍衛大將軍。屬契丹陷中原，令中朝文武臣僚凡數十人隨帳北歸〔一二〕，時福進預其行。行次鎮州，聞戎王已斃，其黨尚據鎮陽，遂與李筠、白再榮之儔合謀力戰，盡逐契丹，據有鎮陽。時漢祖已建號於河東，詔以福進爲北面行營馬步都虞候，尋拜曹州防禦使、檢校太保。太祖出鎮於鄴，將謀北伐，奏以福進自隨。及太祖入平内難，以輔佐功拜忠武軍節度使，不數月，移領鎮州。數年之間，北鄙無事。及聞太祖將有事於南郊，拜章入覲，改天平軍節度使，加同平章事。未及之任，卒於東京之私第，年六十有六，時顯德元年正月也。累贈中書令。

子繼筠，仕皇朝，領建武軍節度使卒。永樂大典卷一萬八千一百三十二。

劉詞，字好謙，元城人。梁貞明中，事故鄴帥楊師厚，以勇悍聞。唐莊宗入魏，亦列於麾下，兩河之戰，無不預焉。同光初，爲效節軍使，轉劍直指揮使，案：歐陽史作長劍指揮使。尋以忤於權臣，出爲汝州小校，凡留滯十餘年。清泰初，詔諸道選驍果以實禁衛，繇是得入典禁軍。

晉初，從侯益收汜水關，佐楊光遠平鄴都，累遷奉國第一軍都虞候。後從馬全節伐安陸，敗淮賊萬餘衆，晉祖嘉之，授奉國都校，累加檢校司空。又從杜重威敗安重榮於宗城〔一二〕。及圍鎮陽，詞自登雲梯，身先士伍，以功加檢校司徒、沁州刺史。時王師方討襄陽，尋命詞兼行營都虞候，襄陽平，遷本州團練使。在郡歲餘，臨事之暇，必被甲枕戈而卧，人或問之，詞曰：「我以勇敢而登貴仕，不可一日而忘本也。若信其温飽，則筋力有怠，將來何以報國也！」

及漢有天下，復爲奉國右廂都校，遥領閬州防禦使。從太祖平鄴，加檢校太保。乾祐初，李守貞叛於河中，太祖征之，朝廷以詞爲侍衞步軍都指揮使〔一三〕，遥領寧江軍節度使，充行營馬步都虞候，命分屯於河西。二年正月，守貞遣敢死之士數千，夜入其營，諸將皆怖懼不知所爲〔一四〕，唯詞神氣自若，令於軍中曰：「此小盜耳，不足驚也。」遂免冑横戈，叱短兵以擊之，賊衆大敗而退。自是守貞喪膽，不復有奔突之意。河中平，太祖嘉之，表其功爲華州節度使，歲餘，移鎮邢臺。太祖受命，加同平章事。三年秋，改鎮河陽。

顯德初，世宗親征劉崇，詞奉命領所部兵隨駕，行及高平南，高平，原本作「高中」，今從通鑑改正。（影庫本粘籤）遇樊愛能等自北退迴，且言官軍已敗，止詞不行，詞不聽，疾驅而北。世宗聞而嘉之，尋命爲隨駕都部署，又授河東道行營副部署。其年夏，車駕還京，授永興軍節度使，加兼侍中、行京兆尹。二年冬，以疾卒于鎮，年六十有五。贈中書令，案：歐陽史作贈侍中。據薛史則詞以兼侍中贈中書令，非贈侍中也，疑歐陽史誤。謚曰忠惠。詞發身軍校，亟歷戎事，常以忠勇自負。洎領藩鎮，能靖恭爲治，無苛政以撓民，謚以忠惠，議者韙之。

子延欽，仕皇朝爲控鶴廂主。永樂大典卷九千九十九。

王進，幽州良鄉人。少落魄，不事生業，爲人勇悍，走及奔馬，嘗聚黨爲盜，封境患之。符彦超爲河朔郡守，以賂誘置之左右。長興初，彦超鎮安州，屬部曲王希全搆亂軍州，令進齎變狀聞於朝廷，明宗賞其捷足，詔隸於軍中。洎契丹内寇，戰於膠口，進獨追擒六十七人，時漢祖總侍衞親軍，知其驍果，擢爲馬前親校。漢祖鎮河東，或邊上警急，令進齎封章達於闕下，自并至汴，不六七日復焉，繇是恩撫頗厚。繼任戎職，累遷至奉國軍都指揮使。從太祖入平内難，以功遷虎捷右廂都指揮使，歷汝、鄭防禦使，亦有政聲。俄授相州節度使，相州，原本作「桐州」，今從通鑑改正。（影庫本粘籤）爲政之道，頓減於前，議者惜之。顯德元年秋，以疾卒於任。贈檢校太師。永樂大典卷六千三百二十。

史彥超，雲州人也。性驍獷，有膽氣，累功至龍捷都指揮使。太祖之赴内難，彥超以本軍從。國初，與虎捷都指揮使何徽戍晉州〔一五〕，案歐陽史：彥超遷虎捷都指揮使。與薛史異。會劉崇與契丹入寇，攻圍州城月餘，是時本州無帥，知州王萬敢不協物情，彥超與何徽協力固拒，累挫賊鋒。攻擊日急，禦捍有備，軍政甚嚴，居人無擾。及朝廷遣樞密使王峻總兵爲援，寇戎宵遁。太祖嘉其善守之功，賞賜甚厚。未幾，授龍捷右廂都指揮使，尋授鄭州防禦使。劉崇之寇潞州也，車駕親征，以彥超爲先鋒都指揮使。高平之戰，先登陷陣，以功授華州節度使，先鋒如故。大軍至河東城下，契丹營於忻、代之間，遥應賊勢，詔天雄軍節度使符彥卿率諸將屯忻州以拒之。彥卿襲契丹於忻口。彥超以先鋒軍追蕃寇，離大軍稍遠，賊兵伏發，爲賊所陷。世宗痛惜久之，詔贈太師，示加等也，仍命優卹其家焉。永樂大典卷一萬一百八十三。

史懿，字繼美，代郡人也。本名犯太祖廟諱，故改焉。案「本名」二句，疑爲後人竄入。考懿名匡懿，避宋太祖御名，故去「匡」字。薛史成于開寶六年，不應豫稱爲太祖，或係宋人讀是書者附注于後，遂混入正文也。（舊五代史考異）考建瑭，事唐莊宗爲先鋒都校，唐書有傳。莊宗之伐鎮陽，時建瑭爲流矢所中而卒，懿時年甫弱冠，莊宗以其父歿於王事，召拜昭德軍使，俄遷先鋒左右廂都校，俾嗣其家聲。天成中，爲涿州刺史。晉初，由趙州刺史遷洺州團練使，尋歷亳、鳳二州防禦使。晉祖以其弟翰尚晉國長公主，故尤所注意。天福中，授彰武軍節度觀察留後。開運初，歷澶、貝二鎮節度使。三年，移鎮涇原。未幾，契丹入中原，時四方征鎮爲戎王所召者，靡不麏至，唯懿堅壁拒命，仍送款於漢祖。漢有天下，就拜檢校太尉、同平章事，及賜功臣名號。廣順初，加檢校太師、兼侍中，進封邠國公。顯德元年春，以抱病歸朝，案東都事略楊廷璋傳：周太祖常諭廷璋圖涇帥史懿，廷璋屏左右，示以詔書，懿受代入朝，遂免禍。（舊五代史考異）途經洛，卒于其第，年六十二〔一六〕。贈中書令。永樂大典卷一萬一百八十三。

王令温，字順之，瀛州河間人也。父迪，德州刺史，累贈太子太師。令温少以武勇稱，初隸唐莊宗麾下，稍遷廳直軍校。明宗之爲統帥，嘗與契丹戰於上谷。明宗臨陣馬逸〔一七〕，爲敵所迫，令温乃以所乘馬授明宗，而自力戰，飛矢連發，敵兵爲之稍却。及明宗即位，歷遷神武、彰聖都校。晉初，自淄州刺史遷洺州團練使。及安重榮稱兵於鎮州，晉祖以令温爲行營馬軍都指揮使，與都帥杜重威敗賊於宗城，以功授亳州防禦使，尋拜永清軍節度使。屬契丹來寇，時令温奉詔入朝，契丹遂陷貝州，其家屬因没於契丹。晉少帝憫之，授武勝軍節度使。未幾，移鎮延州，又遷靈武。漢有天下，復爲永清軍節度使，尋改安州。國初，加檢校太尉、同平章事。世宗嗣位，遷鎮安軍節度使，罷鎮歸闕。顯德三年夏，以疾卒，時年六十有二。詔贈侍中。永樂大典卷一萬八千一百三十三。

周密，字德峯，應州神武川人也。初事後唐武皇爲軍職。莊宗之平常山，明宗之襲汶陽，密皆從征有功。莊宗平梁，授鎮州馬軍都指揮使。明宗即位，累遷河東馬步軍副都指揮使。晉天福初，除冀州刺史，累官至檢校司徒，入爲右羽林統軍、檢校太保。四年秋，授保大軍節度使、檢校太傅。屬部民作亂，密討平之，尋移鎮晉州，加檢校太尉。開運中，入拜右龍武統軍。三年秋，出鎮延州。其年冬，契丹陷中原，延州軍亂，立高允權爲帥，時密據東城，允權據西城，相拒久之。會漢高祖建義於太原，遣使安撫，密乃棄其城奔於太原，隨漢祖歸汴，久居於闕下。廣順初，授太子太師致仕。顯德元年春卒，時年七十五。

長子鋭，仕皇朝爲内職。次子廣，歷諸衛大將軍。永樂大典卷一萬八千一百三十三。

李懷忠，字光孝，太原晉陽人。父海，本府軍校。懷忠形質魁壯，初事唐莊宗，隸于保衛軍。夾城之役，懷忠率先登城，以功補本軍副兵馬使。莊宗平定山東，累遷保衛軍使。天成中，歷陝府、許州、滄州都指揮使，遥領辰州刺史。清泰初，以河西蕃部寇鈔，命懷忠屯方渠。晉祖受命，以懷忠故人，召典禁兵，三遷護聖左右廂都指揮使，護聖，原本作「祐聖」，今從通鑑改正。（影庫本粘籤）遥領壽州節度使、檢校太保。未幾，爲同州節度使、檢校太傅。少帝嗣位，入爲右羽林統軍，改左武衛上將軍。廣順中，以太子太傅致仕。三年夏卒，年六十六。詔贈太子太師。永樂大典卷一萬三百九十。

白文珂，字德温，太原人也。案：洛陽搢紳舊聞記作河東遼州人。（舊五代史考異）曾祖辯。父君成，遼州刺史。文珂初事後唐武皇，補河東牙將，改遼州副使。莊宗嗣位，轉振武都指揮使。天成中，鎮州節度使王建立表爲本州馬步軍都指揮使，遥授舒州刺史、檢校司空，歷青州、魏府都指揮使，歷瀛、蔚、忻、代四州刺史。領代州日，兼蕃漢馬步都部署。漢高祖鎮并門，表爲副留守、檢校太保。案洛陽搢紳舊聞記：白中令文珂在代州日，值漢祖授北京留守、河東節度使，代屬郡也。中令長子曰廷誨，時爲衙内指揮使，每日以事干郡政，漢祖聞之，怒其失教，遂奏之，罷郡。白以屬郡路由并州，遂詣府參謁。漢祖見之，覩其儀貌敦厚，舉止閒雅，訪以時事，對答有條貫〔一八〕，漢祖由是大喜，屢開筵宴，命賓客盡歡而罷。時漢祖已奏乞除一人北京副留守，未報，漢祖因奏公乞就除副留守，朝廷可之。（舊五代史考異）漢國初建，授河中節度使、西南面招討使、檢校太傅〔一九〕。漢祖定兩京，改天平軍節度使，加同平章事。未幾，移鎮陝州〔二〇〕，檢校太師。會河中李守貞叛，詔充河中府行營都部署。時文珂已老，朝議恐非守貞之敵，乃命太祖西征。河中平，案洛陽搢紳舊聞記：中令在北京日，素與周祖親洽，屢召中令諮詢戎事，三叛平，周祖德之。（舊五代史考異）文珂授西京留守、河南尹。太祖踐阼，加兼中書令，頃之，以太子太師致仕。案洛陽搢紳舊聞記：中令以年老堅請不已，遂許之，賜肩輿鳩杖，命宰臣備祖筵于板橋，餞之。（舊五代史考異）世宗即位，封晉國公。顯德元年〔二一〕，卒於西京，年七十九。輟視朝一日。

子廷誨，仕皇朝，歷諸衛將軍卒。永樂大典卷二萬二千二百十六。

白延遇，字希望，太原人也。幼畜於晉之公宮〔二二〕，年十三，從晉祖伐蜀，以趫悍見稱。晉有天下，歷典禁軍，累遷至檢校司空。天福中，晉祖在鄴，安重榮叛於鎮州，帥衆數萬指闕而來〔二三〕，晉祖命杜重威統諸將以禦之。時延遇不預其行，乃泣告晉祖，願以身先，許之。及陣于宗城，延遇率其屬先犯之，斬級數十〔二四〕，戰既酣，而劍亦折，諸將由是推伏。晉祖聞之，即命中使以寶劍良馬賜之。常山平，以功授檢校司徒，充馬軍左廂都校〔二五〕。後出爲汾州刺史，遷復州防禦使。

國初，加檢校太保，尋受代歸闕。屬太祖親征兗海，以延遇爲先鋒都校，兗州平，授齊州防禦使。歲餘，改兗州防禦使。在兗二年，爲政有聞，人甚安之，州民數百詣闕，乞立德政碑以頌其美。顯德二年冬，世宗命宰臣李穀爲淮南道軍都部署，乃詔延遇爲先鋒都校。三年春，帥其所部與韓令坤先入揚州，軍聲甚振，尋命以別部屯於盛唐，盛唐，原本作「成康」，今從通鑑改正。（影庫本粘籤）前後敗淮賊萬餘衆。四年夏，世宗迴自壽春，制以延遇爲同州節度使，未赴任，復命帥衆南征。是年冬，以疾卒於濠州城下。詔贈太尉。永樂大典卷二萬二千二百十六。

唐景思，秦州人也。幼以屠狗爲業，善角觝戲。初事僞蜀爲軍校。唐同光中，莊宗命魏王繼岌帥師伐蜀，時景思以所部戍於固鎮，首以其城降於繼岌，乃授興州刺史。爲貝州行軍司馬，屬契丹攻其城，因陷於幕庭，趙延壽素知其名，令隸於帳下，署爲所部壕砦使。開運末，契丹據中原，以景思爲亳州防禦使。領事之日，會草寇數萬攻圍其城，景思悉力以拒之。後數日城陷，景思挺身而出，使人告於鄰郡，得援軍數百，逐其草寇，復有其城，亳民賴是以濟。

漢初，改授鄧州行軍司馬，常鬱鬱不得志，後受代歸闕。乾祐中，命景思爲沿淮巡檢使，屢挫淮賊。時史弘肇淫刑黷貨，多織羅南北富商殺之，奪其財，大開告密之門。景思部下有僕夫，希求無厭，雖委曲待之，不滿其心，一日拂衣而去，見弘肇，言景思受淮南厚賂，私貯器械，欲爲内應。弘肇即令親吏殿三十騎往收之，告者謂收吏曰：「景思多力，十夫之敵也，見便殺之，不然則無及矣。」收騎至，景思迎接。有欲擒之者，景思以兩手抱之，大呼曰：「冤哉！景思何罪？設若有罪，死亦非晚，何不容披雪？公等皆丈夫，安忍如此！」都將命釋之，引告者面證景思，言受淮南賂，景思曰：「我從人家人並在此，若有十緡貯積，亦是受賂。言我貯甲仗，除官賜外，有一事亦是私貯。」使者搜索其家，唯衣一笥，軍籍糧簿而已，乃寬之。景思曰：「使者但械繫送我入京〔二六〕。」先是，景思別有紀綱王知權者，在京，聞景思被誣，乃見史弘肇曰：「唐景思赤心爲國，某服事三十年，孝於父母，義於朋友，被此誣罔，何以伸陳。某請先下獄，願公追劾景思，免至冤横。」弘肇愍之，令在獄，日與酒食。景思既桎梏就路，潁、亳之人隨至京師，衆保證之。弘肇乃令鞫告事者，具伏誣陷，即斬之，遂奏釋景思。

顯德初，河東劉崇帥衆來寇，世宗親總六師以禦之。及陣於高平，景思於世宗馬前距踴數四，且曰：「願賜臣堅甲一聯，以觀臣之効用。」世宗由是知其名，因以高平陣所得降軍數千人，署爲効順指揮，命景思董之，使屯于淮上〔二七〕。三年春，世宗親征淮甸，景思繼有戰功，乃命遥領饒州刺史。未幾，改授濠州行刺史，令帥衆攻圍濠州。濠州，原本作「灝州」，今從通鑑改正。（影庫本粘籤）四年冬，因力戰，爲賊鋒所傷，數日而卒。世宗甚憫之，詔贈武清軍節度使。永樂大典卷六千三百七十一。

史臣曰：自古爲人臣者，望重則必危，功崇則難保，自非賢者，疇能免之？況王鄴帥昧明哲之規，周太祖乃雄猜之主，欲無及禍，其可得乎！自福進而下，皆將帥之英也，擁旄作翰，諒亦宜然。唯彥超以捍寇而没，可不謂忠乎！永樂大典卷六千三百七十一。

校勘記

〔一〕爲華州馬步軍副指揮使　「指揮」二字原闕，據永樂大典卷六八五一引五代薛史補。

〔二〕過從皆先稟於母　「過」，原作「違」，據永樂大典卷六八五一引五代薛史、册府卷七五六改。

〔三〕臣不忍遽釋苴麻　「臣」字原闕，據永樂大典卷六八五一引五代薛史補。

〔四〕凡河北征鎮有戍兵處　「戍兵」，原作「戎兵」，據孔本校、永樂大典卷六八五一引五代薛史改。

〔五〕二年夏　「二年」，原作「三年」，據永樂大典卷六八五一引五代薛史改。按本書卷一一一周太祖紀二、通鑑卷二九〇繫其事於廣順二年。

〔六〕太祖遣其子飛龍使承誨往鄴　「鄴」，原作「謁」，據永樂大典卷六八五一引五代薛史改。

〔七〕遽殺之　「遽」，永樂大典卷六八五一引五代薛史作「乃」。

〔八〕鄴城寺鐘懸絶而落　「寺」下原有「寺」字，據永樂大典卷六八五一引五代薛史、册府卷九五一删。

〔九〕不出候謁　「出」字原闕，據永樂大典卷六八五一引五代薛史、册府卷九五一補。

〔一〇〕出爲慈州刺史　「慈州」，殿本、劉本作「磁州」。

〔一一〕令中朝文武臣僚凡數十人隨帳北歸　「令」，原作「契丹」，據殿本改。「隨帳北歸」上原有「令」字，據殿本删。

〔三〕宗城　原作「京城」，據殿本、劉本、邵本校、彭校、册府卷三八七、卷三九六及本卷下文改。

〔三〕朝廷以詞爲侍衞步軍都指揮使　「詞」字原闕，據册府卷三八七補。

〔四〕諸將皆怖懼不知所爲　「諸將」二字原闕，據册府卷三六〇補。

〔五〕何徽　原作「何徵」，據册府卷三八七、卷四〇〇、通鑑卷二九〇改。本卷下一處同。

〔六〕年六十二　「六十二」，殿本作「六十三」。

〔七〕明宗臨陣馬逸　「逸」，永樂大典卷六八五〇引五代薛史作「失」。

〔八〕對答有條貫　「貫」字原闕，據洛陽搢紳舊聞記卷五補。

〔九〕檢校太傅　本書卷九九漢高祖紀上、卷一〇〇漢高祖紀下作「檢校太尉」。

〔一〇〕移鎮陝州　「移」字原闕，據孔本補。

〔三〕顯德元年　「元年」，本書卷一二〇周恭帝紀作「六年」。按本書卷一一五周世宗紀二：「（顯德二年二月）賜太子太師致仕侯益、白文珂、宋彦筠等茶藥、錢帛各有差。」據此白文珂當卒於顯德二年後。

〔三〕幼畜於晉之公宫　「晉」下册府卷八四七有「高祖」二字。

〔三〕帥衆數萬指闕而來　「指」，原作「詣」，據劍策卷一〇引五代史、册府卷三八七、卷三九六改。

〔四〕斬級數十　「數十」，册府卷三八七作「數千」，劍策卷一〇引五代史、册府卷三九六作「數百」。

〔三五〕充馬軍左廂都校　「左」，劍策卷一〇引五代史、册府卷三八七作「右」。

〔三六〕使者但械繫送我入京　「者」字原闕，據册府卷八七一、卷八七五補。

〔三七〕使屯于淮上　「屯」字原闕，據御覽卷三五五引五代周史、册府卷三八七、卷三八九補。

舊五代史卷一百二十五　周書十六

列傳第五

趙暉　王守恩　孔知濬　王繼弘　馮暉　高允權　折從阮　王饒　孫方諫

趙暉，字重光，澶州人也。弱冠以驍果應募，始隸於莊宗帳前，與大梁兵經百餘戰，以功遷馬直軍使。同光中，從魏王破蜀，命暉分統所部，南戍蠻陬。明宗即位，徵還，授禁軍指揮使。

晉有天下，參掌衞兵，從馬全節圍安陸，佐杜重威戰宗城，皆有功，改奉國指揮使。開運末，以部兵屯於陝，屬契丹入汴〔一〕，慨然有憤激之意。及聞漢祖建義於并門，乃與部將王晏、侯章戮力叶謀，逐契丹所命官屬〔二〕，據有陝州，即時馳騎聞於漢祖。案通鑑：契丹主賜趙暉詔，即以爲保義留後。暉斬契丹使者，焚其詔，遣支使河間趙矩奉表晉陽。較薛史爲詳。漢祖乃命暉爲保義軍節度、陝虢等州觀察處置等使。

漢祖之幸東京，路出于陝，暉戎服朝于路左，手控六飛，達于行宫，君臣之義，如舊結焉，旋加檢校太尉。乾祐初，移鎮鳳翔，加同平章事。屬王景崇叛據岐山，及期不受代，朝廷即命暉爲西南面行營都部署，統兵以討之。時李守貞叛於蒲，趙思綰據于雍，與景崇皆遞相爲援，又引蜀軍出自大散關，勢不可遏。暉領兵數千，數戰而勝，然後塹而圍之。暉屢使人挑戰，賊終不出，乃潛使千餘人，於城南一舍之外，擐甲執兵，僞爲蜀兵旗幟，循南山而下，詐令諸軍聲言川軍至矣。須臾，西南塵起，城中以爲信，乃令數千人潰圍而出〔三〕，以爲應援，暉設伏而待，一鼓而盡殪之。自是景崇膽破，不復敢出。明年春，拔之，加檢校太師〔四〕、兼侍中。

國初，就加兼中書令。三年春，拜章請覲，詔從之，入朝授歸德軍節度使。顯德元年，受代歸闕，以疾告老，授太子太師致仕，進封秦國公。尋卒于其第，年六十七。制贈尚書令。永樂大典卷一萬六千九百九十一。

王守恩，字保信，太原人。父建立，潞州節度使，封韓王，晉書有傳。守恩以門蔭，幼爲内職，遷懷、衛二州刺史〔五〕，後歷諸衛將軍。開運末，契丹陷中原，守恩時因假告歸於潞。時潞州節度使張從恩懼契丹之盛，將朝于戎王，以守恩婚家，甚倚信之，乃移牒守恩，請權爲巡檢使。從恩既去，守恩以潞城歸於漢祖，仍盡取從恩之家財。案通鑑云：從恩以副使趙行遷知留後〔六〕，牒守恩權巡檢使，與高防佐之。高防與守恩謀，遣指揮使李萬超白晝率衆大譟〔七〕，斬趙行遷，推守恩權知昭義留後。守恩殺契丹使者，舉鎮來降。宋史李萬超傳云：張從恩將棄城歸契丹，會前驍衛將軍王守恩服喪私第，從恩即委以後事遁去。及契丹使至，專領郡務，守恩遂無所預，萬超奮然謂其部下曰：「我輩垂餌虎口，苟延旦夕之命，今欲殺使保其城，非止逃生，亦足建勳業，汝曹能乎？」衆皆躍然喜曰：「敢不惟命。」遂率所部大譟入府署，殺其使，推守恩爲帥，列狀以聞。漢祖從其請，乃命史弘肇統兵，先渡河至潞，見萬超，語之曰：「收復此州，公之力也，吾欲殺守恩，以公爲帥，可乎？」萬超對曰：「殺契丹使以推守恩，蓋爲社稷計耳，今若賊害于人，自取其利，非宿心也。」弘肇大奇之。（舊五代史考異）漢祖即以守恩爲昭義軍節度使。漢有天下，移鎮邠寧，加同平章事。乾祐初，遷永興軍節度使。時趙思綰已據長安，思綰，原本作「田綰」，今從通鑑改正。（影庫本粘籤）乃改授西京留守。

守恩性貪鄙，委任羣小，以掊斂爲務，雖病坊殘瘵者〔八〕，亦不免其稅率〔九〕，人甚苦之。洛都嘗有豪士，爲二姓之會，守恩乃與伶人數輩夜造其家〔一〇〕，自爲賀客，因獲白金數笏而退〔一一〕。太祖迴自河中，駐軍於洛陽，詔以白文珂代之，守恩甚懼。而洛人有曾爲守恩非理割剝者，皆就其第，徵其舊物，守恩一一償之。及赴闕，止奉朝請而已。乾祐末，既殺史弘肇等，漢少帝召羣臣上殿以諭之，時守恩越班而颺言曰：「陛下今日始睡覺矣。」其出言鄙俚也如此〔一二〕。

國初，授左衞上將軍。顯德初，改右金吾衞上將軍，封許國公。二年冬，舁疾歸洛而卒。永樂大典卷六千八百五十一。五代史補：周高祖爲樞密，鳳翔、永興、河中三鎮反，高祖帶職出討之，迴戈路由京洛。時王守恩爲留守，以使相自專，乘檐子迎高祖於郊外。高祖遥見大怒，且疾驅入於公館。久之，始令人傳旨，托以方浴。守恩不知其怒，但安坐俟久。時白文珂在高祖麾下，召而謂曰：「王守恩乘檐子俟吾，誠無禮也，安可久爲留守，汝宜亟去代之。」文珂不敢違，於是即時禮上。頃之，吏馳去報守恩曰：「白侍中受樞密命，爲留守訖。」留守大驚，奔馬而歸，但見家屬數百口皆被逐于通衢中，百姓莫不聚觀。其亦有乘便號叫索取貸錢物者，高祖使吏籍其數，立命償之，家財爲之一空。朝廷悚然，不甚爲理。

孔知濬，字秀川，徐州滕縣人。太子太師致仕勍之猶子也〔一三〕。父延緘，左武衞大將軍致仕，年九十餘卒。知濬仕梁爲天興軍使。同光末，勍鎮昭義，昭義，原本作「佋義」，今從通鑑改正。（影庫本粘籤）時莊宗用唐朝故事，以黄門爲監軍，皆恃恩暴横，節將不能制。明宗鄴城之變，諸鎮多殺監軍。時監潞者懼誅，欲誘鎮兵謀變，知濬伏甲於室，凌晨監軍來謁，執而殺之，軍城遂寧。明宗嘉之，洎勍罷鎮，以知濬爲澤州刺史，入爲左驍衞大將軍。長興、清泰中，歷唐、復、成三郡刺史。晉高祖即位，用爲奉國右廂都指揮使，領舒州刺史，從征范延光於鄴，遷宿州團練使，俄改隴州防禦使。開運中，移刺鳳州，累官至檢校太傅。河池據關防之要，密邇邛蜀，兵少勢孤，知濬撫士得宜，人皆盡力，故西疆無牧圉之失。契丹主稱制，署滑州節度使。漢祖受命，自鎮入朝。隱帝嗣位，授密州防禦使，踰歲，以疾受代歸朝。廣順三年冬，卒於京師。永樂大典卷一萬八千一百三十三。

王繼弘，冀州南宫人。少嘗爲盜，攻剽閭里，爲吏所拘，械繫於鎮州獄，會赦免死，配隸本軍，時明宗作鎮，致之麾下。晉高祖爲明宗將，署爲帳中小校。天福中，爲六宅副使〔一四〕。性負氣不遜，禁中與同列忿爭，出配義州〔一五〕。歲餘，召復内職，遷領禁軍。開運末，虜犯中原，繼弘時爲奉國指揮使〔一六〕，從契丹主至相州，遂令以本軍戍守。契丹主留高唐英爲相州節度使。唐英善待繼弘，每候其第，則升堂拜繼弘之母，贈遺甚厚，倚若親戚，又給以兵仗，略無猜忌。會契丹主死，漢祖趨洛，唐英遣使歸款，漢祖大悦，將厚待唐英。使未迴，繼弘與指揮使樊暉等共殺唐英，繼弘自稱留後，令判官張易奉表于漢祖。人或責以見利忘義，繼弘曰：「吾儕小人也，若不因利乘便，以求富貴，畢世以來，未可得志也。」及漢祖征杜重威至德清軍，繼弘來朝，乃正授節旄。是歲，就加檢校太傅。節度判官張易，每見繼弘不法，必切言之，繼弘以爲輕己。乾祐中，因事誣奏殺之，尋又害觀察推官張制。漢末，移鎮貝州，就加檢校太尉。廣順初，加同平章事。三年六月〔一七〕，移鎮河陽，會永壽節入覲，遇疾卒於京師。詔贈侍中。

子永昌，仕皇朝，歷内諸司使。永樂大典卷六千八百五十一。

馮暉，魏州人也。始爲効節軍士，拳勇騎射，行伍憚之。初事楊師厚爲隊長，唐莊宗入魏，以銀槍効節爲親軍，與梁人對壘河上，暉以犒給稍薄，因竄入南軍，梁將王彦章置之麾下。莊宗平河南，暉首罪，赦之。從明宗征潞州，誅楊立有功。又從魏王繼岌伐蜀，蜀平，授夔州刺史。時荆州高季興叛，以兵攻其城，暉拒之，屢敗荆軍。長興中，爲興州刺史，以乾渠爲治所。會兩川叛，蜀人來侵，暉以衆寡不敵，奔歸鳳翔，朝廷怒其失守，詔於同州衙前安置〔一八〕。

未幾，從晉高祖討蜀。蜀人守劍門，暉領部下兵踰越險阻〔一九〕，從他道出於劍門之左，掩擊之，殺守兵殆盡。會晉祖班師，朝廷以暉爲澶州刺史。澶州，原本作「怛州」，今從歐陽史改正。（影庫本粘籤）晉天福初，范延光據鄴叛，以暉爲馬步都將，孫鋭爲監軍，自六明鎮渡河，將襲滑臺，尋爲官軍所敗，暉退歸鄴，爲延光城守。明年秋，暉因出戰而降，授滑州節度使、檢校太傅〔二〇〕。鄴平，移鎮靈武。

初，張希崇鎮靈州，以久在北蕃，頗究邊事〔二一〕，數年之間，侵盜並息。希崇卒，未有主帥，蕃部寇鈔，無復畏憚，朝廷以暉强暴之名，聞於遐徼，故以命之。及暉到鎮，大張宴席，酒殽豐備，羣夷告醉，爭陳獻賀，暉皆以錦綵酬之，蕃情大悦。党項拓拔彦超者〔二二〕，州界部族之大者，暉至來謁，厚加待遇，仍爲治第，豐其服玩，因留之不令歸部。河西羊馬，由是易爲交市。暉期年得馬五千匹，而蕃部歸心，朝議患之。案隆平集藥元福傳：西戎三族攻靈州，命元福佐朔方節度使馮暉討之。朔方距威州七百里，地無水草，謂之「旱海」。攜糧至，暉食盡，詰朝行四十里，而敵騎數萬扼要路。暉大懼，遣人致賂求成，雖許，及日中猶未決。暉曰：「奈何？」元福曰：「彼正欲困我耳，察其勢，敵雖衆，特依西山而陣者，其精兵也，請以驍鋭先薄西山，彼或少却〔二三〕，當舉黄旗爲識。」暉善其謀，斬馘殆盡。（舊五代史考異）

晉開運初，桑維翰輔政，欲圖大舉，以制北戎，命將佐十五人，皆列藩之帥也。唯暉不預其數，乃上章自陳，且言未老可用，而制書見遺。詔報云：「非制書忽忘，實以朔方重地，蕃部窺邊，非卿雄名，何以彈壓。比欲移卿内地，受代亦須奇才。」暉得詔甚喜，又達情乞移鎮邠州，即以節鉞授之。行未及邠，又除陝州，暉獻馬千匹、駞五百頭。在陝未幾，除侍衛步軍都指揮使，兼領河陽〔二四〕，即以王令温爲靈武節度使。暉既典禁兵，兼領近鎮，爲朝廷縻留，頗悔離靈武。及馮玉、李彦韜用事，暉善奉之，未幾，復以暉爲朔方節度使，加檢校太師。漢高祖革命，就加同平章事。隱帝嗣位，加兼侍中。國初，加中書令〔二五〕，封陳留王。廣順二年夏〔二六〕，病卒，年六十。追贈衛王。

子繼業，朔方衙内都虞候〔二七〕。暉亡，三軍請知軍府事，因授檢校太保，充朔方兵馬留後。皇朝乾德中，移於内地，今爲同州節度使。永樂大典卷一萬八千一百三十三。

高允權，延州人。祖懷遷，案：原本作「懷遠」，今從歐陽史改正。（舊五代史考異）本郡牙將。懷遷生二子，長曰萬興，次曰萬金[二八]，梁、唐之間爲延州節度使，卒於鎮。允權即萬金子也。「允權即萬金子也」以上，原本疑有脱文，今無别本可校，姑仍其舊。（影庫本粘籤）雖出於將門，不閑武藝，起家爲義川主簿，歷膚施縣令，罷秩歸延州之第。

晉開運末，以周密爲延帥，延有東西二城，其中限以深澗。及契丹犯闕，一日，州兵亂，攻密，密固守東城。亂兵既無帥，亦無敢爲帥者，或曰：「取高家西宅郎君爲帥可也。」是夜未曙，允權方寢，亂軍排闥，請知留後事，遂居於西城，與密相拒數日。河東遣供奉官陳光穗宣撫河西，允權乃遣支使李彬奉表太原，周密棄東城而去。漢祖遣使就加允權檢校太傅[二九]，仍正授旄鉞。漢祖入汴，允權屢修貢奉。隱帝即位，加檢校太尉、同平章事。

允權與夏州李彝興不協，其年李守貞據河中叛，密構彝興爲援，及朝廷用兵夏州，軍逼延州，允權上章論列，彝興亦紛然自訴，朝廷賜詔和解之。太子太師致仕劉景巖，允權妻之祖也，退老於州之別墅。景巖舊事高氏爲牙校，亦嘗爲延帥，甚得民心。景巖以允權婚家後輩，心輕之。允權恒忌其强，是歲冬，盡殺景巖之家，收其家財萬計，以謀叛聞，朝廷不能辨。關西賊平，方面例覃恩命，就加允權檢校太師。

太祖即位，加兼侍中。廣順三年春卒，其子紹基匿喪久之，又擅主軍政，欲邀承襲。觀察判官李彬以爲不可，當聽朝旨。紹基與羣小等惡其異議，乃殺彬，紿奏云：「彬結構内外，謀殺都指揮使及行軍副使，自據城池，已誅戮訖，其妻子及諸房骨肉，尋令捕繫次。」太祖聞之，詔並釋之，仍令都送汝州安置。後朝廷令六宅使張仁謙往巡檢，六宅，原本作「大宅」，考通鑑注，唐有十六宅，五代或稱六宅使，今改正。（影庫本粘籤）紹基乃發喪以聞。輟視朝兩日。永樂大典卷五千五百三十八。

折從阮，字可久，本名從遠，避漢高祖舊名下一字，故改焉。代家雲中，父嗣倫，爲麟州刺史，累贈太子太師。從阮性温厚，弱冠居父喪，以孝聞。唐莊宗初有河朔之地，以代北諸部屢爲邊患，起從阮爲河東牙將，領府州副使。同光中，授府州刺史。長興初，入朝，明宗以從阮洞習邊事，加檢校工部尚書，復授府州刺史。晉高祖起義，以契丹有援立之恩，賂以雲中、河西之地，從阮由是以郡北屬。既而契丹欲盡徙河西之民以實遼東，人心大擾，從阮因保險拒之。晉少帝嗣位，北絶邊好，乃遣使持詔諭從阮令出師。明年春，從阮率兵深入邊界，連拔十餘砦。開運初，加檢校太保，遷本州團練使。其年，兼領朔州刺史、安北都護、振武軍節度使、契丹西南面行營馬步都虞候。

漢祖建號晉陽，引兵南下，從阮率衆歸之。尋升府州爲永安軍〔三〇〕，析振武之勝州并沿河五鎮以隸焉，授從阮光禄大夫、檢校太尉、永安軍節度、府勝等州觀察處置等使，仍賜功臣名號。乾祐元年，加特進、檢校太師。明年春，從阮舉族入覲〔三一〕，朝廷命其子德扆爲府州團練使，授從阮武勝軍節度使。

太祖受命，加同平章事，尋移鎮滑州，又改陝州。二年冬，授靜難軍節度使。世宗即位，就加兼侍中，以年老上章請代，優詔許之。顯德二年冬，赴闕，行次西京，以疾卒，時年六十四。制贈中書令。永樂大典卷一萬八千一百三十三。

王饒，字受益，慶州華池人也〔三二〕。父柔，以饒貴，累贈太尉。饒沉毅有才幹，始事晉高祖。天福初，授控鶴軍使，稍遷奉國軍校，累加檢校尚書左僕射。六年，從杜重威平常山，以功加檢校司空，遷本軍都校，領連州刺史〔三三〕。時安從進叛于襄陽，晉祖命高行周率兵討之，以饒爲行營步軍都指揮使，賊平，授深州刺史。逾年，復入爲奉國都校，加檢校司徒，領欽州刺史。未幾，改本軍右廂都指揮使，領閬州團練使。晉末，契丹據中原，漢祖建義于晉陽，尋克復諸夏，唯常山郡爲契丹所據。常山，原本作「帶山」，今從通鑑改正。（影庫本粘籤）時饒在其郡，乃與李筠、白再榮之儔承間竊發，盡逐其黨。漢祖嘉之，授鄜州觀察留後，加光禄大夫，賜爵開國侯，復移授鎮國軍節度使，加檢校太傅。國初，就加同平章事，賜推誠奉義翊戴功臣。顯德初，以郊丘禮畢，加檢校太尉，移鎮貝州。世宗嗣位，加兼侍中，改彰德軍節度使。滿歲受代，入奉朝請。顯德四年冬〔三四〕，以疾卒於京都之私第〔三五〕，年五十九。追封巢國公。饒性寬厚，體貌詳雅，所蒞藩鎮，民皆便之。每接賓佐，必怡聲緩氣，恂恂如也，故士君子亦以此多之。永樂大典卷六千八百五十一。

孫方諫，鄭州清苑縣人也〔三六〕。本名方簡，廣順初，以犯廟諱，故改焉。定州西北二百里有狼山，山上有堡，邊人賴之以避剽掠之患，因中置佛舍。有尼深意者，俗姓孫氏，主其事，以香火之教聚其徒，聲言屍不壞，因復以衣襟，瞻禮信奉，有同其生。方諫即其宗人也，嗣行其教，率衆不食葷茹，其黨推之爲砦主。

晉開運初，定帥表爲邊界遊奕使。案宋史孫行友傳云：方諫懼主帥捕逐，乃表歸朝，因署爲東北面招收指揮使，且賜院額曰勝福。每契丹軍來，必率其徒襲擊之，鎧仗畜産所得漸多，人益依以避難焉。易定帥聞于朝，因以方諫爲邊界遊奕使，行友副之。自是捍禦侵軼〔三七〕，多所殺獲，乘勝入祁溝關，平庸城，破飛狐砦〔三八〕，契丹頗畏之。求請多端，因少不得志，潛通於契丹。戎王之入中原也，以方諫爲定州節度使，尋以其將耶律忠代之，改方諫雲州節度使。方諫恚憤，與其黨歸狼山，不受契丹命。

漢初，契丹隳定州城壘，燒爇廬舍，盡驅居民而北，中山爲之一空。方諫自狼山率其部衆迴保定州，上表請命，漢祖嘉之，即授以節鉞，累官至使相。案宋史云：漢授行友易州刺史、行義泰州刺史，弟兄掎角以居，寇每入，諸軍鎮閉壘坐視，一無所得。太祖受命，加兼侍中。未幾〔三九〕，改華州節度使。朝廷以其弟行友爲定州留後，案宋史云：行友上言，偵得契丹離合，願得勁兵三千，乘間平定幽州。乃移方諫鎮華州，以行友爲定州留後。又以弟議案：宋史作行義。（舊五代史考異）爲德州刺史，兄弟子姪職內廷者凡數人。世宗嗣位，史彥超代之，車駕駐蹕於并門，方諫自華覲於行在，從大駕南巡，以疾就醫於洛下。尋授同州節度使，加兼中書令。未及赴任，以疾卒於洛陽，年六十二。輟視朝兩日，詔贈太師。

其弟行友繼爲定州節度。皇朝乾德中，以其祆妄惑衆，詔毁狼山佛寺，遷其尼朽骨赴京，遣焚於北郊，以行友爲諸衛大將軍，自是祆徒遂息焉。永樂大典卷三千五百六十一。

案續通鑑長編：建隆二年八月，義武節度使〔四〇〕、同平章事孫行友，在鎮逾八年，而狼山妖尼深意黨益盛。上初即位，行友不自安，累表乞解官歸山，上不許，行友懼，乃繕治甲兵，將棄其帑，還據山寨以叛。兵馬都監樂繼能密奏其事，上遣閤門副使武懷節馳騎會鎮趙之兵，僞稱巡邊，直入定州，行友不之覺。既而出詔示之，令舉族歸朝，行友倉皇聽命。既至，命侍御史李維岳即訊得實。己酉，制削奪行友官爵，禁錮私第，取尼深意尸，焚之都城西北隅。行友弟易州刺史方進、姪保塞軍使全暉，皆詣闕待罪，詔釋之。（舊五代史考異）

史臣曰：昔晉之季也，敵騎長驅，中原無主，漢祖雖思拯溺，未果圖南。趙暉首變陝郊，同扶義舉，漢之興也，暉有力焉，命以作藩，斯無愧矣。守恩乘時效順，雖有可觀，好利殘民，夫何足貴！允權、方諫，因版蕩之世，竊屏翰之權，比夫畫雲臺之功臣，何相去之遠也。永樂大典卷三千五百六十一。

校勘記

〔一〕屬契丹入汴　册府卷七六六作「屬北戎亂華」。

〔二〕逐契丹所命官屬　「逐」，册府卷三六〇、卷七六六作「戮」。按本書卷九九漢高祖紀上：「趙暉、侯章、都頭王晏殺契丹監軍及副使劉愿。」「所命」，册府卷三六〇、卷七六六作「僞命」。

〔三〕乃令數千人潰圍而出　「人」字原闕，據殿本、邵本校、册府卷三六七、武經總要後集卷六、新五代史卷五三王景崇傳補。影庫本批校：「數千人潰圍而出，脱『人』字。」

〔四〕加檢校太師　「太師」，原作「太保」，據册府卷三六〇、卷三八七改。按本書卷一〇二漢隱帝紀中：「（乾祐二年九月）癸亥，鎮州武行德、鳳翔趙暉並加檢校太師。」

〔五〕遷懷衞二州刺史　王守恩墓誌（拓片刊千唐誌齋藏誌）：「庚寅歲，授遼州刺史……再牧於遼，尋轉衞州刺史。」未記其嘗爲懷州刺史。

〔六〕從恩以副使趙行遷知留後　「知留後」，原作「之留守」，據殿本、劉本、孔本、通鑑卷二八六改。

〔七〕遣指揮使李萬超白晝率衆大譟　「率」，原作「卒」，據殿本、劉本、通鑑卷二八六改。

〔八〕雖病坊殘癃者　「坊」，原作「廢」，據永樂大典卷六八五一引五代薛史改。

〔九〕亦不免其稅率　「稅率」，册府卷四五五作「科率」。

〔一〇〕守恩乃與伶人數輩夜造其家　「其家」二字原闕，據册府卷四五五補。

〔一一〕因獲白金數笏而退　「白金」，原作「百」，據永樂大典卷六八五一引五代薛史、册府卷四五五改。

〔一二〕其出言鄙俚也如此　「也」字原闕，據永樂大典卷六八五一引五代薛史補。

〔一三〕太子太師致仕勍之猶子也　「太子太師」上殿本有「故」字。

〔一四〕爲六宅副使　「宅」，原作「軍」，據永樂大典卷六八五一引五代薛史、册府卷一七二、卷九一八改。

〔五〕出配義州　「義州」下原有「軍」字，據永樂大典卷六八五一引五代薛史删。「出配」，永樂大典卷六八五一、册府卷九一八作「配流」。

〔六〕召復內職……繼弘時　以上十八字原闕，據永樂大典卷六八五一引五代薛史補。

〔七〕三年六月　原作「三月六日」，據永樂大典卷六八五一引五代薛史改。按本書卷一一三周太祖紀四，王繼弘卒於廣順三年六月。

〔八〕詔於同州衙前安置　「前」，原作「職」，據本書卷四六唐末帝紀上、册府卷六九九、近事會元卷五改。

〔九〕暉領部下兵踰越險阻　「暉」字原闕，據册府卷三六〇補。

〔一〇〕授滑州節度使檢校太傅　「太傅」，本書卷七七晉高祖紀三、馮暉墓誌（拓片刊五代馮暉墓）作「太保」。按馮暉墓誌：「除靈武節度使……天福有六辛丑歲……加檢校太傅。」則其加檢校太傅在鎮靈州後。

〔一一〕頗究邊事　句下册府卷三九七有「能駕御河西胡虜」七字。

〔一二〕拓拔彦超　原作「拓拔彦昭」，據册府卷三九七、新五代史卷四九馮暉傳、通鑑卷二八二改。

〔一三〕彼或少却　「却」，原作「怯」，據隆平集卷一六改。

〔一四〕在陝未幾除侍衛步軍都指揮使兼領河陽　據本書卷八四晉少帝紀四、馮暉墓誌，馮暉自邠州節度使從鎮河陽，未嘗出鎮陝州。

〔二五〕加中書令　「加」字原闕，據殿本、劉本、邵本校補。

〔二六〕廣順二年夏　「二年」，原作「三年」，據本書卷一一二周太祖紀三、册府卷四三六、通鑑卷二九〇改。按馮暉墓誌記其死於壬子年，即廣順二年。

〔二七〕朔方衙內都虞候　「衙」，原作「衞」，據殿本、劉本、本書卷一一二周太祖紀三、册府卷四三六改。

〔二八〕次曰萬金　以上四字原闕，據殿本、劉本、孔本校、邵本校補。影庫本批校：「『長曰萬興』句下有『次曰萬金』四字。」

〔二九〕漢祖遣使就加允權檢校太傅　「太傅」，本書卷九九漢高祖紀上作「太保」。

〔三〇〕尋升府州爲永安軍　「州」字原闕，據通鑑卷二八六胡注引薛史、新五代史卷五〇折從阮傳補。按太平寰宇記卷三八：「（府州）漢祖建號晉陽，引兵南下，從阮率衆歸之。尋升府州爲永安軍。」

〔三一〕明年春從阮舉族入覲　本書卷一〇三漢隱帝紀下繫其事於乾祐三年三月。

〔三二〕慶州華池人　「華池」，原作「華地」，據殿本、劉本、邵本校、永樂大典卷六八五一引五代薛史改。按新唐書卷三七地理志一，慶州有華池縣。

〔三三〕領連州刺史　「連州」，原作「運州」，據劉本、册府卷三六〇、卷三八七改。按新五代史卷六

○職方考，時無運州。

〔三四〕顯德四年冬　本書卷一一八周世宗紀五繫其事於顯德五年冬十月。

〔三五〕以疾卒於京都之私第　「京都」，原作「京東」，據永樂大典卷六八五一引五代薛史改。

〔三六〕鄚州清苑縣人　「鄚州」，原作「鄭州」，據殿本、劉本、邵本校、新五代史卷四九孫方諫傳改。按宋史卷二五三有其弟孫行友傳，記其爲莫州清苑人。據舊唐書卷三九地理志二，莫州即鄚州。

〔三七〕自是捍禦侵軼　「侵軼」二字原闕，據宋史卷二五三孫行友傳補。

〔三八〕飛狐砦　原作「飛狐塞」，據宋史卷二五三孫行友傳改。

〔三九〕未幾　册府卷八六六作「未幾入朝」。

〔四〇〕義武節度使　「義武」，原作「義成」，據續資治通鑑長編卷二改。

舊五代史卷一百二十六　周書十七

列傳第六

馮道

馮道，字可道，瀛州景城人。其先爲農爲儒，不恒其業。道少純厚，好學能文〔一〕，不恥惡衣食，負米奉親之外，唯以披誦吟諷爲事，雖大雪擁户，凝塵滿席，湛如也。天祐中，劉守光署爲幽州掾。守光引兵伐中山，訪於僚屬，道常以利害箴之，守光怒，置於獄中，尋爲人所救免。守光敗，遁歸太原，監軍使張承業辟爲本院巡官。承業重其文章履行，甚見待遇。時有周玄豹者，善人倫鑒，與道不洽，謂承業曰：「馮生無前程，公不可過用。」時河東記室盧質聞之曰：「我曾見杜黄裳司空寫真圖，道之狀貌酷類焉，將來必副大用，玄豹之言不足信也。」承業尋薦爲霸府從事，俄署太原掌書記，時莊宗併有河北，文翰甚繁，一以委之。

莊宗與梁軍夾河對壘，一日，郭崇韜以諸校伴食數多，主者不辦，請少罷減。莊宗怒曰：「孤爲効命者設食都不自由，其河北三鎮，令三軍別擇一人爲帥，孤請歸太原以避賢路。」遽命道對面草詞，將示其衆。道執筆久之，莊宗正色促焉，道徐起對曰：「道所掌筆硯，敢不供職。今大王屢集大功，方平南寇，崇韜所諫，未至過當，阻拒之則可，不可以向來之言，諠動羣議，敵人若知，謂大王君臣之不和矣。幸熟而思之，則天下幸甚也。」俄而崇韜入謝，因道之解焉，人始重其膽量。莊宗即位鄴宮，除省郎，充翰林學士，自綠衣賜紫。梁平，遷中書舍人、户部侍郎。丁父憂，持服于景城。案談苑云：道聞父喪，即徒步見星以行，家人從後持衣囊追及之。（舊五代史考異）遇歲儉，所得俸餘，悉賑于鄉里，道之所居，唯蓬茨而已，蓬茨，原本作「逢次」，今從册府元龜改正。（影庫本粘籤）凡牧宰饋遺，斗粟匹帛，無所受焉。時契丹方盛，素聞道名，欲掠而取之，會邊人有備，獲免。永樂大典卷四百三。

明宗入洛，遽謂近臣安重誨曰：「先帝時馮道郎中何在？」重誨曰：「近除翰林學士。」明宗曰：「此人朕素諳委，甚好宰相〔二〕。」俄拜端明殿學士，「端明」之號，自道始也。未幾，遷中書侍郎、刑部尚書、平章事。永樂大典卷一萬七千九百三十〔三〕。凡孤寒士子，抱才業、素知識者，皆與引用，唐末衣冠，履行浮躁者，必抑而鎮之〔四〕。有工部侍郎任贊，因班退，與同列戲道於後曰：「若急行，必遺下兔園册。」案：北夢瑣言以任贊語爲劉岳語。又云：北中村墅多以兔園册教童蒙，以是譏之。然兔園册乃徐庾文體，非鄙朴之談，但家藏一本，人多賤之也。郡齋讀書志以兔園册爲虞世南所作。困學紀聞云：兔園册府三十卷，唐蔣王惲令僚佐杜嗣先仿應科目策，自設問對，引經史爲訓注。惲，太宗子，故用梁王兔園名其書。（舊五代史考異）歐陽史云：兔園策者，鄉校俚儒教田夫牧子之所誦也。北夢瑣言云：兔園策乃徐庾文體，非鄙朴之談，但家藏一本，人多賤之。困學紀聞云：兔園册府三十卷，唐蔣王惲令僚佐杜嗣先倣應科目策，自設問對，引經史爲訓注。惲，太宗子，故用梁王兔園名其書，馮道兔園策謂此也。（殿本）道尋知之〔五〕，召贊謂曰：「兔園册皆名儒所集，道能諷之。中朝士子止看文場秀句，便爲舉業，皆竊取公卿，何淺狹之甚耶！」贊大愧焉。復有梁朝宰臣李琪，每以文章自擅，曾進賀平中山王都表，云「復真定之逆城」。道讓琪曰：「昨來收復定州，非真定也。」琪昧於地理，頓至折角。其後百僚上明宗徽號凡三章，道自爲之，其文渾然，非流俗之體，舉朝服焉。道尤長於篇詠，秉筆則成，典麗之外，義含古道，必爲遠近傳寫，故人漸畏其高深〔六〕，由是班行肅然，無澆醨之態。繼改門下侍郎、户部吏部尚書、集賢殿弘文館大學士，加尚書左僕射，封始平郡公。一日，道因上謁既退，明宗顧謂侍臣曰：「馮道性純儉，頃在德勝寨，居一茅庵，與從人同器食，卧則芻藁一束，其心晏如也。及以父憂退歸鄉里，自耕樵採，與農夫雜處，略不以素貴介懷，真士大夫也。」永樂大典卷四百三。

天成、長興中，天下屢稔，朝廷無事。明宗每御延英，留道訪以外事，道曰：「陛下以至德承天，天以有年表瑞，更在日慎一日，以答天心。臣每記在先皇霸府日，曾奉使中山，經井陘之險，憂馬有蹶失，不敢怠于銜轡。及至平地，則無復持控，果爲馬所顛仆，幾至于損。臣所陳雖小，可以喻大。陛下勿以清晏豐熟，便縱逸樂，兢兢業業，臣之望也。」明宗深然之。佗日又問道曰：「天下雖熟，百姓得濟否？」道曰：「穀貴餓農，穀賤傷農，此常理也。臣憶得近代有舉子聶夷中傷田家詩云：『二月賣新絲，五月糶秋穀，醫得眼下瘡，剜却心頭肉。我願君王心，化作光明燭，不照綺羅筵，偏照逃亡屋。』」明宗曰：「此詩甚好。」遽命侍臣録下，每自諷之。道之發言簡正，善于裨益，非常人所能及也。時以諸經舛繆，與同列李愚委學官田敏等，取西京鄭覃所刊石經，雕爲印板，流布天下，後進賴之。明宗崩，唐末帝嗣位，以道爲山陵使，禮畢，出鎮同州，同州，原本作「司川」，今從通鑑改正。（影庫本粘籤）循故事也。道爲政閑澹，獄市無撓。一日，有上介胡饒，本出軍吏，性麤獷，因事詬道于牙門，左右數報不應。道曰：「此必醉耳！」因召入，開尊設食，盡夕而起，無撓愠之色。未幾，入爲司空。

及晉祖入洛，以道爲首相。二年，契丹遣使加徽號於晉祖，晉祖亦獻徽號于契丹，謂道曰：「此行非卿不可。」道無難色。晉祖又曰：「卿官崇德重，不可深入沙漠。」道曰：「陛下受北朝恩，臣受陛下恩，何有不可！」案楊内翰談苑云：道與諸相歸中書，食訖，外廳堂吏前白道言北使事。吏人色變手戰，道取紙一幅，署云：「道去。」即遣寫敕進，堂吏泣下。道遣人語妻子，不復歸家，即日舍都亭驛，不數日北行。晉祖餞宴，語以家國之故，煩耆德遠使，自酌巵酒賜之，泣下。及行，將達西樓，契丹主欲郊迎，其臣曰〔七〕：「天子無迎宰相之禮。」因止焉，其名動殊俗也如此。案談苑云：契丹賜其臣牙笏及臘日賜牛頭者爲殊禮，道皆得之，作詩以紀云：「牛頭偏得賜，象笏更容持。」契丹主甚喜，遂潛諭留意，道曰：「南朝爲子，北朝爲父，兩朝皆爲臣，豈有分別哉！」道在契丹，凡得所賜，悉以市薪炭，徵其意，云：「北地苦寒，老年所不堪，當爲之備。」若將久留者。契丹感其意，乃遣歸，道三上表乞留，固遣乃去，猶更住館中月餘。既行，所至留駐，凡兩月方出境，左右語道曰：「當北土得生還，恨無羽翼，公獨宿留，何也？」道曰：「縱急還，彼以筋脚馬，一夕即追及，亦何可脫，但徐緩即不能測矣。」衆乃服〔八〕。四年二月，始至京師。及還，朝廷廢樞密使，依唐朝故事，並歸中書，其院印付道，事無巨細，悉以歸之。尋加司徒、兼侍中，進封魯國公。

晉祖曾以用兵事問道，道曰：「陛下歷試諸艱，創成大業，神武睿略，爲天下所知，討伐不庭，須從獨斷。臣本自書生，爲陛下在中書，守歷代成規，不敢有一毫之失也。臣在明宗朝，曾以戎事問臣，臣亦以斯言答之。」晉祖頗可其說。道嘗上表求退，晉祖不之覽，先遣鄭王就省，謂曰：「卿來日不出，朕當親行請卿。」道不得已出焉。當時寵遇，無與爲比。

晉少帝即位，加守太尉，進封燕國公。道嘗問朝中熟客曰：「道之在政事堂，人有何說？」客曰：「是非相半。」道曰：「凡人同者爲是，不同爲非，而非道者，十恐有九。昔仲尼聖人也，猶爲叔孫武叔所毁，況道之虚薄者乎？」然道之所持，始終不易。後有人間道於少帝曰：「道好平時宰相，無以濟其艱難，如禪僧不可呼鷹耳。」由是出道爲同州節度使。歲餘，移鎮南陽，加中書令。

契丹入汴，道自襄鄧召入，戎王因從容問曰：「天下百姓，如何可救？」道曰：「此時百姓，佛再出救不得，唯皇帝救得。」其後衣冠不至傷夷，皆道與趙延壽陰護之所至也。是歲三月，隨契丹北行，與晉室公卿俱抵常山。俄而戎王卒，永康王代統其衆。及北去，留其族解里以據常山。時漢軍憤激，因共逐出解里，尋復其城。道率同列，四出按撫，因事從宜，各安其所。人或推其功，道曰：「儒臣何能爲，皆諸將之力也。」通鑑云：衆推道爲節度使，道曰：「我書生也，當奏事而已，宜擇諸將爲留後。」薛史不言推道爲節度，與通鑑微異。（影庫本粘籤）道以德重，人所取則，乃爲衆擇諸將之勤宿者，以騎校白再榮權爲其帥，軍民由是帖然，道首有力焉。道在常山，見有中國士女爲契丹所俘者，出橐裝以贖之，皆寄於高尼精舍，後相次訪其家以歸之。又契丹先留道與李崧、和凝及文武官等在常山，是歲閏七月二十九日，契丹有僞詔追崧，令選朝士十人赴木葉山行事。契丹麻答召道等至帳所〔九〕，欲諭之，崧偶先至，知其旨，懼形於色。麻答將以明日與朝士齊遣之，崧乃不俟道，與凝先出，既而相遇於帳門之外，因與分手俱歸。俄而李筠等縱火與契丹交鬬，鈹槊相及〔一〇〕。是日道若齊至〔一一〕，與麻答相見，稍或躊躇，則悉爲俘矣。時論者以道在布衣有至行〔一二〕，立公朝有重望，其陰報昭感，多此類也。

及自常山入覲，漢祖嘉之，拜守太師。案洛陽縉紳舊聞記：贈大監張公燦〔一三〕，漢祖即位之初爲上黨戎判。漢祖在北京時，大聚甲兵，禁牛皮不得私貿易及民間盜用之，如有牛死，即時官納其皮，其有犯者甚衆。及即大位，三司舉行請禁天下牛皮，法與河東時同，天下苦之。會上黨民犯牛皮者二十餘人，獄成，罪俱當死。大監時爲判官，獨執曰：「主上欽明，三司不合如此起請，二十餘人死尚間可，使天下犯者皆銜冤而死乎？且主上在河東，大聚甲兵，須藉牛皮，嚴禁可也，今爲天下君，何少牛皮，立法至于此乎。」遂封奏之。時三司使方用事，執政之地，除馮瀛王外，皆惡之，曰：「豈有州郡使敢非朝廷詔敕！」力言於漢祖。漢祖亦怒曰：「昭義一判官，是何敢如此！其犯牛皮者，依敕俱死。大監以非毀詔敕，亦死。」敕未下，獨瀛王非時請見。漢祖出，瀛王曰：「陛下在河東時，斷牛皮可也，今既有天下，牛皮不合禁。陛下赤子枉死之，亦足爲陛下惜。昭義判官以卑位食陛下祿，居陛下官，不惜軀命，敢執而奏之，可賞不可殺。臣當輔弼之任，使此敕枉害人性命，臣不能早奏，使陛下正之〔一四〕，臣罪當誅。」稽首再拜。又曰：「張燦不合加罪，望加敕赦之。」漢祖久之曰：「已行之矣。」馮瀛王曰：「敕未下。」漢祖遽曰：「與赦之。」馮曰：「勒停可乎？」上曰：「可。」由是改其敕，記其略曰：「三司邦計，國法攸依，張燦體事未明，執理乖當，宜停見職，犯牛皮者貸命放之。」大監聽敕訖，聞敕云「執理乖當」，尚曰：「中書自不能執理，若一一教外道判官執理，則焉用彼相乎！」（舊五代史考異）乾祐中，道奉朝請外，平居自適。一日，著長樂老自敘云：

余世家宗族，本始平、長樂二郡，歷代之名實，具載於國史家牒。余先自燕亡歸晉，事莊宗、明宗、閔帝、清泰帝，又事晉高祖皇帝、少帝。契丹據汴京，爲戎主所制，自鎮州與文武臣僚、馬步將士歸漢朝，事高祖皇帝、今上。顧以久叨祿位，備歷艱危，上顯祖宗，下光親戚。亡曾祖諱湊，累贈至太傅，亡曾祖母崔氏，追封梁國太夫人；亡祖諱炯〔一五〕，累贈至太師，亡祖母褚氏，追封吳國太夫人；亡父諱良建，祕書少監致仕，累贈至尚書令，亡母張氏〔一六〕，追封魏國太夫人。

余階自將仕郎，轉朝議郎、朝散大夫、朝議大夫〔一七〕、銀青光祿大夫、金紫光祿大夫、特進、開府儀同三司。職自幽州節度巡官、河東節度巡官、掌書記，再爲翰林學士，改授端明殿學士、集賢殿大學士、太微宮使，再爲弘文館大學士，又充諸道鹽鐵轉運使、南郊大禮使、明宗皇帝晉高祖皇帝山陵使，再授定國軍節度、同州管內觀察處置等使，一爲長春宮使，又授武勝軍節度、鄧隨均房等州管内觀察處置等使。官自攝幽府參軍、試大理評事、檢校尚書祠部郎中兼侍御史、檢校吏部郎中兼御史中丞、檢校太尉同中書門下平章事、檢校太師兼侍中，又授檢校太師、兼中書令。正官自行臺中書舍人，再爲户部侍郎，轉兵部侍郎、中書侍郎，再爲門下侍郎、刑部吏部尚書〔一八〕、右僕射、左僕射〔一九〕，三爲司空，兩在中書，一守本官，又授司徒、兼侍中，賜私門十六戟，又授太尉、兼侍中，又授戎太傅，又授漢太師。爵自開國男至開國公、魯國公，再封秦國公、梁國公、燕國公、齊國公。食邑自三百户至一萬一千户，食實封自一百户至一千八百户。勳自柱國至上柱國。功臣名自經邦經邦，原本作「翊邦」，今從册府元龜改正。（影庫本粘籤）致理翊贊功臣至守正崇德保邦致理功臣、安時處順守義崇靜功臣、崇仁保德寧邦翊聖功臣。

先娶故德州户掾褚諱濆女，早亡；後娶故景州弓高縣孫明府諱師禮女，累封蜀國夫人。亡長子平，自祕書郎授右拾遺、工部度支員外郎；次子吉，自祕書省校書郎授膳部金部職方員外郎、屯田郎中；第三亡子可，自祕書省正字授殿中丞、工部户部員外郎；第四子幼亡；第五子義〔二〇〕，自祕書郎改授銀青光禄大夫、檢校國子祭酒兼御史中丞，充定國軍衙内都指揮使，職罷改授朝散大夫、左春坊太子司議郎，授太常丞;第六子正,自協律郎改授銀青光禄大夫、檢校國子祭酒兼御史中丞,充定國軍節院使[二一],職罷改授朝散大夫、太僕丞。長女適故兵部崔侍郎諱衍子太僕少卿名絢,封萬年縣君;三女子早亡。二孩幼亡[二二]。唐長興二年敕,瀛州景城縣莊來蘇鄉改爲元輔鄉、朝漢里改爲孝行里[二三]。洛南莊貫河南府洛陽縣三川鄉靈臺里[二四],奉晉天福五年敕,三川鄉改爲上相鄉,靈臺里改爲中台里,時守司徒、兼侍中;又奉八年敕,上相鄉改爲太尉鄉、中台里改爲侍中里,時守太尉、兼侍中。

靜思本末,慶及存亡,蓋自國恩,盡從家法,承訓誨之旨,關教化之源,在孝于家,在忠于國,口無不道之言,門無不義之貨。所願者下不欺于地,中不欺于人,上不欺于天,以三不欺爲素,賤如是,貴如是,長如是,老如是,事親、事君、事長、臨人之道。曠蒙天恕,累經難而獲多福,曾陷蕃而歸中華,非人之謀,是天之祐。六合之内有幸者,百歲之後有歸所,無以珠玉含,當以時服斂,以籧篨葬,及擇不食之地而葬焉,以不及于古人故。祭以特羊,戒殺生也,當以不害命之物祭。無立神道碑,以三代墳前不獲立碑故。無請謚號,以無德故。又念自賓佐至王佐及領藩鎮時,或有微益于國之事節,皆形于公籍。所著文章篇詠,因多事散失外,收拾得者,編于家集,其間見其志。其間見其志,原本疑有舛誤。考册府元龜所引薛史與永樂大典同,今仍其舊。(影庫本粘籤）知之者，罪之者，未知衆寡矣。有莊、有宅、有羣書，有二子可以襲其業〔二五〕。于此日五盥，日三省，尚猶日知其所亡，月無忘其所能。爲子、爲弟、爲人臣、爲師長〔二六〕、爲夫、爲父，有子、有猶子、有孫，奉身即有餘矣，爲時乃不足。不足者何？不能爲大君致一統、定八方，誠有愧于歷職歷官，何以答乾坤之施？時開一卷，時飲一杯，食味、別聲、被色，老安于當代耶，老而自樂，何樂如之！時乾祐三年朱明月長樂老序云。

及太祖平内難，議立徐州節度使劉贇爲漢嗣，遣道與祕書監趙上交、樞密直學士王度等往迎之。道尋與贇自徐赴汴，行至宋州，會澶州軍變。樞密使王峻遣郭崇領兵至，屯于衙門外，時道與上交等宿于衙内。是日，贇率左右甲士闔門登樓，詰崇所自，崇言太祖已副推戴。左右知其事變，以爲道所賣，皆欲殺道等以自快。趙上交與王度聞之，皆惶怖不知所爲，唯道偃仰自適，略無懼色，尋亦獲免焉。道微時嘗賦詩云：「終聞海嶽歸明主，未省乾坤陷吉人。」至是其言驗矣。案青箱雜記載馮道詩全篇云：莫爲危時便愴神，前程往往有期因。終聞海嶽歸明主，未省乾坤陷吉人。道德幾時曾去世，舟車何處不通津。但教方寸無諸惡，狼虎叢中也立身。廣順初，復拜太師、中書令，太祖甚重之，每進對不以名呼。及太祖崩，世宗以道爲山陵使。會河東劉崇入寇，世宗召大臣議欲親征，道諫止之，世宗因言：「唐初，天下草寇蜂起，並是太宗親平之。」道奏曰：「陛下得如太宗否？」世宗怒曰：「馮道何相少也。」乃罷。及世宗親征，不令扈從，留道奉太祖山陵。時道已抱疾，及山陵禮畢，奉神主歸舊宮，未及祔廟，一夕薨於其第，時顯德元年四月十七日也，享年七十有三。世宗聞之震悼[二七]，輟視朝三日，册贈尚書令，追封瀛王，謚曰文懿。案：五代通録作謚文愍，見通鑑考異。

道歷任四朝，三入中書，在相位二十餘年，以持重鎮俗爲己任，未嘗以片簡擾於諸侯。平生甚廉儉，逮至末年，閨庭之內，稍徇奢靡。其子吉，尤恣狂蕩，道不能制，識者以其不終令譽，咸歎惜之。永樂大典卷一萬七千九百三十。五代史補：馮道之鎮同州也，有酒務吏乞以家財修夫子廟，道以狀付判官參詳其事。判官素滑稽，因以一絕書之判後云：「荆棘森森繞杏壇，儒官高貴盡偷安。若教酒務修夫子，覺我慚惶也大難。」道覽之有愧色，因出俸重創之。馮瀛王道之在中書也，有舉子李導投贄所業，馮相見之，戲謂曰：「老夫名道，其來久矣，加以累居相府，秀才不可謂不知，然亦名道，於禮可乎？」李抗聲對曰：「相公是無寸底道字，小子有寸底道字，何謂不可也？」公笑曰：「老夫不惟名無寸，諸事亦無寸，吾子可謂知人矣。」了無怒色。馮吉，瀛王道之子，能彈琵琶，以皮爲弦，世宗嘗令彈於御前，深欣善之，因號其琵琶曰「邀殿雷」也。道以其惰業，每加譴責，而吉攻之愈精[二八]，道益怒，凡與客飲，必使廷立而彈之，曲罷或賜以束帛，命背負之，然後致謝。道自以爲戒勗極矣，吉未能悛改，既而益自若。道度無可奈何，歎曰：「百工之司藝而身賤，理使然也。此子不過太常少卿耳。」其後果終於此。

史臣曰：道之履行，鬱有古人之風；道之宇量，深得大臣之體。然而事四朝，相六帝，可得謂忠乎〔二九〕！夫一女二夫，人之不幸，況於再三者哉！所以飾終之典，不得謚爲文貞、文忠者，蓋謂此也。永樂大典卷一萬七千九百三十。

校勘記

〔一〕好學能文　「能文」，殿本、孔本、册府卷七九八作「善屬文」。

〔二〕此人朕素諳委甚好宰相　「委甚」，原作「悉是」，據殿本、册府卷一四八、職官分紀卷三改。

〔三〕永樂大典卷一萬七千九百三十　檢永樂大典目録，卷一七九三〇爲「相」字韻「宋相」，與本則內容不符，恐有誤記。陳垣舊五代史輯本引書卷數多誤例謂應作卷一七九一〇「相」字韻「五代相」。本卷後二則引永樂大典卷一萬七千九百三十同。

〔四〕必抑而鎮之　「鎮」，原作「置」，據殿本、孔本、文莊集卷三一奉和御製讀五代周史、册府卷三二〇改。

〔五〕道尋知之　「尋」字原闕，據殿本、册府卷九三九補。

〔六〕故人漸畏其高深　「人」字原闕，據册府卷八四一補。

〔七〕契丹主欲郊迎其臣曰　册府卷三二九作「虜長欲自出迎道虜之羣僚曰」。

〔八〕道在契丹……衆乃服　以上一百二十三字原闕，據殿本、劉本補。

〔九〕契丹麻答召道等至帳所　「契丹麻答」，册府卷九四〇作「虜帥解里」。下文二「麻答」，册府卷九四〇皆作「解里」。「帳所」，册府卷九四〇作「帳前所」。

〔一〇〕鈹槊相及　「鈹」，原作「鼓」，據册府卷九四〇改。

〔一一〕是日道若齊至　「道」字原闕，據册府卷九四〇補。

〔一二〕時論者以道在布衣有至行　「在」字原闕，據册府卷九四〇補。

〔一三〕贈大監張公燦　「燦」，原作「璨」，據洛陽搢紳舊聞記卷五改。

〔一四〕使陛下正之　「之」字原闕，據洛陽搢紳舊聞記卷五補。

〔一五〕亡祖諱烱　「烱」，册府卷七七〇作「景」。

〔一六〕亡母張氏　「亡」字原闕，據册府卷七七〇補。

〔一七〕朝議大夫　以上四字原闕，據册府卷七七〇補。

〔一八〕刑部吏部尚書　「刑部吏部」，册府卷七七〇作「刑户吏」。

〔一九〕左僕射　以上三字原闕，據册府卷七七〇補。按本書卷四四唐明宗紀十：「（長興四年九月）宰臣馮道加左僕射。」

〔二〇〕第五子義　「義」，册府（宋本）卷七七〇作「乂」。

〔二一〕充定國軍節院使　「節院使」，原作「節度使」，據册府卷七七〇改。

〔二二〕二孩幼亡　「孩」，殿本作「孫」。

〔二三〕朝漢里改爲孝行里　「改」字原闕，據册府卷七七〇及本卷上下文補。

〔二四〕洛南莊貫河南府洛陽縣三川鄉靈臺里　「三川鄉」，原作「三州鄉」，據册府卷三一九、卷七七〇改。本卷下一處同。「靈臺里」，册府卷三一九作「靈壽里」。

〔二五〕有二子可以襲其業　「二」，册府卷七七〇同，殿本、劉本作「三」。

〔二六〕爲師長　「師長」，册府（宋本）卷七七〇、新五代史卷五四馮道傳作「司長」。

〔二七〕世宗聞之震悼　「震悼」二字原闕，據册府卷三一九補。

〔二八〕而吉攻之愈精　「攻」，原作「攷」，據殿本、劉本、彭校、五代史補卷五改。

〔二九〕可得謂忠乎　「謂」，原作「爲」，據劉本、邵本、彭本、文莊集卷三一奉和御製讀五代周史改。

舊五代史卷一百二十七

周書十八

列傳第七

盧文紀　馬裔孫　和凝　蘇禹珪　景範

盧文紀，字子持，京兆萬年人也。案：以下原本有闕文。長興末，爲太常卿。文紀形貌魁偉，語音高朗，占對鏗鏘，健於飲啖。奉使蜀川，路由岐下，時唐末帝爲岐帥，以主禮待之，觀其儀形旨趣，遇之頗厚。清泰初，中書闕輔相，末帝訪之於朝，左右曰：「臣見班行中所譽，當大拜者，姚顗、盧文紀、崔居儉耳。」或品藻三人才行，其心愈惑。末帝乃俱書當時清望達官數人姓名，投琉璃甁中，月夜焚香，禱請於天，旭旦以筯挾之，首得文紀之名，次即姚顗。末帝素已期待，歡然命之，即授中書侍郎、同平章事，與姚顗同升相位。時朝廷兵革之後，宗社甫寧，外寇内侵，强臣在境。文紀處經綸之地，無輔弼之謀，所論者愛憎朋黨之小瑕〔一〕，所糾者銓選擬掄之微類。時有蜀人史在德爲太常丞，出入權要之門，評品朝士，多有譏彈，乃上章云：「文武兩班，宜選能進用。見在軍都將校、朝廷士大夫，並請閱試澄汰，能者進用，否者黜退，不限名位高下。」疏下中書，文紀以爲非己，怒甚，召諫議盧損爲覆狀，辭旨蕪漫，爲衆所嗤。

三年夏，晉祖引契丹拒命，既而大軍挫衄，官寨受圍。八月，帝親征〔二〕，過徽陵，徽陵，原本作「暉陵」，今從五代會要改正。（影庫本粘籤）拜於闕門，休於仗舍。文紀扈從，帝顧謂之曰：「朕聞主憂臣辱，予自鳳翔來，首命卿爲宰相，聽人所論，將謂便致太平，今寇孽紛紛〔三〕，令萬乘自行戰賊，於汝安乎？」文紀惶恐致謝。時末帝季年，天奪其魄，聲言救寨，其實倦行。初次河陽，召文紀、張延朗謀議。文紀曰：「敵騎倏往忽來，無利則去，大寨牢固，足以枝梧，況已有三處救兵，可以一戰而解〔四〕，使人督促，責以成功，輿駕且駐河橋，詳觀事勢。況地處舟車之要，正當天下之心，必若未能解圍，去亦非晚。」會延朗與趙延壽款密，傍奏曰：「文紀之言是也。」故令延壽北行，末帝坐俟其敗。案：歐陽史作文紀勸帝扼橋自守，不聽。據薛史，帝因文紀之言而罷親征，非不聽也。（舊五代史考異）

晉祖入洛，罷相爲吏部尚書，再遷太子少傅。少帝嗣位，改太子太傅。漢祖登極，轉太子太師。時朝官分司在洛，雖有留臺御史，紀綱亦多不整肅，遂敕文紀別令檢轄。侍御史趙礪及糾分司朝臣中有行香拜表疏怠者，楊邠怒，凡疾病不在朝謁者，皆與致仕官。時文紀別令檢轄之職，頗甚滋章，因疾請假，復爲留臺所奏，遂以本官致仕。案歐陽史：周太祖入立，即拜司空于家。（舊五代史考異）廣順元年夏卒，年七十六。贈司徒，輟視朝二日。文紀平生積財巨萬，及卒，爲其子龜齡所費，不數年間，以至蕩盡，由是多藏者以爲誡焉。永樂大典卷一萬七千九百一十。

馬裔孫，字慶先，棣州滴河人。案：以下原本有闕文。唐末帝即位，用爲翰林學士、户部郎中、知制誥，賜金紫。未滿歲，改中書舍人、禮部侍郎，皆帶禁職。尋拜中書侍郎、平章事。裔孫純儒，性多凝滯，遽登相位，未悉朝廷舊事。初，馮道罷同州入朝，拜司空。唐朝故事，三公爲加官，無單拜者，是時朝議率爾命道，制出，或曰「三公正宰相，便合參大政」；又云「合受册」，衆言籍籍。盧文紀又欲祭祀時便令掃除，馮道聞之曰：「司空掃除，職也，吾無所憚。」既而知非乃止。

劉昫爲僕射，性剛，羣情嫉之，乃共贊右散騎常侍孔昭序論行香次第〔五〕，言「常侍侍從之臣，行立合在僕射之前」。疏奏，下御史臺定例。同光已來，李琪、盧質繼爲僕射，質性輕脱，不能守師長之體，故昭序輕言。裔孫以羣情不悦劉昫、馮道，欲微抑之，乃責臺司，須檢則例，而臺吏言：「舊不見例，據南北班位，即常侍在前。」俄屬國忌，將就列，未定，裔孫即判臺狀曰：「既有援據，足可遵行，各示本官。」劉昫怒，揮袂而退，自後日責臺司定例。崔居儉謂南宫同列曰：「從昭序言語，是朝廷人總不解語也。且僕射師長也，中丞大夫就班修敬，常侍班在南宫六卿之下，況僕射乎。已前騎省年深，望南宫工部侍郎如仰霄漢。癡人舉止，何取笑之深耶！」衆聞居儉言，紛議稍息。文士哂裔孫堂判有「援據」二字。其中書百職，裔孫素未諳練，無能專決，但署名而已，又少見賓客，時人目之爲「三不開」，謂口不開、印不開、門不開也。

及太原事起，唐末帝幸懷州，懷州，原本作「惟州」，今從通鑑改正。（影庫本粘籤）裔孫留司在洛。未幾，趙德鈞父子有異志，官砦危急，君臣計無所出。俄而裔孫自洛來朝，衆相謂曰：「馬相此來，必有安危之策。」既至，獻綾三百匹，卒無獻可之言。晉祖受命，廢歸田里。

裔孫好古，慕韓愈之爲人，尤不重佛。及廢居里巷，追感唐末帝平昔之遇，乃依長壽僧舍讀佛書，冀申冥報，歲餘枕籍黄卷中，見華嚴、楞嚴，詞理富贍，繇是酷賞之，仍抄録事相〔六〕，形於歌詠，謂之法喜集〔七〕。又纂諸經要言爲佛國記，凡數千言。或嘲之曰：「公生平以傅奕、韓愈爲高識，何前倨而後恭，是佛佞公耶？公佞佛耶？」裔孫笑而答曰：「佛佞予則多矣。」

李崧相晉，用李專美爲贊善，裔孫以賓客致仕，專美轉少卿，裔孫得太子詹事。晉、漢公卿以裔孫好爲文章，皆忻然待之。太祖即位，就加檢校禮部尚書、太子賓客，分司在洛。每閉關養素，唯事謳吟著述，嗜八分書，往來酬答〔八〕，必親札以衒其墨蹟。裔孫將卒之前，覩白虺緣于庭槐，驅之失所在。裔孫感賦鵩之文，作槐蟲賦以見志。廣順三年秋七月，卒於洛陽。詔贈太子少傅，輟視朝一日。

裔孫初爲河中從事，因事赴闕，宿於邏店。其地有上邏神祠，夜夢神見召，待以優禮，手授二筆，其筆一大一小，覺而異焉。及爲翰林學士〔九〕，裔孫以爲契鴻筆之兆。旋知貢舉，私自謂曰：「此二筆之應也。」洎入中書上事，堂吏奉二筆，熟視，大小如昔時夢中所授者〔一〇〕。及卒後旬日，有侍婢靈語，一如裔孫聲氣，處分家事，皆有倫理，時人奇之。永樂大典卷一萬七千九百一十。

和凝，字成績，汶陽須昌人也。九代祖逢堯，唐高宗時爲監察御史，自逢堯之下，仕皆不顯。曾祖敞、祖濡，皆以凝貴，累贈太師。父矩，贈尚書令。矩性嗜酒，不拘禮節，雖素不知書，見士未嘗有慢色，必罄家財以延接。凝幼而聰敏，姿狀秀拔，神彩射人。少好學，書一覽者咸達其大義。年十七舉明經，至京師，忽夢人以五色筆一束以與之，謂曰：「子有如此才，何不舉進士？」自是才思敏贍，十九登進士第。滑帥賀瓌知其名，賀瓌，原本作「賀瓚」，今從通鑑改正。（影庫本粘籤）辟置幕下。

凝善射，時瓌與唐莊宗相拒於河上，戰胡柳陂，瓌軍敗而北，唯凝隨之。瓌顧曰：「子勿相隨，當自努力。」凝泣而對曰：「大丈夫受人知〔二〕，有難不報，非素志也，但恨未有死所。」旋有一騎士來逐瓌，凝叱之，不止，遂引弓以射，應弦而斃，瓌獲免。既而謂諸子曰：「昨非和公，無以至此。和公文武全才而有志氣，後必享重位，爾宜謹事之。」遂以女妻之，由是聲望益隆。後歷鄆、鄧、洋三府從事。

唐天成中，入拜殿中侍御史，歷禮部、刑部二員外，改主客員外郎、知制誥，尋詔入翰林充學士，轉主客郎中充職，兼權知貢舉。貢院舊例，放牓之日〔三〕，設棘於門及閉院門，以防下第不逞者。凝令徹棘啓門，是日寂無喧者，所收多才名之士，時議以爲得人。案澠水燕談云：范質初舉進士，時和凝知貢舉，凝嘗以宰輔自期，登第之日，名第十三人，及覽質文，尤加賞歎，即以第十三名處之，場屋間謂之「傳衣鉢」，若禪宗之相付授也。後質果繼凝登相位。（舊五代史考異）明宗益加器重，遷中書舍人、工部侍郎，皆充學士。

晉有天下，拜端明殿學士、兼判度支，轉户部侍郎，會廢端明之職，復入翰林充承旨。晉祖每召問以時事，言皆稱旨。五年，拜中書侍郎、平章事。六年秋，晉高祖將幸鄴都，時襄州安從進反狀已彰，凝乃奏曰：「車駕離闕，安從進或有悖逆，安從進，原本作「縱進」，今從歐陽史改正。（影庫本粘籤）何以待之？」晉高祖曰：「卿意如何？」凝曰：「以臣料之，先人有奪人之心，臨事即不及也。欲預出宣敕十數道，密付開封尹鄭王，令有緩急即旋填將校姓名，令領兵擊之。」案：洛陽縉紳舊聞記作已命高行周爲招討，張從恩爲都監，仍令焦繼勳等數人備指使。是晉祖未北征，已命將校矣，與薛史異。（舊五代史考異）晉高祖從之。及聞唐、鄧奏報，鄭王如所敕，遣騎將李建崇、監軍焦繼勳等領兵討焉，相遇於湖陽，從進出於不意，甚訝其神速，以至於敗，由凝之力也。少帝嗣位，加右僕射。開運初，罷相守本官，未幾，轉左僕射。漢興，授太子太保。國初，遷太子太傅。案：歐陽史作漢高祖時，拜太子太傅。據薛史，凝在漢爲太子太保，入周方爲太子太傅。（舊五代史考異）顯德二年秋，以背疽卒於其第，年五十八。輟視朝兩日，詔贈侍中。

凝性好修整，自釋褐至登台輔，車服僕從，必加華楚，進退容止偉如也。又好延納後進，士無賢不肖，皆虛懷以待之，或致其仕進，故甚有當時之譽。平生爲文章，長於短歌豔曲〔一三〕，尤好聲譽。有集百卷，自篆於板，模印數百帙，分惠於人焉。案宋朝類苑：和魯公凝有豔詞一編名香奩集，凝後貴，乃嫁其名爲韓偓，今世傳韓偓香奩集，乃凝所爲也。凝生平著述，分爲演綸、遊藝、孝弟、疑獄、香奩、籯金六集，自爲遊藝集序云：「予有香奩、籯金二集，不行於世。」凝在政府避議論，諱其名，又欲後人知，故于遊藝集序實之，此凝之意也。（舊五代史考異）

長子峻，卒於省郎。次子峴，次子峴，原本作「現」，今從宋史改正。（影庫本粘籤）仕皇朝爲司勳員外郎。永樂大典卷五千七百一十〔一四〕。案錦繡萬花谷：范蜀公蒙求云：和峴，晉相和凝之子。峴生，會凝入翰林，加金紫，知貢舉，凝喜曰：「我生平美事，三者并集，此子宜于我矣。」因名曰三美。（舊五代史考異）

蘇禹珪，字玄錫。其先出於武功，近世家高密，今爲郡人也。父仲容，以儒學稱於鄉里，唐末舉九經，補廣文助教，遷輔唐令，累贈太師。禹珪性謙和，虛襟接物，克構父業，以五經中第，辟遼州倅職，歷青、鄆從事，轉潞、并管記，累檢校官至户部郎中。漢高祖作鎮并門，奏爲廉判〔一五〕。開運末，契丹入汴〔一六〕，漢祖即位於晉陽，授中書侍郎、平章事。漢祖至汴〔一七〕，兼刑部尚書，俄加右僕射、集賢殿大學士。漢祖大漸，與蘇逢吉、楊邠等受顧命，立少主。明年，轉左僕射。三年冬，太祖入平内難，禹珪遁入都城，爲兵士所擄。翌日，太祖令人求之，既見，撫慰甚至，尋復其位。國初，加守司空，尋罷相守本官。世宗嗣位，封莒國公，未幾，受代歸第。顯德三年正月旦，與客對食之際，暴疾而卒，時年六十二。禹珪純厚長者，遭遇漢祖，及蘇逢吉夷滅，禹珪恬然無咎，時人以爲積善之報也。

子德祥，登進士第，累歷臺省。永樂大典卷三千三百九十二〔一八〕。

景範，淄州長山人。案：以下原本有闕文。景範父名初，以户部郎中致仕，見世宗紀。而景範神道碑稱爲太僕府君，蓋其贈官也。碑文可考者，範以明經擢第，爲吏于清陽，掾于高密郡，秩滿授范縣令。周太祖時，爲秋曹郎、左司郎中，充樞密直學士，尋轉諫議大夫充職〔一九〕。世宗之北征也，命爲東京副留守。車駕迴自河東，世宗以艱於國用，乃以範爲中書侍郎平章事、判三司。案：册府元龜載世宗即位，七月癸巳，制曰：「朕自履宸極，思平泰階，出一令慮下民之未從，行一事懼上玄之罔祐，晨興夕惕，終歲於茲。雖禮讓漸聞興行，而風雨未之咸若，豈刑政之斯闕，而德教之未孚哉。繇是進用良臣，輔宣元化，雖朕志先定，亦輿情具瞻，爰擇佳辰，誕敷明命。樞密院直學士、中大夫、尚書工部侍郎、上柱國、晉陽縣開國男、食邑三百户〔二〇〕、賜紫金魚袋景範，昔佐先帝，每罄嘉謨，逮事眇躬，愈傾忠節，奉上得大臣之體，檢身爲君子之儒。一昨戎輅親征，皇都是守，贊勳賢於留府，副徵發於行營，軍政所需，國用無闕。今則靈臺偃革，宣室圖功，思先朝欲用之言，成聖考得賢之美，俾參大政，仍掌利權。爾其明聽朕言，往敷玄化，予欲則垂象而清品彙，爾則順天道以序彝倫；余欲恤刑名而息戰爭，爾則謹憲章而恢廟略。天人之際懸合，軍民之事罔渝，則國相之尊，非爾孰處，邦計之重，惟材是臧。勉思倜儻以致君，勿效因循而保位，竚聞成績，用副虛懷。可正議大夫、中書侍郎平章事、判三司。」範爲人厚重剛正，無所撓屈，然理繁治劇，非其所長，雖悉心盡瘁，終無稱職之譽。世宗知之，因其有疾，乃罷司邦計〔二一〕。尋以父喪，罷相東歸。顯德二年冬〔二二〕，以疾卒於鄉里。案碑文云：年五十有二。（舊五代史考異）優詔贈侍中，官爲立碑焉。永樂大典卷一萬七千九百十一。　案：景範神道碑以顯德三年十二月立〔二三〕，今尚存。扈載奉敕撰，孫崇望奉敕書，今在鄒平縣〔二四〕。

史臣曰：夫以稽古之力，取秉鈞之位者，豈常人乎！然文紀躭於貨殖，裔孫傷於齷齪，則知全其德者鮮矣。如成績之文彩，玄錫之履行，景範之純厚，皆得謂之君子儒矣。以之爰立，何用不臧。永樂大典卷二千三百九十二。

校勘記

〔一〕所論者愛憎朋黨之小瑕　「愛憎」，原作「親愛」，據册府卷三三五、卷三三六改。

〔二〕帝親征　「帝」字原闕，據册府卷三三六補。

〔三〕今寇孽紛紛　「今」字原闕，據册府卷三三六補。

〔四〕可以一戰而解　「一」，原作「不」，據册府卷三三六改。

〔五〕乃共贊右散騎常侍孔昭序論行香次第　「散騎」二字原闕，據職官分紀卷八引五代史、新五代史卷五五馬胤孫傳補。

〔六〕仍抄録事相　「録事」，原作「撮之」，據册府卷八二一改。

〔七〕法喜集　原作「法善集」，據殿本、劉本、彭校、册府卷八二一、新五代史卷五五馬胤孫傳改。按宋史卷二〇五藝文志四、通志卷六七藝文略著録有法喜集二卷。

〔八〕往來酬答　「往來」，殿本、册府卷八六一作「題尺」。

〔九〕及爲翰林學士　御覽卷六〇五引五代史周史同，册府卷八九三作「及潞王即位，以胤孫爲翰林學士」，廣卓異記卷七引五代史除「胤孫」作「公」外，餘同。

〔一〇〕大小如昔時夢中所授者　御覽卷六〇五引五代史周史、職官分紀卷三同，句下册府卷八九三有「胤孫始悟冥數有定分也」十字，廣卓異記卷七引五代史除「胤孫」作「公」外，餘同。

〔一一〕大丈夫受人知　「大」字原闕，據職官分紀卷三九引五代史、册府卷七二五、卷八四六補。

〔三〕放牓之日　「放」，原作「改」，據殿本、劉本、邵本校、彭校、册府卷六五一、職官分紀卷一〇、新五代史卷五六和凝傳改。

〔三〕長於短歌豔曲　「長」字原闕，據殿本、劉本、孔本校、彭校補。

〔四〕永樂大典卷五千七百一十　檢永樂大典目録，卷五七一〇爲「渦」字等韻，與本則内容不符，恐有誤記。陳垣舊五代史輯本引書卷數多誤例謂當作卷五七一八「和」字韻。

〔五〕奏爲廉判　「廉判」，原作「兼判」，據册府卷三〇九、卷七二九改。

〔六〕契丹入汴　册府卷三〇九作「戎虜盜國」。

〔七〕漢祖至汴　「至汴」，殿本、孔本作「涖阼」。

〔八〕永樂大典卷三千三百九十二　檢永樂大典目録，卷三三九二爲「文」字韻「文法八」，與本則内容不符，恐有誤記。疑出自卷二三九二「蘇」字韻「姓氏三」。

〔九〕而景範神道碑……尋轉諫議大夫充職　以上七十字原闕，據邵本校、舊五代史考異卷四補。

〔一〇〕食邑三百户　「邑」字原闕，據殿本、册府卷七四補。

〔一一〕乃罷司邦計　「邦」字原闕，據册府卷三三五補。

〔一二〕顯德二年冬　「顯德」，原作「順德」，據殿本、劉本、邵本校、彭校改。「二年」，原作「三年」，據本書卷一一五周世宗紀二、金石萃編卷一二一中書侍郎景範碑改。

〔三〕景範神道碑以顯德三年十二月立　「顯德」，原作「順德」，據劉本、彭校、舊五代史考異卷四改。

〔四〕扈載奉敕撰孫崇望奉敕書今在鄒平縣　以上十六字原闕，據邵本校、舊五代史考異卷四補。

舊五代史卷一百二十八

周書十九

列傳第八

王朴　楊凝式　薛仁謙　蕭愿　盧損　王仁裕　裴羽
段希堯　司徒詡　邊蔚　王敏

王朴，字文伯，東平人也。父序，以朴貴，贈左諫議大夫。朴幼警慧，好學善屬文。漢乾祐中，擢進士第，解褐授校書郎，依樞密使楊邠，樞密使，原本作「密區使」，今從册府元龜改正。（影庫本粘籤）館於邠第。是時，漢室寖亂，大臣交惡，朴度其必危，因乞告東歸。未幾，李業輩作亂，害邠等三族，凡遊其門下者，多被其禍，而朴獨免。國初，世宗鎮澶淵，朝廷以朴爲記室。及世宗爲開封尹，拜右拾遺，充開封府推官。世宗嗣位，授比部郎中，賜紫。二年夏，世宗命朝廷文學之士二十餘人，各撰策論一首，以試其才。時朴獻平邊策，云：

唐失道而失吳、蜀，晉失道而失幽、并，觀所以失之由，知所以平之術。當失之時，莫不君暗政亂，兵驕民困，近者姦於內，遠者叛於外，小不制而至於大，大不制而至於僭。天下離心，人不用命，吳、蜀乘其亂而竊其號，幽、并乘其間而據其地。平之之術，在乎反唐、晉之失而已。必先進賢退不肖以清其時，用能去不能以審其材，恩信號令以結其心，賞功罰罪以盡其力，恭儉節用以豐其財〔一〕，徭役以時以阜其民。俟其倉廩實、器用備、人可用而舉之。彼方之民，知我政化大行，上下同心，力强財足，人安將和〔二〕，有必取之勢，則知彼情狀者願爲之間諜，知彼山川者願爲之先導。彼民與此民之心同，是與天意同，與天意同，則無不成之功。

攻取之道，從易者始。當今吳國，東至海，南至江，可撓之地二千里。從少備處先撓之，備東則撓西，備西則撓東，彼必奔走以救其弊〔三〕。奔走之間，可以知彼之虛實、衆之强弱，攻虛擊弱，則所向無前矣。勿大舉，但以輕兵撓之，撓之，原本作「饒之」，今從通鑑改正。（影庫本粘籤）彼人怯弱〔四〕，知我師入其地，必大發以來應，數大發則必民困而國竭，一不大發則我獲其利，彼竭我利，則江北諸州，乃國家之所有也。既得江北，則用彼之民，揚我之兵，江之南亦不難而平之也。如此，則用力少而收功多，得吳，則桂廣皆爲內臣，岷蜀可飛書而召之；如不至，則四面並進，席卷而蜀平矣。吳、蜀平，幽可望風而至。唯并必死之寇，不可以恩信誘，必須以强兵攻之，但亦不足以爲邊患〔五〕，可爲後圖，候其便則一削以平之。

方今兵力精練，器用具備，羣下知法，諸將用命，一稔之後，可以平邊，此歲夏秋，便可於沿邊貯納。臣書生也，不足以講大事，至於不達大體，不合機變，望陛下寬之。

世宗覽之，愈重其器識。未幾，遷左諫議大夫、知開封府事。案東都事略：時朴與徐台符、竇儀同議。

初，世宗以英武自任，喜言天下事，常憤廣明之後，中土日蹙，值累朝多事，尚未克復，慨然有包舉天下之志。而居常計事者，多不諭其旨，唯朴神氣勁峻，性剛決有斷，凡所謀畫，動愜世宗之意，繇是急於登用。尋拜左散騎常侍，充端明殿學士，知府如故。是時，初廣京城，朴奉命經度，凡通衢委巷，廣袤之間，靡不由其心匠。及世宗南征，以朴爲東京副留守，車駕還京，改户部侍郎、兼樞密副使。未幾，遷樞密使、檢校太保。頃之，丁内艱，尋起復授本官。四年冬，世宗再幸淮甸，兼東京留守，京邑庶務，悉以便宜制之，案默記引閒談録云：朴性剛烈，大臣藩鎮皆憚之。世宗收淮南，俾朴留守。時以街巷隘狹，例從展拓，朴怒廂校弛慢，于通衢中鞭背數十，其人忿然歎曰：「宣補廂虞候，豈得便從決！」朴微聞之，命左右擒至，立斃于馬前。世宗聞之，笑謂近臣曰：「此大愚人，去王朴面前誇宣補廂虞候，宜其死矣。」（舊五代史考異）

比及還蹕，都下肅如也。六年三月，世宗令樹斗門於汴口，不踰時而歸朝。是日，朴方過前司空李穀之第，李穀，原本作「李珏」，今從通鑑改正。（影庫本粘籤）交談之頃，疾作而仆於座，遽以肩輿歸第，是夕而卒，時年四十五〔六〕。案默記云：王朴仕周世宗，制禮作樂，考定聲律，正星曆，修刑統，百廢俱起。又取三關，取淮南，皆朴爲謀。然事世宗纔四年耳，使假之壽考，安可量也。（舊五代史考異）世宗聞之駭愕，即時幸其第，及柩前，以所執玉鉞卓地而慟者數四。贈賻之類，率有加等，優詔贈侍中。案宋史王侁傳：朴卒，世宗幸其第，召見諸孤，以侁爲東頭供奉官。默記云：周世宗于禁中作功臣閣，畫當時大臣如李穀、鄭仁誨之屬。太祖即位，一日過功臣閣，風開半門，正與朴象相對，太祖望見，卻立聳然，整御袍襟帶，磬折鞠躬。左右曰：「陛下貴爲天子，彼前朝之臣，禮何過也？」太祖以手指御袍云：「此人在，朕不得此袍著。」其敬畏如此。（舊五代史考異）

朴性敏銳，然傷於太剛，每稠人廣座之中，正色高談，無敢觸其鋒者，故時人雖服其機變而無恭懿之譽〔七〕。其筆述之外，多所該綜，至如星緯聲律，莫不畢殫其妙，所撰大周欽天曆及律準，並行於世。永樂大典卷一萬八千一百三十三〔八〕。五代史闕文：周顯德中，朴與魏仁浦俱爲樞密使。時太祖皇帝已掌禁兵，一日，有殿直乘馬誤衝太祖導從，太祖自詣密地，訴其無禮，仁浦令宣徽院勘詰〔九〕。朴謂太祖曰：「太尉名位雖高，未加使相。殿直，廷臣也，與太尉比肩事主，太尉況帶軍職〔一〇〕，不宜如此。」太祖唯唯而出。臣謹按，朴之行事，傳於人口者甚衆，而史氏缺書。

臣聞重修太祖實録，已於李穀傳中見朴遺事，今復補其大者。況太祖、太宗在位，每稱朴有上輔之器，朝列具聞。

楊凝式，華陰人也。案游宦紀聞載凝式年譜云：唐咸通十四年癸巳，凝式是年生，故題識多自稱癸巳人。又別傳云：凝式，字景度。（舊五代史考異）父涉，唐末梁初，再登台席，案歐陽史楊涉傳云：祖收，父嚴。吴縝纂誤云：收與嚴乃兄弟，非父子也。又游宦紀聞載楊氏家譜云：唐修行楊氏，系出越公房，本出中山相結，次子繼生洛州刺史暉，暉生河間太守恩，恩生越恭公鈞，出居馮翊，至藏器徙潯陽。唐相楊收之父曰遺直，生四子，名皆從「又」，曰發、假、收、嚴，以四時爲義，故發之子名皆從「木」，假之子從「火」，收之子從「金」，嚴之子從「水」。嚴生涉，涉生凝式，而收乃藏器之兄、涉之伯也。新五代史記唐六臣傳乃以收爲涉之祖，嚴之父，非也。（舊五代史考異）罷相，守左僕射卒。凝式體雖蕞眇，而精神穎悟，案宣和書譜云：凝式形貌寢侻，然精神矍然，腰大于身。（舊五代史考異）富有文藻，大爲時輩所推。唐昭宗朝，登進士第，解褐授度支巡官，再遷祕書郎、直史館。梁開平中，爲殿中侍御史、禮部員外郎。三川守、齊王張宗奭見而嘉之，請以本官充留守巡官。梁相趙光裔素重其才，奏爲集賢殿直學士，改考功員外郎。

唐同光初，授比部郎中、知制誥。尋以心疾罷去，改給事中、史館修撰、判館事。明宗即位，拜中書舍人，復以心疾不朝而罷。長興中，歷右常侍、工户部二侍郎，案：別傳作工、禮、户三部侍郎。（舊五代史考異）以舊恙免，改祕書監。清泰初，遷兵部侍郎。唐末帝按兵於懷覃，凝式在扈從之列，頗以心恙誼譁於軍砦，末帝以其才名，優容之，詔遣歸洛。晉天福初，改太子賓客，尋以禮部尚書致仕，閑居伊洛之間〔二〕，恣其狂逸，多所干忤。自居守以降，咸以俊才耆德，莫之責也。晉開運中，宰相桑維翰知其絶俸，艱於家食，奏除太子少保，分司於洛。案：游宦紀聞引楊凝式傳所載仕梁、仕晉年月，皆與薛史異。漢乾祐中，歷少傅、少師。太祖總政〔三〕，凝式候於軍門，且以年老不任庶事上訴〔四〕，太祖特爲奏免之。廣順中，表求致政，尋以右僕射得請。顯德初，改左僕射，又改太子太保，並懸車。元年冬，卒於洛陽，年八十五。案：別傳作八十二。（舊五代史考異）詔贈太子太傅。

凝式長於歌詩，善於筆札，洛川寺觀藍牆粉壁之上，題紀殆遍，時人以其縱誕，有「風子」之號焉。永樂大典卷六千五十二。五代史補：楊凝式父涉爲唐宰相。太祖之篡唐祚也，涉當送傳國璽。時凝式方冠，諫曰：「大人爲宰相，而國家至此，不可謂之無過，而更手持天子印綬以付他人，保富貴，其如千載之後云云何？其宜辭免之。」時太祖恐唐室大臣不利於己，往往陰使人來探訪羣議，搢紳之士，及禍甚衆。涉常不自保，忽聞凝式言，大駭曰：「汝滅吾族！」於是神色沮喪者數日。

凝式恐事泄，即日遂佯狂，時人謂之「楊風子」也。　案：游宦紀聞載楊凝式年譜、家譜、傳，與正史多異同，今附録以備參考。其年譜云：唐咸通十四年癸巳，凝式是年生，故題識多自稱癸巳人。唐天祐四年丁卯，是年夏，朱全忠篡唐，凝式諫其父唐相涉，宜辭押寶使。涉懼事泄，凝式自此遂佯狂，時年三十五〔一四〕。五代史補言時年方弱冠，誤也。晉天福四年己亥三月，有洛陽風景四絶句詩，年六十七。據詩云「到此今經三紀春」，蓋自丁卯至己亥實三十年，則自全忠之篡，凝式即居洛矣。真蹟今在西都唐故大聖善寺勝果院東壁，字畫尚完。亦有石刻，書側有畫像，亦當時畫。又廣愛寺西律院有壁題云「後歲六十九」，亦當是此年所題。此書凡兩壁，行草大小甚多，真蹟今存，但多漫暗，故無石刻。天福六年辛丑，是年六月有天宮寺題名，稱太子賓客，時年六十九。真蹟今在此寺東序，題維摩詰後。又吏部郎榮輯家有石刻一帖〔一五〕，無年，但云「太子賓客楊凝式暮春奉板輿至自真原」等語。其末云「清和之月復至」，當是此年前後也。天福七年壬寅，是年有真定智大師詩二首，時年七十，真蹟在文潞公家，刻石在從事郎蘇太寧家。晉開運元年甲辰，是年歲在甲辰四月十五日，有看花八韻，時年七十二，題於洛陽一僧舍，書勝上云「維晉九載」。今刻石在湖州前殿中侍御史劉燾家。開運二年乙巳，是年五月，于天宮寺題壁論維摩經等語，八月再題「太子少保，時年七十三」，真蹟今在此寺東序，並辛丑題同刻石。開運四年丁未，是年二月並七月〔一六〕，有寄惠才大師左郎中詩三首〔一七〕，稱「會同丁未歲」。會同即契丹入晉改元之號也，時年七十五，稱太子少傅。真蹟在文潞公家，刻石在蘇太寧家。周廣順三年癸丑，是年于長壽寺華嚴東壁題名，時年八十一。後又題「院似禪心靜」等二詩，稱「太子少師」，亦應此年真蹟，今爲人移去，石刻亦不存，人或得舊本耳。又有與其從子侍御者家問二帖，後題「廣順癸丑歲孟夏月」，真蹟在洛陽士人家。又有判宅契五十餘字，在洛陽故職方郎李氏家者刻之，無年，但稱「七月十六日，太子少師楊」草名，亦應是廣順中也。又家譜云：唐修行楊氏，系出越公房，本出中山相結，次子繼生洛州刺史暉，暉生河間太守恩，恩生越恭公鈞，出居馮翊，至藏器徙潯陽。唐相楊收之父曰遺直〔一八〕，生四子，名皆從「又」〔一九〕，曰發、假、收、嚴，以四時爲義，故發之諸子名皆從「木」，假之子從「火」，收之子從「金」，嚴之子從「水」。嚴生涉，涉生凝式，而收乃藏器之兄、涉之伯也。新五代史記唐六臣傳乃以收爲涉之祖〔二〇〕、嚴之父，非也。又傳云：楊凝式，字景度，隋越公素之後，唐相涉之子也。天姿警悟，工草隸，善屬文。昭宗時第進士，爲度支巡官，再遷祕書郎、直史館。梁開平中，爲殿中侍御史、禮部員外郎。去從西都張全義辟，爲留守巡官。梁相趙光裔器其才，奏爲集賢殿直學士，改考功員外郎。唐同光初，以比部郎中知制誥，改給事中〔二一〕、史館修撰、判館事。明宗立，拜中書舍人。長興中，歷右散騎常侍、工禮戸三侍郎，後以疾免，改祕書監。清泰初，遷兵部侍郎，復以疾歸洛。晉天福中，遷太子賓客，尋除禮部尚書致仕。開運中，宰相桑維翰表起爲太子少保分司。漢乾祐中，歷少傅、少師。周廣順中，再請老，以尚書右僕射致仕。顯德初，改左僕射、太子太保。元年冬，薨於洛陽，年八十二，贈太子太傅。初，凝式父、祖，世顯於唐，至涉相哀帝，時方賊臣陵慢，王室殘蕩，賢人多罹患。涉受命，泣語凝式曰：「世道方極，吾嬰網羅不能去，禍將及，且累汝。」朱全忠篡唐，涉當送傳國寶，凝式諫曰：「尊爲宰相而國至此，不爲無過，乃更持天子印綬與人，雖保富貴，如千載史筆何！」時全忠恐唐室舊臣不利于己，往往陰訪羣情，疑貳之間，及禍者甚衆。涉常不自保，忽聞凝式言，大驚曰：「汝滅吾族矣！」凝式恐事泄，因佯狂，而涉以謙持，終免梁禍。凝式雖仕歷五代，以心疾閑居，故時人目以「風子」。其筆迹遒放，宗師歐陽詢與顏真卿而加以縱逸。既久居洛，多遨游佛道祠，遇山水勝概，輒留連賞詠。有垣墻圭缺處，顧視引筆，且吟且書，若與神會，率寶護之〔二二〕。其號或以姓名，或稱癸巳人，或稱楊虚白，或稱希維居士，或稱關西老農。其所題後，或真或草，不可原詰。而論者謂其書，自顏中書後一人而已〔二三〕，其佯狂之迹甚著〔二四〕。卜第于尹居之側，遇入府，前輿後馬，猶以爲遲，乃杖策徒行，市人隨笑之。常迫冬，家人未挾纊，會有故人過潞，贈以綿五十兩、絹百端，凝式悉留之修行尼舍，俾造韈以施崇德、普明兩寺飯僧。其家雖號寒啼飢，而凝式不屑屑也。留守聞其事，乃自製衣給米遺之。凝式笑謂家人曰：「我固知留守必見賙也。」每旦起將出，僕請所之，楊曰：「宜東游廣愛寺。」僕曰：「不若西遊石壁寺。」凝式舉鞭曰：「姑游廣愛。」僕又以石壁爲請。凝式乃曰：「姑游石壁。」聞者撫掌。凝式詩什亦多雜以恢諧。少從張全義辟，故作詩紀全義之德云：「洛陽風景寔堪哀，昔日曾爲瓦子堆。不是我公重葺理，至今猶是一堆灰。」他類若此。石晉時張從恩尹洛，凝式自汴還，時飛蝗蔽日，偶與之俱。凝式先以詩寄從恩曰：「押引蝗蟲到洛京，合消郡守遠相迎。」從恩弗怪也。然凝式詩句自佳，及至洛後，以詩贈從恩云。其題壁有「院似禪心靜，花如覺性圓。自然知了義，爭肯學神仙？」清麗可喜也。尹洛者皆當時王公，凝式或傲然不以爲禮，尹亦以其耆俊狂直，不之責也。凝式本名家，既不遇時，而唐、梁之際，以節義自立，襟量宏廓，竟免五季之禍，以壽考終。洛陽諸佛宮書跡至多，本朝興國中，三川大寺刹率多頹圮，翰墨所存無幾，今有數壁存焉。士大夫家亦有愛其書帖，皆藏弆以爲清玩。世以凝式行書頗類顏魯公，故謂之顏、楊云。（孔本）

薛仁謙，字守訓。代居河東，近世徙家於汴，今爲浚儀人也。父延魯，仕唐爲汝州長史，累贈吏部尚書。仁謙謹厚廉恪，深通世務，梁鄴王羅紹威甚重之，累署府職。唐莊宗即位於魏，授通事舍人。梁開平中，三聘于吴〔一五〕，得使乎之體。遷衞尉少卿、引進副使，累加檢校兵部尚書。長興中，轉客省使、鴻臚少卿，出爲建雄軍節度副使，進階光禄大夫、檢校左僕射，改光禄少卿。晉天福初，授檢校司空、河中節度副使，歸朝爲衞尉、太僕二卿。丁繼母憂，居喪制滿，授司農卿。漢乾祐中，以本官致仕。周初，改太子賓客致仕，仍加檢校司徒，進封侯爵。顯德三年冬，以疾終，年七十八。贈工部尚書。初，仁謙隨莊宗入汴也，有舊第爲梁朝六宅使李賓所據，李賓，原本作「李彬」，今從册府元龜改正。（影庫本粘籤）時賓遠適，而仁謙復得其第。或告云，賓之家屬厚藏金帛在其第內，仁謙立命賓親族盡出所藏而後入焉。論者美之。

子居正，皇朝門下侍郎平章事。永樂大典卷二萬一千三百六十七。

蕭愿，字惟恭，梁宰相頊之子也。頊，明宗朝終於太子少保，唐書有傳。初，愿之曾祖倣，唐僖宗朝入相，接客之次，愿爲兒童戲，效傳呼之聲。倣謂客曰：「余豈敢以得位而喜，所幸奕世壽考，吾今又有曾孫在目前矣。」愿弱冠舉進士第，解褐爲校書郎，改畿尉、直史館，監察、殿中侍御史，遷比部員外、右司郎中、太常少卿。明宗朝祀太微宮，愿乘醉預公卿之列，爲御史所彈，左遷右贊善大夫。未幾，授兵部郎中，復金紫。丁內艱，服闋，自左司郎中拜右諫議大夫，歷給事中、右常侍、祕書監，改太子賓客。廣順元年春卒。贈禮部尚書。

愿性純謹，承事父母，未嘗不束帶而見。然性嗜酒無節，職事弛慢。爲兵部郎中日，常掌告身印，覃恩之次，頗怠職司，父頊爲吏部尚書，代愿視印篆，其散率如此。愿卒時年七十餘，其母猶在，一門壽考，人罕及者。永樂大典卷五千二百二十五。

盧損，其先范陽人也，近世任於嶺表。父潁，遊宦於京師。損少學爲文，梁開平初，舉進士，性頗剛介，以高情遠致自許。與任贊、劉昌素、薛鈞〔二六〕、高總同年擢第，所在相詬，時人謂之「相罵榜」。及任贊、劉昌素居要切之地，而損自異，不相親狎。時左丞李琪素薄劉昌素之爲人，常善待損。琪有女弟眇，長年婚對不售，乃以妻損。損慕琪聲稱納之，及琪爲輔相，致損仕進。梁貞明中，累遷至右司員外郎。唐天成初，由兵部郎中、史館修撰轉諫議大夫。屢上書言事，詞理淺陋，不爲名流所知。清泰中，盧文紀作相，密與損參議時政。

初，長興中，唐末帝鎮河中，損嘗爲加恩使副，及末帝即位，用爲御史中丞。拜命之日，以自前憲司不能振舉綱領，俾風俗頹壞，乃大爲條奏，而有「平明放鑰，日出守端」之語，大爲士人嗤鄙。有頃，誤詳赦書，失出罪人，停任。晉天福中，復爲右散騎常侍，轉祕書監，大失所望，即拜章辭位，乃授户部尚書致仕，退居潁川。時少保李鏻年將八十，善服氣導引，損以鏻遐壽有道術〔二七〕，酷慕之。仍以潁川逼於城市，乃卜居陽翟〔二八〕，誅茅種藥，山衣野服，逍遥於林圃之間〔二九〕，出則柴車鶴氅，自稱具茨山人。晚年與同輩五六人〔三〇〕，於大隗山中疏泉鑿坯爲隱所〔三一〕，誓不復出山，久之，齒髮不衰，似有所得。廣順三年秋卒，時年八十餘。贈太子少傅。永樂大典卷二千二百十二。

王仁裕，字德輦，天水人。少孤，不從師訓，年二十五，方有意就學〔三二〕。一夕夢剖其腸胃，引西江水以浣之，又睹水中砂石，皆有篆文，因取而吞之。及寤，心意豁然，自是資性絶高〔三三〕。案：此下有闕文。輿地紀勝云：王仁裕知貢舉時，所取進士三十三人，皆一時名公卿，李昉、王溥爲冠。（舊五代史考異）有詩萬餘首，勒成百卷，目之曰西江集，蓋以嘗夢吞西江文石，遂以爲名焉〔三四〕。後爲兵部尚書、太子少保，卒。册府元龜卷八百九十三。五代史補：王尚書仁裕，乾祐初，放一榜二百一十四人，乃自爲詩云：「二百一十四門生，春風初動羽毛輕。擲金換却天邊桂，鑿壁偷將榜上名。」陶穀爲尚書，素好恢諧，見詩佯聲曰：「大奇，大奇，不意王仁裕今日做賊頭也。」聞者皆大笑。案輿地紀勝：仁裕所著有紫泥集、西江集、入洛記，共百卷。（舊五代史考異）

裴羽，字用化，唐僖宗朝宰相贊之子也。羽少以父任爲河南壽安尉。入梁，遷御史臺主簿，改監察御史。唐明宗時，爲吏部郎中，使于閩，遇颶風，飄至錢塘。時安重誨用事，削奪吴越王封爵〔三五〕，羽被留于錢塘，經歲不得歸。後重誨死，吴越復通中國〔三六〕，羽始得還。晉初，累遷禮部侍郎、太常卿。廣順初，爲左散騎常侍，卒。贈工部尚書。案：歐陽史作户部尚書。（舊五代史考異）羽之使閩也，正使陸崇卒于道〔三七〕，羽載其喪還，歸其槖裝，時人義之。永樂大典卷三千二百一。

段希堯，河内人也。案：宋史段思恭傳作澤州晉城人。（舊五代史考異）祖約，定州户掾，贈太常少卿。父昶，晉州神山縣令，累贈太子少保。希堯少有器局，累歷州縣。唐天成中，爲衛州録事參軍，會晉高祖作鎮于鄴，聞其勤幹，奏改洺州糾曹。及晉祖鎮太原，辟爲從事。清泰中，晉祖總戎于代北，一日軍亂，遽呼萬歲，晉高祖惑之。希堯曰：「夫兵猶火也，弗戢將自焚。」遽請戮其亂首，乃止。

明年，晉祖將舉義於太原，召賓佐謀之，希堯極言以拒之，晉祖以其純朴，弗之咎也。晉祖龍飛，霸府舊僚皆至達官，唯希堯止授省郎而已。天福中，稍遷右諫議大夫，尋命使於吴越。及乘舟汎海，風濤暴起，櫂師僕從皆相顧失色，希堯謂左右曰：「吾平生履行，不欺暗室，昭昭天鑒，豈無祐乎！汝等但以吾爲托，必當無患。」言訖而風止，乃獲利涉。使迴，授萊州刺史、檢校尚書右僕射，未赴任，改懷州。六年秋，移棣州刺史、兼権鹽礬制置使。少帝嗣位，加檢校司空。開運中，歷户部、兵部侍郎。漢初，遷吏部侍郎、判東西兩銓事。東西兩銓，原本作「東南西銓」，今從五代會要改正。（影庫本粘籤）國初，拜工部尚書。世宗嗣位，轉禮部尚書。顯德三年夏，卒於洛陽，時年七十九。贈太子少保。子思恭，右諫議大夫。永樂大典卷一萬六千三百一十〔三八〕。

司徒詡，字德普，清河郡人也。父倫，本郡督郵，以清白稱。詡少好讀書，通五經大義，弱冠應鄉舉，不第。唐明宗之鎮邢臺，詡往謁之，甚見禮遇，命試吏於邯鄲，歷永年、項城令，皆有能名。長興初，唐末帝鎮河中，奏辟爲從事。未幾，徵拜左補闕、史館修撰。秦王從榮之開府也，朝廷以詡爲户部員外郎，充河南府判官。秦王遇害，以例貶寧州司馬〔三九〕。清泰初，入爲兵部員外郎。

晉祖踐祚，改刑部郎中，充度支判官、樞密直學士，由兵部郎中遷左諫議大夫、給事中，充集賢殿學士、判院事，轉左散騎常侍〔四〇〕、工部侍郎，歷知許、齊、亳三州事。漢初，除禮部侍郎，凡三主貢舉。自起部貳卿，不數年間，徧歷六曹，由吏部侍郎拜太子賓客。世宗即位，授太常卿。時世宗留意於雅樂，議欲考正其音，而詡爲足疾所苦，居多假告，遂命以本官致仕。顯德六年夏，卒於洛陽之私第，年六十有六。贈工部尚書。

詡善談論，性嗜酒，喜賓客，亦信浮屠之教。漢乾祐中，嘗使于吴越，航海而往，至渤澥之中，睹水色如墨，如墨，原作「如黑」，今從册府元龜改正。（影庫本粘籤）舟人曰：「其下龍宫也。」詡因炷香興念曰：「龍宫珍寶無用，俟迴棹之日，當以金篆佛書一帙，用伸贊獻。」洎復經其所，遂以經一函投於海中。俄聞梵唄絲竹之音，喧於船下，舟人云：「此龍王來迎其經矣。」同舟百餘人皆聞之，無不嘆訝焉。永樂大典卷二千一百二十八〔四一〕。

邊蔚，字得昇〔四二〕，長安人。父操，華州下邽令，案宋史：邊珝，華州鄭人也。曾祖頡，石泉令。祖操，下邽令。父蔚，太常卿。（舊五代史考異）累贈太子少師。蔚幼孤，篤學，有鄉里譽，從交辟，歷晉、陝、華三府從事。唐莊宗之伐蜀，大軍出於華下，時屬華方闕帥，蔚爲記室，詔令權領軍府事，供億軍儲，甚有幹濟之稱。及明宗入洛，遣李沖齎詔於關右〔四三〕，盡誅閹官。沖性深刻，而華人有爲閹官所累者，沖欲盡戮之，蔚以理救護，獲免者甚衆。毛璋之鎮邠寧，奏爲廉判。時璋爲麾下所惑，有跋扈之意。蔚因乘間極言，諭以逆順之理，璋即時遣妻子入貢。朝廷以蔚有贊畫之效，賜以金紫，改許州戎判。晉天福初，自涇州戎幕徵拜虞部員外郎、鹽鐵判官，歷開封、廣晉少尹。晉少帝嗣位，拜左散騎常侍、判廣晉府事，轉工、禮二部侍郎，再知開封府事。開運初，出爲亳州防禦使，爲政清肅，亳民感之。歲餘，入爲户部侍郎。漢初，拜御史中丞，轉兵部侍郎。太祖受命，復知開封府事，遷太常卿，後以足疾辭位。顯德二年冬，卒於家，時年七十一。

子玗〔四四〕、珝，俱仕皇朝爲省郎。永樂大典卷四千七百二十。

王敏，字待問，單州金鄉人。性純直，少力學攻文，登進士第。後依杜重威，凡歷數鎮從事。漢初，重威叛於鄴，時敏爲留守判官，嘗泣諫重威，懇請歸順，重威始雖不從，及其窮也，納敏之言，以其城降。時魏之饑民十猶四五，咸保其餘生者，敏之力也。入朝，拜侍御史。世宗鎮澶淵，太祖以敏謹厚，遂命爲澶州節度判官。及世宗尹正王畿，改開封少尹。世宗嗣位，命權知府事〔四五〕，旋拜左諫議大夫、給事中，遷刑部侍郎。敏嘗以子壻陳南金薦於曹州節度使李繼勳，曹州，原本作「洮州」，今從通鑑改正。（影庫本粘籤）表爲記室，其後繼勳僨軍於壽春，及歸闕而無待罪之禮，世宗以繼勳武臣，不之責也，因遷怒南金，謂其裨贊無狀，乃黜之。敏繇是連坐，遂免其官〔四六〕。歲餘，復拜司農卿。顯德四年秋，以疾卒。永樂大典卷六千八百五十一。

校勘記

〔一〕恭儉節用以豐其財　「財」，原作「材」，據殿本、劉本、孔本、彭校、新五代史卷三一王朴傳、通鑑卷二九三改。

〔二〕人安將和　「安」，原作「和」，據新五代史卷三一王朴傳、通鑑地理通釋卷七引王朴平邊策改。

〔三〕彼必奔走以救其弊　「彼」字原闕，據新五代史卷三一王朴傳、通鑑卷二九二補。

〔四〕彼人怯弱　「弱」字原闕，據新五代史卷三一王朴傳、通鑑地理通釋卷七引王朴平邊策補。

〔五〕必須以强兵攻之但亦不足以爲邊患　殿本作「必須以强兵攻之，然其力已喪，不足以爲邊患」，孔本作「必須以强兵攻，力已喪，不足以爲邊患」，新五代史卷三一王朴傳、通鑑地理通釋卷七引王朴平邊策作「必須以强兵攻，力已竭，氣已喪，不足以爲邊患」。

〔六〕時年四十五　「四十五」，新五代史卷三一王朴傳作「五十四」。

〔七〕故時人雖服其機變而無恭懿之譽　「機變」、「恭懿」，册府卷八七七作「機辯」、「温克」。

〔八〕永樂大典卷一萬八千一百三十三　「三十三」，原作「二十三」，據孔本改。檢永樂大典目録，卷一八一二三爲「將」字韻「唐將十五」，與本則内容不符，卷一八一三三係「將」字韻「後周將二」。

〔九〕仁浦令宣徽院勘詰　「宣徽院」，原作「徽院」，據五代史闕文改。

〔一〇〕太尉況帶軍職　「軍」字原闕，據五代史闕文補。

〔一一〕閑居伊洛之間　句下册府卷八五五有「不以晝夜爲拘」六字。

〔一二〕太祖總政　「總政」，殿本、孔本作「總兵」。

〔一三〕且以年老不任庶事上訴　「庶事」，殿本、孔本作「戎事」。

〔一四〕時年三十五　「三十五」，原作「三十」，據遊宦紀聞卷一〇改。按楊凝式生於咸通十四年，至天祐四年恰爲三十五歲。

〔一五〕又吏部郎榮輯家有石刻一帖　「吏部」，原作「史部」，據遊宦紀聞卷一〇改。

〔一六〕是年二月並七月　「並」，原作「前」，據遊宦紀聞卷一〇改。

〔一七〕有寄惠才大師左郎中詩三首　「中」字原闕，據遊宦紀聞卷一〇補。

〔一八〕唐相楊收之父曰遺直　「遺直」，原作「遺真」，據遊宦紀聞卷一〇改。

〔一九〕名皆從又　「又」，原作「入」，據舊五代史考異卷四改。

〔二〇〕新五代史記唐六臣傳　「六」，原作「大」，據遊宦紀聞卷一〇改。按新五代史卷三五有唐六臣傳。

〔二〕給事中　原作「從事中」，據遊宦紀聞卷一〇改。

〔三〕率寶護之　「寶」，原作「實」，據遊宦紀聞卷一〇改。

〔三〕自顏中書後一人而已　「自」，原作「目」，據遊宦紀聞卷一〇改。

〔四〕其佯狂之迹甚著　「佯」，原作「洋」，據遊宦紀聞卷一〇改。

〔五〕梁開平中三聘于吳　「三」字原闕，據殿本、孔本、册府卷六五三、卷六五四補。另本卷上文已敍唐莊宗即位，此又云「梁開平中」，前後竄亂，疑有脱誤，册府卷六五三、卷六五四皆繫其事於唐莊宗即位後。

〔六〕薛鈞　册府卷九三九作「薛均」。

〔七〕損以鏻遐壽有道術　「壽」字原闕，據册府卷七八四、卷八三六補。殿本作「齡」。

〔八〕乃卜居陽翟　句下册府卷七八四、卷八三六有「立隱舍」三字。

〔九〕逍遥於林圃之間　「林圃」，册府卷七八四、卷八三六作「隱几」。

〔一〇〕晚年與同輩五六人　「同輩」，册府卷七八四、卷八三六作「同遊」。

〔三〕於大隗山中疏泉鑿坯爲隱所　「大隗山中」下册府卷七八四、卷八三六有「古宫觀址」四字。

〔三〕方有意就學　以上五字實出册府卷八九七，本書漏記出處。

〔三〕自是資性絶高　「資性絶高」，册府卷八九三作「文性甚高」。

〔三四〕有詩萬餘首勒成百卷目之曰西江集蓋以嘗夢吞西江文石遂以爲名焉　以上二十九字實出册府卷八四一，本書漏記出處。「萬」，册府卷八四一作「千」。

〔三五〕削奪吴越王封爵　「王」字原闕，據殿本補。

〔三六〕經歲不得歸後重誨死吴越復通中國　「經歲不得歸」、「重誨死」八字原闕，據殿本補。

〔三七〕正使陸崇卒于道　殿本作「陸崇卒于吴越」。按本書卷四一唐明宗紀七：「（長興元年七月戊子）以右散騎常侍陸崇卒廢朝。崇爲福建册使，卒於明州。」

〔三八〕永樂大典卷一萬六千三百一十　「一十」，孔本作「十一」。檢永樂大典目録，卷一六三一〇、卷一六三一一爲「判」字韻，與本則内容不符，恐有誤記。疑出自卷一六三七〇或卷一六三七一「段」字韻。

〔三九〕以例貶寧州司馬　本書卷四四唐明宗紀十敍其事作「河南府判官司徒詡配寧州，……並爲長流百姓」，册府卷七一五作「例貶寧州，尋移相州司馬」。

〔四〇〕轉左散騎常侍　「左」，本書卷八三晉少帝紀三、卷八四晉少帝紀四作「右」。

〔四一〕永樂大典卷二千一百二十八　檢永樂大典目録，卷二一二八爲「僂」字等韻，與本則内容不符，恐有誤記。陳垣舊五代史輯本引書卷數多誤例謂當作卷二一六八「徒」字韻「司徒　姓氏」。

〔四二〕字得昇　「得昇」，殿本作「德昇」。

〔四三〕遣李沖齎詔於關右　「關右」，原作「闕右」，據殿本、孔本改。

〔四四〕子玕　宋史卷二七〇邊珝傳同，册府（宋本）卷一五一、續資治通鑑長編卷四引太祖實録、宋大詔令集卷一六五令陶穀以下舉堪蕃府通判官詔有「邊玗」，疑即其人。

〔四五〕命權知府事　「命」字原闕，據永樂大典卷六八五一引五代薛史補。

〔四六〕遂免其官　「免」，原作「貶」，據殿本、孔本改。永樂大典卷六八五一引五代薛史作「逸」，本書卷一一六周世宗紀三敍其事作「王敏停任」。

舊五代史卷一百二十九　周書二十

列傳第九

常思　翟光鄴　曹英　李彦頵　李暉　李建崇　王重裔　孫漢英　許遷　趙鳳　齊藏珍　王環　張彦超　張穎　劉仁贍

常思，字克恭，太原人也。父仁岳，河東牙將，累贈太子太師。唐莊宗之爲晉王也，廣募勝兵，時思以趫悍應募，累從戎役，後爲長直都校，歷捧聖軍使。晉初，遷六軍都虞候。漢高祖出鎮并門，奏以思從行，尋表爲河東牢城都指揮使，以勤幹見稱。漢國初建，授檢校太保，遥領鄧州。漢有天下，遷檢校太尉、太尉，原本脱「尉」字，今據歐陽史增入。（影庫本粘籤）昭義軍節度使。乾祐初，李守貞叛於河中，太祖征之，朝廷命思帥部兵以副焉。既而御衆無能，勒歸舊藩。思在上黨凡五年，無令譽可稱，唯以聚斂爲務。性又鄙吝，未嘗與賓佐有酒肴之會。嘗有從事欲求謁見者，思覽刺而怒曰：「彼必是來獵酒也。」命典客者飲而遣之，其鄙吝也如是。太祖受命，就加平章事。初，太祖微時，以季父待思，及即位，遣其妻入覲，太祖拜之如家人之禮，仍呼爲叔母，其恩顧如是。廣順二年秋，思來朝，加兼侍中，移鎮宋州。三年夏，詔赴闕，改授平盧軍節度使。思將赴鎮，奏太祖云：「臣在宋州，出放得絲十餘萬兩〔一〕，謹以券上進〔二〕，請行徵督。」太祖頷之，頷之，原本作「領之」，今從歐陽史改正。（影庫本粘籤）尋詔本州折券以諭其民。及到鎮，未幾，染風痹之疾，上表請尋醫，既而舁疾歸洛。顯德元年春卒，年六十有九。贈中書令。永樂大典卷六千八百一十二。

翟光鄴，字化基，濮州鄄城人。父景珂，倜儻有膽氣。梁貞明初，唐莊宗始駐軍於河上，景珂率聚邑人守永定驛，固守踰年，後爲北軍所攻，景珂戰殁，衆潰。光鄴時年十歲，爲明宗軍所俘，以其穎悟，俾侍左右，字之曰永定。既冠，沈毅有謀，蒞事寡過。明宗即位，特深委遇〔三〕，累遷至皇城使、檢校司空。長興中，樞密使安重誨得罪，時光鄴與中官孟小僧頗有力焉。居無何，出爲耀州團練使。清泰初，入爲左監門衛大將軍。晉天福中，歷棣沂二州刺史、西京副留守。開運初，授宣徽使。楊光遠叛滅，青州平，除爲防禦使，朝廷以兵亂之後，人物彫弊，故命光鄴理之。光鄴好聚書，重儒者，虚齋論議，唯求理道。時郡民喪亡十之六七，而招懷撫諭，視之如傷，故期月之間，流亡載輯。契丹入汴，僞命權知曹州。李從益假號，從益，原本作「從蓋」，今從通鑑改正。（影庫本粘籤）以光鄴明宗舊臣，署爲樞密使。漢祖至汴，改左領衛大將軍〔四〕。乾祐初，遷右金吾衛大將軍、充街使、檢校太保。太祖踐阼，復授宣徽使、左千牛衛上將軍、檢校太傅。數月，兼樞密副使。會永興李洪信入朝，代知軍府事。廣順二年十月，卒於長安，時年四十六。

光鄴有器度，慎密敦厚，出於天然，喜慍不形於色。事繼母以孝聞，兄弟皆雍睦。雖食禄日久，家無餘財，任金吾日，假官屋數間，以蔽風雨。親族累重，糲食纔給，人不堪其憂，光鄴處之晏如也。賓朋至，則貰酒延之，談説終日，略無厭倦，士大夫多之。及權知京兆，以寬靜爲治，前政有煩苛之事，一切停罷，百姓便之。及病甚，召親隨於卧内，戒之曰：「氣絶之後，以屍歸洛，不得於此停留，慮煩軍府。」言訖而終。京兆吏民如喪所親〔五〕，或有以漿酒遥奠者。樞密使王峻素重光鄴，且欲厚卹其家，爲之上請，故自終及葬，所賜賻賵幾數千計。詔贈太子少師。光鄴膚革肥皙，善於攝養，故司天監趙延乂有袁、許之術，嘗謂人曰：「翟君外厚而内薄，雖貴而無壽。」果如其言。永樂大典卷二萬二千二百四十。

曹英，字德秀，舊名犯太祖廟諱〔六〕，故改焉。本常山真定人也〔七〕。父全武，事趙王王鎔爲列校，英因得隸於鎔之帳下。及張文禮之亂，唐莊宗奄有其地，乃録鎔之左右，署爲散指揮使。明宗即位，英侍於仗下，問其祖考，英以實對，明宗曰：「乃朕之舊也。」擢爲本班行首，每加顧遇。晉天福中，遷弩手軍使。平張從賓於汜水，從賓，原本作「從竇」，今從通鑑改正。（影庫本粘籤）以功授本軍都校。漢初，改奉國軍主，加檢校司徒，兼康州刺史〔八〕。乾祐初，李守貞據河中叛，授行營步軍都校。河中平，遷本軍廂主，領岳州防禦使。隨太祖在魏，爲北面行營步軍都校，從平内難。國初，以翊戴功授昭武節度使、檢校太傅、侍衛步軍都指揮使。二年春，總兵討慕容彦超於兖州，兖州，原本作「袞州」，今從通鑑改正。（影庫本粘籤）梯衝塹壘，頗有力焉。夏五月，太祖親征，因併兵攻陷其城，及凱旋，領彰信軍節度使，典軍如故。世宗嗣位，加同平章事，授成德軍節度使。車駕自太原迴，加兼侍中。顯德元年冬，卒於鎮，時年四十九。制贈中書令。英性沈厚，謙恭有禮，雖衽席之際，接對賓客，亦未嘗造次。及卒，搢紳之士亦皆惜之。永樂大典卷四千六百四十。

李彦頵，字德循〔九〕，太原人也。本以商賈爲業，太祖鎮鄴，置之左右，及即位，歷綾錦副使、榷易使。世宗嗣位，以彦頵有舊，超授内客省使。未幾，知相州軍府事，尋改延州兵馬留後。到鎮，頗以殖貨爲意，窺圖賸利，侵漁蕃漢部人，羣情大擾。會世宗南征，蕃部結聚，圍迫州城，彦頵閉壁自守，求援於鄰道，賴救兵至，乃解。世宗不悦，徵赴京師，然猶委曲庇護，竟不之責。尋爲西京水南巡檢使，巡檢使，原本脱「巡」字，今據文增入。（影庫本粘籤）居無何，命權知泗州軍州事，改滄州兩使留後。彦頵到任，處置乖方，大爲物情所鄙。顯德六年秋，受代歸闕，遇疾而卒，時年五十二。永樂大典卷一萬三百九十。

李暉，字順光，瀛州束城人。弱冠應募于龍驤軍，漢祖領河東，暉請從，因得署爲河東牙將。漢有天下，授檢校司徒、大内皇城使。未幾，遷宣徽南院使。乾祐初，拜河陽節度使、檢校太傅。太祖登極，加同平章事，尋移鎮滄州。顯德元年，就加兼侍中。二年秋，以世宗誕慶節來朝，改邠州節度使。五年，移鎮鳳翔。歲餘，卒於鎮。優詔贈中書令。暉之儀貌，不及於常人，而位極將相，年登耳順，袁、許之術，夫何恃哉！然性貪鄙，而好小惠，以邀虛譽，故在河陽及滄州日，民皆詣闕請立碑以頌其美，識者亦未之許也。永樂大典卷一萬三百九十。

李建崇，潞州人。少從軍，善騎射。初事唐武皇，爲鐵林都將，轉突騎、飛騎二軍使。從莊宗攻常山，阿保機來援，莊宗率親軍千騎，遇於滿城，兵少，爲契丹所圍。時建崇爲親將，與契丹格鬭，自午至申，會李嗣昭騎至，契丹乃解去。同光中，自龍武、捧聖都指揮使，出歷襄、秦、徐、雍都指揮使。建崇性純厚，處身任遇，不能巧宦，以致久滯偏裨。明宗嘗掌牙兵，與建崇共事，及即位，甚愍之，連授磁、沁二郡。入晉爲申州刺史。天福七年冬〔一〇〕，襄州安從進搆逆，率衆寇南陽，時建崇領步騎千餘屯於葉縣，開封尹鄭王遣宣徽使張從恩、皇城使焦繼勳焦繼勳，原本作「繼塤」，今從通鑑及歐陽史改正。（影庫本粘籤）率在京諸軍會建崇軍拒賊，至湖陽縣之花山，遇從進軍，建崇接戰，大敗之，以功授亳州團練使〔一一〕。襄陽平，遷安州防禦使。歷河陽、邢州兵馬留後。漢初，入爲右衞大將軍。年逾七十，神氣不衰。建崇始自代北事武皇，至是四十餘年，前後所掌兵，麾下部曲多至節鉞，零落殆盡，唯建崇雖位不及藩屏，而康强自適，以至期耄。太祖即位，授左監門衞上將軍。廣順三年春卒。贈黔南節度使。永樂大典卷一萬三百九十。

王重裔，陳州宛丘人。父逵〔一二〕，歷安、均、洛三州刺史，因家於洛。重裔幼沈厚有勇，善騎射。年未及冠，事莊宗爲廳直，管契丹直。從定汴洛〔一三〕，累爲禁軍指揮使。晉天福中，鎮州安重榮謀叛，稱兵指闕，朝廷命杜重威率師拒之。賊陣於宗城東，晉之騎軍擊之〔一四〕，再合不動。杜重威懼，謀欲抽退，重裔曰：「兵家忌退，但請公分麾下兵擊其兩翼，重裔爲公陷陣，當其中軍，彼必狼狽矣。」重威從之，重榮即時退蹙，遂敗。以功遷護聖右廂都指揮使，領費州刺史。漢初，仍典禁軍，從征鄴都，平，遷深州刺史。淮夷以李守貞故，數侵邊地，以重裔爲亳州防禦使，又令於徐州巡檢，兼知軍州，就加檢校太傅。太祖踐阼，加爵邑，改功臣。廣順元年夏，以疾卒，年五十三。贈武信軍節度使。永樂大典卷六千八百五十一。

孫漢英，太原人也。父重進，事唐武皇、莊宗爲大將，賜姓，名存進，唐書有傳。漢英少事戎伍，稍至都將，遷東面馬步軍都指揮使。清泰初，興元節度使張虔釗失律於岐下，張虔釗，原本作「虔佺」，今從歐陽史改正。（影庫本粘籤）遂以其地西臣於蜀，漢英兄漢韶，時爲洋州節度使，因茲阻隔，亦送款於蜀，由是漢英與弟漢筠久之不調。漢乾祐中，太祖西征蒲、雍，以漢英戚里之分，奏於軍中指使。蒲、雍平，班師，隱帝以漢英爲絳州刺史、檢校司徒。廣順元年冬，卒於都。永樂大典卷一萬八千一百三十三。

許遷，鄆州人也。初爲本州牙將，性剛褊。漢乾祐初，爲左屯衞將軍，與少府監馬從斌同監造漢祖山陵法物，節財省用，減數萬計。改左監門大將軍，又加檢校司空。漢末，權知隰州。太祖踐阼，劉崇遣子鈞率兵寇平陽，路由於隰，賊衆攻城，城中兵少，遷感激指諭，士鬬兼倍，賊衆傷夷，尋自退去。太祖降詔撫諭，正授隰州刺史。遷切於除盜，嫉惡過當，或釘磔賊人，令部下臠割。悞斷不合死罪人，其家詣闕致訟，詔下開封府獄。時陳觀爲知府，素與遷不協，深劾其事，欲追遷對訟，太祖以事狀可原，但罷郡而已。遷既奉朝請，因大詬陳觀，陳觀，原本作「陳覴」，今從宋史改正。（影庫本粘籤）謂王峻曰：「相公執政，所與參議，宜求賢德。如陳觀者，爲儒無家行〔一五〕，爲官多任情，苟知其微，屠沽兒恥與爲侶，況明公乎！」峻無以沮之。既而嬰疾，請告歸汶上而卒。永樂大典卷一萬八千一百三十三。

趙鳳，冀州棗强縣人。幼讀書，舉童子。既長，凶豪多力，以殺人暴掠爲事，吏不能禁。安重榮鎮常山，招聚叛亡，鳳乃應募，既而犯法當死，即破械踰獄，遁而獲免。天福中，趙延壽爲契丹鄉導，歲侵深、冀，鳳往依焉。案宋史荆罕儒傳：罕儒少無賴，與趙鳳、張輦爲羣盜，晉天福中，相率詣范陽，委贄燕王趙延壽，得掌兵權。（舊五代史考異）契丹主素聞其桀黠，署爲羽林軍使，累遷羽林都指揮使，常令將兵在邊，貝、冀之民，貝、冀，原本作「俱冀」，今據文改正。（影庫本粘籤）日罹其患。晉末，契丹入洛，鳳從至東京，授宿州防禦使。漢祖即位，受代歸闕，尋授河陽行軍司馬。乾祐初，入爲龍武將軍。丁父憂，起復授右千牛衞大將軍。漢末，都城變起，兵集之夜，無不剽之室，唯鳳里閭，兵不敢犯，人皆服其膽勇。廣順初，用爲宋亳宿三州巡檢使〔一六〕。鳳出於伏莽，尤知盜之隱伏，乃誘致盜魁於麾下，厚待之，每桴鼓之發，無不擒捕，衆以爲能，然平民因捕盜而破家者多矣。鳳善事人，或使臣經由，靡不傾財厚奉，故得延譽而掩其醜迹。太祖聞其幹事，用爲單州刺史，既剛忿不仁，得位逾熾，刑獄之間，尤爲不道。嘗抑奪人之妻女，又以進奉南郊爲名，率斂部民財貨，爲人所訟。廣順三年十二月，詔削奪鳳在身官爵，尋令賜死。永樂大典卷一萬六千九百九十一。

齊藏珍，少歷内職，累遷諸衛將軍。前後監押兵師在外，頗稱幹事，然險詖無行，殘忍辯給，無不畏其利口。廣順中，奉命滑州界巡護河隄，以弛慢致河決，除名，配沙門島。世宗在西班時，與藏珍同列，每聆其談論，或剖判世務，似有可采。及即位，自流所徵還。秦、鳳之役，令監偏師。及淮上用兵，復委監護，與軍校何超領兵降下光州。藏珍欺隱官物甚多，超以爲不可，藏珍曰：「沙門島已有屋數間，不妨再去矣〔七〕。」其不畏法也如此。世宗既破紫金山砦，追吴寇至渦口，渦口，原本作「桐口」，今從通鑑改正。（影庫本粘籤）因與藏珍言及克捷之狀。對曰：「陛下神武之功，近代無比，於文德則未光。」世宗頷之，又問以揚州之事，對曰：「揚州地實卑濕，食物例多腥腐，臣去歲在彼，人以鱓魚饋臣者，視其盤中虬屈，一如虵虺之狀，假使鸛雀有知，亦應不食，豈況於人哉！」其敷奏大率多此類，聞者無不悚然。一日，又奏云：「唐景思已爲刺史，臣猶未蒙聖澤。」世宗俛而從之，時濠梁未下，即命爲濠州行州刺史。及張永德與李重進互有間言〔一八〕，藏珍嘗游説重進，洎壽陽兵迴，諸將中有以藏珍之言上奏者。世宗怒，急召赴闕。四年夏，以其冒稱檢校官罪，按其事而斃之，蓋不欲暴其惡跡也。永樂大典卷一萬八千一百三十三。

王環，本真定人。唐天成初，孟知祥鎮西川〔一九〕，環往事之，及知祥建號，環累典軍衛〔二〇〕。孟昶嗣位，環兼領左右衛〔二一〕。顯德二年秋，王師西伐，時環爲鳳州節度使。初，偏師傅其城下，爲環所敗，裨將胡立爲環所擒。是冬，王師大集，急攻其城，蜀之援兵相次敗走。環聞之，守備愈堅，王師攻擊數月方克。城陷，環就擒。及到闕，世宗以忠於所事，釋其罪，授右驍衛大將軍。四年冬，世宗南征，環隨駕至泗州，遇疾而卒。永樂大典卷一萬八千一百三十三。

張彦超，本沙陀部人也。素有郤克之疾，時號爲「跛子」。初，以騎射事唐莊宗爲馬直軍使。莊宗入汴，授神武指揮使。神武，原本作「仲武」，今從通鑑改正。（影庫本粘籤）明宗嘗以爲養子。天成中，擢授蔚州刺史。素與晉高祖不協，屬其總戎於太原，遂舉其城投於契丹，即以爲雲州節度使。契丹之南侵也，彥超率部衆，頗爲鎮、魏之患。及契丹入汴，遷侍衞馬軍都校，尋授晉昌軍節度使。漢高祖入洛，彥超飛表輸誠，移授保大軍節度使。乾祐初，奉詔歸闕，止奉朝請而已。太祖自鄴入平内難，隱帝令彥超董騎軍爲拒，劉子陂兵亂，彥超先謁見太祖。廣順中，授神武統軍。顯德三年冬，以疾終於第。制贈太子太師。永樂大典卷五千三百六十[三]。

張穎，太原人，案：東都事略張永德傳作并州陽曲人。（舊五代史考異）駙馬都尉永德案宋史列傳云：家世饒財，曾祖丕，尚氣節。後唐武皇鎮太原，急於用度，多嚴選富家子掌帑庫，或調度不給，即坐誅，没入貲産。丕爲之滿歲，府財有餘。宗人政當次補其任，率族屬泣拜，請丕濟其急，丕又爲代掌一年，鄉里服其義。（舊五代史考異）之父也。累爲藩郡列校，由内職歷諸衞將軍。國初，以戚里之故，案東都事略：周太祖即位，除永德左衞將軍、駙馬都尉，妻爲晉國公主。（舊五代史考異）自華州行軍司馬歷郢、懷二州刺史，遷安州防禦使。案：宋史作事晉爲安州防禦使，與薛史異。（舊五代史考異）穎性卞急峻刻，不容人之小過，雖左右親信，亦皆怨之。部曲曹澄有處女，穎逼而娶之，澄遂與不逞之徒數人，同謀害穎，中夜挾刃入於寢門，執穎而殺之，遂奔於金陵。世宗征淮南，以永德之故，遣江南李景〔二三〕，令執澄等送行在。及至，世宗以澄等賜永德，俾甘心而戮之。永樂大典卷六千三百五十二。

劉仁贍，略通儒術，好兵書，在澤國甚有聲望。吳主知之，累遷爲僞右監門衛將軍〔二四〕，歷黃、袁二州刺史，所至稱治。洎李景僭襲僞位，俾掌親軍，遷鄂州節度使。居數年，復以兵柄任之，改壽州節度使。及王師渡淮，而仁贍固守甚堅。洎世宗駐蹕於其壘北，數道齊攻，塡塹陷壁，晝夜不息，如是者累月。世宗臨城以諭之，而仁贍但遜詞以謝。及車駕還京，命李重進總兵守之，復乘間陷我南砦。自是圍之愈急，城中饑死者甚衆。三年冬，淮寇復來救援，列砦於紫金山，夾道相屬，纍然數十里，垂及壽壁，而重進兵幾不能支，世宗患之，遂復議親征。車駕至壽春，命今上率師破紫金山之衆，擒其應援使陳承昭以獻。仁贍聞援兵既敗，計無所出，但扼吭浩歎而已。會世宗以紫金山之捷，飛詔以諭之，時仁贍卧疾已亟，因翻然納款，案歐陽史云：仁贍固守三月，病甚，已不知人，其副使孫羽詐爲仁贍書以城降。是仁贍未嘗親納款于周也。薛史作翻然納款，蓋仍周實録原文，未及釐正。（舊五代史考異）而城内諸軍萬計，皆屏息以聽其命。及見於行在，世宗撫之甚厚，賜與加等，復令入城養病，尋授天平軍節度使、兼中書令。制出之日，薨於其家，年五十八。世宗聞之，遣使弔祭，命内臣監護喪事，追封彭城郡王。後以其子崇讚爲懷州刺史。仁贍輕財重士，法令嚴肅，重圍之中，其子崇諫犯軍禁，即令斬之，故能以一城之衆，連年拒守。逮其來降，而其下未敢竊議者，保其後嗣，抑有由焉。崇讚仕周，累爲郡守。幼子崇諒，後自江南歸於本朝，亦位至省郎。永樂大典卷九千九十六。

校勘記

〔一〕出放得絲十餘萬兩　「出放」，原作「出鎮」，據本書卷一一三周太祖紀四、册府卷四五五改。「十餘萬兩」，通鑑卷二九一作「四萬餘兩」。本書卷一一三周太祖紀四敍其事作「四萬一千四百兩」。

〔二〕謹以券上進　「券」字原闕，據册府卷四五五、新五代史卷四九常思傳補。按本卷下文：「尋詔本州折券以諭其民。」

〔三〕特深委遇　「特」，原作「時」，據殿本、册府卷九九改。

〔四〕改左領衞大將軍　「左」，册府卷七六六、新五代史卷四九翟光鄴傳作「右」。

〔五〕京兆吏民如喪所親　「民」字原闕，據册府卷六八三補。

〔六〕舊名犯太祖廟諱　「太祖廟諱」，殿本作「今上御名」。

〔七〕本常山真定人也　「真定」，原作「鎮定」，據册府卷一七二改。

〔八〕兼康州刺史　「兼」，册府卷三八七作「假」。

〔九〕字德循　「德循」，册府卷七六六作「德脩」。

〔一〇〕天福七年冬　本書卷八〇晉高祖紀六、卷八一晉少帝紀一繫其事於天福六年十一月。

〔一一〕以功授亳州團練使　「使」字原闕，據殿本、劉本、孔本校、册府卷三六〇、卷三八七補。

〔一二〕父逵　「逵」，原作「達」，據永樂大典卷六八五一引五代薛史改。

〔一三〕從定汴洛　「定」，原作「安」，據邵本校改。

〔一四〕晉之騎軍擊之　原作「晉軍進擊之」，據孔本、永樂大典卷六八五一引五代薛史改。殿本作「晉遣騎軍擊之」。

〔一五〕爲儒無家行　「家行」，册府卷九二〇作「士行」。

〔一六〕宋亳宿三州巡檢使　趙鳳墓誌（拓片刊北京圖書館藏中國歷代石刻拓本匯編第三十六册）作「宋亳宿單潁五州巡檢使」。

〔一七〕不妨再去矣　「妨」，原作「失」，據殿本、孔本校改。影庫本批校：「『妨』訛『失』。」

〔八〕及張永德與李重進互有間言　「互」字原闕，據册府卷九五二補。

〔九〕孟知祥鎮西川　「西川」，原作「西州」，據劉本、孔本、邵本、彭本改。

〔一〇〕環累典軍衞　「累」字原闕，據殿本、孔本補。

〔一一〕環兼領左右衞　殿本作「環常宿衞于中」，孔本作「環當衞於其中」。

〔一二〕永樂大典卷五千三百六十　檢永樂大典目録，卷五三六〇爲「朝」字韻「元朝儀三」，與本則內容不符，恐有誤記。疑出自卷六三五〇「張」字韻「姓氏二十」。

〔一三〕遣江南李景　「遣」，原作「命」，據殿本、孔本、册府卷八九六改。

〔一四〕累遷爲僞右監門衞將軍　「右」，新五代史卷三二劉仁贍傳、馬令南唐書卷一六作「左」。

舊五代史卷一百三十　周書二十一

列傳第十

王峻　慕容彦超　閻弘魯　崔周度

王峻，字秀峯，相州安陽人也。父豐，本郡樂營使。峻幼慧黠善歌，梁貞明初，張筠鎮相州，憐峻敏惠，遂畜之。及莊宗入魏州，筠棄鎮南渡，以峻自隨。時租庸使趙巖訪筠於其第，筠召峻聲歌以侑酒，巖悦，筠因以贈之，頗得親愛。梁亡，趙氏族滅，峻流落無依，寄食於符離陳氏之家，久之彌窘，乃事三司使張延朗，張延朗，原本脱「張」字，今從通鑑增入。（影庫本粘籤）所給甚薄。清泰末，延朗誅，漢祖盡得延朗之資産僕從，而峻在籍中，從歷數鎮，常爲典客。漢祖踐阼，授客省使，奉使荆南，留於襄漢爲監軍，入爲内客省使。及趙思綰作亂於永興，漢隱帝命郭從義討之，以峻爲兵馬都監。從義與峻不協，甚如水火。未幾，改宣徽北院使。賊平，加檢校太傅，轉南院使。

太祖鎮鄴，兼北面兵馬，峻爲監軍，留駐鄴城。隱帝蕭牆變起，峻亦爲羣小所搆，舉家見害。從太祖赴闕，綢繆帷幄，贊成大事，峻居首焉。京師平定，受漢太后令，充樞密使。太祖北征，至澶州，爲諸軍擁迫，峻與王殷在京聞變，乃遣侍衛馬軍都指揮使郭崇往宋州、前申州刺史馬鐸往許州，以防他變，二州安然，亦峻之謀也。

太祖踐阼，加平章事，尋兼右僕射〔一〕、門下侍郎、平章事，監修國史。時朝廷初建，四方多故，峻夙夜奉事，知無不爲，每侍太祖商榷軍事，未嘗不移時而退，甚有裨益。然爲性輕躁，舉措率易，以天下之事爲己任，每有啓請，多自任情，太祖從而順之，則忻然而退；稍未允可，則應聲而慍，不遜之語隨事輒發。太祖素知其爲人，且以佐命之故，每優容之。峻年長於太祖二歲，太祖雖登大位，時以兄呼之，有時呼表字，不忘布衣之契也。峻以此益自負焉。

廣順元年冬，劉崇與契丹圍晉州，峻請行應援，太祖用爲行營都部署，以徐州節度使王彥超爲副。詔諸軍並取峻節度，許峻以便宜從事，軍行資用，仰給於官，隨行將吏，得自選擇。將發之前，召宴於滋德殿，太祖出女樂以寵之。奉辭之日，恩賜優厚，不拘常制。及發，太祖幸西莊，親臨宴餞，別賜御馬玉帶，執手而別。峻至陜駐留數夕，劉崇攻晉州甚急，太祖憂其不守〔二〕，及議親征，取澤州路入，與峻會合，先令諭峻。峻遣驛騎馳奏，請車駕不行幸。時已降御札，行有日矣，會峻奏至，乃止。

峻軍既過絳郡，距平陽一舍，賊軍燔營，狼狽而遁。峻入晉州，或請追賊，必有大利，峻猶豫久之，翼日方遣騎軍襲賊，信宿而還。向使峻極力追躡，則并汾之孽，無噍類矣。峻亦深恥無功，因計度增修平陽故城而迴。時永興軍節度使李洪信，漢室之密戚也，自太祖踐阼，恒有憂沮之意，而本城軍不滿千，峻出征至陝州，以救援晉州爲辭，抽起數百人，及劉崇北遁，又遣禁兵千餘人，屯於京兆，洪信懼，遂請入朝。峻軍迴，太祖厚加優賜。

時慕容彥超叛於兗州，（彥超，原本作「彥紹」，今從通鑑改正。（影庫本粘籤））已遣侍衛步軍都指揮使曹英、客省使向訓率兵攻之。峻意欲自將兵討賊，累言於太祖曰：「慕容劇賊，曹英不易與之敵耳。」太祖默然。未幾親征，命峻爲隨駕一行都部署。破賊之日，峻督軍在城南，其衆先登，頗有得色。從駕還京，未幾貢表乞解樞機，即時退歸私第。

峻貪權利，多機數，好施小惠，喜人附己。太祖登極之初，務存謙抑，潛龍將佐，未甚進用。其後鄭仁誨、李重進、向訓等稍遷要職，峻心忌之，至是求退，蓋偵太祖之意也。未陳請之前，多發外諸侯書以求保證，旬浹之內，諸道馳騎進納峻書，聞者驚駭其事。峻連貢三章，中使宣諭無虛日，太祖嚴駕將幸其第，峻聞之，即馳馬入見，太祖慰勞久之，復令視事。峻又於本院之東，別建公署，廊廡聽事，高廣華侈。及土木之功畢，請太祖臨幸，恩賜甚厚。其後內園新起小殿，峻視之，奏曰：「宮室已多，何用於此？」太祖曰：「樞密院舍宇不少，公更自興造何也？」峻慚默而退。

時峻以前事趙巖，頗承寵愛，至是欲希贈官立碑。或謂峻曰：「趙巖以諂佞事君，破壞梁室，至今言者，無不切齒，苟如所欲，必貽物議。」乃止。巖姪崇勳，居於陳郡，崇勳，原本作「重勳」，今從太祖紀改正。（影庫本粘籤）峻爲求官田宅以賜之，太祖亦從之。三年春，修利河堤，大興土功，峻受詔檢校。既而世宗自澶州入覲，峻素憚世宗之聰明英果，聞其赴闕，即自河次歸朝。居無何，邀求兼領青州，太祖不得已而授之。既受命，求暫赴任，奏借左藏綾絹萬匹，從之。

是歲，户部侍郎趙上交權知貢舉，趙上交，原本作「尚支」，今從五代會要及通鑑改正。（影庫本粘籤）上交嘗詣峻，峻言及一童子，上交不達其旨，牓出之日，童子不第，峻銜之。及貢院申中書門下，取日過堂，峻知印，判定過日。及上交引新及第人至中書，峻在政事堂厲聲曰：「今歲選士不公，當須覆試。」諸相曰：「但緣已行指揮引過〔三〕，臨事不欲改移，況未敕下，覆試非晚。」峻愈怒，詬責上交，聲聞於外。少頃，竟令引過。及罷，上交詣本廳謝峻，峻又延之飲酌從容。翌日，峻奏上交知舉不公，請致之於法，太祖領之而已。案宋史趙

上交傳：峻奏上交選士失實，貶商州司馬，朝議以爲太重，會峻貶乃止。（舊五代史考異）

又奏請以顏衎〔四〕、陳觀案：歐陽史作顏衎、陳同〔五〕。（舊五代史考異）代范質、李穀爲相。太祖曰：「進退宰輔，未可倉卒，待徐思之。」峻論列其事，奏對不遜。太祖未食，日將亭午，諍之不已。太祖曰：「節假之內，未欲便行，已，俟開假，即依所奏。」峻退至中書。是月，吏部選人過門下，峻當其事，頗疑選部不公，其擬官選人落下者三十餘人。次日寒食時節，臣僚各歸私第，午時，宣召宰臣、樞密使，及入，幽峻於別所。太祖見馮道已下，泣曰：「峻凌朕頗甚，無禮太過，擬欲盡去左右臣僚，翦朕羽翼。朕兒在外，專意阻隔，暫令到闕，即懷怨望。豈有既總樞機，又兼宰相，堅求重鎮，尋亦授之，任其襟懷，尚未厭足，如此無君，誰能甘忍！」通鑑載責王峻詞云：孩撫朕躬，肉視羣后。薛史不載，今附識于此。（影庫本粘籤）即召翰林學士徐台符等草制。其日，退朝宣制〔六〕，貶授商州司馬，案通鑑云：峻至商州，得腹疾，帝猶愍之，命其妻往視之，未幾而卒。（舊五代史考異）差供奉官蔣光遠援送赴商州。未幾，死於貶所，時廣順三年三月也。案：五代春秋作三月，誅王峻，與薛史異。（舊五代史考異）

初，峻降制除青州，有司製造旌節，以備迎授。前一夕，其旌有聲甚異，聞者駭之。主者曰：「昔安重誨授河中節，亦有此異焉。」又所居堂陛，忽然隱起如堆。又夢被官府追攝入司簿院，既痞〔七〕，心惡之，以是尤加狂躁。峻才疏位重，輕躁寡謀，聽人穿鼻，既國權在手，而射利者曲爲指畫，乃啗餌虎臣，離間親舊，加以善則稱已，無禮於君，欲求無罪，其可得乎！永樂大典卷一萬八千一百三十三。五代史闕文：廣順初，河東劉崇引契丹攻晉州。遣王峻率師赴援，峻頓兵於陝。周祖親征，遣使諭之。峻見使受宣訖，謂使曰：「與某馳還，附奏陛下，言晉州城堅，未易可破，劉崇兵鋒方鋭，不可與力爭，所以駐兵者，待其氣衰耳，非臣怯也。陛下新即位，不宜輕舉。今朝中受聖知者，惟李穀、范質而已，陛下若車駕出汜水，則慕容彥超以賊軍入汴，大事去矣。」使還具奏，周祖自以手提其耳曰：「幾敗吾事。」

慕容彥超，案：此下有闕文。（殿本）爲兗州節度使，彥超即漢高祖之同產弟也。嘗冒姓閻氏，體黑麻面〔八〕，故謂之「閻崑崙」。册府元龜卷八百三十五。彥超鎮兗州，漢隱帝欲殺周太祖，召彥超，方食，釋匕箸而就道。周兵犯京師，隱帝出勞軍，太后使彥超衞帝，彥超曰：「北兵何能爲，當於陣上唱坐使歸營。」彥超敗，奔兗，隱帝遇弒。永樂大典卷一萬七千三百八十三。周太祖時，案：通鑑注引薛史彥超傳，有「令兄事已至此」語，蓋彥超以漢高祖爲兄也。通鑑改作「今兄」，似未喻其意。今全文無可考，姑附識於此。彥超進呈鄆州節度使高行周來書，其書意即行周毁讟太祖結連彦超之意。帝覽之，笑曰：「此必是彦超之詐也。」試令驗之，果然。其鄆州印元有缺，文不相接，其僞印即無闕處〔九〕。帝尋令齎書示諭行周，行周上表謝恩。永樂大典卷一萬八千四百十七。先是，填星初至角、亢，占者曰：「角、亢，鄭分〔一〇〕，兗州屬焉。」彦超即率軍府賓佐，步出州西門三十里致祭，迎於開元寺，塑像以事之，謂之「菩薩」，日至祈禱，又令民家竪黄旛以禳之。及城陷，彦超方在土星院燃香，急，乃馳去。永樂大典卷七千八百五十八。案：慕容彦超傳〔一一〕，永樂大典僅存三條，今補録册府元龜一條，以存大概。

五代史補：慕容彦超素有鈎距。兗州有盜者，詐爲大官從人，跨驢于衢中，市羅十餘疋，價值既定，引物主詣一宅門，以驢付之，曰：「此本宅使，汝且在此，吾爲汝上白于主以請值〔一二〕。」物主許之。既而聲跡悄然，物主怒其不出，叩門呼之，則空宅也。於是連叫「賊」，巡司至，疑其詐，兼以驢收之詣府。彦超憫之，且曰：「勿憂，吾爲汝擒此賊。」乃留物主府中，復戒厩卒高繫其驢，通宵不與水草，然後密召親信者，牽於通衢中放之，且曰：「此盜者之驢耳，自昨日不與水草，其饑渴者甚矣，放之必奔歸家，但可躡蹤而觀之，盜無不獲也。」親信者如其言隨之，其驢果入一小巷，轉數曲，忽有兒戲於門側，視其驢，連呼曰：「驢歸，驢歸。」盜者聞之，欣然出視，遂擒之。高祖登極，改乾祐爲廣順。是年，兗州慕容彦超反。高祖親征，城將破，忽夜夢一人，狀貌甚偉異，被王者之服，謂高祖曰：「陛下明日當得城。」及覺，天猶未曉。高祖私謂徵兆如此，可不預備乎。於是躬督將士，戮力急攻，至午而城陷。車駕將入，有司請由生方嗚鞘而進，遂取别巷，轉數曲，見一處門牆甚高大，問之，云夫子廟。高祖意豁然，謂近臣曰：「寡人所夢，得非夫子乎，不然，何取路於此也？」因下馬觀之，方升堂，覩其聖像，一如夢中所見者，於是大喜，叩首再拜。近臣或諫，以爲天子不合拜異世陪臣。高祖曰：「夫子，聖人也，百王取則，而又夢告寡人，得非夫子幽贊所及耶？安得不拜！」仍以廟側數十家爲洒掃户，命孔氏襲文宣王者長爲本縣令。慕容彦超之被圍也，乘城而望，見高祖親臨矢石，其勢不可當，退而憂之，因勉其麾下曰：「汝等宜爲吾盡命，吾庫中金銀如山積，若全此城，吾盡以爲賜，汝等勿患富貴。」頃之，有卒私言曰：「我知侍中銀皆鐵胎，得之何用？」於是諸軍聞之，稍稍解體，未幾城陷。及高祖之入也，有司閲其庫藏，其間銀鐵胎者果十有七八。初，彦超常令人開質庫，有以鐵胎銀質錢者，經年後，庫吏始覺，遂言之於彦超。初甚怒，頃之謂吏曰：「此易致耳，汝宜僞劉庫牆，凡金銀器用暨縑帛等速皆藏匿，仍亂撒其餘，以爲賊踐後申明，吾當擒此輩矣。」庫吏如其教，於是彦超下令曰：「吾爲使長典百姓，而又不謹有過。」百姓以爲然，於是投狀相繼，翼日鐵胎銀主果出。於是擒之，置之深屋中，使教部曲輩晝夜造，遭賊劉去，其過深矣。今恐百姓疑彦超隱其物，宜令三日内各投狀，明言質物色，自當倍償之，不爾者用廣府庫，此銀是也。

閻弘魯者，後唐邢州節度使寶之子也。寶，唐書有傳。弘魯事唐明宗、晉高祖，累歷事任。家本魯中，洎告疾歸里，慕容彥超初臨，禮待極厚。及謀大逆，以弘魯子希俊爲鎮寧軍節度副使在世宗幕下而惡之。聞朝廷出兵隄防，即責弘魯曰：「爾教兒捍我於朝，將覆吾族耶！」故罹其禍。

崔周度者，父光表，舉進士甲科，盧質節制横海，辟爲支使。周度有文學，起家長蘆令，長蘆，原本作「中蘆」，今從歐陽史改正。（影庫本粘籤）登朝歷監察御史、右補闕，以家在齊州，欲謀葬事，懇求外任，除泰寧軍節度判官。而性剛烈，又以嘗爲諫官，覩凶帥之不法，不忍坐視其弊，因極言以諫彥超，故及斯禍。

太祖平兗州，詔曰：「閻弘魯、崔周度，死義之臣，禮加二等，所以滲漏澤而賁黃泉也。爾等貞節昭彰，正容肅厲，以從順爲己任，以立義作身謀，履此禍機，併罹寃横，宜伸贈典，以慰貞魂。弘魯可贈左驍衛大將軍，周度可贈祕書少監。」永樂大典卷九千八百二。

校勘記

〔一〕尋兼右僕射　「右」，册府卷三二三、新五代史卷五〇王峻傳同，本書卷一一一周太祖紀二、通鑑卷二九〇作「左」。按册府卷三三八：「周王峻爲左僕射、平章事。」

〔二〕太祖憂其不守　「守」，原作「可」，據邵本校、册府卷四三八改。

〔三〕但緣已行指揮引過　「引過」，原作「行過」，據永樂大典卷六八五一引五代薛史改。

〔四〕顔衎　原作「顔愆」，據劉本、邵本校、新五代史卷五〇王峻傳、通鑑卷二九一、宋史卷二七〇顔衎傳改。

〔五〕陳同　原作「陳周」，據新五代史卷五〇王峻傳改。

〔六〕退朝宣制　「退」，原作「追」，據殿本、劉本、邵本校改。

〔七〕既寤　「既」字原闕，據殿本、劉本、永樂大典卷六八五一引五代薛史、册府卷九五一補。

〔八〕體黑麻面　「麻面」，册府卷八三五作「胡面」，御覽卷三八二引周史作「面胡」。

〔九〕其僞印即無闕處　「僞」，原作「爲」，據彭校、册府卷一四九改。

〔一〇〕角亢鄭分　「亢」字原闕，據新五代史卷五三慕容彦超傳及本卷上文補。按開元占經卷六四：「角、亢，鄭之分野。」

〔一一〕慕容彦超傳　「傳」字原闕，據孔本校補。

〔一二〕吾爲汝上白于主以請值　「主」，原作「王」，據殿本、劉本、五代史補卷四改。

舊五代史卷一百三十一

周書二十二

列傳第十一

劉皞　張沆　張可復　于德辰　王延　申文炳　扈載　劉袞

賈緯　趙延乂　沈遘　李知損　孫晟

劉皞〔一〕，字克明，晉丞相譙國公昫之弟也。昫，晉書有傳。皞少離鄉里，唐天祐中，梁將劉鄩襲太原，軍至樂平，時皞客於縣舍，爲鄩軍所俘。謝彦章見之，知其儒者，待之以禮，謂其鄉人劉去非曰：「爲君得一宗人。」即令皞見之，去非詢其爵里，乃親族也，對泣久之，自是隨去非客於彦章門下。彦章得罪，去非爲郢州刺史，郢州，原本作「因州」，今從册府元龜改正。（影庫本粘籤）皞隨之郡。

莊宗平河洛，去非以嘗從劉守奇歸梁，深懼獲罪，乃棄郡投高季興於荆南，皞累爲荆州攝官。既而兄昫明宗朝爲學士，遣人召歸。梁漢顒鎮鄧州，辟爲從事，入爲監察御史，歷水部員外郎、史館修撰。長興末，宰臣趙鳳鎮邢臺，表爲節度判官。清泰初，入爲起居郎，改駕部員外郎、兼侍御史知雜事，移河南少尹、兵部郎中，轉太府卿。漢祖受命，用爲宗正卿。周初，改衞尉卿。

廣順元年冬十月，税居於東京，夜夢鬼託之曰：「公於我塚上安牀，深不奉益。」暤問鬼姓氏，曰李丕文。暤曰：「君言殊誤[二]，都城内豈可塚耶？」曰：「塚本在野，張十八郎展城時圍入。」忽寤。又半月，復夢前鬼曰：「公不相信，屈覩吾舍可乎？」即以手掊地，豁然見華第，花木叢萃，房廊雕焕，立暤於西廡。久之，見一團火如電，前來漸近，即前鬼也。引暤深入，出其孥，泣拜如有所託。暤問丕文鬼事，曰：「冥司各有部屬，外不知也。」暤曰：「余官何至？」再三不對，苦訊之，曰：「齊王判官。」暤曰：「張令公爲齊王，去世久矣。今鄆州高令公爲齊王，余方爲列卿，豈復爲賓佐乎？」鬼曰：「不知也。」暤既寤，欲掘而視之。既又告人曰[三]：「鬼雖見訴，其如吾税舍何？」乃止。

廣順二年春，朝廷以暤爲高麗册使。三月，至鄆，節度使高行周以暤嗜酒，留連累日，旦夕沉醉。其月二十三日，晨興櫛髮，狀如醉寐，男泳視之，已卒矣。案太平廣記云：衘命使吴越，路由鄆州，卒于郵亭。（舊五代史考異）時年六十一。其年八月，鄆帥齊王高行周亦夢鬼請齊王判官，得無是乎！暤從儒學，好聚書，嗜酒無儀檢，然衷抱無他，急於行義，士友以此多之。永樂大典卷九千九十八。

張沆，字太元，徐州人。父嚴，本州牙將。沆少力學，攻詞賦，登進士第。唐明宗子秦王好文，然童年疏率，動不由禮。每賓僚大集，手自出題，令面前賦詩，少不如意，則壞裂抵棄。沆初以刺謁，秦王屬合座客各爲南湖廳記，南湖，原本作「南澗」，今從册府元龜改正。（影庫本粘籤）因謂沆曰：「聞生名久矣，請爲此文。」沆不獲已，從之。及羣士記成，獨取沆所爲勒之於石，繇是署爲河南府巡官。秦王敗，勒歸鄉里。

晉初，桑維翰秉政，沆以文干進，用爲著作佐郎、集賢校理，遷右拾遺。維翰出鎮，奏爲記室。從維翰入朝〔四〕，授殿中侍御史。歲餘，自侍御史改祠部員外郎知制誥，召入翰林爲學士。維翰罷相，馮玉用事，不欲沆居禁密，改右諫議大夫，罷其職。漢祖至汴，轉右常侍〔五〕，復用爲學士，未幾，遷工部尚書充職。明年，以營奉葬事求解職，改禮部尚書。及歸朝，復爲學士。太祖以沆耳疾罷職，改刑部尚書。廣順二年秋，命爲故齊王高行周册贈使，復命而卒。贈太子少保。

沆性儒雅，好釋氏，雖久居禄位，家無餘財，死之日，圖書之外，唯使鄆之貲耳。嗣子尚幼，親友慮其耗散，上言於太祖，乃令三司差人主葬，餘資市邸舍以贍其孤焉〔六〕。沆記覽文史，好徵求僻事，公家應用，時出一聯以炫奇筆，故不爲馮玉所重。雖有瞶疾，猶出入金門，凡五六年。漢隱帝末年，楊、史遇害，翼日，沆方知之，聽猶未審，忽問同僚曰：「竊聞盜殺史公，其盜獲否？」是時京師恟懼之次，聞者笑之。有士人申光遜者，與沆友善，沆未病時，夢沆手出小佛塔示光遜，視其上有詩十四字云：「今生不見故人面，明月高高上翠樓。」光遜既寤，心惡之，俄聞沆卒。永樂大典卷六千三百五十。

張可復，字伯恭，德州平原人也。父達，累贈户部侍郎。可復略通儒術，少習吏事。梁末，薄遊於魏，鄴王羅紹威表爲安陽簿。唐天成初，依晉公霍彦威於青州，霍彦威封晉國公，傳中稱爲晉公，殊失史體，今附識於此。（影庫本粘籤）爲從事。晉公以其滑稽好避事，目爲「姦兔兒」。長興中入朝，拜監察御史，六遷至兵部郎中，賜金紫。晉天福中，自西京留守判官入爲祕書少監，改左司郎中。開運中，遷左諫議大夫。漢乾祐初，湘陰公鎮徐方，朝行中選可以倅戎者〔七〕，因授武寧軍節度副使、檢校禮部尚書。及世宗鎮澶淵，改鎮寧軍節度行軍司馬。三年，徵拜給事中。世宗嗣位，以澶淵幕府之舊，拜右散騎常侍。顯德元年秋，以疾卒，年七十三。制贈户部尚書。可復無他才，唯以謹愿保長年，加之迂懦，多爲同列輕後者所侮，而累階至金紫，居三品之秩，亦其命耶！永樂大典卷六千三百五十。

于德辰，字進明，元城人也。幼敏悟，篤志好學，及射策文場，數上不調。後唐明宗鎮邢州，德辰往謁焉，明宗見而器之，因得假官於屬邑。後繼歷州縣，歷仕晉、漢、周，官至贈工部尚書。永樂大典卷三千八百三十八。

王延，字世美，鄭州長豐人也〔八〕。少爲儒，善詞賦，會鄉曲離亂，不獲從鄉薦，因客於浮陽，隨滄帥戴思遠入梁。嘗以所爲賦謁梁相李琪，琪覽之，欣然曰：「此道近難其人，王生升我堂矣。」繇是人士稱之。尋薦爲即墨縣令，歷徐、宋、鄆、青四鎮從事。長興初，鄉人馮道、趙鳳在相位，擢拜左補闕〔九〕。踰年，以水部員外郎知制誥〔一〇〕，再遷中書舍人，賜金紫。清泰末，以本官權知貢舉。時有舉子崔頎者，崔頎，原本作「崔欣」，今據册府元龜改正。

（影庫本粘籤）故相協之子也。協素與吏部尚書盧文紀不睦，及延將入貢院，謁見〔一二〕，文紀謂延曰：「舍人以謹重聞於時，所以去冬老夫在相位時，與諸相首以長者聞奏，用掌文衡。然貢闈取士，頗多面目。說者云：『越人善泅，生子方晬，乳母浮之水上。或駭然止之，乳母曰，其父善泅，子必無溺。』今若以名下取士，即此類也。縱與其父不悅，致意何至此耶！」延退而謂人曰：「盧公之言，蓋爲崔頎也。」來春，以頎登甲科。其年，改御史中丞。歲滿，轉尚書右丞。奉使兩浙，吴人深重之。復命，授吏部侍郎，改尚書左丞，拜太常卿，歷工、禮、刑三尚書，以疾求分司西洛，授太子少保。既而連月請告，爲留臺所糾，改少傅致仕。案：歐陽史作以太子少保致仕。（舊五代史考異）廣順二年冬卒，時年七十三。

子億，仕皇朝爲殿中丞。永樂大典卷六千八百五十。

申文炳，字國華，洛陽人也。父鄂，唐左千牛衛將軍〔一三〕。文炳，長興中進士擢第，釋褐忠正軍節度推官〔一三〕，歷孟、懷支使，鄆城、陝縣二邑宰，自澶州觀察判官入爲右補闕〔一四〕。晉開運初，授虞部員外知制誥，轉金部郎中充職。廣順中，召爲學士，遷中書舍人、知貢舉。案玉壺清話云：李慶，顯德中舉進士，工詩，有云：「醉輕浮世事，老重故鄉人。」樞密王朴以此一聯薦于中文炳。文炳知貢舉，遂爲第三人。（舊五代史考異）顯德五年秋，以疾解職，授左散騎常侍。六年秋，卒於家，時年五十。

文炳爲文典雅，有訓誥之風。執性紓緩，待縉紳以禮，中年而卒，皆惜之。永樂大典卷二千九百二十。

扈載，少好學，善屬文，賦頌碑贊尤其所長。廣順初，隨計於禮部，文價爲一時之最，是歲昇高等。册府元龜卷八百四十一〔一五〕。載因遊相國寺，見庭竹可愛，作碧鮮賦題其壁。世宗聞之，遣小黄門就壁録之，覽而稱善，因拜水部員外郎知制誥，遷翰林學士，賜緋。案：載以賦受知，據宋史李穀傳則載之遷官，當由王朴薦之。（舊五代史考異）宋史李穀傳：扈載以文章馳名，樞密使王朴薦令知制誥，除書未下，朴詣中書言之，穀曰：「斯人命薄，慮不克享耳。」朴曰：「公在衡石之地，當以材進人，何得言命而遺才。」載遂知制誥、遷翰林學士，未幾卒。世謂朴能薦士，穀能知人。（殿本）而載已病，不能謝，居百餘日，乃力疾入直學士院。世宗憐之，賜告還第，遣太醫視疾〔一六〕。永樂大典卷一萬四千八百二十七。載爲翰林學士，年三十六卒。載始自解褐至終纔四年，而與劉衮皆有才無命，時論惜之。册府元龜卷九百三十一。

劉衮，彭城人。神爽氣俊，富有文藻，繇進士第任左拾遺，與扈載齊名，年二十八而卒。册府元龜卷九百三十一〔七〕。　案：扈載傳，原本殘闕，今兼採册府元龜以存大概。

賈緯，真定獲鹿人也。案宋祁景文集賈令君墓誌銘：賈氏自唐司空魏國公耽，世貫滄州南皮，子孫稍稍徙真定。五世祖諒，高祖瑾。曾祖處士諱初，有至性，疾世方亂，守鄉里，不肯事四方。祖諱緯。（舊五代史考異）少苦學爲文，唐末舉進士不第，遇亂歸河朔，本府累署參軍、邑宰。唐天成中，范延光鎮定州，按：延光未嘗涖定，當是鎮州之誤。（劉本）表授趙州軍事判官，遷石邑縣令。緯屬文之外，勤於撰述，以唐代諸帝實録，自武宗已下，闕而不紀，乃採掇近代傳聞之事，及諸家小説，第其年月，編爲唐年補録，凡六十五卷，案景文集：緯博學善詞章，論議明鋭，一時諸儒皆屈。唐自武宗後，史録亡散，君掇拾殘餘，爲唐年補録數十萬言，敍成敗事甚悉，書顯于時。（舊五代史考異）識者賞之。晉天福中，入爲監察御史，改太常博士。緯常以史才自負，鋭於編述，不樂曲臺之任，乃陳情於相座。又與監修國史趙瑩詩曰：「滿朝唯我相，秉柄無親讎。三年司大董，「大董」二字，詳其文義，當是用左傳「董史掌典籍」之意，但稱爲「大董」，究未審所出，今無可復證，姑仍其舊。（影庫本粘籤）最切是編修。史才不易得，勤勤處處求。愚從年始立，東觀思優游。東觀，原本作「東望」，今據文改正。（影庫本粘籤）昔時人未許，今來虛白頭。春臺與秋閣，往往興歸愁。信運北闕下，不繫如虛舟。綿蕝非所好，一日疑三秋。何當適所願，便如昇瀛洲。」未幾，轉屯田員外郎，改起居郎、史館修撰。

又謂瑩曰：「唐史一百三十卷，止於代宗，已下十餘朝未有正史，請與同職修之。」瑩以其言上奏，晉祖然之，謂李崧曰：「賈緯欲修唐史，如何？」對曰：「臣每見史官輩言，唐朝近百年來無實録，既無根本，安能編紀。」緯聞崧言，頗怒，面責崧沮己。崧曰：「與公鄉人，理須相惜，此事非細，安敢輕言。」緯與宰臣論説不已。明年春，敕修唐史，緯在籍中。月餘，丁内艱，歸真定。開運初，服闋，復起居郎，修撰如故，尋以本官知制誥。緯長於記注，應用文筆，未能過人，而議論剛强，儕類不平之，因目之爲「賈鐵嘴」。

開運中，累遷中書舍人。案：王珪華陽集賈文元墓誌銘作曾祖緯，晉中書舍人。宋史賈昌朝傳因之，然緯實終于周，非終于晉也。宋祁景文集又作漢、周間中書舍人。據此傳，緯仕漢、周，未嘗再爲舍人，疑景文集誤。（舊五代史考異）契丹入京師，隨契丹至真定。後與公卿還朝，授左諫議大夫。緯以久次綸閣，比望丞郎之拜，及遷諫署，觖望彌甚。蘇逢吉監修國史，以緯頻投文字，甚知之，尋充史館修撰、判館事。乾祐中，受詔與王伸、竇儼修漢高祖實録[一八]，緯以筆削爲己任，然而褒貶之際，憎愛任情。晉相桑維翰執政日，薄緯之爲人，不甚見禮，緯深銜之。及敍維翰傳：「身没之後[一九]，有白金八千鋌，他物稱是」，翰林學士徐台符，緯邑人也，與緯相善，謂緯曰：「切聞吾友書桑魏公白金之數，不亦多乎！但以十目所覩，不可厚誣。」緯不得已，改爲「白金數千鋌」。

緯以撰述之勞，每詣宰執，懇祈遷轉，遇内難不果。太祖即位，改給事中，判館如故。先是，竇貞固奏請修晉朝實録，既竟，亦望陞擢。貞固猶在相位，乃上疏抗論除拜不平。既而以所撰日曆示監修王峻，皆媒孽貞固及蘇禹珪之短，歷詆朝士之先達者。峻惡之，謂同列曰：「賈給事家有士子，給事，原本作「紀事」，今據文改正。（影庫本粘籤）亦要門閥無玷，今滿朝並遭非毁，教士子何以進身！」乃於太祖前言之，出爲平盧軍行軍司馬。時符彦卿鎮青州，以緯文士，厚禮之。緯妻以緯左遷，駭惋傷離，病留於京師。緯書候之曰：「勉醫藥，來春與子同歸獲鹿。」廣順二年春，緯卒。及訃至，妻一慟而終，果雙柩北歸，聞者歎之。緯有集三十卷，目曰草堂集，並所撰唐年補録六十五卷，皆傳於世。永樂大典卷一萬一千七百十四。

趙延乂〔二〇〕，字子英，秦州人。曾祖省躬，以明術數爲通州司馬，遇亂避地於蜀。祖師古，黔中經略判官。父温珪，仕蜀爲司天監。温珪長於袁、許之術，兼之推步。王建時，深蒙寵待，延問得失，事微差跌，即被詰讓。臨終謂其子曰：「技術雖是世業，吾仕蜀已來，幾由技術而死，爾輩能以他途致身，亦良圖也。」延乂少以家法仕蜀，由廕爲奉禮部翰林待詔。蜀亡入洛，時年三十。天成中，得蜀舊職。

延乂世爲星官，兼通三式，尤長於袁、許之鑒。清泰中，嘗與樞密直學士呂琦同宿於內廷，琦因從容密問國家運祚，延乂曰：「來年厄會之期，俟過別論。」琦訊之不已，延乂曰：「保邦在刑政，保祚在福德。在刑政則術士不敢言，奈際會諸公，罕有卓絶福德者，下官實有恤緯之憯。」其年，兼衛尉少卿。晉天福中，代馬重績爲司天監。契丹入京師，隨至鎮州。時契丹將麻答爲帥，會漢高祖定兩京，控鶴都將李筠與諸校密謀劫庫兵逐契丹，猶豫未決，謀於延乂，因假以術數贊成之。契丹既去，還京師，官秩如舊。廣順初，加檢校司徒，本官如故，太祖數召對焉。案歐陽史：周太祖自魏以兵入京師，召延乂問：「漢祚短促者，天數耶？」延乂言：「王者撫天下，當以仁恩德澤，而漢淫酷，刑法枉濫，天下稱冤，此其所以亡也。」是時，太祖方以兵圍蘇逢吉、劉銖第，欲誅其族，聞延乂言悚然，因貸其族，二家獲全。延乂善交遊，達機變，兼有技術，見者歡心。二年，授太府卿，判司天監事。其年夏初，火犯靈臺，延乂自言星官所忌，又言身命宮災併〔二〕，未幾其子卒，尋又妻卒，俄而延乂嬰疾，故人省之，舉手曰：「多謝諸親，死災不可逭也。」尋卒，年五十八。贈光祿卿。永樂大典卷一萬六千九百九十一。

沈遘，字期遠，睢陽人也。父振，貝州永濟令，累贈左諫議大夫。遘幼孤，以苦學爲志，弱冠登進士第，釋褐除校書郎，由御史臺主簿拜監察御史，凡五遷至金部郎中，充三司判官。廣順中，以本官知制誥。世宗嗣位，擢爲翰林院學士，歲滿，拜中書舍人充職。中書，原本作「中試」，今據文改正。（影庫本粘籤）顯德三年夏，以扈從南征，因而遇疾，歸，及京而卒。遘爲人謙和，勤於接下，每文士投贄，必擇其賢者而譽之，故當時後進之士多歸焉。永樂大典卷一萬二千一百五十六。

李知損，字化機，大梁人也。少輕薄，利口無行。梁朝時，以牋刺篇詠出入於內臣之門〔三〕，繇是浪得虛譽，時人目之爲「李羅隱」。後累爲藩鎮從事，入朝拜左補闕，歷刑兵二員外、度支判官、右司郎中。坐受榷鹽使王景遇厚賂，謫於均州。漢初歸朝，除右司郎中、兼侍御史知雜事。廣順中，拜右諫議大夫。時王峻爲樞密使，知損以與峻有舊，遂詣峻求使於江浙，峻爲上言。太祖素聞知損所爲，甚難之。峻曰：「此人如或辱命，譴之可也。」太祖重違其請，遂可之。知損既受命，大恣其荒誕之意，遂假貲於人，廣備行李。及即路，所經州郡，無不强貸。又移書於青州符彥卿，借錢百萬。及在郵亭，行止穢雜。王峻聞而復奏之，乃責授棣州司馬。世宗即位，切於求人，素聞知損狂狷，好上封事，謂有可采，且欲聞外事，即命徵還，遽與復資。數月之間，日貢章疏，多斥讟貴近，自謀進取，又上章求爲過海使。世宗因發怒，仍以其醜行日彰，故命除名，配沙門島。知損將行，謂所親曰：「余嘗遇善相者，言我三逐之後，三逐，原本作「三遂」，今據文改正。（影庫本粘籤）當居相位〔二三〕，余自此而三矣，子姑待我。」後歲餘，卒於海中，其庸誕也如此。永樂大典卷一萬三百九十。

五代史補：李知損，官至諫議大夫，好輕薄，時人謂之「李羅隱」。至於親友間往還簡牘，往往引里巷常談，謂之偶對。常有朝士奉使回，以土物爲贈，其意猶望却回。知損覺之，且遺書謝之曰：「在小子一時間却擬送去，恐大官兩羅裏更不將來。」乾祐中，奉使鄭州，時宋彥筠爲節度。彥筠小字忙兒，因宴會，彥筠酒酣，輒問曰：「衆人何爲號足下爲『羅隱』〔二四〕？」對曰：「下官平素好爲詩，其格致大抵如羅隱，故人爲號。」彥筠曰：「不然，蓋爲足下輕薄如羅隱耳。」知損大怒，厲聲曰：「只如令公，人皆謂之宋忙兒，未必便能放牛。」滿座皆笑。

孫晟，本名鳳。案南唐書云：孫忌，高密人，一名鳳，又名晟，少舉進士。性陰賊，好姦謀。少爲道士，工詩，於廬山簡寂觀畫唐詩人賈島像，懸於屋壁，以禮事之。觀主以爲妖妄，執杖驅出之，大爲時輩所嗤。改儒服，謁唐莊宗於鎮州，授祕書省著作佐郎〔二五〕。案南唐書云：豆盧革爲相，雅知忌，辟爲判官。天成初，朱守殷據夷門叛，時晟爲幕賓，贊成其事。是時，晟常擐甲露刃，以十數騎自隨，巡行於市，多所屠害，汴人爲之切齒。城陷，朱氏被誅，晟乃匿跡更名，棄其妻子，亡命於陳宋間。案歐陽史云：安重誨惡晟，以爲教守殷反者晟也，畫其像購之，不可得，遂族其家。晟奔於吳。與薛史微有詳略，皆言晟因朱守殷事牽連而亡命也。南唐書則云：天成中，與高輦同事秦王從榮。從榮敗，忌亡命至正陽。未及渡，追騎奄至，亦疑其狀偉異，睨之。忌不顧，坐淮岸，捫敝衣齧蝨〔二六〕，追者乃捨去。是又以晟爲秦王賓客而出亡也，與五代史異。會同惡者送之過淮，吳人方納叛亡，即以僞官授之。晟亦微有詞翰，李昪僞尊楊溥爲讓皇之册文〔二七〕，即晟之詞也，故江南尤重之。二十年間，累歷僞任，財貨邸第，頗適其意。晟以家妓甚衆，每食不設食几，令衆妓各執一食器，周侍於其側，謂之「肉臺盤」，其自養稱愜也如是。案玉壺清話載：忌爲舒州觀察，有二卒白晝持刃求害忌，忌諭以禍福，解金帶與之，使遁去。南唐書云：忌爲舒州節度使，治軍嚴，有歸化卒二人，正晝挺白刃入府，求忌殺之。入自西門，吏士倉卒莫能禦。適忌閒行在東門，聞亂，得民家馬乘之，奔桐城。叛卒不得忌，乃殺都押衙李建崇而逸。忌坐貶光禄卿。考孫晟在舒州事，不見五代正史，故傳聞多失實。

顯德三年春，王師下廣陵，江左驚窘，李景僞署晟爲司空，令奉貢於行在，世宗遣右常侍劉悦伴之，賜與甚厚。洎隨駕到闕，舍於都亭驛，禮遇殊優。每召見，飲之醇醴，問以江南事，晟但言：「吳畏陛下之神武，唯以北面爲求，保無二也。」先是，張永德守下蔡，素與李重進不協，每宴將校，多暴其短。一日，永德乘醉，乃大言重進潛畜姦謀，當時將校無不驚駭，繇是人情大擾。後密遣親信乘驛上言，世宗不聽，亦不介意。一日，重進自壽陽去其部從，直詣永德帳下，宴飲終日而去，自此人情稍安。時李景覘而知之，因密令人齎蠟書遺重進，勸爲不軌，重進以其蠟書進呈，世宗覽之，皆斥讟反間之言。世宗怒晟前言失實，因急召侍衛都虞候韓通令收晟下獄，與其從者百餘人皆誅之。案南唐書云：世宗命都承旨曹翰護至右軍巡院，猶飲之酒，數酌，翰起曰：「相公得罪，賜自盡。」忌怡然整衣索笏，東南望再拜曰：「臣受恩深，謹以死謝。」從者二百人，亦皆誅死於東相國寺。翌日，宰臣上謁，世宗親諭之，始知其事實。議者以晟昔搆禍於梁民，今伏法於梁獄，報應之道，豈徒然哉！

晟性慷慨，常感李景之厚遇，誓死以報之。案釣磯立談云：晟將命周朝，自知不免，私謂副使王崇質曰：「吾思之熟矣，終不忍負永陵一抔土，餘非所知也。」及將下獄，世宗令近臣問以江南可取之狀，晟默然不對。臨刑之際，整其衣冠，南望金陵再拜而言曰：「臣惟以死謝。」遂伏誅。永樂大典卷三千五十一〔二八〕。

校勘記

〔一〕劉皞　原作「劉皡」，據殿本、孔本改。影庫本批校：「『皞』字疑應從日旁，與『晌』同。」按梁漢顒墓誌（拓片刊洛陽出土歷代墓誌輯繩）署「門吏中大夫守秘書少監柱國賜紫金魚袋劉皞撰」。本書各處同。

〔二〕君言殊誤　劉本作「君言殊誣」，孔本作「君有五通」。

〔三〕既又告人曰　「既」，殿本作「既而」。「人」，殿本、孔本作「同僚」。

〔四〕從維翰入朝　「維翰」，原作「維輸」，據殿本、劉本、孔本、邵本、彭本改。

〔五〕轉右常侍　「右」，本書卷一〇〇漢高祖紀下作「左」。

〔六〕餘資市邸舍以贍其孤焉　「邸舍」下册府卷四六二有「僦税」二字。

〔七〕朝行中選可以倅戎者　「倅」，原作「從」，據册府卷七一六改。

〔八〕鄭州長豐人　「鄭州」，原作「鄚州」，據殿本、劉本、邵本校、新五代史卷五七王延傳、册府卷八五二改。按新唐書卷三九地理志三，鄭州有長豐縣。

〔九〕擢拜左補闕　「左」，册府卷九五五、新五代史卷五七王延傳同，永樂大典卷六八五〇引五代薛史作「右」。

〔一〇〕以水部員外郎知制誥　「郎」字原闕，據殿本、永樂大典卷六八五〇引五代薛史、册府卷九五五補。

〔一一〕謁見　以上二字原闕，據永樂大典卷六八五〇引五代薛史補。御覽卷二二二引五代史周史、册府卷六五一敍其事作「見舊相吏部尚書盧文紀」。

〔一二〕唐左千牛衞將軍　「左」，申鄂墓誌（拓片刊秦晉豫新出墓誌蒐佚）作「右」。

〔一三〕釋褐忠正軍節度推官　「忠正軍」，原作「中正軍」，據邵本校改。張珽墓誌（拓片刊秦晉豫新出墓誌蒐佚續編）署：「忠正軍節度推官、將仕郎、試秘書省校書郎申文炳撰。」按本書卷三九唐明宗紀五：「（天成三年十月）詔升壽州爲忠正軍。」

〔一四〕右補闕　孔本作「左補闕」。

〔一五〕册府元龜卷八百四十一　「八百四十一」，原作「八百四十二」，按此則實出册府卷八四一，據改。

〔一六〕載因遊相國寺……遣太醫視疾　按此則文字與新五代史卷三一扈載傳略同，疑係清人誤輯。

〔一七〕冊府元龜卷九百三十一　「九百三十一」，原作「九百三十」，據孔本改。按此則實出冊府卷九三一。

〔一八〕受詔與王伸竇儼修漢高祖實録　「漢高祖實録」，御覽卷六〇四引周書、冊府卷五六二作「晉高祖少帝漢高祖三朝實録」，新五代史卷五七賈緯傳作「晉高祖出帝漢高祖實録」。

〔一九〕身没之後　句上御覽卷六〇四引五代周史、冊府卷五六二有「稱維翰」三字。

〔二〇〕趙延乂　原作「趙延義」，據殿本、劉本、孔本校、邵本校、本書卷一二九翟光鄴傳改。本書各處同。影庫本批校：「趙延義，『義』應作『乂』。」舊五代史考異卷四：「案歐陽史作趙延義。」

〔二一〕又言身命宫災併　「宫」，原作「官」，據殿本、劉本改。

〔二二〕以牋刺篇詠出入於内臣之門　「牋刺」，原作「牒刺」，據冊府卷九五四改。

〔二三〕當居相位　「居」，冊府卷九二四、續世説卷九作「入居」。

〔二四〕衆人何爲號足下爲羅隱　「人」，原作「又」，據殿本、劉本、孔本、邵本、彭本、五代史補卷四改。

〔二五〕授祕書省著作佐郎　「著作佐郎」，原作「著作郎」，據殿本、孔本、冊府卷七三〇、新五代史卷三三孫晟傳改。

〔二六〕捫敝衣齧蝨　「齧」，原作「囓」，據殿本考證、陸游南唐書卷八改。

〔二七〕楊溥　原作「楊浦」，據劉本、邵本校、彭校改。按本書卷一三四有楊溥傳。

〔三〕永樂大典卷三千五十一　檢永樂大典目録，卷三〇五一爲「親」字韻「事韻三」，與本則内容不符，恐有誤記。疑出自卷三五六一「孫」字韻「姓氏八」。